A realeza cristã na Alta Idade Média

A realeza cristã na Alta Idade Média

Os fundamentos da autoridade pública no período merovíngio (séculos V-VIII)

Marcelo Cândido da Silva

Alameda

Edição: Joana Monteleone
Diagramação e Projeto gráfico: Marília Chaves
Capa:
Revisão:
Imagem da capa:

ALAMEDA CASA EDITORIAL
Rua Ministro Ferreira Alves, 108 - Perdizes
CEP 05009-060 - São Paulo - SP
Tel. (11) 3862-0850
www.alamedaeditorial.com.br

Índice

Para minha avó Maria,
que jamais pôde ler um livro

"Divertida senhoria que não tem vassalo nem suserano, nada abaixo, nada acima! É uma anomalia, um monstro. Não se sabe que nome dar a essa coisa ridícula; denominam-na realeza" (J. Michelet. A Agonia da Idade Média. São Paulo: Edusc, 1992, p.33).

"O feudalismo é uma poliarquia; só existem senhores e criados; na monarquia, ao contrário, existe um senhor e nenhum criado, porque ela elimina a servidão, e nela o direito e a lei têm validade. É da monarquia que surge a real liberdade. Ela reprime, portanto, a arbitrariedade de alguns e estabelece a soberania universal" (W. Hegel. Filosofia da História. Brasília: Unb, 1995, p. 332).

Prefácio

A Realeza Cristã na Alta Idade Média: os fundamentos da autoridade pública no período merovíngio (séculos VI-VIII), que aqui se oferece ao leitor em edição da Alameda Casa Editorial, com o apoio da FAPESP, é a tese de doutorado de Marcelo Cândido da Silva, defendida no Centre Universitaire d'Histoire et d'Archéologie Médiévales da Université Lumière Lyon 2 (França). O título corresponde plenamente ao objeto e ao espírito da pesquisa do tema pelo qual o autor demonstrou interesse antes mesmo de iniciar seu estudo doutoral. Em sua dissertação de mestrado em História pela Universidade Federal de Minas Gerais, defendida em 1997, intitulada **A idéia de Estado na Alta Idade Média ocidental. O *Regnum Francorum* entre os séculos V e VIII**, Marcelo Cândido examinava o sistema político merovíngio do ponto de vista tradicional. No estudo **Recherches sur la sacralisation du povoir temporel dans le Haut Moyen Âge**, que apresentou para obtenção do D.E.A., na Universidade de Lyon 2, em 1998, reviu sua interpretação e teceu crítica à tese da "patrimonialidade" e do "absolutismo" da realeza franca.

O livro de Marcelo Cândido da Silva propõe profunda reflexão sobre o poder franco entre o final do século V e o início do VIII, e revela como a dinastia merovíngia, em alguns aspectos sucessora do modelo romano, tornou-se verdadeiramente cristã. Em outros termos: como e quando se processou na Gália o estabelecimento de nova autoridade pública de inequívoca influência moral e política da Igreja. O texto aborda aspecto fundamental para a compreensão do processo de estabelecimento da Realeza Cristã no Ocidente. Para demonstrar a influência da doutrina religiosa na legitimidade política da realeza, o autor examina pormenores dos vínculos de natureza institucional. Marcelo Cândido da Silva divorcia-se deliberadamente de teses renomadas e oferece nova interpretação sobre o exercício da *utilitas publica* na primeira dinastia franca.

O estudo começa pela análise da linha historiográfica tradicional, que lança sobre os merovíngios pesadas acusações. Essa linha, apoiada em textos antigos, atribui à primeira dinastia franca a falência da idéia de *respublica* e salienta a violência como prática dominante na vida política. A ferocidade dos reis merovíngios, divulgada por Gregório de Tours nas *Histórias*, deu consistência à noção de uma sociedade fundada na força. Fustel de Coulanges sublinhou a violência brutal dos merovíngios como instrumento de política dinástica em expressão famosa: "despotismo temperado pelo assassinato". O livro de Fustel de Coulanges, *Histoire des institutions de l'ancienne France* (1912), é referência obrigatória para o estudo dos merovíngios e carolíngios, especialmente o volume 3. Segundo Fustel de Coulanges, a monarquia merovíngia identifica-se com o processo da crise da idéia de *respublica*, que remonta ao Baixo Império. Sustenta o caráter patrimonial da realeza "que se transmite segundo regras comuns; mas se podia mesmo legar por testamento ou por simples declaração de vontade, como se faria com um domínio". Desse modo, a sucessão se processa de acordo com o direito privado, em que o poder se transmite de pai para filho. Os reis francos associam o interesse público ao seu poder pessoal. Portanto, as medidas do soberano merovíngio refletem sua exclusiva vontade pessoal, como verdadeiro proprietário do reino. Produto da conquista, o *Regnum Francorum* não possui legitimidade teórica. Por isso, busca legitimar seu poder na força militar e em Deus.

As idéias de Fustel de Coulanges exerceram poderosa influência sobre os que se dedicaram a estudar a dinastia merovíngia. Sua tese sobre o caráter patrimonial do Reino Franco e a falência da autoridade pública fez notável sucesso entre os historiadores. F. Lot, L. Halphen, F. L. Ganshof e M. Reydellet perseguiram o caminho de Fustel de Coulanges. De modo geral, os trabalhos publicados do final do século XIX até a década de oitenta do século seguinte indicam três características básicas do sistema político merovíngio: a patrimonialidade, o desaparecimento do Estado e o absolutismo monárquico. Obras recentes de síntese sobre o período medieval acolhem a noção tradicional, como se vê em A. Vauchez, *La spiritualité dans le Moyen Âge occidental* (1994). Em seu estudo *Pouvoir et culture politique dans la France médiévale*, de 1999, F. Collard faz, igualmente, dos séculos merovíngios uma época ignominiosa. A mesma visão negativa da monarquia franca e da fixação dos bárbaros no antigo território romano tem Jacques Le Goff. Na *Civilisation de l'Occident Medieval* (1965) o conhecido historiador sustenta que os invasores "precipitaram, agravaram e exageraram a decadência que se tinha iniciado no Baixo Império. Do declínio fizeram a regressão. Regressão também dos costumes e da majestade do governo. Com efeito, existe uma sólida tradição histórica que vê o começo da Idade Média como a derrocada de Roma.

Ancorado no rico acervo documental das bibliotecas universitárias de Lyon, de proveitosa visita à École Française de Rome e a outros centros importantes na Europa, Marcelo Cândido da Silva manifesta-se contrário à tendência comum que julga os primeiros séculos medievais como um período de recuo ou de declínio do mundo romano. Paciente releitura das fontes, sistemática e criteriosa, lhe permite sustentar que o processo de mudança da "Realeza Constantiniana" – continuadora do modelo romano -- em "Realeza Cristã" resulta da extraordinária influência da aristocracia episcopal, no século VI. Observa, ainda, que o problema da sobrevivência da *utilitas publica* culmina com a modificação da natureza da autoridade real no *Regnum Francorum*, no reinado de Gontran, quando o apoio dos bispos produz novo equilíbrio nas relações entre Igreja e realeza. A minuciosa análise dos concílios de Lyon (581) e de Mâcon (585), e mais tarde do Concílio de Paris (614), dá-lhe ensejo de mostrar que o episcopado se torna, no início do século VII, "o grupo político mais poderoso", o que favorece a cristianização acelerada da *utilitas publica*. É nesse momento que se estabelece, diz o autor, o equilíbrio nas relações entre a Igreja e o poder real. O Edito de Gontrão (585) ilustra e estreita a colaboração entre os poderes temporal e religioso, "sob o signo da responsabilidade do rei em face de Deus".

O erudito trabalho de Marcelo Cândido da Silva fundamenta-se, basicamente, em fontes primárias rigorosamente selecionadas (diplomas, prescrições, julgamentos, atas, textos narrativos de Gregório de Tours e de Fredegário, poemas de Fortunato, obras hagiográficas, fontes legislativas e administrativas, além de outras) e de ampla bibliografia. Todas as fontes referidas documentam afirmações do texto. Debruçado sobre os primórdios da realeza franca, o jovem pesquisador revela sensibilidade ao perceber o novo, o processo de nascimento na Gália de outro tipo de autoridade pública, que se alimentou na teologia política defendida e sustentada pelo episcopado franco. Criativo, não teme ousar. Marcelo Cândido da Silva preocupa-se em responder ao problema da definição da expressão *reges pro publicis utilitatibus*, que, na primeira metade do século VI, significaria a continuação da ideologia imperial (*imitatio imperii)*, e mostra a passagem para o *reges pro populi salvatione* para sublinhar o caráter "pastoral" do poder real. É estudo de problema complexo e difícil, de capital importância para compreender a formação e o desenvolvimento da monarquia merovíngia. Para enfatizar a preponderância do elemento religioso como legitimador da autoridade pública, Marcelo Cândido da Silva faz penetrante incursão no estudo dos vínculos de natureza institucional. Acredita que a sobrevida do Império não é uma "ficção constitucional". Defende que as sucessivas partilhas não romperam a unidade fundamental do Reino dos Francos. Substituta do poder romano na

Gália, a realeza merovíngia soube preservar o essencial da autoridade pública. Trata-se de livro importante e de alto sentido na bibliografia da realeza merovíngia, carente ainda de obras recentes.

Daniel Valle Ribeiro

Professor Titular de História Medieval da
Universidade Federal de Minas Gerais (UFMG)

INTRODUÇÃO

Os chamados "reinos bárbaros" têm, há muito tempo, despertado o interesse dos historiadores. Inúmeros trabalhos foram consagrados a esse tema desde o século XVIII, como a **Histoire critique de l'établissement de la monarchie française dans les Gaules**, do abade Dubbos, publicada em 1742, e **De l'esprit des lois**, de Montesquieu, de 1748. É bem verdade que outros temas – por exemplo, "a crise do mundo romano" – suscitaram uma maior diversidade de interpretações[1]. Entretanto, é em torno da natureza dos "reinos bárbaros" que observamos as mais extraordinárias mudanças no posicionamento dos historiadores. Em uma comparação entre os trabalhos publicados sobre o assunto no século XIX e as obras mais recentes, o que mais chama a atenção é a evolução dos pontos de vista sobre a natureza das realezas que sucederam ao Império no Ocidente. Inicialmente consideradas o fruto do ocaso da ci-

[1] Um bom exemplo dessa diversidade está na obra do historiador alemão A. Demandt que, em 1984, recenseou cerca de 210 fatores que eram até então invocados para explicar a crise do mundo romano (A. Demandt, **Der Fall Roms**, p. 493).

vilização romana, essas realezas são hoje vistas por vários historiadores como construções institucionais altamente elaboradas; alguns autores nem sequer hesitam em falar de "Estado"[2] para defini-las, algo bastante improvável há alguns anos.

Certamente, essa "guinada historiográfica" não pode ser explicada pelo advento de uma "revolução documental". O conjunto de textos disponíveis dos séculos V, VI e VII – bem reduzido se comparado com outros períodos da Idade Média, diga-se de passagem – permanece praticamente inalterado desde o final do século XIX. Não houve nenhuma descoberta significativa – arqueológica ou documental – que pudesse transformar radicalmente o conhecimento sobre o período, e assim explicar tamanha mudança. As razões dessa evolução historiográfica devem, portanto, ser buscadas muito além das polêmicas de erudição. Fatores políticos e ideológicos desempenharam um papel crucial nesse processo, sobretudo no que se refere ao caso dos francos, referenciais da construção das identidades francesa e alemã, e pomos da discórdia entre os historiadores de ambas as nacionalidades.

"Patrimonialismo" e "absolutismo"

É possível identificar desde o final do século XIX entre os historiadores franceses, bem como entre os historiadores alemães, duas visões distintas sobre a natureza da monarquia franca. Entre os autores alemães a atitude para com os francos não era homogênea – como veremos a seguir. Contudo, prevaleceu entre eles uma visão bastante positiva de Clóvis[3] (c.481-511) e de seus herdeiros, seja porque ele era visto como

---

[2] É o caso, por exemplo, de K.F. Werner ("L'historien et la notion d'Etat", pp. 29-41) e de J. Durliat (**Les finances publiques de Dioclétien aux Carolingiens**).

[3] O nome *Clóvis* constitui uma interpretação bastante aleatória das formas utilizadas pelos historiadores da época franca. Gregório de Tours escreve *Chlodovechus*, ao passo que no terceiro livro das crônicas atribuídas a Fredegário, nas cartas de Remigio e na ***Vita Genovefae***, encontramos *Chlodoveus*; o ***Pactus legis Salicae*** adota as formas *Chlodoveux* e *Chlodeveus* (***Pactus legis Salicae***, p 198); na ***Vita Remigi***, encontramos *Chlodovicus* (***Vita Remigii episcopi Remensis auctore Hincmaro***, 11, p. 291), enquanto Jordanes utiliza a forma *Lodoin* (***De rebus geticis***, 57, p. 133).

o conquistador e o libertador da Gália, ou porque se percebe nele hoje o herdeiro daquilo que se convencionou chamar de "Romanidade". Durante o século XIX, os eruditos alemães, a quem devemos as primeiras edições das fontes escritas sobre o mundo romano e sobre os reinos romano-germânicos – notadamente o ***Corpus Inscriptionum Latinorum*** e os ***Monumenta Germaniae Historica*** – estavam majoritariamente convencidos que o ano 476 d.C. marcou o fim do Império no Ocidente. Eles acreditavam que as invasões germânicas significaram o triunfo de povos jovens e virtuosos face a um Império "decadente" e "corrompido". Para esses autores, era difícil, e até mesmo impossível, aceitar a descrição negativa dos francos feita pelos historiadores franceses. Aqueles que teriam trazido ao Ocidente um vigor novo, e que o teriam regenerado após séculos de crise política, econômica e moral, decididamente não poderiam ser os criminosos de que falavam os historiadores franceses.

Para muitos historiadores franceses no mesmo período, a predominância dos elementos germânicos na formação das monarquias ocidentais teria acarretado uma brutal regressão política. A publicação dos **Récits des temps mérovingiens**, de Augustin Thierry, em 1840, em muito contribuiu para a difusão da "lenda negra" dos francos. A. Thierry queria demonstrar que o conflito entre a burguesia e a aristocracia do seu tempo tivera como origem o antagonismo entre os galo-romanos e os invasores bárbaros[4].

Ambas as interpretações mencionadas reconhecem a predominância do legado germânico na formação dos reinos ocidentais, daí a utilização da expressão "Escola germanista" para designá-las. Nascida na França do século XVIII, essa corrente historiográfica não hesitava em apontar os reinos bárbaros como o fruto da conquista germânica e do fim do Império Romano. Essa tendência tornou-se majoritária entre os historiadores de língua francesa ao longo dos séculos XIX e XX. Entre os adeptos da "Escola germanista" na Alemanha, havia G. Waitz, R. Sohm, W. Sickel e F. Dahn. Há vários pontos em comum na argumentação dos

---

[4] Ver A. Dhôtel, "Préface", In: A. Thierry, **Récits de temps mérovingiens, précédés de Considérations sur l'histoire de France**, pp. 9-22.

adeptos alemães do "germanismo": eles viam os germânicos como povos "virtuosos" cuja contribuição maior teria sido a de libertar os povos do Ocidente do domínio da aristocracia romana; para eles, os reis merovíngios teriam exercido o governo na Gália muito mais em razão de um direito de conquista do que por uma delegação imperial. Entretanto, nem todos os historiadores alemães do século XIX professaram o credo germanista. C. von Savigny (1779-1861) e Th. Mommsen (1827-1903) sustentaram ambos a sobrevivência do direito romano na Alta Idade Média.

A perenidade da herança imperial, após e apesar das invasões, é o corolário da "Escola romanista", cujo primeiro expoente foi um francês, o abade Dubos. Em sua obra, intitulada **Histoire critique de l'établissement de la monarchie française dans les Gaules**, ele apresenta Childerico (c.456 – c.482) e Clóvis como súditos do imperador, ao invés de conquistadores da Gália. O poder real dos merovíngios ter-se-ia originado, segundo o abade Dubos, de uma delegação conferida por Constantinopla. As instituições da monarquia franca seriam uma transposição de Roma, e não uma criação do mundo germânico. Essas idéias encontraram um sucesso limitado no ambiente historiográfico europeu até um período muito recente, pelas razões que mostraremos a seguir.

Na França, durante o século XIX, o debate em torno da transição da Antigüidade à Idade Média constitui-se em uma espécie de "front acadêmico" do combate nacional. Para os germanistas franceses, a "Germanité" foi durante muito tempo sinônimo de crueldade e decadência. Esta tendência já era visível a partir da primeira metade século XIX. J.-M. Lehuërou, em livro publicado em 1842, afirmava que os francos eram, em sua origem, povos renegados, expulsos de sua terra natal pela sua barbárie e pela ferocidade de seus costumes[5]. No entanto, foi durante a 3ª República, e sob o choque da derrota de 1871, que os medievalistas franceses se habituaram a apresentar o desaparecimento do

---

[5] J.-M. Lehuërou, **Histoire des institutions mérovingiennes et du gouvernement des Mérovingiens jusqu'à l'édit de 615 (sic)**, pp.100-101.

Estado e o triunfo dos interesses privados como os corolários naturais da "crueldade" dos povos germânicos[6]. Se a preocupação dos primeiros "germanistas" franceses era identificar até onde o estabelecimento dos bárbaros na Gália tinha sido a fonte principal de legitimidade dos privilégios da nobreza, mais tarde, durante o século XIX, eles passaram a associar o triunfo das tradições germânicas à regressão brutal dos costumes políticos. Com a queda do Império do Ocidente, a *res publica*, encarnação suprema da vontade dos cidadãos, teria cessado existir, levando com ela as instituições públicas. Somente o "direito" teria sobrevivido, mas unicamente como encarnação da vontade pessoal dos soberanos, até sucumbir por sua vez em face de uma aristocracia predadora que se amparou de todo o poder político, provocando o ocaso do poder real.

Historiadores e arqueólogos franceses habituaram-se a opor a "crueldade", inerente ao mundo germânico, à "civilização" romana, da qual a França moderna seria a herdeira[7]. E quando faziam referência aos "bárbaros", eram os alemães que eles visavam. Para citar apenas um exemplo, E. Salin dedicou sua obra sobre a arqueologia merovíngia à memória do Marquês de Baye que, segundo ele, "percebeu o alcance profundo das grandes invasões do século V", e também à memória de J. Déchelette, cuja carreira tinha sido interrompida na aurora das "grandes invasões"

---

[6] Ver P. Geary, "Différence ethnique et nationalisme au XIXe siècle: un paysage empoisonné", In: **Quand les nations refont l'histoire. L'invention des origines médiévales de l'Europe**, Paris, 2004, pp.25-56.

[7] Em suas **Leçons à l'impératrice**, N.D. Fustel de Coulanges escreveu: "*Roma criou a administração. Seu sistema administrativo desabou ao mesmo tempo que o Império; mas restaram lembranças, tradições. Um dia, a realeza franca recuperou essas lembranças e essas tradições e começou a reconstruir pouco a pouco o velho edifício. Eu devo dizer que a longo prazo ela conseguiu. Quanto às leis romanas, elas nunca desapareceram completaemte. É verdade que outras leis, germânicas e feudais, vieram se estabelecer na Franca, mas sem sufocar as leis romanas. As duas legislações, romana e feudal, viveram lado a lado entre nos durante séculos, inimigas entre elas e não cessando de guerrear. A luta se terminou somente em 1789 pela vitória das leis romanas, que predominaram efetivamente e que formam hoje as bases de nosso Código Napoleônico*" (**Leçons à l'impératrice sur les origines de la civilisation française**, pp. 140-141).

do século XX[8]. É clara aqui a intenção do autor em apontar uma linha de continuidade entre a "barbárie" dos antigos germânicos e a moderna "barbárie" alemã.

Não se pode dividir os historiadores do mundo franco entre os adeptos das teses "germanistas" e os adeptos das teses "romanistas". Na França e na Alemanha, historiadores que professavam idéias da "Escola germanista" chegaram a conclusões diametralmente opostas sobre a natureza da monarquia franca. Além disso, as obras de alguns autores mostram a relativa permeabilidade entre os argumentos germanistas e os argumentos romanistas. É o caso de N.D. Fustel de Coulanges. Ele acreditava que as instituições e o direito romanos sobreviveram às invasões; ao mesmo tempo, considerava que o que havia de negativo na monarquia franca era de origem germânica[9]. Em sua obra, **Histoire des institutions politiques de l'ancienne France**, Fustel de Coulanges afirmava que como as instituições germânicas eram inexistentes ou ineficazes para responder às necessidades de um sistema político complexo, Clóvis e seus descendentes não teriam tido outra solução senão governar como seus antecessores romanos. No entanto, ele sustentava que o germanismo, verdadeira força destrutiva, ter-se-ia exprimido pela privatização do poder político e pela violência. Fustel de Coulanges queria provar que a formação dos reinos bárbaros não tinha provocado o fim da romanidade. Ele via nas tomadas de posição dos historiadores alemães um mero reflexo de suas paixões nacionais: o sentimento patriótico, e não a leitura dos textos, é que teria engendrado a interpretação dos historiadores alemães sobre a monarquia franca[10]. A obra de Fustel de Coulanges, apesar de suas pretensões de impessoalidade e de objetividade, vibrava de todos os ecos das querelas ideológicas de seu tempo,

---

[8] E. Salin, **La civilisation mérovingienne d'après les sépultures, les textes et le laboratoire**, t. I, **Les idées et les faits**.

[9] Sobre Fustel de Coulanges, ver F. Hartog. **Le XIXe siècle et les historiens. Le cas Fustel de Coulanges.**

[10] **La monarchie franque**, 1888, p.31.

participando a todas as paixões históricas que animavam os eruditos de Paris e de Berlim e as exprimindo com uma força comparável a dos historiadores mais engajados do momento[11].

Fustel de Coulanges identificava na monarquia dos francos o ponto culminante da crise da idéia de *res publica* cujos primeiros sintomas remontariam à época do Baixo Império. O caráter patrimonial do sistema político merovíngio teria sua origem na transmissão do poder real segundo as regras do direito privado. Não somente a realeza seria um patrimônio que se transmitiria segundo as regras ordinárias, mas ela poderia mesmo ser legada por testamento ou por simples declaração de vontade, da mesma forma que um domínio[12]. Nunca antes dos merovíngios, dizia ele, o poder monárquico havia sido assim estreitamente associado a um bem privado[13]. Verdadeiros "proprietários do reino", esses príncipes teriam sido também mestres absolutos dos homens e das terras[14].

É difícil qualificar Fustel de Coulanges de "romanista" ou "germanista", dada a sutileza de sua análise: ele não subestimava a influência germânica nas instituições francas, mas, ao mesmo tempo, não aceitava a idéia de que o legado romano tivesse sido destruído. Por outro lado, sua afirmação segundo a qual o governo merovíngio era em três quartos romano não deixa dúvidas quanto às suas afinidades com as teses ditas romanistas[15]. Ainda assim, a constatação de Fustel de Coulanges segundo a qual a monarquia franca era "patrimonial" e "absoluta" marcou muito mais a historiografia francesa que suas conclusões sobre a sobrevivência das idéias e das instituições políticas romanas. Os historiadores franceses adotaram majoritariamente essas teses de Fustel de Coulanges, mas deixaram outras de lado. Sua afirmação segundo a qual as instituições

---

[11] H. Lavigne, "Introduction", In: N.D. Fustel de Coulanges, **La Gaule romaine**, pp.1-25.

[12] N.D. Fustel de Coulanges, **La monarchie franque**, pp.36-37.

[13] *Idem*, pp.649-651.

[14] Essa é, por exemplo, a opinião de P.-E. Fahlbeck, **La royauté et le droit royal francs durant la première période de l'existence du royaume (486-614)**, p. 70 et sq.

[15] N.D. Fustel de Coulanges, **La monarchie franque**, p. 651.

romanas sobreviveram à queda de Roma acabou se dissipando em numerosos trabalhos sobre a monarquia franca que, ao longo século XX, insistiram na tese do desaparecimento da autoridade pública.

Nas primeiras décadas do século XX, houve uma tentativa de se romper com a clivagem romanismo/germanismo. Na visão de F. Lot, por exemplo, procurar saber se a realeza franca estava mais próxima da antiga Germânia ou do Império Romano era um falso problema[16]. No livro **La fin du monde antique et le début du Moyen-Âge**, publicado em 1927, ele via na conquista, ou melhor, na "tomada" da Gália por Clóvis um evento decisivo que teria criado um "*sistema político mais original em sua forma e em suas estruturas que os outros reinos bárbaros nascidos da decomposição do mundo romano*". No entanto, o sentido negativo que F. Lot atribui a essa originalidade é bastante explícito: da mesma maneira que N.D. Fustel de Coulanges, ele descreve o *Regnum Francorum* como a propriedade do soberano. Quando da morte desse último, o reino seria dividido entre seus filhos sem se levar em conta a geografia, a etnografia, os desejos ou as conveniências das populações. Assim sendo, não haveria e não teria podido haver limites ao poder arbitrário do rei. Se é possível afirmar, como pretende P. Riché, que F. Lot foi um dos primeiros historiadores a recusar a ruptura entre Antiguidade e Idade Média[17], sua maior preocupação, contrariamente ao que afirma P. Riché, não estava em mostrar como as instituições do Baixo-Império sobreviveram na Alta Idade Média, mas como a anarquia institucional do Baixo Império prosseguiu nos reinos bárbaros. Esses últimos teriam sido incapazes de "regenerar" o mundo antigo e de criar "fórmulas políticas melhores"[18].

---

[16] F. Lot, **Naissance de la France**, p. 167.

[17] P. Riché, **Dictionnaire des Francs. Les temps mérovingiens**, p.216.

[18] F. Lot, **La fin du monde antique et le début du Moyen-Âge**, p. 433: "*A regeneração pelos bárbaros é uma tese sedutora* a priori. *Mas quando observamos nos textos a corrupção assustadora desses tempos, é impossível ver outra coisa nessa tese que um tema a declamação. As monarquias franca, visigoda, ostrogoda, lombarda, são, de mesmo que Bizâncio, aliança da decrepitude e da barbárie. Tais estados, sem nenhum frescor, sem virtude purificadora, não eram viáveis e somente podiam ter uma existência miserável. Nenhuma forca vital os animava, uma vez terminado o período guerreiro de sua constituição*".

O historiador belga F.L. Ganshof também buscou distanciar-se da polêmica entre "romanistas" e "germanistas". Entre todos as características das instituições da monarquia franca, ele chamou a atenção para a presença de "elementos de origem diversa" – numa tentativa de encontrar uma saída para o debate entre essas duas vertentes interpretativas. Segundo Ganshof, nem a tradição germânica, nem a tradição romana, teriam marcado a monarquia franca de uma maneira indelével a ponto que se pudesse falar em triunfo de um ou outro elemento[19]. Não obstante esse desejo de ultrapassar os limites estreitos do debate romanismo/germanismo, F.L. Ganshof se contentou em retomar a maior parte dos temas amplamente explorados por N.D. Fustel de Coulanges e por F. Lot: ele afirma que o poder real merovíngio é patrimonial e absoluto, e não possui outros limites além da guerra civil, do assassinato e do medo supersticioso de Deus e de seus santos[20].

Essa idéia, aliás, já se encontrava nos trabalhos de L. Halphen desde o final dos anos 1930. Através do qualificativo "bárbaro" que ele associava aos merovíngios, Halphen queria distinguir o Reino dos Francos sob os merovíngios, daquele "reformado" pelos carolíngios. O primeiro seria um produto da força, um conjunto de territórios heterogêneos unidos unicamente em razão da ambição guerreira de seus dirigentes. O mundo carolíngio teria conseguido, ainda que durante pouco tempo, reconstruir uma nova ordem sobre as ruínas do mundo antigo, e assim oferecer uma nova alma a um Ocidente mortificado[21]. Foi em um artigo publicado no final dos anos cinqüenta que essa comparação assumiu

---

[19] F.L. Ganshof, "Les traits généraux du sy̧stème d'institutions de la monarchie franque", pp. 91-127, especialmente, p. 93. Entre os que sustentam a idéia de uma "via media", e que recusam toda alternativa entre "germanismo" e "romanismo", há C. Pfiester ["Gaul under the Merovingian Franks. Institutions", pp.132-158, e também R. Folz, A. Guillou, L. Musset (**De l'Antiquité au monde médiéval**, pp.116-117].

[20] F.L. Ganshof, "Les traits généraux du système d'institutions de la monarchie franque", p. 97: *"O rei não é de forma alguma o detentor de um poder que em última instancia tenha pertencido a uma abstração, o Estado, a* res publica. *Sem que o rei tenha sido o proprietário de todo o solo no reino, o reino como tal era considerado como sua coisa".*

[21] L. Halphen, **Charlemagne et l'Empire Carolingien**, p. 17.

toda sua amplitude. L. Halphen constatava o desaparecimento de toda forma de autoridade pública sob os merovíngios. Em razão das invasões germânicas dos séculos V e VI, a *res publica* – o conjunto de todos os cidadãos, para o bem dos quais existia uma autoridade suprema – teria cedido lugar a uma concepção inteiramente oposta àquela elaborada pelos romanos, fundada unicamente nas conveniências pessoais dos príncipes. A noção de "bem público" somente teria sido incorporada à monarquia franca sob os carolíngios, graças à ação da Igreja. O príncipe carolíngio não teria sido somente o detentor de um conjunto de territórios dos quais ele retirava benefícios pessoais: ele falaria em nome da comunidade dos povos colocados sob sua autoridade; ele seria também o responsável pela salvação espiritual de seus súditos[22].

A idéia de que os reis merovíngios foram incapazes de edificar uma "Realeza Cristã" teve grande repercussão durante a década de 1960. R. Folz, em sua obra sobre a coroação imperial de Carlos Magno, reconheceu um princípio de cristianização na monarquia franca sob os merovíngios. Para ele, entretanto, esse processo somente teria dado seus frutos mais tarde, quando a Igreja franca emergiu da crise em que se encontrava desde a metade do século VII[23]. Os príncipes merovíngios teriam sido incapazes de compreender o programa que lhes era proposto pela Igreja. Essa também é a opinião de J. Imbert, para quem o caráter cristão da monarquia franca teria se afirmado somente após o golpe de Estado de Pepino, o Breve, e de sua dupla unção, em 751 e em 754[24]. Para esses autores, a "Realeza Cristã" é indissociável da unção real. Uma vez que as fontes não apresentariam o mínimo indício da prática da unção na Gália antes do século VIII, a fé cristã dos príncipes merovíngios seria apenas uma fina camada de sentimento religioso, que disfarçava mal as superstições. Somente o príncipe carolíngio, *"rex Dei*

---

[22] L. Halphen, "L'idée d'Etat sous les Carolingiens", pp. 92-104.

[23] R. Folz, **Le couronnement impérial de Charlemagne, 25 décembre 800**, pp. 36-37.

[24] J. Imbert, "L'influence du christianisme sur la législation des peuples Francs et Germains", pp. 365-396.

gratia" ("rei pela graça de Deus"), teria tido êxito em fundar uma realeza verdadeiramente cristã.

Os merovíngios são tratados por boa parte da historiografia como um espelho deformado dos carolíngios: seriam soberanos cúpidos demais e, sobretudo demasiado rústicos para terem sido um dia portadores de uma responsabilidade pública que consistia em conduzir o povo no caminho da salvação. Faltariam-lhes os meios: não teriam recebido para tal missão aquilo que era necessário, a benção contida no óleo santo[25]. O pouco de autoridade que tinham sobre os seus súditos dever-se-ia à crença desses últimos em suas origens míticas. Esse prestígio é que teria impedido os "prefeitos do palácio" de derrubarem com sucesso, pelo menos até a metade do século VIII, os reis que "não possuíam o poder real" (*non habentes regalem potestatem*), de acordo com a fórmula empregada pelos emissários de Pepino, o Breve, na entrevista com o papa Zacarias[26]. Para alcançar o poder real, os carolíngios teriam procurado junto à Igreja a legitimidade cristã para compensar e mesmo ultrapassar a legitimidade concedida pela tradição pagã. Face aos carolíngios, "reis cristianíssimos", os reis merovíngios constituem ainda hoje para muitos historiadores a síntese perfeita onde se misturam a violência, a crença supersticiosa nos antigos mitos germânicos e uma sacralidade de origem pagã.

A persistência da autoridade pública

Embora as opiniões sobre o caráter patrimonial e absoluto da monarquia franca fossem majoritárias entre os historiadores de língua francesa pelo menos até os anos 1970, elas nunca foram unânimes. É o que se pode observar através da obra de H. Pirenne: para ele, os francos, do mesmo modo que os lombardos, os visigodos e os burgúndios, conseguiram preservar as instituições imperiais. Ao descrever os reinos

---

[25] F. Lot, **Naissance de la France**, p. 168.

[26] ***Annales Regni Francorum***, p. 8.

ocidentais às vésperas da ocupação muçulmana da Espanha, H. Pirenne minimizava o caráter patrimonial normalmente atribuído às monarquias germânicas, e particularmente à Gália merovíngia. Segundo ele, se é verdade que o rei merovíngio se considerava proprietário do reino, a realeza não possuía um caráter tão patrimonial quanto se normalmente supunha. O rei distinguiria sua fortuna pessoal das finanças públicas. Pirenne acreditava, entretanto, que a noção de poder era mais "primitiva" entre os francos que entre os visigodos, pois quando da morte do rei o reino era dividido entre seus filhos. A tradição dessas divisões seria, segundo ele, conseqüência da conquista da Gália pelos francos e não o resultado da influência germânica. Childerico e Clóvis não teriam recebido um mandato do Império. A legitimidade obtida nos campos de batalha é que teria permitido a Clóvis transmitir aos seus herdeiros a terra franca[27]. As numerosas críticas recebidas pela tese de Pirenne no que se refere à relação entre a expansão muçulmana, o fechamento do Mediterrâneo ocidental aos cristãos e o deslocamento do eixo econômico do Ocidente para a Europa setentrional, atingiram igualmente suas considerações sobre a natureza romana das "monarquias bárbaras"[28]. Na Alemanha, onde o sentimento patriótico era muitas vezes indissociável da defesa dos pressupostos germanistas, sua tese também não recebeu uma acolhida favorável[29]. H. Pirenne foi, todavia, um dos poucos historiadores de língua francesa de seu tempo a sustentar a idéia de continuidade do Império Romano. A verdadeira ruptura, segundo ele, teria se produzido quando do fechamento do Mediterrâneo à navegação e ao comércio dos cristãos.

---

[27] H. Pirenne, **Mahomet et Charlemagne**, p.34.

[28] Em suas críticas à tese de Pirenne, W. Carrol Bark afirma, por exemplo, que a ruptura que Pirenne identifica como sendo originária da expansão muçulmana, teria de fato resultado das invasões germânicas dos séculos V e VI (**Origens da Idade Média**, pp. 16-47).

[29] Talvez a única excessão seja o trabalho de E. Fueter, publicado nos anos 1930 (**Der Beginn des Mittelalters**, reimpresso em **Zur Frage der Periodengrenze zwischen Altertum und Mittelalter**, pp.49-54).

M. Silber é um dos raros partidários da idéia de continuidade da herança romana nos reinos ocidentais nas primeiras décadas após a Segunda Grande Guerra. Ele defendia a idéia da continuidade entre Roma e os reinos germânicos e colocava em dúvida a validade de termos tais como "Império Romano do Ocidente" e "queda do Império Romano do Ocidente". Segundo ele, mesmo que tenham existido, após 395, dois imperadores, os romanos reconheciam somente um Império. Falar do fim do Império do Ocidente seria incorreto, na medida em que subsistiria em Constantinopla um imperador e um Império reconhecido por todos, inclusive no Ocidente. Os reis bárbaros deviam seu próprio poder unicamente às posições que ocupavam no seio da hierarquia imperial, e em razão de uma concessão do imperador[30].

Na França, foi preciso esperar até o início dos anos 80 para que ocorresse uma evolução na percepção historiográfica da monarquia franca. K.F. Werner, que dirigiu o *Instituto Histórico Alemão de Paris* durante cerca de um quarto de século, foi um dos pioneiros dessa mutação historiográfica. Um dos eixos dos trabalhos de Werner é a crítica à tese da conquista da Gália pelos francos. Num artigo célebre (**"La conquête franque de la Gaule: itinéraires historiografiques d'une erreur"**), cujo titulo é uma resposta a um artigo de M. Bloch publicado em 1929 (**"Observations sur la conquête de la Gaule romaine par les rois francs"**), Werner sustentava que os povos germânicos não conquistaram o Império para em seguida substituí-lo por uma "Germânia". Nenhum rei germânico jamais teria estendido as fronteiras primitivas de seu reino de maneira que um "Estado germânico" viesse a substituir duravelmente uma parte do mundo romano. A tese do fim do Império seria apenas um "mito historiográfico", pois esse império teria sobrevivido mesmo no Ocidente durante muitos séculos após as invasões. As estruturas hierárquicas romanas, afirma ele, não sucumbiram às invasões bárbaras

---

[30] M. Silber, **The Gallic Royalty of the Merovingians in its Relationship to the "Orbis Terrarum Romanum" during the 5th and the 6th Centuries A.D.**, p. 40.

pela simples razão de que o que ocorreu foi uma tomada do poder no interior do mundo romano pelos chefes bárbaros. Os reinos germânicos teriam sido durante muito tempo Estados fundados pelos chefes bárbaros no interior das províncias romanas[31]. Werner responsabiliza uma parte da historiografia moderna pela má reputação dos merovíngios: os franceses não acreditariam que eles eram bons e verdadeiros cristãos, ao passo que os alemães lhes imputariam o fato de terem sofrido a influência galo-romana a ponto de terem abandonado sua "germanidade". Apesar dessa má reputação, K.F. Werner identificava no edifício político merovíngio as características inerentes a um "Estado cristão". As guerras civis e o assassinato, muitas vezes apontados como traços essenciais da realeza fundada por Clóvis, não teriam impedido que a paz reinasse de maneira mais eficaz sob os merovíngios que durante o Baixo Império.

Apesar dessa evolução da historiografia sobre o mundo franco descrita anteriormente, a visão negativa da realeza merovíngia, enunciada por Fustel de Coulanges, e retomada por F. Lot, L. Halphen e F.L. Ganshof ainda marca alguns trabalhos de não-especialistas do mundo franco. Pode-se mencionar a esse respeito o trabalho de A. Vauchez sobre a espiritualidade na Idade Média ocidental, publicado em 1994. Vauchez retomou o paralelo entre os períodos merovíngio e carolíngio, como ele tinha sido apresentado por L. Halphen. O rei merovíngio, dizia, era um déspota que tinha seu poder do sangue. O seu arbítrio teria sido limitado apenas pela guerra civil, o assassinato e o temor supersticioso de Deus e de seus santos. Os príncipes carolíngios, devido ao papel desempenhado por eles na Igreja e a sociedade, apareceriam como verdadeiros pastores responsável pela salvação das almas. Essa nova concepção da função real seria conseqüência da sagração, que além de dar ao príncipe um prestígio de ordem sobrenatural, marcaria também certa predominância dos bispos[32].

---

[31] K.F. Werner, **Les origines, avant l'an Mil**, p.351-361. Ver também, K.F. Werner, **Les origines de la noblesse**, pp.41-42.

[32] A. Vauchez, **La spiritualité dans le Moyen-Âge occidental**, p.19.

As pesquisas sobre a monarquia franca levadas a cabo nos últimos anos parecem confirmar as idéias de K.F. Werner: elas mostram que o poder público, suas práticas administrativas, a linguagem das chancelarias e mesmo os títulos concedidos aos funcionários na Gália, não passaram por uma mudança suficientemente importante após as invasões para que se possa falar em ruptura. Os especialistas do mundo franco tendem hoje a considerar que a administração romana na Gália merovíngia não foi destruída pelos francos[33]. Retomando a questão colocada no inicio dessa introdução, procuraremos discutir agora as razões dessa "guinada historiográfica". Dois fenômenos podem ajudar-nos a compreendê-la. O primeiro é a reavaliação de que foi objeto o Baixo Império em trabalhos recentes: esse período é cada vez menos visto sob a ótica da crise e da decadência[34]. A existência da "crise do século III" vem sendo questionada[35], bem como a idéia de uma ruptura brutal entre o Alto Império e

---

[33] W. Goffart, "Old and New in Merovingian taxation", pp.213-231; P. Riché, P. Riché, **Education et culture dans l'Occident barbare (VIe-VIIIe siècle)**, p. 75; E. Magnou-Nortier, "Étude sur le privilège d'immunité du IVe au IXe siècle", pp. 465-512 et pp. 474-481; do mesmo autor, "Les *Pagenses*, notables et fermiers du fisc durant le haut Moyen-Âge", pp. 237-256; e também, "La gestion publique en Neustrie. Les moyens et les hommes (VIIe-IXe siècles)", pp. 271-320. J. Durliat, "Attributions civiles des évêques mérovingiens: l'exemple de Didier, évêque de Cahors (630-655)", pp. 237-254; do mesmo autor: "Le salaire de la paix sociale dans les royaumes barbares (Ve-VIe siècles)", pp.21-72; **Les finances publiques de Diocletien aux Carolingiens (284-889)**; "*Dominum* et puissance sociale des papes au VIIe siècle", pp. 13-50; "Les fonctions publiques de la noblesse gallo-franque (481-561)", pp. 193-215; "*Episcopus*, *civis* et *populus* dans les *Historiarum Libri* de Grégoire de Tours", pp. 185-193. Entre os historiadores anglo-saxões, ver P.J. Geary (**Naissance de la France. Le monde mérovingien**), e I. Wood (**The Merovingian Kingdoms**).

[34] Ver, por exemplo, H.-I. Marrou, **Décadence romaine ou Antiquité Tardive ?**, e também P. Brown, **Génèse de l'Antiquité Tardive**.

[35] J.-M. Carrié, A. Rousselle, **L'Empire romain en mutation des Sévères à Constantin, 192-337.** Ver também o excelente dossiê publicado por J. Durliat na revista **Francia**, e que trata da renovação dos estudos sobre o Baixo-Império e os primeiros séculos da Idade Média ["Qu'est-ce que c'est le Bas-Empire? A propos de trois ouvrages récents", pp. 137-154; "Qu'est-ce que c'est le Bas-Empire?", pp. 125-138 ; "Bulletin d'études protomédiévales – La Loi", pp. 79-95; "Bulletin d'études protomédiévale – Systèmes de pensée", pp. 129-151; "Bulletin d'études protomédiévales – Les institutions et les hommes", pp. 231-244].

o Baixo Império[36]. Poucos historiadores hoje crêem que a chegada dos francos, dos burgúndios ou dos ostrogodos tenha marcado uma ruptura com as tradições romanas[37]. Vários trabalhos mostraram, além disso, que a sobrevivência do Império não era uma "ficção constitucional", um meio utilizado pelos círculos nostálgicos da "romanidade" para mascarar a emergência de reinos autônomos no interior das fronteiras do Império[38]. As invasões bárbaras foram provavelmente superestimadas nos trabalhos de historiadores fascinados pelo tema da "decadência do Império romano"[39].

Outro fenômeno, de natureza política, que contribuiu para a renovação dos estudos sobre os francos foi, nos anos que se seguiram à Segunda Guerra Mundial, o fim do antagonismo secular entre a França e a Alemanha. Isso abriu caminho para reflexões historiográficas menos impregnadas pelas paixões nacionais. A partir do final da Segunda Grande Guerra, o clima na Alemanha já não era mais propício à glorificação da "comunidade nacional" e das virtudes guerreiras dos povos germânicos. Do lado francês, as novas gerações de historiadores

---

[36] Um bom exemplo da renovação historiográfica sobre o Baixo Império é o livro de G. Ventura sa Silva (**Reis, santos e feiticeiros. Constâncio II e os fundamentos místicos da basileia, 337-361**). Ver também, F. Vittinghoff, "Zur Verfassung der spätantiken Stadt", In: **Studien zu den Anfängen des europäischen Städtewesens**, pp. 11-39; H.-J. Horstkotte, **Die Theorie vom spätrömischen "Zwangsstaat" und das Problem der "Steuerhaftung"**.

[37] A esse respeito, ver P. Classen, **Kaiserreskript und Königsurkunde. Diplomatische Studien zum Problem der Kontinuität zwischen Altertum und Mittelalter**, p. 38; G. Tessier, **Diplomatique royale française**, pp. 3-26; J. Vezin, "L'influence des actes des hauts fonctionnaires romains sur les actes de Gaule et d'Espagne au VIIe siècle", pp. 71-74.

[38] Contra R.A. Markus, "Les commencements (v. 350 – v. 750)", pp. 78-147, especialmente, p.83.

[39] M. Cândido da Silva, **4 de Setembro de 465: A Queda de Roma.** Mais recentemente, assiste-se a uma retomada do tema da "decadência" de Roma e do "fim da civilização". É o caso, notadamente, do livro de B. Ward-Perkins, **The Fall of Rome and the end of civilization**, publicado em 2005. Para esse autor, o Império Romano entrou em colapso em razão de uma invasão violenta, e os séculos seguintes a esse desaparecimento teriam sido efetivamente "sombrios".

também conseguiram pouco a pouco escapar ao clima de hostilidade para com a Alemanha. O debate sobre a monarquia franca, nascido com os nacionalismos do século XIX, perdeu sua virulência no mesmo momento em que se iniciava a construção européia. Nessa nova conjuntura, o título de um artigo de A. Loyen, de 1963, parece, no mínimo, exótico: **"Resistentes e colaboradores na Gália na época das grandes invasões"**[40]. Nos últimos anos, tanto as obras publicadas quanto os colóquios realizados sobre a Alta Idade Média testemunham da premência do enfoque "europeu" em detrimento de enfoques nacionais. Poderíamos mencionar, nesse sentido, o estudo comparativo de B. Dumézil sobre a conversão ao cristianismo na Espanha visigótica e na Gália franca (**Les racines chrétiennes de l'Europe**), bem como o colóquio organizado em setembro de 2006 por M. Rouche para comemorar os 1500 anos da publicação do Breviário de Alarico (**Les fondements de la culture européenne**).

Seria um exagero imaginar que há uma relação de causa e efeito entre a rivalidade franco-alemã e as visões respectivas dos historiadores franceses e alemães a respeito da Realeza franca. Deve-se, no entanto, sublinhar que o debate entre a "Escola germanista" e a "Escola romanista", na França e na Alemanha, não pode ser apreendido inteiramente sem se compreender as relações, freqüentemente tensas, entre estes dois países desde a proclamação do Império alemão na galeria de espelhos do palácio de Versailles, em 1871. K.F. Werner tinha isso em mente quando escreveu que a melhor maneira de se compreender a história da Gália entre os séculos IV-IX era através dos textos e vestígios autênticos do período, e não das idéias dos séculos XIX e XX[41].

---

[40] Publicado no **Bulletin Assoc. G. Budé** 22 (1963), pp. 437-450.

[41] K.F. Werner, "Préface", In: J. Durliat, **Les finances publiques**, p. ix.

A "sacralidade" como problema historiográfico

O tema do prestígio sobrenatural dos reis francos começou a ser explorado pela historiografia no início do século XX. O interesse dos historiadores pela "realeza sagrada" deve-se em grande parte à influência da Antropologia e de obras tais como **O ramo de ouro** e **As origens mágicas da realeza**, de James Frazer. Essa influência se concretizou com a publicação, em 1924, do livro de M. Bloch, **Os reis taumaturgos**. Nessa obra, que é também um dos textos fundadores da chamada *École des Annales*, Bloch analisa a evolução da crença no milagre régio entre os séculos XII e XIX, ou seja, na capacidade dos reis franceses e ingleses em curar o mal das escrófulas. No capítulo 2 de sua obra, ele busca identificar as origens do poder miraculoso dos reis na realeza sagrada dos primeiros séculos da Idade Média. A base da crença no milagre régio estaria, segundo Bloch, na aura de sacralidade que teria envolvido os personagens reais desde a antiga Germânia. Na visão de M. Bloch, o advento do cristianismo, verdadeira "revolução religiosa", teria privado a realeza germânica de seu caráter semi-divino, reduzindo os reis a simples chefes de Estado, mas somente do ponto de vista oficial[42]. Do ponto de vista da "consciência coletiva", no entanto, esses reis teriam sobrevivido como criaturas sobrenaturais. A referência feita por Gregório de Tours aos "reis de longos cabelos" indicaria essa sobrevivência. Ela teria sido, aliás, decisiva para que a família merovíngia pudesse impor sua autoridade sobre os francos. O aparecimento da unção nos reinos ocidentais ao longo dos séculos VII e VIII, sintoma da conversão de seus reis ao catolicismo, teria sacralizado a realeza de um ponto de vista cristão. Ainda assim, a "sacralidade germânica" teria sobrevivido incólume, a ponto de ter contribuído, séculos mais tarde, para o surgimento e a consolidação da prática régia de tocar as escrófulas na França e na Inglaterra. Além do interesse que suscitou entre os historiadores pelas "mentalidades", ou

---

[42] Essas opiniões foram combatidas por H. Fichtenau (**L'Empire carolingien**, p. 85), por Y. Congar (**L'ecclésiologie du Haut Moyen-Âge**, p.297) e também por G. Duby (**Les trois ordres ou l'imaginaire du féodalisme**, p. 47).

ainda pela "longa duração", a obra de M. Bloch incorporou ao debate historiográfico o tema da "realeza sagrada", que até então era o monopólio da Antropologia[43].

Um estudo sobre a "sacralidade germânica" dos reis merovíngios confronta-se, no entanto, com o seguinte problema, que o próprio M. Bloch reconhecia: não há nenhum indício dessa sacralidade nos textos

---

[43] De acordo com M. Bloch a assimilação pelos príncipes cristãos das competências que pertenciam normalmente aos clérigos tinha, aos seus olhos, certos limites. A simbiose entre a função real e a função sacerdotal no mundo cristão não teria nunca sido completa e jamais poderia sê-lo. O sacerdócio comportaria, no entender de um católico, privilégios de ordem supra-terrestre perfeitamente definidos e que só a ordenação conferiria. De acordo com Bloch, nenhum monarca na Idade Média jamais se creu capaz de celebrar o Santo sacrifício da missa e, consagrando o pão e o vinho, de invocar a presença de Deus no altar. Outras civilizações, a antiga Germânia, a Grécia dos tempos homéricos, teriam conhecido reis-sacerdotes; na cristandade medieval, a existência desta dignidade híbrida seria inconcebível (M. Bloch, **Les rois thaumaturges**, p.186). Em trabalho apresentado no Colóquio de Royaumont sobre a Realeza sagrada, J. Le Goff, mostrou-se igualmente consciente das limitações impostas pela ortodoxia religiosa à idéia de rei sagrado. No entanto, para ele, a insistência da Igreja em considerar o rei como um laico não colocava em causa a existência de uma sacralidade real plena. Assim, o ritual da sagração evocaria um caráter ao mesmo tempo episcopal, sacerdotal e diaconal das funções de rei, ainda que limitações estritas bloqueassem a possibilidade do rei de ser e de aparecer como um *rex-sacerdos*. O rei, que a unção divina realizada pela Igreja teria transformado em um "novo Davi", encabeçaria uma teocracia cristã (J. Le Goff, "Aspects religieux et sacrés de la monarchie française du Xe au XIIIe siècle", pp.19-28). A essa visão de J. Le Goff, opõe-se a de A. Boureau. Inspirado na análise de L. Dumont sobre a Índia bramânica antiga, Boureau procurou demonstrar que o monarca ocidental na Idade Média jamais pôde desenvolver uma sacralidade autônoma, em virtude de sua inserção num sistema hierárquico que o englobava. Segundo ele, o monopólio clerical do sagrado, no Ocidente, bem como na Índia, teria reduzido consideravelmente o caráter sagrado da monarquia (A. Boureau, "Un obstacle à la sacralité royale en Occident. Le principe hiérarchique", pp. 29-36). A. Guéry, em sua análise sobre as diversas formas de sacralidade monárquica, mostrou que nas monarquias cristãs do Ocidente medieval, o rei, detentor de um poder de origem divina, permaneceu apesar de tudo um homem, ainda que um intercessor entre a divinidade e a humanidade e um modelo dado ao seu povo por Deus (A. Guéry, "La dualité de toutes les monarchies et la monarchie chrétienne", pp.39-51). Em que pesem as diferenças entre uma e outra abordagem, os autores que têm trabalhado sobre o tema da sacralidade cristã na realeza medieval tendem, portanto, a enxergar limites a essa mesma sacralidade, e a questionar a existência do rei-sacerdote no universo cristão.

ou nos vestígios arqueológicos do período merovíngio[44]. Isso não significa que os reis merovíngios não fossem cercados de um prestígio "sobrenatural" de origem germânica. É necessário, no entanto, reconhecer que um estudo nesse sentido tem sérios limites, que somente podem ser ultrapassados com excesso de criatividade. É preciso também relativizar a própria noção de "sacralidade". Na história dos sistemas políticos, a sacralidade não constitui um fenômeno excepcional, muito pelo contrário. As monarquias, tanto no Ocidente quanto no Oriente, e até mesmo os regimes do antigo bloco socialista, conheceram a elevação de seus governantes a um estatuto mais ou menos sobrenatural. Contudo, como categoria de alcance "universal", a noção de sacralidade não é historiograficamente operacional[45]. Ao invés de se idealizar a sacralidade como algo difuso, e de certo modo inseparável de todas as formas de regime político, é necessário tentar pensá-la historicamente, limitando-a a uma época e a um espaço precisos, no caso específico deste livro, a Gália merovíngia entre os séculos VI e VII. Além disso, a idéia da sacralidade germânica se fundamenta no pressuposto equivocado de que os povos francos no século VI eram recém-saídos das florestas da Germânia.

---

[44] Essa opinião é partilhada pela maioria dos estudos que tratam do tema. Ver, a esse respeito, o artigo de A.C. Murray, "*Post vocantur Merohingii*: Fredegar, Merovech, and 'Sacral kingship'", pp. 121-152. Ver também, M. Cândido da Silva, "O problema da sacralidade real na monarquia franca", pp. 138-142.

[45] Um exemplo da utilização demasiado ampla da noção de sacralidade é o verbete de V. Valeri, "Realeza", publicado na Enciclopédia Einaudi. Nesse verbete, Valeri afirma que o que define a Realeza é o fato de que no exercício de suas prerrogativas, o rei encarnaria os valores fundamentais da sociedade sobre a qual ele reina, sendo considerado como um ser sagrado e às vezes divino: "Mesmo quando o rei não é sagrado *strictu sensu*, ele tem relações privilegiadas com aquilo que é sagrado : deus ou clérigo que é seu intérprete" (V. Valeri, "Realeza", pp.415-445, especialmente, p.415). O caráter fora do comum da pessoa real seria assim um componente das civilizações africanas, indo-européias e asiáticas. O mínimo que podemos dizer é que a relação com o sagrado não assumiu uma forma homogênea em todas essas sociedades. Há uma grande distância entre a identificação do personagem real com um ser divino e a crença de que o poder do rei é de origem divina. ara uma definição menos ampla e mais "histórica" da Realeza, ver H. Anton, "König, Königtum", col. 1298-1306.

Ora, fazia mais de dois séculos que eles viviam no interior do Império. Entre as "aparências oficiais" de uma monarquia "laica" e os indícios "subterrâneos" de uma monarquia "sagrada", M. Bloch não hesitou em escolher a primeira opção[46]. Aqueles que optavam pelo outro caminho, ele chamava, não sem razão, de "folcloristas demasiado ardentes"[47].

Ainda que os defensores da abordagem histórico-antropológica da realeza tenham se preocupado com as "bases invisíveis" da legitimidade dos reis francos – algo desprezado pela história política tradicional –, eles subestimaram o alcance da cristianização da realeza merovíngia. Muito se escreveu sobre o fato de que os reis merovíngios tinham seu poder da força, de um prestígio sagrado de origem germânica ou ainda da conquista da Gália aos Romanos. No entanto, não existe nenhuma reflexão mais ampla sobre o papel desempenhado pela herança romano-cristã na construção da autoridade pública durante esse período. Durante mais de dois séculos, os historiadores habituaram-se a descrever as monarquias que sucederam o Império Romano no Ocidente como a "aliança da decrepitude com a barbárie". Dezenas de adjetivos foram utilizados ao longo desse período para salientar o caráter primitivo dos "reinos bárbaros"[48]. Ainda que os historiadores estejam hoje mais atentos ao legado dos romanos à realeza merovíngia, e menos dispostos a considerar Clóvis como o conquistador da Gália, não há nenhum estudo sistemático sobre a cristianização da monarquia franca durante o período

---

[46] M. Bloch, **Les rois thaumaturges**, pp. 409-429.

[47] *Ibid.*, p. 60, n.1.

[48] Um dos casos mais recentes é o livro de O. Pontal, **Les canons des conciles mérovingiens**, publicado em Paris em 1989; segundo essa autora: "*Os príncipes merovíngios, ávidos cruéis, usurpadores e não temendo o crime para aumentar seus benefícios, fausseiam a idéia do cristianismo e se mantém no crime pelas praticas de uma piedade supersticiosa. Fundar incessantemente ricos monastérios, dar aos monges e aos clérigos vastos domínios, isenta-los de todo imposto, estender essas isenções a cidades inteiras em honra de qualquer santo, buscar relíquias em todos os lugares e ligar a salvação eterna a um exterior de devoção, são as virtudes celebradas o mais freqüentemente pelos antigos analistas. Face a esses príncipes, encontramos bispos que, incapazes de refrear sua barbárie, exploram suas tendências supersticiosas*" (p. 44).

merovíngio, à exceção de alguns artigos ou de capítulos de obras mais gerais[49]. O reconhecimento de uma dimensão cristã à realeza merovíngia limita-se ainda hoje a dois aspectos principais: primeiramente, ao fato de que os eclesiásticos não cessaram de exortar os reis merovíngios para que esses últimos incorporassem às suas atividades de governo noções tais como a piedade (*pietas*), a humildade (*humilitas*) e a equidade (*aequitas*); em segundo lugar, os historiadores também constatam que os príncipes daquela dinastia eram comparados algumas vezes pelos seus contemporâneos aos reis do Antigo Testamento, notadamente Salomão e Davi. Entretanto, o processo de cristianização da realeza merovíngia não se resumiu a um conjunto de exortações piedosas dirigidas pelos clérigos aos reis, ou ainda à elaboração de um modelo ideal de governante que, confrontado até a exaustão com o "governante real", acabaria por triunfar sobre ele. As implicações sócio-institucionais do processo de cristianização, as mudanças no exercício da autoridade real que daí

---

[49] Nos anos 1950, E. Ewig buscou mostrar como os reinos ocidentais, notadamente o Reino dos Francos na época merovíngia, bem como o Reino dos Visigodos, contribuíram para a formação da Realeza Cristã. Ele menciona um progresso crescente da cristianização da monarquia sob o reinado de Gontrão (561-592) e de Brunilda. De acordo com Ewig, somente após os reinados de Clotário II e, sobretudo de Dagoberto, na primeira metade do século VII, é que se elaborou uma noção de serviço cristão para a realeza, ainda que essa noção tenha se restringido, num primeiro momento, à idéia de assistência à Igreja. (E. Ewig, "Zum christlichen Königsgedanken im Frühmittelalter", pp.7-73, especialmente, pp. 17-19). Ver também os trabalhos de M. Heinzelmann [**Bischofsherrschaft in Gallien. Zur Kontinuität römischer Führungsschichten vom 4. bis zum 7. Jahrhundert. Soziale, prosopographische und bildungsgeschichtliche Aspekte**; et aussi **Gregor von Tours (538-594): "Zehn Bücher Geschichte": Historiographie und Gesellschaftskonzept im 6. Jahrhundert**. E também, "Studia sanctorum. Education, milieux 'instruction et valeurs éducatives dans l'hagiographie en Gaule jusqu'à la fin de l'époque mérovingienne', pp. 105-138; F. Dolbeau, M. Heinzelmann, J.-C. Poulin, "Les sources hagiographiques composées en Gaule avant l'an Mil (SHG). Inventaire, examen critique, datation", pp.701-731. A obra de Y. Saissier, [**Royauté et idéologie au Moyen Age, Bas-Empire, Monde Franc, France (IVe-XIIe siècle)**, Paris, 2002] é o mais recente exemplo de obra geral que aborda a cristianização da realeza merovíngia, no capítulo 2, intitulado "La royauté romano-barbare" (pp.70-115). Ver também, a esse respeito, o artigo de Régine Le Jan, "La sacralité de la royauté mérovingienne", pp.1217-1241.

decorreram, permanecem ainda hoje pouco estudadas. As exortações episcopais ou papais não foram suficientes para a cristianização da monarquia franca. Para tanto, era necessário que as idéias veiculadas pelos clérigos encontrassem terreno favorável junto ao poder real, e que esse último estivesse disposto a tomar medidas que fossem consonantes com as aspirações da hierarquia eclesiástica. Para examinar o processo de cristianização sob esse ângulo, é necessário ampliar o terreno de visão e enxergar, além do domínio das idéias, o das relações entre o poder político e a sociedade. A cristianização da Realeza franca traduziu-se no advento de uma autoridade pública profundamente impregnada de uma visão cristã dos deveres dos governantes para com os governados, o que teve implicações no exercício das prerrogativas tradicionais do governante e em suas relações com a sociedade. Esse é um caminho de pesquisa que ainda não foi suficientemente explorado[50].

Este trabalho, ao invés de se concentrar em uma "sacralidade germânica" imperscrutável, tentará analisar a influência sobre a realeza franca das práticas institucionais e das concepções políticas do Império Cristão, bem como das exortações episcopais. Tentar-se-á compreender de que modo um conjunto de preceitos de ordem moral e religiosa uniu-se progressivamente aos deveres tradicionais do príncipe para com os seus súditos, alterando ao mesmo tempo a própria natureza do exercício da

---

[50] Há alguns anos, K.F. Werner lastimava que para muitos historiadores, o verdadeiro cristianismo, com reis verdadeiramente cristãos, teria começado apenas com os carolíngios. Ora, dizia ele, as leis e os diplomas dos reis merovíngios, a correspondência dos mesmos com os imperadores em Bizâncio, assim como os textos hagiográficos, mostram reis preocupados com o comportamento das igrejas, suas riquezas, seus privilégios (K.F. Werner, "Le rôle de l'aristocratie dans la christianisation du nord-est de la Gaule", pp. 45-73, ici, p. 50). Werner sustenta que a idéia do *ministerium* como a mais alta obrigação do príncipe em relação a Deus, teria aparecido na época merovíngia, mesmo tendo se desenvolvido plenamente sob Pepino, o Breve, Carlos Magno e, sobretudo, Luís, o Piedoso (K.F. Werner, "L'historien et la notion d'Etat", pp. 29-41, especialmente p. 40). Veremos, ao longo desse trabalho, que a preocupação dos reis merovíngios não se dirigia apenas às igrejas, seus bens e seus privilégios, mas também à salvação de seus súditos.

autoridade pública, e permitindo o nascimento daquilo que aqui chamamos de "Realeza Cristã". Essa última pode ser definida, de maneira preliminar, como uma forma de governo na qual a realização de um objetivo exterior ao mundo, isto é, o bem da coletividade entendido como sua salvação, é associada ao exercício do poder político supremo, a ponto de se tornar seu principal fundamento.

Primeira Parte

Os francos e o Império Cristão

Capítulo I

A fundação do Regnum Francorum

Em sua obra consagrada às guerras góticas, o historiador grego Procópio de Cesaréia (c.500-c.560) comenta um dos episódios da campanha empreendida pelo imperador Justiniano (527-565) contra os ostrogodos na Itália:

> "Toda a parte das Gálias que estava submetida aos godos foi, desde o começo dessa guerra, livrada por eles aos germânicos: eles [os godos] não acreditavam poder enfrentar os dois povos ao mesmo tempo, como disse nos discursos precedentes. Essa cessão, não somente os romanos não puderam impedir, mas Justiniano, seu rei, a confirmou por medo de ter diante de si como adversários esses bárbaros excitados a lhe fazer a guerra. **Pois os francos não acreditavam possuir em completa segurança as Gálias sem terem um ato revestido do selo do imperador**" (grifo nosso)[51].

---

[51] Procópio, ***De bello Gothico*** III, 33.

Procópio menciona aqui a cessão da Provença – que os ostrogodos haviam ocupado quando do colapso do Reino Visogodo da Aquitânia, em 507 – aos francos. Essa teria sido uma maneira de apaziguar esses últimos e impedir que se aliassem aos romanos. Por outro lado, o próprio Justiniano, imperador romano, teria confirmado essa cessão com o mesmo objetivo. A confirmação indica, em primeiro lugar, que se reconhecia ainda a preeminência do Império sobre os territórios ocidentais. Mas o texto vai mais longe ainda. Procópio afirma que os francos não acreditavam serem capazes de manter a Gália em seu poder sem o consentimento do imperador romano. Os francos não aparecem nesse relato como os conquistadores da Gália, e sim como os delegados da autoridade imperial.

Essa descrição contradiz a visão, consagrada pela historiografia, segundo a qual os francos conquistaram a Gália à autoridade de Roma[52]. Todavia, ela deve ser nuançada pelo ponto de vista pró-imperial que Procópio apresenta em suas obras oficiais – à exceção de sua **História Secreta**, onde ele traça um retrato impiedoso do imperador Justiniano e da imperatriz Teodora. Não surpreende que o autor que ficou conhecido pela exaltação de Justiniano e de sua política de Reconquista do Ocidente tenha mostrado os francos como súditos do Império, dependentes da aquiescência do imperador para manter seu próprio poder. Por outro lado, há também algo de paradoxal na afirmação de Procópio: não há indício algum de que o Império estivesse em condições de se impor pela força na Gália durante o reinado de Justiniano – e isso o próprio autor deixa claro ao afirmar que Justiniano temia que os francos lhe declarassem guerra. Porque então os francos teriam necessitado do consentimento imperial?

É possível que a descrição de Procópio não tivesse o sentido que comumente lhe é atribuída, ou seja, o de marcar a inferioridade ou o temor militar dos francos em relação ao Império. Neste caso, ao afirmar que os francos não acreditavam serem capazes de manter seu poder sobre a

[52] M. Bloch, "Observations sur la conquête de la Gaule romaine par les rois francs", pp. 161-178.

Gália sem o consentimento do imperador, o autor poderia estar apenas constatando a percepção por esses últimos da existência de uma relação hierárquica com a autoridade imperial. Um bom indício, nesse sentido, é que essa percepção está presente de maneira explícita na correspondência entre os reis francos e os imperadores em Constantinopla, cujos exemplares foram conservados na coleção ***Epistolae austrasicae***. Além dos títulos usuais de "imperador" e "augusto", Justiniano é chamado de "pai" em duas cartas que lhe foram enviadoas pelo rei Teudeberto I. Entretanto, é na correspondência de Childeberto II que encontramos o maior número de referências filiais ao imperador. Primeiramente, em uma carta ao imperador Maurício, datada de 584, Childeberto II o chama de "pai"[53]. Em outra carta, Childeberto se endereça a Teodósio, filho do imperador Maurício, e refere-se a esse último como "*sereníssimo príncipe do Império Romano, nosso pai, nosso imperador*"[54]. Essa situação, aliás, era reconhecida pelo próprio imperador: em carta a Childeberto, após tê-lo violentamente repreendido, Maurício o chama de "*parente cristianíssimo e amantíssimo*"[55]. Essa "família dos reis" não era uma simples formalidade. Ela reunia os reis ocidentais reconhecidos pelo Império sob a autoridade de um imperador-*pater*, e assegurava ao rei franco uma forma sutil de soberania – e também de legitimidade – que o ligava ao imperador e ao mundo romano por uma relação semelhante à existente entre pai e filho[56].

Tais vínculos hierárquicos mostram que os reis merovíngios expunham sua autoridade como algo completamente dissociado do Império. O consentimento do imperador de que fala Procópio, sem o qual os francos não acreditavam serem capazes de manter a possessão da Gália, pode ter sido uma fonte de legitimidade habilmente explorada

---

[53] ***Epistolae Austrasicae***, 25.

[54] ***Epistolae Austrasicae***, 43.

[55] ***Epistolae Austrasicae***, 42.

[56] F.J. Dölger, "Die 'Familie der Könige' im Mittelalter", pp. 34-69; sobre o mesmo assunto, ver também S. Krautschick, "Die Familie der Könige in Spätantike und Frühmittelalter", pp. 104-142.

no interior de um *Regnum Francorum* habitado majoritariamente por galo-romanos.

A ascensão de Clóvis

"Após esses eventos, Childerico tendo morrido, Clóvis, seu filho, reinou em seu lugar. No quinto ano do reinado desse rei, Syagrius, rei dos romanos (*Romanorum rex*), filho de Egidius, vivia na cidade de Soissons, que o próprio Egidius utilizava como sede. Clóvis marchou contra ele juntamente com Ragnecharius, um parente seu – porque esse úlimo também tinha um reino – e convidou [seu adversário] a preparar o campo de batalha. Ora, esse não recusou e não teve medo de resistir. Em seguida, enquanto eles combatiam, Syagrius, vendo seu exército esmagado, retornou-se e correu rapidamente ao encontro do rei Alarico em Toulouse. Entretanto, Clóvis mandou dizer a Alarico que ele devia entregar Syagrius, senão a guerra lhe seria declarada por ter retido esse personagem. Mas [Alarico] temendo, por causa desse último, incorrer na ira dos francos, pois é costume dos godos ter medo, livrou-o acorrentado aos legados [de Clóvis]. Quando Clóvis o recebeu, ele ordenou que [Syagrius] fosse colocado sob boa custódia e após ter tomado possessão de seu reino, deu a ordem para que ele fosse secretamente assassinado"[57].

Esse relato de Gregório de Tours[58] indica que, no final do século V, havia na Gália septentrional um conflito que opunha dois personagens,

---

[57] **Histórias** II, 27.

[58] Nascido na cidade de Clermont (atual Clermont-Ferrand), por volta de 538, Gregório de Tours tornou-se bispo da cidade de Tours em 573. Pertencia a uma família de origem senatorial com uma longa tradição de serviço ao poder civil e à Igreja Católica. Era parente do último imperador galo-romano, Avitus; seu predecessor no episcopado de Tours era primo de sua mãe; e além disso, um de seus ancestrais estava entre os primeiros mártires cristãos da Gália, que foram assassinados em Lyon no ano de 177. Graças à sua posição no seio da hierarquia eclesiástica, Gregório de Tours foi um espectador privilegiado da sociedade franca; conviveu com muitos dos personagens descritos em sua obra: reis, santos, mártires. Sua sé episcopal era, também, o centro do culto a São Martinho (m. 397), o santo padroeiro da dinastia merovíngia. Católico, Gregório multiplicou em suas obras a defesa da ortodoxia e também os ataques contra os heréticos, clérigos ou laicos, de confissões arianas ou judia. O bispo de Tours escreveu

o primeiro, um rei bárbaro que era igualmente um alto funcionário romano, e o segundo, o filho de um alto funcionário romano que havia se tornado rei. Syagrius, como seu pai antes dele, comandava uma força armada, um *exercitus gallicanus* que coexistia com um *exercitus francorum* de Childerico e de Clóvis. Esses dois exércitos, pelo menos até a morte de Egidius, tinham defendido conjuntamente a Gália setentrional contra aqueles que ameaçavam a autoridade romana. Quando os visigodos invadiram a Gália, por exemplo, tiveram de combater na região de Orléans não apenas o " de Egidius, mas também o *exercitus francorum* de Childerico[59]. Essa aliança foi estabelecida na metade do século V com o intuito de defender a Gália contra as incursões bárbaras, e era uma resposta ao enfraquecimento do poder imperial no Ocidente. Os contingentes de francos do norte da Gália eram federados, ou seja, constituíam corpos de tropas que serviam de maneira mais ou menos dócil à causa imperial, e estavam aquartelados em Tournai, em Cologne e em Cambrai[60].

Remígio, bispo de Reims, numa epístola enviada a Clóvis, entre 481 e 482, o felicita por ter assumido a administração da província Bélgica Segunda: "*Um grande rumor chegou até nós, vós assumistes a adminis-*

---

várias obras: os *Septem libri miraculorum*, dedicados aos milagres de santos; um livro contendo 20 *vitae* de "santos personagens" (*Liber vitae Patrum*); um comentário dos Salmos (*In Psalterii tractatum commentarius*); um texto contendo uma descrição das posições das estrelas para orientar os cristãos em suas preces litúrgicas (*De Cursu Stellarum ratio*). Gregório escreveu também uma edição prefaciada das missas de Sidônio Apolinário; um livro sobre os milagres do Apóstolo André (*Liber de miraculus beati Andrae apostoli*) e um outro sobre a Paixão dos sete dormentes de Éfeso (*Passio sanctorum Martyrum Septem Dormientium apud Ephesum*). Contudo, foi através dos *Decem Libri Historiarum* (*Dez Livros de História*) que ele se tornou conhecido ao longo do período medieval e entre os historiadores modernos [M. Cândido da Silva, M. Mazetto Junior, "A Realeza nas fontes do período merovíngio (séculos VI-VIII)", pp. 89-119, especialmente, pp.91-97].

59 **Histórias** II, 18: "*Quanto ao conde Paulo, que estava com os romanos e com os francos, ele declarou guerra aos godos e fez pilhagem. Quanto a Odoacro, ele veio até Angers, mas o rei Childerico chegou no dia seguinte e como o conde Paulo tinha sido assassinado, tomou possessão da cidade*". Ver E. Zöllner, **Geschichte der Franken bis zur Mitte des 6. Jahrhunderts**, pp. 39-43.

60 N.D. Fustel de Coulanges, **L'invasion germanique et la fin de l'Empire**, p.470.

tração da Bélgica Segunda"[61]. Em sua epístola, o bispo de Reims não menciona uma vez sequer Syagrius. É improvável que Remígio desconhecesse a existência desse personagem, o que coloca o problema de se saber o que o teria levado a não fazer nenhuma referência a ele. Ora, Gregório de Tours não apenas chama Syagrius de "rei", mas afirma que ele habitava em Soissons, cidade que se encontrava em pleno coração da província Bélgica Segunda[62]. Isso significa que cerca de cinco anos após ter assumido as funções de "governador" da província Bélgica Segunda, Clóvis ainda convivia com um *rex* romano no interior dos territórios teoricamente sob sua jurisdição. A ausência de Syagrius da epístola de Remígio pode significar que já no momento da chegada de Clóvis ao poder, havia alguma tensão ou mesmo um conflito aberto entre o governador da província e o *rex romanorum*. M. Heinzelmann e J.-C. Poulin afirmam, em sua análise da ***Vida de Santa Genoveva***, que Childerico ameaçava a posição de Syagrius nas proximidades de Paris[63]. O bloqueio que Childerico infligiu a essa cidade, e que é retratado na ***Vida de Santa Genoveva***, pode ter sido, aliás, um movimento na guerra que o opunha ao filho de Egidius[64]. Em 476, Childerico concluiu com Odoacro – *magister militum* nomeado pelo imperador Zenon[65] – uma

[61] ***Epistolae Austrasicae***, 2.

[62] **Histórias** II, 27.

[63] M. Heinzelmann, J.-C. Poulin, **Les vies anciennes de sainte Geneviève de Paris**, pp. 91-103.

[64] A **Vida de Santa Genoveva** relata de que maneira, face ao bloqueio dos francos, a santa organisou uma expedição fluvial no curso superior do rio Sena para aprovisionar os sitiados (***Vita Genovefae virginie Parisiensis***).

[65] Odoacro, general romano residente na Itália, rei dos Skyres e dos Turkilingues, depôs o último imperador do Ocidente, Romulus Augustulus, em 476. Em seguida, enviou uma embaixada do senado de Roma ao imperador Zenão para lhe dizer que a partir de então o Ocidente não mais necessitava de um imperador, e que um só imperador seria suficiente para o Oriente e o Ocidente. Odoacro reconhecia Zenão como único imperador, e solicitava dele o título de patrício e o governo da Itália (Malchus, ***Fragmenta***, 10). Foi então como representante da autoridade imperial que Odoacro reinou sobre as populações italianas até que, sob as injunções de Zenão, Teodorico invadiu a Itália com um exército de ostrogodos e de ruges (Cassiodoro, ***Chronica Magni Aurelii Cassiodori Senatoris***, p. 159; ver também, Jordanes, ***De rebus geticis***, 57). Ver M. Cândido da Silva, **04 de Setembro de 476: A Queda de Roma**.

aliança através da qual ele se comprometia a combater os alamanos que tinham invadido uma parte da Itália[66]. Nada se sabe, entretanto, da atitude de Syagrius. É possível que ele tenha se aproximado dos visigodos, o que explicaria seu posterior exílio na corte de Toulouse[67]. Pode-se supor que Childerico e Clóvis permaneceram aliados do Império, ou pelo menos de seu representante teórico na Itália, enquanto Syagrius tentava instaurar um reino independente na Gália septentrional com o apoio dos visigodos. É igualmente provável que Remígio tenha escolhido o partido da legalidade administrativa, representado por um chefe franco que era governador, face a um funcionário romano que se proclamou rei e que era provavelmente um usurpador, visto que não há nenhuma referência a uma suposta dignidade hierárquica sua em qualquer fonte imperial[68]. A existência desse "enclave" na região governada por Clóvis é um indício de que não se pode situar a fundação do Reino dos Francos no momento da ascensão desse último ao poder, por volta de 481[69].

Ainda que Clóvis não tenha tomado o partido da autoridade imperial na Gália – o que parece pouco provável – sua vitória em Soissons, em 486, não marcou o desaparecimento dos últimos traços da autoridade romana na Gália do norte[70]. A idéia de que a derrota de Syagrius foi também uma derrota da *Romania* resulta de uma sobrevalorização do papel desse personagem, para a qual contribuiu Gregório de Tours, que o chama *rex romanorum*[71]. Como explicar esse título que lhe é

---

[66] **Histórias** II, 19. Ver K.F. Werner, ***Les origines***, p. 336.

[67] É o que pensa M. Rouche, **Clovis**, pp. 189-190.

[68] Ver M. Heinzelmann, **Gallische Prosopographie (260-527)**, p. 699.

[69] Quaisquer que tenham sido as atribuições específicas de Clóvis e de Syagrius é muito difícil defini-las. P. Périn e L.-C. Feffer afirmam que Clóvis, da mesma forma que seu pai Childerico, estava subordinado a Syagrius (P. Périn, L.-Ch.Feffer, **Les Francs**, I, **La conquête de la Gaule**, pp. 145-146). E. James, por sua vez, acredita que Syagrius era somente o *comes* (conde) da cidade de Soissons, e como tal, estaria submetido a Childerico e em seguida a Clóvis (E. James, **I Franchi**, pp. 59-63).

[70] Sobre a batalha de Soissons, ver K.F. Werner, "De Childéric à Clovis: antécédents et conséquences de la bataille de Soissons en 486", pp. 3-7.

[71] **Histórias** II, 27.

atribuído? É no mínimo paradoxal que o termo *rex*, que os romanos atribuíam unicamente aos chefes bárbaros aliados, sirva de prova para a existência de uma autoridade romana legítima na Gália. Para G. Kurth, o título de rei que Gregório atribui a Syagrius teria sido tomado às tradições bárbaras, que não conheciam nenhum outro termo para designar um chefe independente[72]. Para K. Hauck, a datação quinquenal utilizada pelo bispo de Tours na descrição dos acontecimentos do reinado de Clóvis sugere que ele se baseou nas *quinquenalia*, redigidas em homenagem a esse último, para designar Syagrius como tal[73]: "*Durante o quinto ano do reinado desse rei, Syagrius, rei dos romanos, filho de Egydius, tinha sua sede na cidade de Soissons...*"[74]. A hipótese de Hauck é insuficiente para explicar a atribuição do titulo de rei a Syagrius. Gregório designa esse último de *rex romanorum* quando descreve sua guerra contra Clóvis, mas quando o menciona em outras duas ocasiões nas **Histórias**, não há referência alguma ao título real[75]. É provável que Gregório tenha insistido na dignidade real de Syagrius para melhor realçar a vitória de Clóvis. Isso explicaria a alternância entre a utilização do título em alguns trechos do livro II das **Histórias** e a sua ausência em outros.

Syagrius, ao instalar sua capital em Soissons, pretendia, provavelmente, repetir o gesto de Odoacro, que após a queda de Romulus Au-

---

[72] G. Kurth, **Clovis**, p. 218: "*Sob a influencia dessas tradições, outros foram mais longe, e imaginaram uma dinastia de reis romanos na Gália, na qual se sucedem de pai para filho Aetius, Aegidius, Paulo e Syagrius. Se Gregório tivesse tido conhecimento disso por outras fontes que as lendas francas, ele teria evitado lhe dar um titulo com tão pouca harmonia coma nomenclatura oficial do Império. Mas estava no destino do ultimo representante da civilização romana de alcançar a posteridade nas tradições nacionais de seus vencedores*".

[73] Ver K. Hauck, "Von einer spätantiken Randkultur zum Karolingerischen Europa", pp. 3-93, mais precisamente, pp. 20-26

[74] **Histórias** II, 27.

[75] **Histórias** II, 18: "*Egidius morreu então e deixou um filho chamado Syagrius*"; **Histórias** II, 41: "*Quando [Clóvis] lutou contra Syagrius, Chararicus, chamado ao socorro de Clóvis, manteve-se à distancia*".

gustulus, fundou um reino "romano" na Itália com o reconhecimento imperial[76]. O terceiro livro das **Crônicas** atribuídas a Fredegário retoma as **Histórias**, de Gregório de Tours. No entanto, quando trata de Syagrius, o autor não retoma a designação adotada pelo bispo de Tours, ou seja, *rex Romanorum*, mas prefere a de *Romanorum patricius*[77]. Para E. Demougeot e para M. Rouche, Syagrius era um funcionário imperial dotado do título de patrício, que lhe teria sido concedido pelo impera-

---

[76] K.F. Werner, "La 'conquête franque' de la Gaule. Itinéraires historiographiques d'une erreur", pp. 7-45, ici p. 28.

[77] **Cronicas** III, 15: *"Após a morte de Childerico, seu filho Clóvis reinou em seu lugar. Durante o quinto ano de seu reinado, Syagrius, patrício dos romanos, tinha sua sede na cidade de Soissons, que seu pai havia possuído"*. As *Chronica*, um conjunto de relatos atribuídos desde o século XVI à um certo *"Fredegarius Scholasticus"*, constituem a narrativa mais completa dos acontecimentos na Gália durante o século VII. O nome *"Fredegarius"* apareceu pela primeira vez nas *Antiquitez Gauloises et Françoises*, de C. Fauchet (1579), e é possível encontrá-lo também na edição de M. Freher, do inicio do século XVII. Hoje ainda, os detalhes da composição desses textos, que os historiadores habituaram-se a designar como a "Crônica de Fredegário e suas continuações", restam desconhecidos. O principal e também p mais antigo dos manuscritos dessa obra, o *Codex Claromontanus* (714-715), originário de Metz ou da Burgúndia (Paris, Bibliothèque Nationale, Lat. 10910), é constituído de um conjunto de crônicas que narram a "historia universal" até a época dos francos. O autor menciona cinco crônicas que teriam precedido a sua: a crônica de Hipólito de Roma, de Eusébio de Cesárea, de Hydatius, de Gregório de Tours (trata-se de uma versão resumida do século VII) e de Isidoro de Sevilha. Em sua estrutura original, a obra de Fredegário devia contar com cinco ou seis livros. Entretanto, o copista do *Codex Claromontanus* adotou uma nova organização das crônicas, que foi seguida pelos editores contemporâneos. As crônicas originais foram condensadas em quatro livros diferentes, cada um precedido de um índice de capítulos. O primeiro livro contém o resumo dos trabalhos de Hipólito de Roma e de Isidoro de Sevilha; os trabalhos de Jerônimo e de Hydatius estão no segundo livro; uma parte das *Histórias* de Gregório de Tours se encontra no terceiro livro, enquanto que o quarto livro contém uma narrativa que se estende de 584 até 642. As *Crônicas* foram continuadas por outros autores, em grande parte desconhecidos. A primeira continuação compreende o período de 462 a 720 – trata-se de um complemento de um ponto de vista austrasiano ao *Liber Historiae Francorum* – e também os anos de 724 a 734. A segunda continuação, escrita por um membro do séqüito de Childebrando, meio-irmão de Carlos Martel, compreende o período de 736 a 751 e apresenta uma visão "pipinida" dos acontecimentos. A terceira continuação, redigida por Nibelungo, filho de Childebrando, descreve os eventos do

dor Anthemius, em 471[78]. Todavia, além da expressão citada por Fredegário, não há referências em outras fontes sobre a concessão a Syagrius do título de patrício[79].

Em sua primeira carta a Clóvis, Remígio o chama de *rex*, e ao mesmo tempo de *vir magnificus*[80], epíteto normalmente atribuído a altos funcionários da administração provincial romana. Em termos hierárquicos, essa função se situava em grau imediatamente inferior à de *vir illuster*, que era utilizada na época romana pelo Prefeito do Pretório das Gálias e pelo mestre das milícias. Já na segunda carta a Clóvis, escrita após o batismo, o bispo de Reims designa esse último de *dominus illuster*[81]. Em relação à primeira carta, há uma mudança na fórmula de tratamento que indica uma progressão de Clóvis na hierarquia romana de dignidades. Contudo, as condições nas quais isso ocorreu são bastante obscuras[82]. É possivel que o título de *vir illuster* provenha

---

reinado de Pepino o Breve até 768. As crônicas de Fredegário e suas continuações foram editadas em 1888 por B. Krush nos *M.G.H.* Entretanto, mesmo antes dessa edição, o autor, a data, o local de publicação, assim como o valor histórico desta crônica, foram objeto de um amplo debate entre os historiadores e eruditos [M. Cândido da Silva, M. Mazetto Junior, "A Realeza nas fontes do período merovíngio (séculos VI-VIII)", pp. 89-119, especialmente pp.97-99].

78 E. Demougeot, **La formation de l'Europe et les invasions barbares**, II, **De l'avènement de Dioclétien au début du VIe siècle**, p.686 ; M. Rouche, **Clovis**, p. 189.

79 Ver M. Heinzelmann, **Gallische Prosopographie (260-527)**, p. 699; e também J.R. Martindale (ed.), **The prosopography of the Later Roman Empire, A.D. 395-527**, t. 2, pp. 1041-1042.

80 ***Epistolae Austrasicae***, 2: "*Domino insigni et meritis magnifico, Hlodoveo regi, Remegius episcopus*".

81 ***Epistolae Austrasicae***, 1: "*Domino inlustro meritis, Chlodoveo regi, Remegius episcopus*".

82 J. Havet. Estima que os reis francos jamais utilizaram outro titulo que o de *rex francorum*. O titulo de *vir illuster* nada mais seria que um erro na leitura de uma abreviação que seguia as palavras *rex francorum* nos diplomas reais, e que dizia respeito aos altos funcionários do reino. O correto seria então *viris illustribus* (J. Havet, **Questions mérovingiennes: la formule N. rex francorum, *V. inl.***). Essa tese foi criticada por M. Gasquet (**L'Empire byzantin et la monarchie franque**, p. 138), H. Bresslau ("Der Titel der merowinger Könige", pp. 353-360) e H. Pirenne ("La formule N. rex Francorum v. inl.", p. 74). A opinião de J. Havet permanece bastante marginal, e não resiste a um exame mais apurado dos textos. A chave do problema encontra-se no termo *ilustre*: como vimos anteriormente, Remígio chama Clóvis de *dominus illuster*. Outros

direta ou indiretamente da vitória de Clóvis sobre Syagrius[83]. Todavia, nenhum documento menciona Syagrius como *vir illuster*[84], nem mesmo Gregório de Tours. Esse último observa simplesmente que "*Egidius morreu então e deixou um filho chamado Syagrius*"[85]. Após a morte de Egidius, Syagrius deve ter tomado posse da dignidade de seu pai, sem que isso tenha sido necessariamente reconhecido pelo imperador, o que explicaria a ausência de uma menção a Syagrius como *vir illuster* nos textos imperiais. Ao vencer Syagrius, em 486, Clóvis pode ter sido reconhecido pelo imperador em Constantinopla como *vir illuster*. Como Remígio o utiliza em sua segunda carta a Clóvis, e dada a preocupação legalista do bispo de Reims, o título deveria refletir uma situação *de iure*. O recurso às dignidades romanas não deve ser visto como o fruto de um capricho de chefes bárbaros que nada entendiam ao significado A autoridade exercida por Clóvis fundamentava-se na defesa da Gália contra um alto funcionário romano em dissidência, e mesmo em secessão. Clóvis encarnava assim a legalidade imperial, e o

---

textos oriundos da chancelaria merovíngia mostram claramente que o titulo *vir illuster* pertence exclusivamente ao rei (***Childeberti Secundi Decretio***, 7: "*Childebertus, rex Francorum, vir inluster. Cum in Dei nomine nos omnes Kalendas Martias de quascumque condiciones una cum nostris optimatibus pertractavimus, ad unumquemque noticia volumus pervenire*"). A fórmula é bastante diferente daquela que é utilizada quando o rei se dirige aos seus agentes, laicos ou eclesiásticos: ***Chlotarii II. Praeceptio***, 8: "*Clodacharius, rex Francorum,* ***omnebus agentibus***" (grifo nosso); ***Guntchramni regis edictum*** 5: "*Gunthramnus rex Francorum* ***omnibus pontificibus ac universis sacerdotibus et cunctis iudicibus in regione nostra constitutis***" (grifo nosso). Sobre esse problema, ver H. Wolfram, ***Intitulatio I***, pp. 108-127.

[83] M. Rouche afirma que o título *vir illuster* foi retirado a Syagrius por Clóvis. Essa promoção, segundo ele, não poderia ser atribuída ao poder imperial, então ausente do Ocidente. A única explicação possível, segundo Rouche, seria que Clóvis, após sua vitória sobre Syagrius, em 486, lhe teria confiscado a dignidade (M. Rouche, **Clovis**, p. 396). Ora, esse suposta ausência não impediu que anos mais tarde, em 508, na cidade de Tours, Clóvis recebesse uma dignidade hierárquica do imperador.

[84] Ver M. Heinzelmann, **Gallische Prosopographie (260-527)**, p.699; e também, J.R. Martindale, **The prosopography of the Later Roman Empire, A.D. 395-527**, t. II, pp. 1041-1042.

[85] **Histórias** II, 18.

partido da continuidade romana. Ele representava para as populações galo-romanas a garantia de que a Gália setentrional permaneceria na esfera de influência da *Romania*.

Não há indícios de que tenha havido uma guerra entre romanos e francos pelo controle da Gália ou ainda uma conquista franca da Gália. É possível identificar combates entre um rei bárbaro à frente da administração romana – Clóvis – e outros pequenos reis bárbaros oriundos de sua própria família. É o que mostra o relato de Gregório de Tours ao final do livro II das **Histórias**[86]. Essas disputas foram movidas muito mais pelo choque de interesses no interior dos grupos francos, do que por uma disputa entre uma "liga bárbara" e o mundo romano. Também se poderia mencionar o conflito de Clóvis contra os visigodos de Alarico II, que será abordada mais adiante; mas também nesse caso, nenhum dos dois oponentes combateu a *Romania*.

O único dos conflitos ocorridos no final do século V que poderia se assemelhar a uma "guerra de conquista" da Gália é o que opôs Clóvis e Syagrius. Não se pode afirmar categoricamente que Clóvis destruiu em 486 os últimos vestígios da autoridade imperial na Gália, pois ele próprio era um representante dessa autoridade. Além do mais, mesmo que a vitória sobre Syagrius representasse para Clóvis uma progressão na hierarquia romana, ela não fez do rei franco automaticamente o mestre de toda a Gália do norte. Segundo uma versão da **Vida de São Remígio**, redigida no século IX, Clóvis só conseguiu estender sua influência até o rio Loire muito tempo depois de sua vitória contra Syagrius[87]. Ele pode ter recebido ajuda de contingentes de soldados romanos, pois Procópio menciona soldados do Império encarregados da defesa das regiões mais recuadas da Gália, que não tendo mais a possibilidade de retornar a Roma, e

---

[86] Particularmente os capítulos 40, 41 e 42.

[87] ***Vita Remigii episcopi Remensis auctore Hincmaro***, 11; e ***Vita Remigii***, 12; ver também, ***Vita Maximini***, pp. 580-591, que é um texto posterior.

após recusarem uma aliança com os godos arianos, acabaram por se unir aos francos[88].

Clóvis permaneceu integrado à hierarquia romana de dignidades, e isso permitiu que se unissem em torno dele as guarnições estacionadas na Gália, as elites galo-romanas, enfim, os partidários da *Romania*. Após a vitória sobre Syagrius, em 486, as guerras que Clóvis desencadeou foram dirigidas contra francos, turíngios, alamanos, burgúndios, alamanos, burgúndios e visigodos. Ele não conquistou esses territórios da Gália ao Império Romano. Muito embora o Império Romano do Ocidente não existisse mais como entidade política, a influência do Império no Ocidente não havia desaparecido por completo. O fato de Odoacro ter enviado ao Oriente as insígnias do poder imperial e ter reclamado ao imperador Zenon o grau de patrício, mostra que o Império não era uma mera ficção para os homens do final do século V[89]. Era muito mais conveniente para Clóvis associar-se a uma autoridade imperial que, embora distante, era ainda uma fonte de legitimidade, e cujos vínculos com o Ocidente eram relativamente frouxos, do que aventurar-se em uma secessão.

A trajetória política de Clóvis, tal como ela aparece nos textos contemporâneos à sua ascensão ao poder, não indica ruptura. Em sua primeira epístola a Clóvis, o bispo de Reims não menciona nenhuma

---

[88] Procópio, ***De Bello gothico***, I, 12: "*Outros soldados romanos haviam sido postados nas extremidades das Gálias para guarda-las: como eles não podiam voltar para Roma e que eles não queriam se juntar aos seus inimigos, que eram arianos; eles se ofereceram, com suas insignias e com o país que eles guardavam há muito tempo para os romanos, aos Arborykhes e aos germânicos; eles conservaram seus costumes nacionais e transmitiram aos seus descendentes que ainda hoje acreditam dever guardá-los piedosamente*".

[89] Malchus de Philadelphia, ***Fragmenta***, 10, In: ***Fragmenta Historicum Graecorum***, t. IV, pp.112-132. Trad. **The Fragmentary Classicing Historians of the Later Roman Empire. Eunapius, Olympiodorus, Priscus and Malchus**. II. Text, Translation and Historiographical Notes. R.C. Bloockley. Liverpool, 1983, pp.401-462. Sobre essa questão, ver M. Cândido da Silva, **4 de Setembro de 476. A Queda de Roma**.

sucessão real – mesmo se no final da carta ele reconhece a dignidade real de Clóvis –, tão pouco uma mudança de regime, e menos ainda uma conquista:

> "Um grande rumor chegou até nós, vós assumistes a administração da Bélgica Segunda. Isso não é novo, pois tu terás começado por ser aquilo que teus pais sempre foram"[90].

O que o bispo de Reims descreve nesse trecho é uma simples, e quase corriqueira, tomada de função no interior da administração da província Bélgica Segunda. Remígio afirma que Clóvis está ocupando uma função que já era ocupada por outros membros de sua família. Nada nesse texto sugere que Clóvis tenha adquirido sua posição através de uma conquista ou de uma mudança abrupta de regime. Supondo que a carta tivesse sido endereçada a um invasor, Remígio não teria tido o cuidado de limitar a preeminência de Clóvis à província Bélgica Segunda. As fronteiras dessa província, que compreendia as *civitates* de Cambrai, Arras, Vermand, Senlis, Amiens, Reims, Soissons e Tournai, não eram barreiras naturais; e ainda que o fossem, não poderiam ter bloqueado a progressão de um exército bárbaro, como os Pireneus, os Alpes e o Estreito de Gibraltar também não bloquearam. Um conquistador bárbaro não teria razões para respeitar os limites administrativos romanos, mas um rei franco governando a província em nome da autoridade imperial, sim. Além disso, a menção por Remígio do "rumor" que teria chegado até ele descarta a possibilidade de uma ação violenta dos francos chefiados por Clóvis: é pouco provável que a conquista da província

[90] ***Epistolae Austrasicae***, 2. Segundo G. Kurth, Clovis teria recebido essa carta após ter derrotado Syagrius na batalha de Soissons, em 486 (**Clovis**, p.213, n.4), opinião que é compartilhada por G. Tessier (**Le baptême de Clovis**, p. 83). Para K. Hauck, essa carta foi escrita após Clóvis ter feito sua entrada solene e à moda romana na metrópole por ocasião de sua ascensão ao governo da Bélgica Segunda, por volta de 481 ("Von einer spätantiken Randkultur zum karolingschen Europa", pp.3-93). Essa também é a opinião de M. Rouche (**Clovis**, pp. 389-390).

pudesse ocorrer sem que a própria capital, Reims, fosse tomada. Nesse caso, Remígio não se referiria a essa ação como um simples "rumor". Se ele o faz, é porque não se tratava de uma guerra de conquista, mas de uma mudança no interior da própria administração romana. É o que demonstra, aliás, a referência de Remígio ao fato de que Clóvis **assumiu a administração** da Bélgica Segunda. A expressão *rumor magnus* pode ainda ser uma alusão à entrada solene de Clóvis na cidade de Reims, segundo a tradição imperial, sob as aclamações da população – daí a utilização da palavra *rumor*, que também pode ser traduzida como murmúrio da multidão[91].

Há, no entanto, um problema com essa interpretação: como lembra M. Rouche, Sidônio Apolinário, em uma de suas cartas, afirma que, depois da deposição de Rômulus Augustulus, nenhum membro da alta administração civil romana foi nomeado no Ocidente. Ora, se não houve conquista, e se Clóvis não foi nomeado governador da Bélgica Segunda, como ele assumiu a sua administração? A solução ao problema pode estar na frase seguinte da epístola de Remigio: "*Isso não é novo, pois tu terás começado por ser aquilo que teus pais sempre foram*". Remígio deixa claro nesse trecho que Clóvis está ocupando uma função que já era ocupada por outros membros de sua família. Assim, Clóvis herdou de seu pai Childerico a função de governador da província, assim como a função de *rex*. Gregório de Tours, ao tratar da morte do pai de Clóvis, Childerico, também menciona uma sucessão dinástica: "*Após esses acontecimentos, com a morte de Childerico, seu filho Clóvis reinou em seu lugar*"[92]. Portanto, é bastante provável que não tenha havido conquista, tampouco uma nomeação pelo imperador, mas uma sucessão no interior da família merovíngia. O afrouxamento das relações com o poder imperial, destarte instalado na longínqua Constantinopla, pode explicar como a chefia da administração provincial romana na Bélgica Segunda

---

[91] O. Guillot, A. Rigaudière, Y. Saissier, **Pouvoirs et institutions dans la France médiévale. Des origines à l'époque féodale**, t. I, p. 56.

[92] ***Histórias*** II, 27.

converteu-se em uma função transmitida no interior da família merovíngia. Todavia, seria um equívico considerar que, a partir do advento de Clóvis, foram rompidos todos os laços entre a Gália e o Império.

Na mesma frase em que se refere a Clóvis como *vir magnificus*, Remígio o chama de *rex*. Em seguida, escreve que ele assumiu a administração da Bélgica Segunda. O restante da carta mantém essa ambigüidade – Remígio parece ora se endereçar ao chefe da província romana, ora ao rei – inclusive na última parte da última frase: "*...e se queres reinar, julgue em nobre*". O paradoxo é apenas aparente, pois Clóvis exerce as duas funções, ele é governador da província Bélgica Segunda – e, enquanto tal, alto funcionário romano –, e rei. Como vimos anteriormente, ao assumir as funções de seu pai, ele herdou não apenas o comando da administração romana, mas também suas prerrogativas reais. Mas em que consistiam? É importante observar que em momento algum da epístola, Clóvis é chamado de *rex francorum*, título que as fontes posteriores lhe outorgam. Da mesma forma que seu pai Childerico, cujo anel descoberto em seu túmulo, em 1653, continha a inscrição *Childerici regis*[93]. No endereço da carta de Clóvis aos bispos, a expressão *rex francorum* também não aparece: "*Dominis sanctis et apostolica sede dignissimis episcopis Chlothovechus rex*"[94]. O mesmo ocorre na carta enviada pelos bispos a Clóvis por ocasião do Concílio de Orléans I, em 511: "*Domno suo catholicae ecclesiae filio Chlotouecho gloriosissimo regi omnes sacerdotes, quod qd concilium uenire iussistis*"[95]. Não há, nas fontes contemporâneas a Clóvis oriundas da Gália, nenhum termo étnico que complemente seu título real. Mesmo Avitus (494-518), bispo de Viena, que escreve do Reino dos Burgúndios, refere-se a Clóvis como "rei", e não "rei dos fran-

---

[93] P. Périn, L.-Ch. Feffer, **Les Francs**, p.127 e ss.

[94] ***Chlodowici regis ad episcopus epistola*** **(507-511)**, ***Capitularia regum Francorum***, pp. 1-2, especialmente, p. 1. É importante salientar que o próprio titulo de *rex* não é uma criação germânica, mas uma dignidade que a diplomacia romana outorgava aos chefes militares aliados com quem assinava tratados.

[95] **Orléans I (511), Epistola ad regem**, In: **Les canons des conciles mérovingiens (VIe-VIIe siècles)**, t. I, p. 70.

cos": *"Avitus episcopus Chlodovecho regi"*[96]. A única fonte do período a se referir a Clóvis como *rex francorum* é um extrato do *Liber pontificalis*, redigido em Roma nas primeiras décadas do século VI[97].

Além do mais, em duas ocasiões ao longo da epístola, Remígio dá a entender que o poder de Clóvis abrangia todos os habitantes da província:

> "Anime teus cidadãos, alivie os aflitos, favoreça as viúvas, alimente os órfãos; mais do que iluminá-los, **que todos o amem e o respeitem... Que teu pretório esteja aberto a todos** a fim de que ninguém regresse triste" (grifo nosso)[98].

O "todos" a que se refere o bispo de Reims tem um duplo significado: ele compreende os francos e os galo-romanos, mas inclui também os estrangeiros, pois o bispo afirma, em outro trecho da epístola, que Clóvis deve realizar a justiça *"...sem nada esperar dos pobres e dos estrangeiros"*. Ao longo de toda a epístola, a função de Clóvis sobre a qual Remígio chama mais atenção é o exercício da justiça. Nada de mais natural em se tratando de um *rector provinciae* cuja principal atribuição era presidir o pretório, como vimos anteriormente. A busca de parâmetros veterotestamentários para orientar essa ação jurídica significa que o bispo de Reims percebeu que essa última estava também associada ao exercício do poder real. Nesse sentido, a última parte da última frase da epístola não deixa duvidas: *"... se queres reinar, julgue em nobre"*. Em outras palavras, Remígio sabia que Clóvis não presidia o pretório provincial apenas como *rector provinciae*, mas como um rei. "Julgar em nobre" significava dar um tratamento equânime a **todos** que procurassem seu pretório. Segundo o ideal de exercício

---

[96] ***Alcimi Ecdicii Aviti Viennensis Episcopi***, 46 (41), ***Auctores Antiquissimi***, pp. 75-76, especialmente, p. 75.

[97] ***Liber pontificalis***, p. 271: *"Eodem tempore venit regnus cum geminis praetiosis a rege Francorum Cloduveum christianum, donum beato Petro apostolo"*.

[98] ***Epistolae Austrasicae***, 2.

da justiça presente nessa epístola, seu destinatário deveria se comportar não apenas como o rei dos francos, mas como o governante de todos os habitantes da província, fossem eles francos, galo-romanos, burgúndios, etc. Nesse sentido, é possível afirmar que esse ideal se concretizou: Clóvis somente pôde ocupar o vazio deixado pela autoridade imperial na Gália na medida em que suas prerrogativas judiciárias à frente da administração da Bélgica Segunda, mais precisamente as exigências de universalidade e equanimidade que acompanhavam tais prerrogativas, fizeram dele o governante de todos os habitantes dos territórios por ele administrados.

Desde a publicação do **Espírito das Leis**, de Montesquieu, os historiadores sustentam que houve uma conquista franca da Gália a partir do fato de que a autoridade de Clóvis e dos primeiros reis merovíngios teria uma natureza distinta segundo as origens étnicas das populações sobre as quais ela se exercia. Essa dicotomia teria se manifestado através das denominações *rex* e *vir illuster*. O título de *rex* indicaria a preeminência de Clóvis sobre os francos, enquanto o título de *vir illuster* sobre as populações galo-romanas. O exemplo mais utilizado para sustentar esse ponto de vista é o das multas previstas pelo ***Pactus legis Salicae***[99]

[99] A chamada "Lei dos francos sálicos" foi transmitida por cerca de oitenta manuscritos, sendo que o mais antigo deles data do final do século VIII. Pesquisas recentes identificaram três fases na elaboração dessa lei: a primeira corresponderia aos 44 primeiros títulos da lei, a segunda dos títulos 45 a 65, e a terceira corresponderia aos títulos 66 a 78. Os 65 primeiros títulos foram chamados de ***Pactus Legis Salicae***. Um prólogo longo e um prólogo curto, alguns epílogos e alguns textos legislativos (entre os quais encontra-se o ***Pactus pro tenore pacis*** de Childeberto e de Clotário, o Edito de Chilperico e o ***Decretio Childeberti***) foram acrescentados a partir da primeira metade do século VI. Durante muito tempo, alguns historiadores acreditaram que o *Pactus* tomou forma sob o reinado de Clóvis. Outros, como os Bolandistas, presumiam que isso teria ocorrido no momento em que os francos se instalaram em Toxandria. G. Waitz situa a redação do *Pactus* na metade do século V, sob o reinado de Chlodion (G. Waitz, **Das alte Recht der Salischen Franken**. p. 5). Um epílogo, redigido muito provavelmente no início do século VI, atribuía a paternidade do *Pactus* a um "primeiro rei dos francos" sem, no entanto, dar mais precisões. Alguns identificaram nesse misterioso personagem o rei Clóvis: segundo K.-A. Eckhardt, o *Pactus* teria nascido sob o reinado desse último, por obra de juristas conhecedores do "direito bárbaro". Contudo, o texto desse prólogo sugere que muito tempo se passou

no caso do assassinato de romanos e de francos. As multas possuíam valores distintos segundo a origem das vítimas, com penas mais elevadas previstas no caso do assassinato de um franco do que no caso do assassinato de um romano:

> "XLI. Do assassinato dos homens livres.
>
> §1. Se alguém matou um franco livre ou um bárbaro que vive sob o regime da Lei sálica e que isso seja provado, que ele seja condenado a uma multa de 8000 denários, que perfazem 200 soldos. §2. Se ele [a vítima] foi jogado em um poço ou afogado, que ele [o culpado] seja condenado a uma multa de 24000 denários, que perfazem 600 soldos. (Que ele seja condenado de qualquer maneira se escondeu o corpo como nós dissemos anteriormente). §3. Se ele não o escondeu, que seja condenado a uma multa de 8000 denários, que perfazem 200 soldos). §5. Se alguém matou aquele que fazia parte do séqüito real (ou uma mulher livre), que ele seja condenado a pagar uma multa de 24000 denários, que perfazem 600 soldos. §8. Se um romano, "conviva do rei", foi assassinado (e que isso seja provado), que ele [o culpado] seja condenado a uma multa de 12000 denários, que perfazem 300 soldos. §9. Se um romano proprietário (que não era um "conviva do rei") foi assassinado e que aquele que o matou seja identificado, que seja condenado a pagar uma multa de 4000 denários, que perfazem 100 soldos. §10. Se alguém matou um romano

---

entre o reinado do primeiro rei franco até o reinado de Childeberto: "...*Sic vero Childebertus rex post multum altem tempus pertractauit...*". Ora, como Childeberto é filho de Clóvis, isso parece desqualificar esse último como autor potencial da lei. Segundo I. Wood, não há nada no prólogo que possa justificar a atribuição do *Pactus* a Clóvis ou a um outro rei merovíngio mais antigo. O autor desse prólogo não teria conhecido o nome do primeiro rei franco, e ao citá-lo vagamente, apenas repetiria a tradição recorrente a respeito de um "rei-fundador" (I. Wood, **The Merovingian Kingdoms**, p.111). Todavia, a hipótese segundo a qual o *Pactus* teria sido redigido sob o reinado de Clóvis é a que possui, ainda hoje, maior número de adeptos entre os historiadores. Para eles, o *Pactus* é um combinado de elementos do costume e da legislação real que foram compilados provavelmente por francos especialistas do direito, mas certamente com o auxílio de juristas romanos (James, **I Franchi**, p.23; Geary, **Naissance de la France**, pp.112-113).

tributário (e que isso seja provado, que [o culpado] seja condenado a pagar uma multa de 2500 denários, que perfazem 62 soldos e meio)"[100].

O assassinato de um franco livre, ou de um bárbaro vivendo sob o regime da Lei Sálica, era punido com uma multa de 8000 denários. Se a vítima de assassinato fosse um romano de mesma condição social que o franco, como se pode observar no capítulo 9, a multa é de 4000 denários. Segundo Montesquieu, essa seria a prova de que, contrariamente à Lei dos Burgúndios e à Lei dos Visigodos, a Lei Sálica estabelecia entre francos e romanos as diferenças mais gritantes. Montesquieu pretendia assim responder ao abade Dubos – para quem os francos tinham relações com os romanos fundadas em um regime de igualdade jurídica – e afirmar a idéia de que os francos conquistaram a Gália, submetendo as populações galo-romanas. As diferentes formas de tratamento dispensadas aos francos e aos romanos explicariam inclusive o porque do desaparecimento do direito romano: dadas as vantagens que existiam de ser franco, bárbaro ou homem vivendo sob a Lei sálica, ninguém pretendia viver sob a proteção do direito romano[101].

Faz apenas alguns anos que a idéia segundo a qual a autoridade real entre os merovíngios se exercia diferentemente segundo a origem étnica dos habitantes da Gália vem sendo colocada em xeque. Segundo E. Ewig, o regime em vigor sob Clóvis e seus herdeiros, apesar de atribuir um maior valor como punição ao assassinato de um franco do que ao assassinato de um romano, teria permitido aos galo-romanos beneficiar-se se uma proteção legal tal que não se poderia falar em vencidos submetidos ao arbítrio dos vencedores[102]. Em estudo recente, O. Guillot apresenta duas explicações possíveis aos diferentes valores das multas previstas na Lei sálica. A primeira é que as tarifas seriam inversamente proporcionais à capacidade de defesa das vítimas. Nesse caso, os francos, mais despoja-

---

100 ***Pactus Legis Salicae***, 41, 1-10.

101 Montesquieu, **O Espírito das Leis**, t. II, p.223.

102 E. Ewig, **Die Merowinger und das Frankenreich**, p.83.

dos de meios de defesa do que as populações galo-romanas teriam direito a uma maior proteção jurídica. A segunda explicação é que a Lei Sálica, estabelecida para combater o direito germânico de guerra e de vingança privadas, indenizava muito mais os francos, que deviam renunciar a esse direito, do que os romanos, que não tinham essa necessidade[103]. A primeira hipótese parece pouco plausível, pois a Lei Sálica estabelecia multas bastante elevadas como punição ao assassinato de altos funcionários do que de pessoas comuns. Assim, por exemplo, se um franco que fazia parte do séqüito real fosse assassinado, o culpado seria punido com uma multa de 24000 denários. Caso o franco não pertencesse ao séqüito real, a multa seria de 8000 denários. Se o um romano "conviva do rei" fosse assassinado, a multa seria de 12000 denários. Todavia, se o romano assassinado não fosse um "conviva do rei", a multa caía para 4000 denários[104]. Não se trata, portanto, unicamente de um dispositivo de proteção para aqueles que não podiam se defender. A explicação mais satisfatória é que os soldados do *exercitus francorum* tinham mais razões do que os romanos para serem indenizados para renunciarem à vingança. A limitação das práticas de vingança aparece como um dos objetivos do ***Pactus legis Salicae*** e explica, em parte, as diferentes tarifas[105]. Há que se considerar também o papel do poder real nessa diferenciação: a atribuição de multas mais elevadas como punição para o assassinato de membros do séqüito real, ou de altos funcionários, testemunha do fortalecimento do poder real a partir do início do século VI.

A diferença de estatuto entre francos e galo-romanos no interior do *Regnum Francorum* é muito provavelmente uma ficção jurídica criada

---

[103] O. Guillot, "Clovis 'Auguste', vecteur des conceptions romano-chrétiennes", pp.705-737.

[104] ***Pactus Legis Salicae*** 41, 1 e 8.

[105] A respeito da Lei Sálica, duas interpretações recentes ressaltam seu caráter romano, a de de J.-P. Poly ("La corde au cou. Les Francs, la France et la loi salique", pp. 287-320), e a de P.S. Barnwell (**Emperors, Prefects and Kings. The Roman West, 395-565**, pp. 97-99). Para Barnwell, o ***Pactus legis salicae*** não é uma lei germânica, mas uma atualização de práticas que teriam se desenvolvido na época imperial sob a forma do "Código Rural", texto jurídico bizantino que retoma as disposições do direito romano (*Ibid.*, p. 98).

no século XVIII pelos fundadores da "Escola Germanista". Não há razões para se pensar que a dupla titulatura de Clóvis correspondesse a uma autoridade que ele exercia de maneira diferente sobre francos e sobre galo-romanos. O *Regnum Francorum* não era uma entidade étnica: a palavra "franco" passou a designar, ao longo do século VI, tão somente o conjunto dos territórios sob os quais reinavam os francos. É assim que Gregório de Tours, no prefácio do livro V de suas *Histórias*, afirma: "*Me é repugnante lembrar as vicissitudes das guerras civis que enfraquecem bastante a nação* (gens) *e o Reino* (regnum) *dos Francos*"[106]. Da mesma maneira, na expressão *rex francorum*, que os sucessores de Clóvis não cessaram de utilizar, a palavra "franco" não fazia referência a um povo específico, mas remetia cada vez mais a uma identidade nova que pode ser chamada de "galo-franca"[107].

A principal fonte da autoridade pública de Clóvis e de seus sucessores imediatos não era nem militar nem étnica: ela não provinha do triunfo dos francos sobre os galo-romanos, mas de uma relação estreita com as práticas, com as hierarquias e com os símbolos da romanidade. Nem Clóvis, nem seus sucessores, retiravam sua legitimidade de um puro direito de conquista. Se as vitórias militares tivessem sido suficientes para afirmar a autoridade dos reis francos sobre a Gália, não teria sido necessário revesti-la de uma aparência romana, nem conformá-la aos parâmetros romanos. Bastaria adotar as construções institucionais sem, no entanto, recorrer aos símbolos. O reconhecimento pelo imperador permitia que os reis francos afirmassem sua posição em face dos seus súditos galo-romanos, que é importante ressaltar, constituíam a maioria esmagadora da população da Gália. Era, portanto, um reconhecimento teórico, pois como salientado anteriormente, o Império não possuía os meios materiais para interferir diretamente na Gália. Mas é fundamen-

---

[106] **Histórias** V, **prólogo**.

[107] Ver, a esse respeito, A. Demandt, "The Osmosis of late Roman and Germanic aristocraties", pp. 155-180; e também o estudo de M. Heinzelmann sobre a continuidade, na Gália, entre a aristocracia senatorial romana e a aristocracia episcopal (**Bischofsherrschaft in Gallien**).

tal não esquecer que neste mundo "pós-clássico", como mostrou P. Brown, o "estilo" das relações sociais pode tornar-se o cerne de paixões tão ardentes quanto a satisfação das necessidades materiais[108]. E é sob esse ponto de vista que é necessário compreender a afirmação de Procópio segundo a qual os francos acreditavam serem incapazes de manter sua dominação sobre a Gália sem a aprovação escrita e selada do imperador. A avidez de Clóvis e de seus filhos pelos títulos e honrarias oriundas de Constantinopla não era o fruto de uma vaidade desmedida: ela mostra que a integração na hierarquia imperial de dignidades era, antes de mais nada, um instrumento de governo.

A cerimônia de Tours (508)

Nada ilustra melhor a filiação romana de Clóvis do que a cerimônia de Tours, de 508. Trata-se da última e mais importante progressão de Clóvis na hierarquia romana, e também, após o batismo, o evento de seu reinado que suscita o maior número de polêmicas. Não há dúvidas de que essa cerimônia está diretamente relacionada à vitória de Clóvis sobre os visigodos. Com o auxílio dos burgúndios, os francos atacaram e derrotaram, na primavera de 507, os visigodos em Vouillé. A interferência das tropas enviadas por Teodorico, rei dos ostrogodos, contribuiu para diminuir a amplitude da derrota dos visigodos, e evitou que os francos se apoderassem da Septimania e da Provença. Segundo Gregório de Tours, após a vitória de Clóvis, os emissários do imperador Anastácio (491-518) trouxeram para ele em Tours uma túnica púrpura e uma diadema, juntamente com um documento imperial que o nomeava cônsul:

> "Em seguida, (Clóvis) recebeu do imperador Anastácio o codicílio do consulado e, tendo revestido na basílica do bem-aventurado Martinho uma túni-

[108] P. Brown, **Génèse de l'Antiquité Tardive**, especialmente, pp.21-63.

ca púrpura e o manto, colocou sobre sua cabeça uma diadema. Em seguida, montou a cavalo e distribuiu ouro e prata de suas próprias mãos com uma grande generosidade no caminho entre a porta do vestíbulo [da basílica] e a igreja da cidade às pessoas que estavam presentes..."[109].

O que esse trecho das **Histórias** descreve é algo freqüente entre os séculos V e VI: a atribuição pelo imperador de títulos honoríficos a altos dignitários de origem germânica. Ele descreve igualmente uma "entrada triunfal", prática herdada do período romano, e que consistia na entrada solene na *civitas* de um príncipe ou general vitorioso, ou então de um imperador por ocasião de sua entronização. Como concessão por parte do imperador de um título a um *rex* ocidental, a cerimônia de Tours não foi um evento excepcional[110]. O rei dos burgúndios, Gondebaldo, recebeu o título de patrício em 472, da mesma forma que Odoacro quatro anos mais tarde. Todos os dois tinham em comum o fato de terem realizado proezas políticas ou militares que os tornaram interlocutores privilegiados de Constantinopla. A ascensão de Clóvis, desde sua vitória sobre Syagrius até seu triunfo em Vouillé sobre os visigodos de Alarico, em 507, fez dele um parceiro de primeira importância para o Império, uma peça fundamental no complexo jogo de alianças na *pars Occidentis*[111]. Desde o final do século V, o rei ostrogodo Teodorico conseguiu estruturar uma aliança que compreendia o Reino dos Visigodos e o Reino dos Burgúndios, e que M.

---

[109] **Histórias** II, 38.

[110] Ver R. Frouin, "Du titre de roi porté par quelques participants à l'*Imperium romanum*", pp.140-149.

[111] É o que demonstram as tentativas de apaziguamento de Teodorico, rei dos ostrogodos e mestre da Itália após a derrota de Odoacro , que enviou uma carta à Alarico II afim de evitar um conflito entre esse último e Clóvis (Cassiodoro, **Variae**, 12). Por outro lado, o imperador Anastácio tinha fortes razões para incentivar uma ação franca contra Teodorico. Esse último havia ocupado a província Panônia Segunda em 504, mais precisamente o llyricum, região de onde era originário o próprio imperador [J.B. Bury, **History of the Later Roman Empire from the Death of Theodosius to the death of Justinian** (**A.D. 395 to A.D. 565**), p. 465].

Rouche denominou de "internacional ariana"[112]. A cerimônia de Tours marcou o reconhecimento por parte do imperador do novo equilíbrio de forças no Ocidente após a derrota dos visigodos da Aquitânia pelos francos[113]. A similitude entre essa cerimônia e o ritual imperial é evidente. Isso significa que Clóvis teria recebido uma dignidade que na prática o teria transformado em uma espécie de "vice-imperador" no Ocidente?

As divergências entre os historiadores sobre a cerimônia de Tours são sobretudo motivadas pela tradução do do capítulo 38 do livro II dos ***Decem Libri Historiarum***. Para L. Schmidt, o título de *proconsul* que o imperador teria atribuído a Clovis seria o resultado de um erro na grafia da palavra *praecaelsus* (*elevadíssimo*)[114]. Outros historiadores, como F. Lot, Ch. Pfiester e F.L. Ganshof, não acreditam na veracidade do relato de Gregório a respeito da cerimônia; Clóvis não poderia ter sido chamado "augusto", título reservado ao imperador em pessoa, nem

---

[112] A coalizão desses três estados arianos constituía uma garantia contra o expansionismo franco, mas também uma ameaça às posições e às pretensões imperiais na Itália, em particular, e no Ocidente, em geral. Antes mesmo da campanha de 507 contra os visigodos da Aquitânia, houve tentativas por parte dos francos em romper esse "cordão sanitário" instalado em torno do Reino dos Francos. Obtiveram sucesso no caso do Reino dos Burgúndios. Gregório de Tours menciona uma intervenção franca na burgúndia por volta de 500, na qual Clóvis, impôs ao rei Gondebaldo o pagamento de um tributo anual (**Histórias** II, 32). Segundo L. Levillan e G. Tessier, antes mesmo da guerra de 507, francos e visigodos tinham já tinham entrado em choque. Cidades que pertenciam ao Reino dos Visigodos como Saintes, em 495, e Bordeaux, em 498, já haviam sido ocupadas pelos francos. ("La conversion et le baptême de Clovis", pp.161-192; G. Tessier, **Le baptême de Clovis**, p. 92, n.1 e p.106). O fato do rei Gondebaldo ter capturado um grupo de guerreiros francos e os enviado ao rei Alarico em Toulouse é sintomático da concórdia existente entre burgúndios e visigodos por ocasião do conflito de 500 (**Histórias** II, 33).

[113] Além disso, no mesmo ano em que concedeu à Clóvis essas honrarias, Anastácio desencadeou hostilidades contra os ostrogodos (Amiano Marcelino, ***Comitis Chronicon***, 508, 11).

[114] L. Schmidt, **Geschichte der deutschen Stämme bis zum Ausgang der Völkerwanderung**, t. 2, p. 491; esse autor crê inclusive que Clóvis rompeu todos os laços com o Império após ter sucedido seu pai.

portar a diadema[115]. Para F. Lot, a descrição de Gregório permanece enigmática, pois os francos não teriam jamais se considerado súditos do Império[116]. Pode-se, portanto, concluir que Gregório foi influenciado por testemunhos orais pouco fiáveis, ou que ele inventou deliberadamente o relato da cerimônia de Tours com o intuito de mostrar o avô dos reis francos de sua época como mais ilustre do que ele era na realidade?

Para a maior parte dos historiadores, não há dúvidas quanto à veracidade do relato de Gregório sobre a cerimônia de Tours. Há aqueles que acreditam que o título recebido por Clóvis era o de "cônsul honorário"[117]. Outros sustentam que se tratava do patriciado[118]. Há também aqueles que afirmam que era ao mesmo tempo um consulado honorário e um patriciado[119]. Partidário dessa interpretação, R. Mathisen, considera que se Anastáco tivesse outorgado a Clóvis apenas o consulado honorário, teria sido um "insulto", pois esse último ocuparia uma posição

---

[115] F. Lot, Ch. Pfiester, F.L. Ganshof, **Les destinées de l'Empire en Occident de 358 à 888**, p. 194: "*É exato que o novo cônsul jogava ouro e prata para a multidão, mas o nome de Clovis não figura sobre os dipticos consulares. Se se trata do consulado honorário, esse não comportava nem o cerimonial nem as despesad do consulado real*".

[116] *Ibid.*

[117] J.B. Bury, **History of the Later Roman Empire from the Death of Theodosius I to the Death of Justinian**, p.464; W. Ensslin, "Nochmals zu der Ehrung Chlodowecs durch Kaiser Anastasius", pp. 499-507; Cf. K. Hauck, "Politische und Asketische Aspekte der Christianisierung (von Reims und Tours nach Attigny und Paderborn)", pp. 46-52; E. James, **I Franchi**, p.87; M. McCormick, "Clovis at Tours, Byzantine Public Ritual and the Origins of Medieval Ruler Symbolism", pp.155-180; M. Spencer, "Dating the Baptism of Clovis", pp. 97-116; K.F. Stroheker, **Der senatorische Adel im spatantiken Gallien**, p. 109; P. Leveel, "Le consulat de Clovis à Tours", pp.187-190; R. Weiss, **Chlodowigs Taufe: Rheims 508**, pp. 110-119; I.N. Wood, "Gregory of Tours and Clovis", pp.249-272.

[118] H. Gunther, "Der Patriziat Chlodowigs", pp. 468-475; E.A. Stückelberg, **Der Constantinische Patriziat. Ein Beitrag zur Geschichte der Späteren Kaiserzeit.**

[119] S. Dill, **Roman Society in Gaul in the Merovingian Age**, pp.104 -105; J.R. Martindale (ed.), **Prosopography of the Later Roman Empire**, t. 11, p. 290; M. Heinzelmann, **Gallische Prosopographie**, p. 581.

inferior à do rei ostrogodo Teodorico e sobretudo à do rei burgúndio Gondebaldo – que o rei franco havia derrotado alguns anos antes. Caso o imperador tivesse outorgado apenas o patriciado, o resultado teria sido o mesmo. A outorga das duas dignidades teria permitido a Clóvis ultrapassar a posição de Gondebaldo na hierarquia romana de dignidades, ainda que ele permanecesse numa posição inferior à de Teodorico. Segundo Mathisen, apenas a dignidade de "augusto" teria permitido a Clóvis ultrapassar o nível do rei ostrogodo. Mas essa outorga jamais teria ocorrido[120]. Há ainda os historiadores que afirmam que poderia ter se tratado de um consulado, ou de um patriciado, mas jamais das duas dignidades ao mesmo tempo[121]. Quanto a R. Van Dam, ele estima que a cerimônia de Tours transformou em Clóvis em um *quasi-Augustus*[122].

Apesar das diferentes interpretações a respeito da cerimônia de Tours, pode-se afirmar que ela marcou uma progressão sem precedentes de Clóvis no interior da hierarquia romana. Quanto à natureza da distinção concedida ao rei franco, tratava-se, muito provavelmente, de um "proconsulado" ou de um "consulado honorário", pois o nome de Clóvis não aparece nem nos ***Fasti consulares imperiales***, nem nas fórmulas de datação na Gália, o que deveria acontecer se se tratasse de um consulado no sentido estrito do termo[123]. Entretanto, se Anastácio realmente pretendesse colocar Clóvis numa posição pelo menos tão prestigiosa quanto aquela ocupada por Teodorico, com quem ele acabava de entrar em guerra, o patriciado talvez fizesse parte das dignidades outorgadas ao rei dos francos. A vantagem com a combinação desses títulos é que ela não constituía uma ameaça à preeminência da dignidade imperial[124].

Como explicar, entretanto, a menção por Gregório do título de "augusto"? A concessão desse epíteto significaria que Anastácio pretendia

---

[120] R. Mathisen, "Clovis, Anastase et Grégoire de Tours: consul, patrice et roi", p. 400.

[121] Y Hen, "Clovis, Gregory of Tours and Pro-Merovingian Propaganda", pp.271-276; J.M. Wallace-Hadrill, **The Long-Haired Kings**, pp.175-176.

[122] R. Van Dam, **Leadership and Community in Late Antique Gaul**, p. 181.

[123] Ver M. Heinzelmann, **Gallische Prosopographie (260-527)**, pp. 581-582.

[124] O. Guillot, "Grégoire de Tours et la Justice mérovingienne", p. 722.

fazer de Clóvis um "co-imperador". Não há indício algum de que Anastácio tenha pretendido criar uma tal situação, que na prática significava reconhecer em Clóvis o novo imperador do Ocidente. Além do mais, um tal ato teria conferido a Clóvis um peso que ele, mesmo sendo o vencedor da batalha de Vouillé, não possuía. Nesse sentido, merece ser mencionado o ponto de vista de M. Reydellet; esse autor coloca em dúvida a tradução geralmente aceita da frase de Gregório de Tours: "*...et ab ea die tamquam consul aut augustus est vocacitus*"[125]. Ele observa que a maior parte dos tradutores negligenciam a tradução da palavra *tamquam*[126]. A presença dessa palavra na frase significaria que Clóvis não foi realmente cônsul ou augusto, pois mesmo na obra de Gregório, *tamquam* não seria capaz de introduzir um atributo puro e simples. O sentido seria então: "*...como se ele fosse cônsul ou Augusto*". Colocada desse modo, segundo Reydellet, a frase constituiria um problema, pois os dois títulos não eram sinônimos, o que Gregório devia saber. Reydellet fala de um erro do manuscrito para explicar o que segundo ele constitui um paradoxo. O verdadeiro significado do texto seria então: "*Ele foi chamado pelos Augustos (o imperador e a imperatriz) como se fosse cônsul*"[127]. Trata-se, entretanto, apenas de uma hipótese de difícil verificação. Como estar certo de que houve realmente um equívoco do copista? A solução encontrada por K.F. Werner para resolver o problema é digna de nota: ele explica a presença do título "augusto" como uma interpretação por parte de Gregório do papel dirigente exercido por Clóvis sobre a Igreja[128]. Ora,

---

[125] **Histórias** II, 38.

[126] A ***Vita Remigi*** também omite a palavra *tamquam*: "*Per idem tempus ab Anastasio imperatore codicellos Hludowicus rex pro consulatu accepit; cum quibus codicellos etiam illi Anastasius coronam auream cum gemmis et tunicam blatteam misit,* ***et ab ea die consul et augustus est appellatus***" [grifo nosso] (***Vita Remigii episcopi remensis auctore Hincmaro***, 20).

[127] M. Reydellet, **La royauté dans la littérature latine**, p. 408.

[128] K.F. Werner, "La 'conquête franque' de la Gaule. Itinéraires historiographiques d'une erreur", p. 30: "*Ele era para a Igreja de seu* regnum, *a condição de ter a verdadeira fé,* dominus *(político)* e pius princeps, *tomando acima dos bispos o lugar que era do imperador no Império*".

os sucessores de Clóvis tiveram uma atitude semelhante em relação à Igreja da Gália – como se verá mais adiante –, sem que, no entanto, lhes fosse atribuído o título de "augusto". Além do mais, em sua descrição do governo de Tibério, bem como em outras partes de sua obra, Gregório utiliza o título de "augusto" para designar apenas o exercício da função imperial, sem que haja qualquer menção à Igreja[129].

É possível que a cerimônia de Tours comportasse uma anomalia que não passou desapercebida ao bispo de Tours. Apesar da distância que separava o ano de 508 do momento em que Gregório escreveu sua obra, esse último devia saber que a cerimônia se fundava sobre uma interpretação exagerada das honras que eram atribuídas a Clóvis. Essa defasagem entre o título de "cônsul honorário", que Clóvis provavelmente recebeu, e a aclamação de que ele foi o objeto, é inclusive perceptível no relato do bispo de Tours. Efetivamente, em nenhum momento Gregório afirma que Clóvis recebeu o título de "augusto" do próprio imperador. É dito apenas que *ele [Clóvis] recebeu do imperador Anastácio o codicílio do consulado.* No final do capítulo, o bispo de Tours acrescenta que *"a partir desse dia ele foi chamado como se fosse cônsul ou Augusto"*, sem definir claramente a identidade daquele ou daqueles que o chamavam assim. O texto indica claramente que há uma dissociação entre a aclamação e o título outorgado pelo imperador. Gregório diz que Clóvis foi aclamado *"cônsul ou Augusto"*, e ao acrescentar a palavra *tamquam* (como se), ele mostra claramente toda a ambigüidade da cerimônia. As ovações rituais do exército e do povo reunidos em Tours provavelmente ultrapassaram a iniciativa imperial, pois em nenhum outro texto de que se dispõe para o período merovingio Clóvis é chamado de "augusto"[130]. A cerimônia pode ter sido preparada cuidadosamente por Clóvis e por seus conselheiros com o intuito de ampliar o valor político da distinção que o imperador enviara à Gália. Isso explicaria também a utilização da diadema e do manto púrpura, símbolos que um simples "cônsul honorário" não poderia revestir.

---

[129] **Histórias** V, 30; **Histórias** I, 16; **Histórias** II, 9; **Histórias** II, 9.

[130] Cf. M. Heinzelmann, **Gallische Prosopographie (260-527)**, pp.581-582.

Assim, no dia de sua entrada triunfal em Tours, Clóvis deve ter sido aclamado como "augusto" em virtude de circunstâncias internas do *Regnum Francorum*, sem que isso tenha sido necessariamente reconhecido por Constantinopla. Era talvez uma maneira para Clóvis de resolver o problema de sua inferioridade hierárquica em relação a Teodorico, aclamado na qualidade de *Flavius*[131]. Mas ao mesmo tempo, ele demonstrava publicamente uma pretensão imperial. Outros aspectos da cerimônia de Tours mostram igualmente a defasagem entre a "interpretação real" e a "iniciativa imperial". As vestimentas que Clóvis portava na ocasião eram as mesmas que um generalíssimo romano utilizava na ocasião de um triunfo. O vencedor de Vouillé não poderia deixar de explorar seu sucesso militar. Uma vez que o título de "augusto" aparece somente por ocasião dessa cerimônia, é possível que tenha se tratado de uma supervalorização intencional do titulo romano que não se repetiu em seguida. A vitória de Clóvis sobre os visigodos era recente e ela pode ter inspirado essa iniciativa. Seria um erro considerar Clóvis apenas como um rei franco ou por outro lado apenas como um alto funcionário romano. Ele era as duas coisas. Mas seu principal trunfo estava na margem de manobra que possuía, e que seus sucessores continuarão a explorar, em virtude da crise da autoridade imperial no Ocidente, e que lhe permitia, por exemplo, utilizar-se como bem entendia das distinções que lhe eram outorgadas pelo imperador.

Qualquer que seja o valor que cada uma das partes – imperador e rei – atribuíram às insígnias e aos títulos revestidos por Clóvis em Tours, uma constatação se impõe: todo esse cerimonial que evoca ao mesmo tempo a antiga pompa do triunfo, o *processus consularis* e o advento imperial, é carregado de cores romanas[132]. R. Mathisen afirma que Clóvis não era um historiador, que ele não se interessava pelo passado romano, mas pelo futuro franco. Ele não pretendia, diz Mathisen, imitar funcionários romanos desaparecidos, mas tornar-se poderoso como outros

---

[131] *Idem*, p.703.

[132] L. Pietri, **La ville de Tours du IVe au VIe siècle: naissance d'une cité chrétienne**, p. 168.

reis de sua época[133]. Ora, a cerimônia de Tours mostra que o "futuro" franco tinha uma relação estreita com o "passado" romano. O principal fundamento da legitimidade real, não apenas na Gália, mas no Ocidente no início do século VI, era o legado político de Roma. O comportamento de Clóvis quando da cerimônia de Tours indica que ele estava convencido de que o futuro franco era inconcebível fora do Império, de suas construções políticas e administrativas, e mesmo de sua ideologia. Para ele, como para aqueles que ele governava, o Império Romano não pertencia ao passado, era uma realidade. Clóvis não era um historiador, mas antes de tudo um político hábil que sabia como tantos outros de sua época, na Espanha e na Itália, visualizar o equilíbrio de forças predominante e agir em conseqüência para tirar o melhor proveito possível. Não é necessário ser um historiador para saber utilizar a história a seu favor. O recurso aos símbolos e aos títulos romanos, da mesma maneira que às construções institucionais do Império, testemunham do quanto essa nova entidade, o *Regnum Francorum*, estava ancorado na utilização e na adaptação da herança romana[134].

No final de seu reinado, Clóvis havia se afirmado como um dos reis ocidentais mais romanizados, ou pelo menos como um daqueles que utilizava o legado romano de maneira mais sistemática. O recurso aos títulos e aos símbolos da romanidade mostra que os francos não haviam retirado sua legitimidade de um puro direito de conquista. Não se pode esquecer que os galo-romanos constituíam a maioria absoluta dos habitantes da Gália. Nesse sentido, Procópio tinha razão quando escrevia que os francos não acreditavam serem capazes de assegurar a

---

[133] R. Mathisen, "Clovis, Anastase et Grégoire de Tours: consul, patrice et roi", p.405.

[134] Ver K. Hauck, "Von einer spätantiken Randkultur zum karolingischen Europa", pp.3-93; L. Pietri reconhece o significado romano da cerimônia de Tours; quanto a M. Rouche, ele estima que essa cerimônia tinha um único objetivo: satisfazer os galo-romanos de Tours e da Aquitania que, após mais de cinqüenta anos defendendo o Império Romano contra tudo e contra todos, estavam reunidos ao *Regnum Francorum*. Os visigodos, diz ele, tinham fracassado por não terem sido suficientemente "romanófilos" (**L'Aquitaine des Wisigoths aux Arabes, 418-781**, pp. 49-50).

possessão da Gália sem que o imperador dessa sua aprovação. Era imperativo para Clóvis aparecer para seus governados como um súdito fiel do imperador. Após a cerimônia de Tours, Clóvis era mais do que nunca o representante de uma ordem que, no meio das turbulências daquele tempo, permanecia a expressão do direito[135].

Foi sob o reinado de Clóvis que, pela primeira vez, os diversos grupos de francos foram unificados em um único reino[136]. Essa nova entidade, muito embora se chamasse *Regnum Francorum*, estava longe de ser um reino governado unicamente por francos e para os francos. Ver em Clóvis o fundador do Reino dos Francos não significa considerá-lo como o primeiro dentre os membros de sua dinastia a ter libertado a Gália de toda relação com o Império. Ao se recusar a idéia de conquista franca da Gália, esse "grande mito historiográfico" nas palavras de K.F. Werner, é necessário admitir que a força não foi o único fundamento da autoridade dos reis merovíngios. As proezas militares de Clóvis, bem como as de seus herdeiros, são apenas a dimensão mais visível do sucesso dessa dinastia. Mas elas não a explicam totalmente. Mesmo tendo utilizado a violência para atingir seus objetivos, Clóvis e seus sucessores permaneceram ligados atavicamente ao Império, tanto à sua ideologia quanto às suas práticas institucionais. E era dessa ligação que eles retiravam boa parte de sua legitimidade. Os francos estavam evidentemente conscientes da superioridade do Império.

Ainda que se discuta aqui o legado do Império ao *Regnum Francorum*, esse termo não deve dar uma falsa impressão sobre a atitude de Clóvis e de seus sucessores. Quando se menciona a herança romana, seria um equívoco pensar em um conjunto de idéias e de práticas institucionais que se transmitiria integralmente e imutavelmente. Os francos souberam adaptar o legado romano às condições particulares da Gália do século VI. Admitindo que o mundo franco ainda fazia parte do mundo romano, e que, por conseguinte, o direito e as construções institu-

---

135 E. Lavisse, "La Foi et la morale des Francs", p.103.

136 P.S. Barnwell, **Emperors, Prefects and Kings. The Roman West, 395-565**, p. 90.

cionais romanas lhe eram familiares, havia na maneira "galo-franca" de tratar o legado romano uma mobilidade e uma originalidade que ficaram obscurecidas pelo debate entre "romanistas" e "germanistas". Uma análise da monarquia franca deve levar em conta essas particularidades. A cerimônia de Tours pode, aliás, muito bem ilustrar a capacidade dos Francos de transformar e reinterpretar os símbolos da romanidade. Isso não quer dizer que Clóvis e os seus sucessores fossem brilhantes teóricos, mas também não eram os bárbaros incapazes de compreender qualquer abstração, tal como sustenta a historiografia tradicional. Não se pode esquecer que eles eram o fruto de uma cultura política altamente romanizada.

Pelo menos no que diz respeito ao vocabulário do poder, o Reino dos Francos permaneceu unido ao mundo romano. Uma leitura dos atos das chancelarias, das crônicas, ou da correspondência, permitem atestar que a utilização dos títulos romanos no Ocidente não se interrompeu com a "queda de Roma". Noções chave da vida política, estes títulos aparecem ininterruptamente do século IV ao século X. Esta perenidade é devida, sobretudo, à ação dos imperadores de Constantinopla, que tiveram êxito em cooptar os chefes e os reis bárbaros para a sua prestigiosa hierarquia de títulos áulicos[137]. Imersos no universo político romano pelo menos desde o século IV, os francos não podiam ignorar o significado dos títulos que eles disputavam com outros povos germânicos. A capacidade com a qual Clóvis explorou a dignidade que lhe foi concedida por Anastácio, em 508, mostra que os merovíngios não eram ignorantes quanto ao significado e, sobretudo, quanto às implicações desses símbolos sobre sua própria autoridade. Os reis francos eram conscientes que a afirmação da sua autoridade sobre a Gália não dependia unicamente das suas proezas militares ou de sua origem real.

Pode-se, no entanto, questionar o alcance dos titulos romanos no exercício do poder na Gália franca. Na opinião de J.B. Bury, retomada em seguida por P. Goubert, os reis merovíngios Cariberto, Sigeberto

[137] K.F. Werner, **Naissance de la noblesse**, p.276.

(†573), Chilperico e Gontrão, que disputavam entre si "os pedaços da França", voltavam sua atenção para o imperador em Constantinopla na esperança de obter dele, senão socorro em seus conflitos fratricidas, pelo menos alguns presentes e as distinções honoríficas que preenchiam os seus desejos de "novos-ricos"[138]. Em sua correspondência com a corte de Constantinopla, os príncipes francos não cessaram de testemunhar sua submissão em relação ao Império. Seria, no entanto, precipitado afirmar que os títulos e as noções políticas romanas utilizadas pelos francos eram "embalagens vazias de conteúdo". No capítulo seguinte, examinar-se-á as as implicações dessa atitude "nostálgica" no exercício da autoridade pública durante a primeira metade do século VI.

---

[138] J.B. Bury, **A History of the Later Roman Empire from Arcadius to Irene** (**395 A.D.** to **800 A.D.**), t. 2, p. 159; P. Goubert, **Byzance et les Francs, I, Byzance et l'Occident sous les successeurs de Justinien, Byzance avant l'Islam**, t. 2, v.1, p. 15.

Capítulo II

A "Realeza Constantiniana" (*c.481-561*)

Clóvis é sem sombra de dúvidas um dos personagens mais importantes da memória histórica francesa. Se os Bourbon adotaram-no como seu antepassado, vinculando-se assim ao primeiro rei católico do Ocidente, eles o transformaram igualmente em fundador da França. Mais do que Carlos Magno, cujo império abrangia boa parte da Germânia e cujo túmulo se encontra na cidade alemã de Aachen, Clóvis podia ser considerado como um rei "tipicamente francês". Com excepção da Septimânia e da Provença, o filho e sucessor de Childerico governava um território que coincidia grosso modo com o espaço sobre o qual reinavam os reis de França nos séculos XVII e XVIII. No entanto, o prestígio de Clóvis não se converteu automaticamente em sucesso historiográfico: somente no final do século XIX é que os historiadores franceses começaram a se interessar realmente por ele. O objeto principal desse interesse eram as anedotas de sua vida relatadas por Gregório de Tours, e que pareciam confirmar a idéia de que se tratava de um bárbaro que praticava o assassinato sistemático de membros de sua própria família como meio de ampliar seu poder.

No entanto, há uma dimensão da figura histórica de Clóvis que sobreviveu à visão negativa veiculada pela historiografia do século XIX: é a imagem de "fundador da França". Mesmo com a concorrência de Vercingétorix – que a 3ª República erigiu em herói de uma França abalada pela derrota face aos prussianos –, ou com as críticas de uma tradição historiográfica que fez da "crueldade" e da "superstição" as pedras angulares da descrição dos tempos merovíngios, Clóvis permaneceu associado a um momento crucial de formação da nação francesa. Quando publicou a biografia desse personagem, em 1893, G. Kurth lamentava que "o homem que abre os anais do mundo moderno, o fundador da França, nunca teve biógrafo". O "reinado criador", aquele que havia impresso sua marca de maneira tão poderosa na história, não havia deixado nenhum traço na historiografia[139]. Essa situação alterou-se sensivelmente ao longo do último século. Ainda que as biografias de Clóvis não sejam muito numerosas na França e na Alemanha, os principais eventos do seu reinado – o batismo, as guerras contra os burgúndios, contra os visigodos, a cerimônia Tours, o Concílio de Orléans, etc. – foram abordados por um grande número de obras e artigos publicados até a metade dos anos 1990[140]. As comemorações dos mil e quinhentos anos do baptismo de Clovis foram a ocasião de colóquios, exposições e também da publicação de

---

[139] G. Kurth, **Clovis**, p. xiii.

[140] A lista é demasiado longa para ser reproduzida aqui. Eis, no entanto, alguns exemplos: M. Bloch, "Observations sur la conquête de la Gaule romaine par les rois francs", pp. 161-178; B.S. Bachrach, "Procopius and the chronology of Clovis' reign" pp. 21-31; G. Bordonove, **Clovis et les Mérovingiens**; P. Courcelle, **Histoire littéraire des grandes invasions germaniques**; W. von Der Steinen, "Chlodwigs Übergang zum Christentum", pp. 417-501; W.M. Doly, "Clovis, how barbaric, how pagan", pp. 619-664; J. Hoyoux, "Le collier de Clovis", pp. 169-174; P. Leveel, "Le consulat de Clovis à Tours", pp. 187-190; F. Lot, "La conquête des pays d'Entre-Seine-et-Loire par les Francs", pp. 241-253; J. Verseuil, **Clovis ou la naissance des rois**; P. Périn, **Clovis et la naissance de la France**; a respeito das festividades, ver a dissertação de M. Allouch, **Un passé recomposé: les commémorations du baptême de Clovis, étude comparé: 1896-1996**.

vários títulos que vieram se acrescentar a uma bibliografia já bastante extensa[141].

Na maior parte de trabalhos que lhe foram consagrados desde o final século XIX, Clóvis aparece como um soberano bárbaro que, pela força das armas, conseguiu apoderar-se da Gália romana. Às vezes, ele aparece também como um alto funcionário romano cujas vitórias militares não foram suficientes para tornar o Reino dos Francos menos dependente do imperador. Em ambos os casos, Clóvis é visto como um mero continuador de tradições ancestrais. O conquistador bárbaro, herdeiro dos antigos costumes germânicos é tão pouco inovador quanto o alto funcionário romano tornado chefe de um Estado galo-franco. Nos dois casos, Clóvis teria apenas seguido um cenário determinado de antemão. Se há um domínio no qual os historiadores lhe atribuiram certa capacidade criativa, é efectivamente o da "fundação da nação francesa": isso pode ser observado, notadamente, nas publicações que acompanharam as festividades dos mil e quinhentos anos de seu batismo. Clóvis teria adotado a fé católica mais por oportunismo que por convicção, e tornado essa religião o fundamento principal daquilo que se tornaria mais tarde a França[142]. Fruto da imaginação dos modernos, a representação de Clóvis como o primeiro rei dos franceses, ou ainda como seu primei-

---

[141] M. Rouche, (dir.) **Clovis, histoire et mémoire**; R. Mussot-Goulard, **Le baptême qui a fait la France**; J. Schmidt, **Le baptême de la France: Clovis, Clotilde, Geneviève**; F. Dallais, **Clovis ou le combat de la gloire**; P.-M. Couteaux, **Clovis, une histoire de France**; L. Theis, **Clovis, de l'histoire au mythe**; M. Laforest, **Clovis, un roi de légende**; B. Chevallier, **Clovis, un roi européen**; A. Bernet, **Clovis et le baptême de la France.** Uma boa crítica à idéia de que Clóvis teria convertido a Gália se encontra no livro de B. Dumézil, **Les racines chrétiennes de l'Europe. Conversion et liberte dans les royaumes barbares, Ve-VIIIe siècles**, p.220 e ss.

[142] Em alguns desses numerosos trabalhos, o batismo de Clovis é associado à fundação da França, ou mesmo à fundação da Europa. Ver, por exemplo, R. Mussot-Goulard, **Le baptême qui a fait la France**; J. Schmidt, **Le baptême de la France: Clovis, Clotilde, Geneviève**; P.-M. Couteaux, **Clovis, une histoire de France**; A. Bernet, **Clovis et le baptême de la France.** É evidente que uma tal interpretação é tributaria de uma apreciação *a posteriori* do evento. É pouco provável que entre os contemporâneos da cerimônia de Reims houvesse alguém que acreditasse que ao entrar no batistério, Clovis estava fundando a "Europa cristã" ou a "França católica".

ro rei católico, acabou por tornar-se praticamente a única marca de originalidade do personagem. É como se o catolicismo de Clóvis estivesse na base do catolicismo francês. Os títulos de certas obras que lhe foram consagradas em 1996 mostram efetivamente que "o rei europeu", "o construtor" ou "o fundador" da França, eclipsou o "rei dos francos"[143]. O problema fundamental dessa interpretação é que ela nada diz sobre o significado do reinado de Clóvis na história da Gália no final do século V e no início do século VI.

Clóvis, o "novo Constantino"

"A rainha não cessava de pregar de modo que (Clóvis) conhecesse o verdadeiro Deus e abandonasse os ídolos; mas não pôde de nenhuma maneira trazê-lo para essa crença até o dia em que a guerra foi desencadeada contra os alamanos, guerra na qual ele foi levado pela necessidade a confessar o que anteriormente tinha se recusado a fazer voluntariamente"[144].

Esse trecho faz parte do testemunho mais completo de que se dispõe sobre a cerimônia do batismo de Clovis, embora tenha sido escrito por Gregório várias décadas depois, talvez com o auxílio de clérigos de Tours que conheceram a rainha Clotilde, morta nessa cidade em 545. Isso explica, em parte, a importância atribuída à rainha no batismo, que destoa do papel que lhe é acordado por outros autores, como Remígio de Reims e Avitus de Vienna. Ambos sequer mencionam a rainha em suas epístolas. Gregório introduz igualmente em seu relato uma relação de causa e efeito entre a aceitação por Clóvis do verdadeiro Deus e sua

143 Na Alemanha, a imagem de "pai fundador" é associada sobretudo a Carlos Magno. Alguns historiadores alemães viram em Clóvis o herdeiro de uma pequena realeza (*Gaukönigtum*), que estaria na origem do *Regnum Francorum* (L. Schmidt, "Des Ende der Römerherrschaft in Gallien, Chlodowech und Syagrius", pp. 611-618).

144 **Histórias** II, 30.

vitória sobre os alamanos na batalha de Tolbiac. Segundo o bispo de Tours, Clóvis teria invocado a ajuda de Cristo no momento em que seu exército estava prestes a ser exterminado, comprometendo-se, em troca, a ser batizado. Após o triunfo sobre os alamanos, a rainha Clotilde teria mandado chamar o bispo de Reims, e esse teria convencido Clóvis a aceitar a palavra da Salvação[145]. O relato de Gregório traz um problema cronológico: há fortes indícios de que a batalha de Tolbiac ocorreu depois do batismo, e não antes dele[146]. O "erro" cronológico do bispo Tours não parece ter sido o fruto do mero acaso: ao situar a batalha de Tolbiac antes do batismo e, sobretudo, ao mostrá-la como causa desse evento, Gregório estabelece um paralelismo entre a conversão de Clóvis e a conversão de Constantino. Da mesma forma que o imperador no episódio na batalha da Ponte Milvius, é face a uma dificuldade militar que Clóvis recebeu a ajuda divina. Além disso, Gregório de Tours atribui à rainha Clotilde, que teria realizado numerosos esforços para convencer Clovis a aceitar a fé católica, papel semelhante ao que a tradição católica atribui à Helena, mãe de Constantino.

Dentre todos os autores do século VI cujos textos foram preservados, Gregório de Tours é o único a estabelecer uma relação de causa e efeito entre a batalha contra os alamanos e o batismo de Clóvis. A carta de Avitus, bispo de Viena, escrita ao rei franco quando de seu batismo[147] – e, além disso, o único relato contemporâneo do acontecimento – não menciona nenhuma batalha, tampouco a participação da rainha Clotil-

[145] *Idem*. A data do batismo de Clóvis é ainda o objeto de certa controvérsia entre os historiadores; uns falam de 496, outros de 499, ou ainda 506. Sobre estas controvérsias, ver G. Kurth, **Clovis**, pp. 295-319 ; L. Levillain, "La conversion et le baptême de Clovis", pp.161-192; G. Tessier, **Le baptême de Clovis**, pp. 87-96; M. Rouche, **Clovis**, pp. 272-277.

[146] Cf. W. Hartung, **Süddeutschland in der frühen Merowingerzeit**, p. 98; I.N. Wood, "Gregory of Tours and Clovis", pp. 249-272; K.F. Werner, "La 'conquête franque' de la Gaule", p. 38, n. 102.

[147] Essa carta de Avitus seria, de acordo com W. von Der Steinen, a resposta a uma circular enviada por Clóvis aos bispos católicos do seu reino e do exterior para comunicar seu batismo ("Chlodwigs Übergang zum Christentum", pp. 417-501).

de. Muito embora trace um retrato "imperial" de Clóvis, como se verá adiante, Avitus descreve a conversão de Clóvis apenas como o resultado de uma escolha do rei: "*A escolha que fizestes para vós vale para todos*"[148]. Avitus não menciona nenhum elemento externo que teria influenciado a decisão de Clóvis de adotar a fé católica. Em uma carta à Clodosinda, neta de Clóvis, escrita em 562, Nizier, bispo de Trier, afirma que o rei decidiu se converter graças à persuasão de Clotilde, e também porque tinha se comovido com a força dos milagres no túmulo de São Martinho[149]. Nenhuma menção é feita aos alamanos. São Nizier não estabelece relação direta entre as vitórias militares e a conversão; sua argumentação é sensivelmente diferente: apenas depois de seu batismo é que Clovis teria realizado proezas contra os reis heréticos, Alarico e Gondebaldo[150].

No entanto, Gregório não é o primeiro nem o único a destacar o caráter "imperial" do batismo de Clóvis. O bispo de Reims nomeou Clóvis "*praedicator fidei catholicae*" (pregador da fé católica) e "*gentium triumphator*" (vencedor dos pagãos), dando contornos imperiais e constantinianos ao rei dos francos[151]. Algo semelhante pode ser observado na epístola de Avitus de Viena:

---

[148] ***Alcimi Ecdicii Aviti Viennensis Episcopi***, 46 (41).

[149] **Epistolae Austrasicae** 8: "*Tu aprendestes como a tua avó, a senhora de boa memória, Clotilde, veio em Francia, e como conduziu o senhor Clovis à fé católica; e ele, como era um homem dos mais astuciosos, não quis concordar antes de compreender que essas coisas eram verdadeiras. Quando se percebeu que essas demonstrações, que acabo de mencionar mais acima, foram provadas, ele caiu humildemente de joelhos sobre o chão do bem-aventurado Martinho e prometeu se fazer batizar sem demora.* ***Tu aprendestes que uma vez batizado, ele realizou numerosos feitos contra os reis heréticos Alarico e Gondebaldo;*** *tu não ignoras a qualidade dos dons que ele e seus filhos receberam deste mundo*" (grifo nosso). Não parece haver aqui qualquer intenção do autor em traçar um paralelismo entre Clóvis e Constantino. No relato de São Nizier, os feitos militares do rei franco sucedem e decorrrem de seu batismo, ao invés de precedê-lo e explicá-lo.

[150] Sobre São Nizier, ver E. Ewig, **Trier im Merowingerreich, Stadt, Bistum. *Civitas***, p. 88; M. Heinzelmann, **Bischofsherrschaft in Gallien**, p. 171, p. 174.

[151] ***Epistolae Austrasicae***, 3.

> "Da mesma forma, a Grécia pode felicitar-se por ter escolhido um príncipe que seja dos nossos; mas de agora em diante não é mais a única a merecer o dom de uma tal recompensa. A sua clareza ilumina também o teu *orbs* e, na parte ocidental (*occiduis partibus*) [do Império], o brilho de uma glória que não é nova fulgura sobre um rei que não é novo. É por isso que a Natividade do Nosso Senhor inaugurou esta glória, de modo que o dia em que a água regenerativa vos preparava para a salvação seja também o dia em que o mundo recebeu Aquele que nasceu para sua redenção, o mestre do céu. E que o dia em que se celebra o nascimento do Senhor seja também o vosso; ou seja, que o dia em que vós nascestes para o Cristo seja também o dia em que o cristo nasceu para o mundo, o dia em que consagrastes vossa alma a Deus, a vossa vida aos vossos contemporâneos, a vossa fama à posteridade"[152].

O bispo de Viena dirige-se a Clóvis como o igual, na parte ocidental do Império, ao *princeps* da Grécia (que ele curiosamente não designa como Império). É através do batismo que Clóvis teria alcançado uma estatura sem precedentes. Assim, a "clareza" desse acontecimento iluminaria mesmo a Grécia e seu *princeps*. Avitus destaca também a coincidência entre a data do batismo de Clóvis e o dia da Natividade do Senhor. Bispo católico de um reino ariano – a Burgúndia –, ele atribui ao batismo de Clóvis um significado que ultrapassava as fronteiras do Reino dos Francos. Além disso, ao afirmar, no início da epístola, que "*A escolha que fizestes para vós vale para todos*"[153], o bispo de Viena outorga ao rei dos francos a estatura de um imperador cristão.

I. Wood e F. Prinz consideram que Clóvis converteu-se provavelmente ao arianismo antes de adotar a fé católica. Esses autores duvidam da veracidade daquilo que é relatado por Gregório, responsável, segundo eles, por ter acrescentado o papel de Clotilde, assim como a batalha contra os alamanos. Essa versão teria por objetivo tornar Clóvis aceitável aos olhos

---

[152] ***Alcimi Ecdicii Aviti Viennensis Episcopi***, 46 (41).

[153] ***Alcimi Ecdicii Aviti Viennensis Episcopi***, 46 (41).

dos galo-romanos católicos, ao apagar qualquer vestígio de seu passado herético[154]. Ainda que não se tratasse de esconder o arianismo de Clóvis de seus súditos, o relato e a cronologia das **Histórias** serviam à demonstração do triunfo da Igreja do Cristo. Os acontecimentos são ordenados de maneira a ilustrar a vitória do catolicismo sobre as heresias. Aliás, o capítulo sobre os alamanos é imediatamente anterior ao que trata do batismo. De resto, a intenção de Gregório é explicitamente apresentada quando ele descreve o percurso de Clóvis até a pia batismal:

"Foi o rei quem primeiro pediu para ser batizado pelo pontífice. Ele avança, **novo Constantino**, em direção à piscina para curar-se da doença de uma velha lepra e para apagar, com água fresca, manchas sujas feitas antigamente... (grifo nosso)"[155].

Essa "velha lepra", curada pela água do baptismo é uma referência à doença da qual, segundo a tradição, teria sido vítima o imperador Constantino. E no trecho logo a seguir, Gregório compara o bispo Remígio ao papa Silvestre:

> "São Remígio era um bispo de notável ciência e que, em primeiro lugar, tinha se impregnado do estudo da retórica, mas se distinguia igualmente pela santidade, igualando Silvestre pelos seus milagres"[156].

Essa comparação completa o relato "constantiniano" do batismo: Remígio estaria para Clóvis assim como o papa Silvestre estaria para Constantino. Vê-se, além disso, através da retórica da purificação pelo batismo, a principal virtude de Clóvis, no entender do bispo Tours: como o imperador, ele teria rompido com o paganismo e adotado a fé católica. Como se pode observar, o tema de Clóvis como "novo Constantino" alcançou, com Gregório, um nível de elaboração que ele não possuía no momento do batismo.

---

154 I.N. Wood, "Gregory of Tours and Clovis", pp. 249-272; F. Prinz, **Grundlagen und Anfänge, Deutschland bis 1056**, pp. 63-64.

155 **Histórias** II, 31.

156 *Idem.*

O bispo de Tours deve ter percebido que a conversão de Clóvis ao catolicismo, como a de Constantino cerca de dois séculos antes, abria possibilidades consideráveis para a Igreja. Clóvis era o primeiro rei ocidental a tornar-se católico. No entanto, Constantino não aparece no relato de Gregório como o campeão da fé católica. No único capítulo das **Histórias** onde ele trata especificamente desse imperador (I, 36), Gregório o acusa do assassinato da sua esposa Fausta e de seu filho[157]. Ainda que o bispo de Tours afirme que foi durante o reinado de Constantino que a paz retornou às Igrejas, não há nessa afirmação nenhum elogio direto ao imperador nem de seu reinado: o falecimento de Diocleciano é que teria produzido essa situação[158].

Ao longo desse capítulo 36, não há uma só referência à conversão de Constantino, nem qualquer digressão sobre a maneira como esse ato teria sido favorável ao catolicismo. Um "lapso" que é ainda mais surpreendente se lembrarmos que Gregório cita Eusébio de Cesaréia (c.265-c.340), autor que sublinhava a importância de Constantino para o triunfo do Império Cristão[159]. O paralelismo entre o batismo de Clóvis e o batismo de Constantino não significa que o modelo constantiniano correspondesse ao modelo ideal de rei na visão do bispo de Tours. Não se pode esquecer que essa obra foi redigida de uma só vez, por volta de

[157] **Histórias** I, 36. Sobre Constantino, ver N.H. Baynes, **Constantine the Great and the Christian Church**; A. Alföldi, **The Conversion of Constantine and Pagan Rome**; W. Seston, "Constantin as a 'Bishop'", pp. 127-131; T.D. Barnes, **Constantine and Eusebius**; K. Baus, E. Ewig, **Die Reichskirche nach Konstantin der Grossen, I, Die Kirche von Nikäa bis Chalkedon**; P. Brezzi, "L'idea d'Impero nel IV secolo", pp.265-279; J.-M. Carrié, A. Rousselle, **L'Empire romain en mutation des Sévères à Constantin, 192-337**, pp. 27-79.

[158] **Histórias** I, 36.

[159] ***Histórias*** I, **prólogo**: "*Quanto à cronologia desse mundo, as crônicas de Eusébio, bispo de Cesareia, e do padre Jerônimo a expõem claramente e apresentam um calculo de toda serie de anos*"; ver também, **Histórias** II, **prólogo**: "*Da mesma maneira, Eusébio, Severo, Jerônimo, assim que Orosio, inseriram em suas crônicas tanto os relatos das guerras dos reis quanto os dos milagres de mártires*". Sobre os autores bizantinos utilizados por Gregório de Tours, ver o artigo de A. Cameron, "The Byzantine Sources of Gregory of Tours", pp. 421-426.

594, o que significa que é pouco provável que Gregório tenha mudado repentinamente de opinião sobre Constantino entre a redação do primeiro e do segundo livro. A comparação entre esse último e Clóvis é, portanto, repleta de ambigüidades.

A comparação feita por Gregório entre Clóvis e Constantino, contrariamente ao que afirma M. Reydellet, não é o fruto de uma mera alegoria literária[160]. A apresentação de Clóvis nas **Histórias** como um "novo Constantino" acompanha uma descrição pelo menos ambígua que o bispo de Tours dá do fundador do *Regnum Francorum*. No relato de Gregório de Tours, Clóvis aparece como uma espécie de "Janus bicéfalo", rei católico, de um lado, devoto de São Martinho de Tours, e de outro, o soberano ambicioso que não exitava em assassinar os membros da sua família[161]. Histórias pouco edificantes acompanham o elogio do príncipe cristão, o unificador da Gália, o "*pugnator egregius*" ("*guerreiro eminente*")[162].

Para Gregório, Clóvis era apenas um instrumento da vontade divina, que fazia aquilo que agradava a Deus. Mas ele estava longe, da mesma maneira que Constantino, de encarnar o soberano ideal aos olhos do bispo de Tours. Gregório descreve as artimanhas empregadas pelo rei dos francos para assassinar os membros da sua família e anexar os seus reinos. A guerra de Clóvis contra Cloderico, filho do rei Sigeberto de Colônia, testemunha da maneira pela qual o primeiro ampliou o *Regnum Francorum* às custas de seus vizinhos. Segundo Gregório, para excitar a cupidez de Cloderco, Clóvis teria lhe enviado uma mensagem afirmando que se seu pai morresse, o reino caberia a ele, Cloderico, por direito. Seguindo os conselhos de Clóvis, Cloderico teria então assassinado seu pai e, em seguida, se apossado de seus tesouros e de seu reino. Após esses eventos, Cloderico teria sido assassinado por ordem de Clóvis, e esse

---

160 M. Reydellet, **La royauté dans la littérature latine**, p. 408.

161 Pode-se dizer o mesmo da descrição feita por Gregório do reinado de Constantino: **Histórias** I, 36: "*Durante o vigésimo ano de seu reinado, o referido Constantino aprisionou seu filho Crispus e assassinou sua esposa Fausta em um banho quente pois todos os dois pretendiam lhe trait, ele o imperador*".

162 **Histórias** II, 12. Ver J.-M. Wallace-Hadrill, **The Long-Haired Kings**, p. 163.

ultimo teria ido então reclamar o reino e seus tesouros. Dirigindo-se ao *populus*, ele teria pedido que esse se colocasse sob sua proteção. Ao ouvir suas palavras, aqueles que lá estavam teriam aplaudido com seus escudos e com seus gritos e escolheram Clóvis como seu rei elevando-o sobre um escudo[163]. Gregório inicia o relato de todos esses acontecimentos por uma fórmula lapidar:

> "Assim, Deus prosternava a cada dia seus inimigos sob sua mão e aumentava seu reino porque ele marchava com um coração reto e fazia aquilo que agradava aos olhos de Deus"[164].

Nas **Histórias**, estamos longe do tom laudatório empregado por Eusébio de Cesaréia no ***De Laudibus Constantini***[165]. Isso pode refletir

---

[163] **Histórias** II, 40. Ver também, **Histórias** II, 41, 42.

[164] **Histórias** II, 40.

[165] Eusébio de Cesaréia via o Império como uma construção providencial encarregada de transcender a pluralidade das cidades e dos reinos politeístas para abrir caminho ao cristianismo (J.R. Palanque, **Saint Ambroise et l'Empire romain. Contribution à l'histoire des rapports de l'Eglise et de l'Etat à la fin du IVe siècle,** p.8). O ***De Laudibus Constantini*** reúne dois discursos do bispo de Cesareia, o primeiro, pronunciado em Constantinopla quando das celebrações do trigésimo aniversario do reinado de Constantino, e o segundo, que fora pronunciado nesse mesmo ano em Jerusalem, por ocasião da fundação da igreja dos Santos Apóstolos. Os historiadores vêem essa obra como o texto fundador do pensamento político bizantino (Ver F.J. Foakes-Jackson, **Eusebius Pamphili, bishop of Caesarea in Palestine and first Christian historien. A study of the man and his writings**, p.54; e também W. Seston, "Constantine as a 'bishop'", pp. 127-131, ici p.129). Constantino aparece nesse documento como o "amigo do Deus todo-poderoso", "um novo Moisés", o representante de Deus sobre a terra, e seu império seria a imagem do reino celeste (Sobre as relações entre Eusébio e Constantino, ver a obra de T.D. Barnes, **Constantine and Eusebius**; ver também, H. Moss, "The Formation of the East Roman Empire", pp.1-41). Um dos elementos essenciais da doutrina de Eusébio de Cesareia era a associação entre a monarquia romana e a "realeza do Cristo" (N.H. Baynes, "Eusebius and the Christian Empire", pp.13-18). Segundo Eusébio, o governo terrestre somente poderia ser a copia da perfeição divina se ele desse ao mundo os benefícios da paz e da fé em Deus. O universalismo cristão e o universalismo imperial pareciam encontrar assim pela primeira vez um ponto de concordância na realização de uma missão civilizadora comum.

o pessimismo dos meios eclesiásticos do final do século VI em relação ao modelo de monarquia representado por esse imperador e adotado pelos reis francos, e que implicava, como se verá mais adiante, numa submissão do episcopado à realeza. A associação entre Clóvis e Constantino decididamente não era o monopólio dos escritores eclesiásticos. Várias vezes ao longo de seu reinado, o próprio Clóvis quis apresentar o seu reinado como a continuidade do governo imperial constantiniano[166]. Não é exagero afirmar que, ao convocar o Concílio de Orléans, ao estabelecer a pauta dessa assembléia e ao nomear bispos para as sés episcopais, Clóvis agiu como um *princeps*, o chefe do poder eclesiástico na Gália. O santuário que Clóvis mandou construir para ser enterrado era dedicado aos Santos Apóstolos, da mesma maneira que o mausoleu imperial edificado em Constantinopla sob ordem de Constantino[167]. A referência explícita ao imperador foi para Clóvis, no momento de sua morte, o ponto culminante de uma política constantiniana na qual estavam incluídos o batismo, a cerimônia Tours e, sobretudo, o Concílio de Orléans. A associação entre Clóvis e Constantino talvez tenha sido sugerida pelos próprios bispos no momento do batismo. Remígio e Avitus viam no batismo de Clóvis um evento semelhante àquele que a

---

Para Eusébio não haveria coincidência no fato de que a vinda do Cristo coincidisse com o advento do Império entre os romanos. A originalidade maior da doutrina do bispo de Cesaréia é de ter refletido sobre a "revolução" personificada pelo cristianismo na nova temporalidade que ele impunha aos regimes políticos estabelecidos no mundo. A monarquia universal teria começado com a vinda do Cristo, e o Império, personificação do Reino de Deus sobre a terra, duraria até o fim dos tempos, quando se converteria em Reino dos Céus (**Tricennelia**, In: **Eusebius Werke**, ed. Heikel, t. I, XIX, 4). A idéia de que o Império era o veículo da religião cristã na qual tomava forma o plano providencial de Deus para a salvação da humanidade tornou-se um lugar-comum literário que não cessaria de ser evocado por varias gerações de apologistas do poder imperial.

166 A esse respeito, ver E. H. Fischer, "The Belief in continuity of the Roman Empire among the Franks of the fifth and sixth century", pp.536-553.

167 **Histórias** II, 43: "*Após esses eventos, ele morreu em Paris e foi enterrado na basílica dos Santos Apóstolos que ele havia construído, juntamente com a rainha Clotilde*".

tradição havia consagrado a respeito do primeiro imperador cristão. No entanto, no final do reinado de Clóvis, essa associação, mais do que uma invenção literária dos bispos católicos, era um instrumento de governo.

O Concílio de Orléans (511)

A conversão de Clóvis à fé católica oficializou uma concórdia que já existia entre o rei e a hierarquia católica do Norte da Gália, e que pode ser observada, por exemplo, através da epístola que foi enviada ao príncipe pelo bispo de Reims por volta de 481. O batismo deve ter tranqüilizado as populações católicas, majoritárias em todo o Sul da Gália e que temiam o arianismo dos visigodos e dos burgúndios[168]; certamente, ele serviu para conquistar a adesão do clero católico da Aquitânia. Os historiadores questionaram muitas vezes as razões que que teriam levado Clóvis a se converter ao catolicismo. É possível que o culto dos santos e as relíquias o tenham sinceramente comovido, o que não exclui que ele tenha utilizado esses elementos em proveito da afirmação de sua autoridade. Seja como for, as implicações da conversão e do batismo são mais úteis para nosso estudo e também mais facilmente identificáveis que seus motivos. A oficialização da aliança com a Igreja permitiu que Clóvis se beneficiasse do apoio de um episcopado católico cuja força na Gália era considerável.

No que diz respeito à extensão da autoridade real, o batismo de Clóvis oficializou uma via que foi seguida pelos príncipes merovíngios ao longo do século VI, a da ingerência da Realeza nos assuntos internos da Igreja. O clero católico da Gália esperava que o rei fosse capaz de apoiá-lo, criando as condições necessárias para o triunfo do catolicismo. É o que afirma Remígio na carta que escreveu a Clovis para consolá-lo

---

[168] Sobre a Espanha visigótica, ver J. Fontaine, **Isidore de Séville et la culture classique dans l'Espagne Wisigothique**; J. Herrin, **The formation of the Christendom**, pp.220-249; P. Cazier, **Isidore de Séville et la naissance de l'Espagne catholique**.

da morte de sua irmã: "*O entorpecimento da amargura sacudido, consagrareis vossas vigílias para a salvação [de todos] com mais acuidade*"[169]. Avitus é ainda mais incisivo: segundo ele, a Divina Providência teria encontrado em Clóvis o árbitro da sua época. A escolha que ele fez para si seria válida para todos[170]. Remígio e Avitus viam em Clóvis um igual ao imperador, pois esperavam que ele fosse o campeão da fé católica dentro e fora do Reino dos Francos. Essa associação era uma estratégia política hábil da parte de um episcopado desejoso em associar-se à realeza e em obter o seu apoio material para a evangelização. Havia, no entanto, uma defasagem entre a visão dos bispos e a ação do poder político: o exercício da autoridade pública nos parâmetros constantinianos, segundo compreendiam Clovis e os seus sucessores, significava manter o episcopado sob a tutela da autoridade real. Nenhum evento ilustra melhor essa discrepância do que o concílio convocado por Clóvis em Orléans no último ano de seu reinado.

Alguns historiadores, como J.E. Bimbenet vêem no Concílio de Orléans um ato político através do qual Clóvis teria conseguido impôr sua vontade a um clero que estava persuadido que o rei era para a Gália um unificador do elemento germânico e do elemento romano[171]. Outros vêem nesse concílio, ao contrário, a utilização do poder real pela Igreja. É o caso de G. Kurth, para quem a reunião de Orléans foi o resultado das pressões exercidas sobre Clovis pelo episcopado católico[172]. Não muito distante da opinião de G. Kurth, O. Pontal considera que o concílio era uma maneira para o rei de recompensar o clero da Aquitânia pelo apoio à sua causa[173]. Para M. Rouche, o Concílio de Orléans significou a vitória

[169] ***Epistolae Austrasicae***, 1.

[170] **Alcimi Ecdicii Aviti Viennensis Episcopi**, 46 (41).

[171] J.E. Bimbenet, **Les conciles d'Orléans considérés comme sources du droit coutumier et principe de la constitution de l'Eglise gauloise.**

[172] G. Kurth, **Clovis**, pp. 448-449.

[173] O. Pontal, **Les canons des conciles mérovingiens**, p. 50.

de uma concepção "gelasiana" das relações entre a Igreja e a Realeza, em oposição a uma visão de tipo constantiniana[174].

Ora, há um domínio no qual a realeza franca, pelo menos ao longo do século VI, identificou-se o mais explicitamente possível com a monarquia constantiniana: o das relações entre a autoridade real e a Igreja. O preâmbulo dos cânones conciliares de Orléans I é bastante ilustrativo nesse sentido:

> "Ao seu senhor, filho da Igreja católica, o gloriosíssimo rei Clóvis, todos os bispos a quem ordenastes de vir ao concílio. Visto que tamanho é o cuidado da fé gloriosa que vos incita a honrar a religião católica, que, por estima pela opinião dos bispos, prescrevestes que esses bispos se reunissem para tratar das questões necessárias, é conforme à consulta e aos títulos desejados por vós que nós elaboramos as respostas que nos pareceram bom formular"[175].

---

[174] M. Rouche, **Clovis**, p.339: "*Os bispos das Gálias eram fiéis à Roma ao reconhecerem as idéias de Gelásio e ao votar seus cânones. Face ao espiritual, o rei se submetia. A Igreja, na união com o Estado, permanecia independente e superiora no domínio religioso. O Reino dos Francos não era uma cristandade constantiniana*".

[175] Orléans I (511), ***Epistola ad regem***. De todo o período merovíngio, foram conservadas as atas de cerca de duas dezenas de concílios que ultrapassaram os limites das províncias eclesiásticas, de dois concílios provinciais e de um concílio diocesano. Os concílios merovíngios são também conhecidos através de algumas crônicas que mencionam eventualmente o contexto no qual eles se realizaram, sem, no entanto, apresentar o texto dos cânones. As fontes narrativas mencionam igualmente certos concílios cujos cânones não foram conservados. É o caso, notadamente, dos *Dez Livros de História*, de Gregório de Tours, que faz alusão a seis desses concílios: dois concílios convocados pelo rei Gontrão, em 579 (*Histórias* V, 27) e em 581 (*Histórias* VI, 1), dois concílios convocados pelo rei Chilperico, em 577 (*Histórias* V, 18) e em 580 (*Histórias* V, 49), e a outros dois concílios que ocorreram em 589 (*Histórias* IX, 37) e 590 (*Histórias* X, 19-20), sob o reinado de Childeberto II. Não há nenhum traço dos cânones discutidos e aprovados nessas assembléias. Os cânones dos concílios merovíngios foram objeto de várias edições. Há a edição de 1893 de F. Maassen nos *M.G.H.* (*Concilia aevi Merovingici*, ed. F. Maassen, *MGH, Leges* (in-4°), *sect.* III, *Concilia I*). Uma outra edição, de C. Le Clercq, também de muito boa qualidade, traz um índice de todas as fontes e um excelente texto crítico [*Conciliae Galliae (v.511-695)*, ed. C. De Clercq, *CC 148A*]. [M. Cândido da Silva, M. Mazetto Junior, "A Realeza nas fontes do período merovíngio (séculos VI-VIII)", pp. 89-119]. Sobre os concílios merovíngios, ver O. Pontal, *Histoire des conciles*

Esse documento, um fragmento da epístola dos bispos não deixa nenhuma dúvida de que a reunião foi convocada por iniciativa real: Clóvis é quem teria ordenado que eles se reunissem em um concílio. Os bispos reuniram-se em 511, quatro anos após a conquista e a anexação da Aquitânia ao *Regnum Francorum*. Mais importante ainda, e sobre este ponto a carta é inequívoca, os bispos se reuniram para discutir diversas questões preliminarmente estabelecidas por Clovis, como anteriormente faziam os imperadores romanos. É o rei franco quem estabeleceu a "pauta" da reunião, ainda que os bispos tenham o cuidado de acrescentar que ele procedeu assim em função de sua preocupação com a fé católica e pela estima que ele tinha pela opinião dos bispos. É o princípio constantiniano da concordância entre a ordem política e a ordem eclesiástica que está presente nesse trecho. O Concílio de Orléans é o evento que melhor traduz a prática "constantiniana" de Clóvis. Ele indica primeira vez de uma maneira incontestável a integração às atribuições da realeza merovíngia do princípio de ingerência nos assuntos episcopais[176].

As decisões do concílio de 511 reforçaram a posição do rei, em especial, e das autoridades civis, em geral, face ao clero. O quarto cânone estabelecia, por exemplo, que nenhum laico poderia ser promovido à função clerical sem a ordem do rei ou a autorização do conde da cidade[177]. Essa medida tinha provavelmente o objetivo de impedir que os homens aptos ao combate fugissem do serviço militar, tendo em conta a isenção das funções militares e civis das quais se beneficiava o clero. A autoridade real podia assim dominar a entrada de quadros numa Igreja que carecia dos mesmos.

---

mérovingiens; E. Ewig, "Beobachtungen zu den Bischofslisten der Merowingischen Konzilien und Bischofsprivilegien", pp. 427-455; ver também J. Champagne, R. Szramkiewicz, "Recherches sur les conciles des temps mérovingiens", pp.5-49.

[176] K. Baus, E. Ewig, **Die Reichskirche nach Konstantin der Grossen**, t. 1, p. 108.

[177] Orléans I (511), c. 4: "*A respeito das ordenações dos clérigos, julgamos que é necessário observar o que segue: que nenhum dos seculares seja promovido à função clerical, a não ser por ordem do rei, ou pela vontade do conde (iudex)...*".

Não havia, portanto, como afirma M. Rouche, relações "gelasianas", entre o episcopado e o poder real no início do século VI. Na carta enviada a Clóvis, os bispos apresentam claramente uma das razões, talvez mesmo a principal, de sua resignação face à autoridade real:

> "De maneira, se aquilo que nós determinamos é reconhecido justo ao vosso julgamento, a aprovação de um tão grande rei e senhor confirmará o que deve ser observado com uma maior autoridade a sentença de tantos bispos"[178].

Os próprios bispos reconhecem claramente que a eficácia das medidas adotadas pelo concílio dependeria do reconhecimento das mesmas pela autoridade do príncipe. Da mesma forma que Constantino após o Concílio de Nicéia, Clóvis era o fiador da aplicação das decisões conciliares. Havia outra razão para a aceitação pelos bispos da superioridade da autoridade real: o reconhecimento canônico do direito de ingerência real tinha como contrapartida a aceitação por Clóvis do papel dirigente dos bispos no interior do clero. O décimo-quarto cânone previa, por exemplo, que o bispo devia tomar possessão da metade das oferendas, bem como da totalidade das terras oferecidas pelos fiéis[179]. Era proibido aos abades, aos padres e a todos os clérigos de dirigir-se às autorida-

---

[178] Orleans I (511), ***Epistola ad regem***. M. Rouche traduz da seguinte maneira esse trecho: "*De la sorte, si ce que nous avons décidé est aussi approuvé par votre jugement comme droit, le consentement d'un si grand roi, eu égard à son autorité plus grande, consolidera la sentence de si grands évêques*". A autoridade mencionada nessa carta, segundo M. Rouche, seria a autoridade dos bispos. Ao insistir sobre sua *auctoritas*, afirma ele, os bispos reunidos em Orleans se posicionaram diante das concepções gelasiana e constantiniana. Eles teriam optado pela segunda, ao afirmarem que sua autoridade é superiora, e Clovis teria aceitado esse principio (**Clovis**, p. 451). Não há razão para se pensar que a *auctoritas* mencionada seja efetivamente a dos bispos. Falta um possessivo do tipo *eorum* para que essa alternativa seja plausível.

[179] Orleans I (511), c. 14; ver tambem, Orleans I (511), c. 15; esse último cânone estabelece que os bens que cada fiel traz para as paróquias, como terras, vinhas, escravos e gado, deveriam permanecer sob a guarda do bispo, assim que o terço das oferendas depositadas sobre o altar; o décimo-nono cânone do mesmo concílio colocava os abades sob a autoridade dos bispos, instando os primeiros a comparecer uma vez por ano diante desses últimos.

des civis para pedir benefícios sem que os bispos fossem consultados. Todo aquele que transgredisse essa regra devia ser privado da dignidade e excomungado até que o bispo recebesse, pela penitência, uma plena satisfação de sua parte[180]. Reforçado em sua posição de "líder" do clero secular e do clero regular, o episcopado afirmou-se como o único interlocutor da Realeza, ainda que em posição subalterna.

A aplicação dos dispositivos que previam a preeminência real em matéria de ordenação episcopal não se fez sem oposição. A carta de Remígio aos bispos Heraclius, Leão e Teodósio indica que pelo menos uma parte do clero da Gália considerava tal ingerência intolerável. Esses três bispos acusavam Remígio de ordenar ao clericato um indivíduo desonesto, chamado Cláudio:

> "Fiz de Cláudio um padre de maneira alguma seduzido por uma recompensa, mas segundo o testemunho do excelentíssimo rei, o qual era não somente pregador da fé católica, mas também seu defensor"[181].

A resposta de Remígio aos três bispos que o acusavam de não ter agido em conformidade com os cânones é surpreendente. Ao invés de invocar o quarto cânone do Concílio de Orléans, que daria respaldo legal à decisão por ele tomada, Remígio se contenta em afirmar que ordenou Cláudio de acordo com o testemunho excelentíssimo rei. E acrescenta, taxativo, mais adiante em sua epístola: "*...o responsável das regiões, o guardião da pátria, aquele que triunfou sobre os povos pagãos o ordenou*"[182]. O bispo de Reims não menciona nenhum cânone para sustentar sua posição. A evocação da vontade real parecia-lhe ser um argumento mais decisivo que qualquer recurso à tradição conciliar. Esse posicionamento que fazia do rei o chefe do episcopado não era arcaico

---

[180] Orléans I (511), c. 7.

[181] ***Epistolae Austrasicae***, 3.

[182] *Ibid.*

em 512, como pensa M. Rouche[183]. Ele poderia ser arcaico em Roma, onde alguns anos antes, o papa Gelásio I (492-496) havia sustentado a separação e a colaboração entre o poder imperial e o poder papal, mas certamente não o era na Gália, onde o rei era também o chefe da hierarquia administrativa da qual faziam parte os bispos.

Sob o reinado de Clóvis, não havia equilíbrio entre o episcopado e a Realeza, mas um claro predomínio dessa última. Clóvis não foi uma espécie de "executor testamentário" das ideias do papa Gelásio na Gália. Esse último afirmou com veemência uma distinção entre o poder civil e o poder religioso, e isso constituía a antítese do comportamento de Clovis face ao episcopado[184]. Evidentemente, seria um exagero imaginar esse último como um "brilhante teórico". Contudo, não se pode qualificar de dualista uma política que consistia em colocar o episcopado sob a tutela da Realeza, como se pode observar nos cânones do Concílio de Orléans I.

---

[183] M. Rouche, **Clovis**, p. 460.

[184] O texto fundamental no qual o papa Gelásio I desenvolveu sua doutrina sobre as relações entre Igreja e Estado é a carta que ele enviou ao imperador Anastácio, em 494. O preâmbulo dessa carta é bastante conhecido: "*Há dois poderes, augusto imperador, a partir dos quais esse mundo é soberanamente governado: a autoridade sagrada dos pontífices e o poder real*" (Gelásio, ***Ep.*** *VIII*). Em sua carta, Gelásio distingue a *auctoritas* pontifícia e a *potestas* real, indicando não somente que há dois domínios separados que pertencem à Igreja e ao Império, mas também que existe uma hierarquia entre eles. A primeira vista, é visível sua busca de equilíbrio: nos assuntos temporais, os soberanos são superiores aos clérigos, enquanto que nos assuntos religiosos, os clérigos são superiores aos soberanos. Para Gelásio, as tarefas dos clérigos são mais pesadas do que as dos soberanos, pois os primeiros devem prestar contas a Deus dos próprios reis: "*Mas o poder dos clérigos é maior, pois eles deverão, no Julgamento Final, prestar contas ao Senhor dos próprios reis*" (*Ibid.*). Os clérigos são superiores aos reis, pois eles dispõem da autoridade hegemônica em um domínio que seria superior ao domínio reservado aos soberanos temporais. Estamos longe de uma simples isonomia das relações entre Igreja e Estado (Contra F. Morrison, **Tradition and Authority in the Western Church, 300-1140**, pp. 101-105). É uma dualidade que se pode qualificar de "hierárquica e complementar", segundo expressão de L. Dumont (**O individualismo: uma perspectiva antropológica da ideologia moderna**, pp. 51-55). Isso evita o excesso que consistiria em qualificar a visão de Gelásio de "teocrática", como o faz W. Ullmann (**Gelasius I., 492-496: das Papsttum au der Winde der Spätantike zum Mittelalter**).

Esse concílio não apenas oficializou uma prática já existente, mas consagrou a autoridade do rei sobre o episcopado. Os reis merovíngios interferiram nos assuntos eclesiásticos em uma intensidade que só encontra precedentes no Império Cristão[185]. A sensibilidade "constantiniana" que se observa no Concílio de Orléans é caracterizada, antes de mais nada, pelo fato de que a assembléia foi convocada pelo próprio rei; ela também está presente no desejo real em controlar as nomeações dos bispos bem como os benefícios materiais feitas às igrejas. Se em Orléans, em 511, o ritual da eleição não foi eliminado em proveito da escolha directa pelo rei, na prática, aquele que não possuia o apoio real para aceder ao cargo de chefia em uma diocese ou em uma abadia tinha muito poucas chances face a um candidato que dispunha de apoio real[186]. Além do mais, como foi mencionado anteriormente, o quarto cânone estabe-

[185] O papel dos imperadores e dos altos funcionários romanos nas ordenações episcopais durante o Império Romano Tardio é objeto de polemica entre os historiadores. J. Gaudemet afirma que os imperadores do Ocidente agiam com prudência quando de suas intervenções – pouco numerosas segundo ele – nas eleições episcopais [**L'Eglise dans l'Empire romain (IVe-Ve siècles)**, pp. 334 e ss.]. D. Claude tem a mesma opinião: os imperadores teriam interferido nas eleições episcopais apenas para preencher as sés episcopais mais importantes ("Die Bestellung der Bischöfe im merowingischen Reiche", pp. 1-75). Por outro lado, K.F. Werner sustenta que as atribuições do *magister militium* se estendiam, pelo menos após 342, aos assuntos eclesiásticos, e também às eleições episcopais. Haveria uma boa razão para isso: o fato de que os bispos pertenciam à administração pública, ou seja, eles estavam próximos dos altos funcionários com quem dividiam os privilégios e as tarefas no interior do Império Romano cristão. Os reis francos, sucessores dos generais romanos, não teriam, segundo Werner, inovado nesse domínio, mantendo essa mesma divisão de tarefas (K.F. Werner, **Les origines**, pp. 323-324). Em seus estudos, no entanto, R. Kaiser demonstrou que os reis merovíngios interviram de modo mais freqüente que os imperadores e os altos funcionários romanos nos assuntos eclesiasticos [R. Kaiser, "Royauté et pouvoir épiscopal au nord de la Gaule (VIIe-IXe siècles)", pp. 143-160, especialmente, p. 145]. Sobre as eleições eclesiásticas na Gália, ver também, **Les élections épiscopales mérovingiennes**, pp. 18-29; P. Cloché, "Les élections épiscopales sous les Mérovingiens", pp. 227-237; e também a obra de J. Gaudemet, **Les élections dans l'Eglise latine des origines au XVIe siècle**, especialmente pp. 49-62.

[186] Ver J. Champagne, R. Szramkiewicz, "Recherches sur les conciles des temps mérovingiens", pp.5-49.

lecia expressamente que nenhum laico poderia ser promovido à função clerical sem a ordem do rei ou a autorização do conde da cidade[187].

Durante o século VI, os cânones conciliares não cessaram de combater a nomeação dos bispos pelo rei, prática contrária à eleição "pelo clero e pelo povo", tal como estabeleciam as regras canônicas[188]. Ora, os bispos eram funcionários da Realeza, e do ponto de vista do poder real, era natural que sua eleição fosse objeto de aprovação do príncipe. As prerogativas públicas exercidas pelo episcopado na monarquia franca não eram um fenômeno recente, nem uma conseqüência do desaparecimento da autoridade pública[189]. A política eclesiástica de Clóvis após seu batismo tinha por objetivo controlar estreitamente esse corpo de funcionários e, dessa forma, afirmar sua autoridade sobre as populações galo-romanas. Sob o reinado de Clóvis, as atribuições do rei em matéria eclesiástica eram semelhantes às do imperador cristão: ele convocava os concílios, estabelecia

---

[187] Orléans I (511), c. 4.

[188] Nós a encontramos na Provença sob a dominação visigótica. Na ***Vita Cesari***, Santo Eonius endereça um pedido ao clero, ao povo e às autoridades para que Cesário, na época um simples abade, seja eleito seu sucessor após sua morte (***Vita Cesari*** I, 13).

[189] Os trabalhos de M. Heinzelmann e de G. Scheibelreiter mostraram que o episcopado, sob os auspícios da autoridade imperial, viu-se atribuir, já sob o reinado de Constantino, uma serie de privilégios como a concessão de terras públicas. Essas terras, destinadas em geral às atividades sociais da Igreja, guardavam uma função pública, como a própria Igreja aliás. Era portanto natural que muitas vezes a construção das igrejas estivesse a cargo da autoridade real [G. Scheibelreiter, **Der Bischof in merowingischer Zeit**; ver também, J. Durliat, "Attributions civiles des évêques mérovingiens: l'exemple de Didier, évêque de Cahors (630-655)", pp. 237-254. T. Klauser foi um dos primeiros historiadores a observar que os privilégios honorários de que gozavam os bispos tinham uma origem secular (**Der Ursprung der bischöflichen Insignien und Ehrenrechte**)]. M. Heinzelmann mostrou como as responsabilidades dos bispos aumentaram progressivamente até abarcar não somente os trabalhos públicos (aquedutos, estradas, muralhas), mas tambem o apoio à população civil (M. Heinzelmann, "Bischof und Herrschaft vom spätantiken Gallien bis zu den karolingischen Hausmeiern. Die institutionellen Grundlagen", pp. 23-82). A Igreja tornou-se um dos pilares sociais e políticos do Império Cristão (K.F. Werner, "La place du VIIe siècle dans l'évolution politique et institutionnelle de la Gaule franque", pp. 173-211, ici p. 182).

as questões a serem discutidas durante a assembléia conciliar, velava pela aplicação de suas decisões e nomeava os bispos. Sua tarefa foi facilitada pelo fato de a Igreja da Gália ter sofrido consideravelmente com a instalação dos barbaros; varias sés episcopais estavam vagas, e as dioceses desorganisadas. Ele reestruturou o poder eclesiástico, conferiu-lhe privilégios, e colocou-se como o único chefe da Igreja franca.

A Igreja obteve sob o reinado de Clóvis o estatuto de religião oficial do reino, como outrora sob Constantino, mas estava ainda distante o governo idealizado pelos bispos. O comprometimento da autoridade real no auxílio à Igreja na tarefa da evangelização foi bem menos importante que seu empenho numa política de ingerência nos assuntos internos do poder eclesiástico. Os interesses da Realeza aparecem mais claramente nos poucos textos disponíveis do reinado de Clóvis, como se verá mais adiante, que a preocupação em adaptar o discurso e os atos reais às exortações morais do episcopado. Os bispos eram tratados como funcionários da Realeza, e não como seus conselheiros ou parceiros do mesmo nível.

A comparação com o Reino dos Burgúndios oferece um panorama mais claro da natureza "constantiniana" da política episcopal de Clóvis. Apesar de sua fé ariana, o rei Gondebaldo mantinha boas relações com o clero católico. Como no Reino dos Francos, vários aspectos da administração romana foram preservados: as instituições municipais, os postos de questor, de chanceler e de "majordomo", o latim como língua oficial dos atos reais, a efígie imperial nas moedas e as datas consulares como parâmetro de datação[190]. Gondebaldo, que dispunha do título de

---

[190] No dia 29 de março de 502 à Lyon, o rei burgúndio Gondebaldo publicou uma lei copiada em grande parte do Código de Teodósio. Conhecida como ***Lex Burgundionum*** ou ***Lex Gundobalda***, ela estabelecia a paridade das multas em caso de assassinato de romanos e burgúndios de mesmo nível social. A lei também autorizava os casamentos mixtos e dava aos romanos o direito de portar armas e de servir ao exército (M. Rouche, **Clovis**, p. 290). Ver Gregório de Tours, **Histórias** II, 33. Sobre os burgúndios, ver R. Guichard, **Essai sur l'histoire du peuple burgonde, de Bornholm vers la Bourgogne et les Bourguignons**; O. Perrin, **Les Burgondes. Leur histoire des origines à la fin du premier royaume (534)**; I. Wood, "Ethnicity and the ethnogenesis of the Burgundians", pp.53-69; R. Krieger, **Untersuchungen und Hypothesen zur Ansiedlung der Westgoten, Burgunder und Ostgoten**.

magister militum Galliae, era considerado um delegado do imperador. Seu filho e herdeiro Sigismundo renunciou ao arianismo e adotou a fé católica em 515. Ao assumir o trono, ele solicitou e obteve do imperador Anastácio a renovação em seu favor do posto de *magister militum Galliae*.

Um concílio reuniu-se na Burgúndia em 517, mais precisamente na cidade de Épaone. Seus cânones mostram preocupações idênticas às do Concílio de Orléans, como a reforma dos costumes, a disciplina do clero, as relações com os laicos, etc. Todavia, as similitudes se encerram aí. Contrariamente à assembléia de Orléans, a reunião de Épaone teve um alcance meramente provincial, e reuniu os bispos da província de Lyon e da província de Viena. A diferença mais importante entre eles está no papel da autoridade real. Em cartas que foram transmitidas juntamente com os cânones, nem Avitus, bispo de Viena, nem Viventiolus, bispo de Lyon, mencionam qualquer convite ou convocação real: o bispo Avitus é quem teria convidado os bispos de sua província a virem ao concílio, e Viventiolus teria se associado à sua iniciativa. Os bispos não foram obrigados a responder, como em Orléans, às questões apresentadas pelo rei. Além do mais, no trecho em que se explicita o procedimento seguido durante a assembléia conciliar, não há nenhuma menção à uma autoridade real:

> "Por conseguinte, **essas decisões tendo sido tomadas em comum acordo sob inspiração divina**, se um dos santos bispos que confirmaram por sua assinatura pessoal nos presentes estatutos – e isso vale para aqueles que Deus quiser lhes dar como sucessores – negligenciar sua observância integral, que ele saiba que será considerado culpado no julgamento de Deus e de seus irmãos" (grifo nosso)[191].

O texto acima salienta o comum acordo entre os bispos que teria presidido a tomada de decisões, e nada diz sobre a participação do rei

---

[191] Epaone (517), c. 40.

nos debates ou na tomada de decisões. Todos os participantes, da mesma forma que seus sucessores, foram convocados a seguir respeitosamente as disposições conciliaires, sob pena de julgamento divino e também de um julgamento que partiria do próprio espiscopado. Não há referência alguma a uma punição por parte da Realeza. O rei não foi chamado a referendar ou a aplicar as decisões conciliares. Essa é a principal diferença entre a política episcopal inaugurada por Clóvis e a que era praticada no Reino dos Burgúndios: enquanto a primeira era fundada sobre o predomínio do poder real, a segunda, ainda que se caracterizasse por um face a face entre uma realeza ariana e um episcopado católico, resultava em maior autonomia dos bispos. Essa autonomia irá até a excomunhão do rei pelos bispos conciliares. O rei seria responsável, segundo os bispos, de ter protegido um funcionário real sobre quem pesavam acusações de incesto. Esse funcionário, chamado Estêvão, tinha se casado após a morte de sua esposa com a irmã dessa última, contrariando o que era definido pelo vigésimo cânone do Concílio de Épaone. Em concílio reunido em Lyon por volta de 518-523, os bispos burgúndios confirmaram seu julgamento anterior, condenando o acusado, bem como que a mulher com a qual ele estava "ilegalmente" unido. Mais importante ainda, os bispos conciliares proclamaram publicamente sua solidariedade com aqueles dentre eles que viessem a sofrer punições, tormentos ou humilhações da parte do poder real[192]. Esse tom era altamente improvável no Reino dos Francos, onde a "realeza constantiniana" havia triunfado no Concílio de Orléans I.

Neste estágio do trabalho, há elementos suficientes para uma definição da Realeza Constantiniana. Trata-se de uma forma de governo na qual o príncipe, estando à frente do reino, busca aparecer aos olhos daqueles que ele governa como o sucessor legítimo da autoridade impe-

---

[192] Lyon (518-523), c. 1: "*Adicionamos o seguinte ainda: se algum dentre nós for obrigado a sofrer qualquer tribulação, tormento ou vexação pour parte do poder, todos compadecerão de um mesmo coração com ele, e quaisquer que sejam as perturbações ou prejuízos que ele sofrer por causa disso, que a consolação fraterna releve as ansiedades dessas tribulações*".

rial. Essa "imitação", além de não consituir a especificidade dessa forma de exercício do poder real – pois a encontramos em outros lugares, tais como o Reino dos Burgúndios – não se restringe ao domínio dos símbolos e dos títulos hierárquicos: ela tem implicações decisivas no plano das relações de poder. O que caracteriza a Realeza Constantiniana, é que nela o príncipe tenta afirmar seu poder sobre o episcopado, tal como faziam os imperadores cristãos. É ele, como um *princeps*, quem convoca os concílios, e quem dita as questões que serão discutidas. A Realeza Constantiniana compreende assim um padrão nas relações entra a autoridade real e o poder eclesiástico onde a primeira exerce um controle estrito do episcopado, de seu recrutamento, de suas assembléias e das medidas que são aprovadas durante as mesmas.

A Realeza Constantiniana após Clóvis

As reputações de Clotário, Childeberto, Teuderico (511-533) e Clodomiro (511-524) sofreram, muito mais que a de Clóvis, nas obras dos historiadores franceses publicadas desde o século XIX. Esse último é ao menos reconhecido pelos historiadores como o fundador do *Regnum Francorum*. Seus herdeiros diretos não se beneficiaram, de um ponto de vista historiográfico, do mesmo prestígio. Várias anedotas relatadas por Gregório de Tours reforçaram a imagem de reis brutais, impulsivos e sanguinários: por exemplo, a tentativa de Teuderico de assassinar Clotário quando ambos lutavam lado a lado na Turíngia; uma vez seu plano descoberto, Teuderico teria procurado manter as aparências, oferecendo a seu irmão presentes que mais tarde teria enviado seu filho recuperar[193]. O próprio Teuderico, após ter dado sua palavra de que o rei dos turíngios teria sua vida salva se se rendesse, o teria matado com suas próprias mãos, segundo o bispo de Tours[194]. G. Tessier nota, entretanto,

[193] **Histórias** III, 7.

[194] **Histórias** III, 8.

que o meio-século que separa a morte de Clóvis da morte de Clotário I foi marcado pela consolidação das conquistas de Clóvis e pela expansão do *Regnum Francorum*[195]. Eis talvez o maior paradoxo da história merovíngia durante a primeira metade do século VI: esses reinados execrados pela historiografia, coincidiram com um período no qual a Gália foi praticamente unificada sob o domínio franco.

A expansão militar constituiu a espinha dorsal da política externa do *Regnum Francorum* do final do século V até a primeira metade do século VI. Os reis merovíngios tiveram de fazer face, nos anos que seguiram à morte de Clóvis, a um verdadeiro "cordão sanitário" instalado ao redor de seus *regna*: os ostrogodos mantiveram sua presença na Provença, os visigodos conseguiram restabelecer sua autoridade no sul da Aquitânia, enquanto os burgúndios representavam uma ameaça considerável[196]. Em 537, os sucessores de Clóvis venceram os burgúndios e afirmaram a hegemonia franca sobre a maior parte da Gália, à exceção da antiga província romana da Septimania (sob controle dos godos), e da Bretanha (que havia conservado sua autonomia). Por outro lado, o *Regnum Francorum* conseguiu obter acesso ao Mediterrâneo. Os ostrogodos, debilitados após a morte de Teodorico, e confrontados à invasão da península Italiana pelos, exércitos imperiais, abandonaram a Provença aos francos.

Durante o século VI, o *Regnum Francorum* tornou-se um dos reinos mais poderosos do Ocidente. Na Espanha visigótica, os conflitos sucessórios não permitiam que a Realeza exercesse influência para além suas fronteiras. E isso apesar de um indiscutível esplendor intelectual do qual Isidoro de Sevilha é uma das testemunhas mais notáveis[197]. Na Itália, a desaparecimento do Reino dos Ostrogodos, sob o impacto da Reconquista de Justiniano, privou a península de um pólo de estabilidade política[198].

---

[195] G. Tessier, **Le baptême de Clovis**, p.176.

[196] H. Wolfram, **The History of the Goths**, p.244-245, p.309-311; sobre a dominação dos ostrogodos na Provença, ver também, V.A. Sirago, "Gli ostrogoti in Gallia, secondo le *Variae* di Cassiodoro", pp. 63-77.

[197] Ver J. Fontaine, **Isidore de Séville et la culture classique dans l'Espagne Wisigothique**.

[198] J. W. Barker, **Justinian and the Later Roman Empire**.

Na Grã-Bretanha, a vitória dos anglos e dos saxões sobre os bretões não conduziu a um processo de unificação política. Somente o *Regnum Francorum* foi capaz de capaz de reunir as condições necessárias ao exercício da hegemonia no Ocidente. Os burgúndios, turíngios, bávaros e outros povos que habitavam as fronteiras orientais da Gália foram pacificados ou submetidos ao longo do século VI: eles fornecram aos reis francos os homens e os tributos com os quais foi possível implementar uma política externa ambiciosa, cujo "carro-chefe" era a intervenção militar na Itália.

Entretanto, a força não era o fundamento principal da autoridade pública dos primeiros merovíngios[199]. As campanhas empreendidas pelos reis francos eram parte inegrante de um projeto político maior cujo objetivo era fazer do *Regnum Francorum* a força hegemônica na *pars Occidentis*, o herdeiro do Império Cristão. O preenchimento de todos os espaços deixados pelo Império Romano do Ocidente explica em grande parte essa política expansionista. Clotário, Childeberto, Teuderico, Teudeberto, Teudebaldo e depois Chilperico, prosseguiram a política constantiniana de Clóvis e se apropriaram, ainda que em graus diferentes, dos símbolos e das práticas políticas imperiais, mas também tentaram apropriar-se do berço da autoridade romana, a Itália.

O exemplo mais marcante da política de *imitatio imperii* é a cunhagem de moedas. Sob o reinado de Clóvis e de seus sucessores, as moedas que circulavam no Reino dos Francos eram modelos imperiais, em parte cunhadas em ateliês funcionando na Gália desde a época imperial[200]. O

---

[199] R. Collins vê nas guerras de conquista o fundamento da autoridade real dos merovíngios no século VI ("Theodebert I *Rex Magnus Francorum*", pp.7-33). Essa é também a opinião de S. Lebecq, **Les origines franques**, p. 67.

[200] Em um estudo consagrado à numismática do Languedoc, C. Robert mostrou que os nomes dos moedeiros que figuravam nas primeiras moedas merovíngias eram romanos (**Trésor de Chinon**, In: **Annuaire de la Société française de numismatique**, t. VI, p. 164, *Apud.* M. Prou, **Les monnaies mérovingiennes**, xvi); sobre as moedas merovíngias, ver também, A. de Belfort, **Description générale des monnaies mérovingiennes par ordre alphabétique des ateliers**; P. Le Gentilhomme, "Le monnayage et la circulation monétaire dans les royaumes barbares de l'Occident (VIe-VIIIe)", pp. 45-112; C. Brenot, "Du monnayage impérial au monnayage mérovingien: l'exemple d'Arles et de Marseille", pp. 147-160; J. Kent, "Gold standards of the

trabalho desses ateliês consistia fundamentalmente em copiar as moedas imperiais: os soldos de ouro e também os terços de soldos, chamados *tremisses* ou *trientes*. A respeito da política monetária merovíngia, M. Bouvier-Ajam afirma que ao adotar as moedas imperiais romanas, os merovíngios renunciavam a toda inovação revolucionária[201]. Para M. Prou, os reis merovíngios, ao prosseguirem a cunhagem de moedas imperiais, não pretendiam manifestar qualquer submissão ao Império. Eles teriam simplesmente agido conforme considerações puramente econômicas e no interesse de seu fisco, pois uma moeda de ouro própria aos reis bárbaros, inventada por eles, não teria tido nenhum crédito[202]. De fato, era mais razoável para os merovíngios utilizar em seu reino as moedas imperiais, que circulavam aliás em toda a bacia do Mediterrâneo, tanto nos territórios que já tinham pertencido quanto naqueles que ainda pertenciam à esfera de influência do Império. Nesse sentido, esses príncipes não foram revolucionários.

Contudo, a moeda não possui apenas um valor de troca. Ela constitui também uma manifestação visível da autoridade pública, uma maneira pela qual o governante expõe publicamente senão suas prerogativas, pelo menos a maneira pela qual ele quer ser percebido por seus súditos. Conservar a moeda corrente tal como em Constantinopla, para além de uma decisão puramente econômica (e pode-se questionar a ocorrência de decisões econômicas *strictu sensu* nesse período) marcava a proximidade dos reis francos com a autoridade imperial em nome da qual eles deviam governar. O melhor indício de que as moedas não eram concebidas na época merovíngia como um simples instrumento de política

---

Merovingian coinage, A.D. 580-700"). Sobre a cunhagem de moedas no final do Baixo Império, ver J. Kent, **The Roman Imperial Coinage. The Divided Empire and the Fall of the Western Parts Parts 395-491**, vol. 10; G. Lacam, **La fin de l'empire romain et le monnayage or en Italie, 455-493**.

201 M. Bouvier-Ajam, **Eléments d'économie monétaire aux temps gaulois, gallo-romains et mérovingiens**, p. 36.

202 M. Prou, **Les monnaies mérovingiennes**, xix-xv; do mesmo autor, **La Gaule mérovingienne**, p. 72.

econômica está no fato de que o modelo monetário romano nem sempre foi conservado. O ramo "austrasiano" dos sucessores imediatos de Clóvis, os mais engajados na política expansionista do *Regnum Francorum*, foram os primeiros a realizar um esboço de inovação monetária. Ora, se se tratasse de uma decisão meramente "contábil", eles teriam mantido as moedas romanas, mais amplamente aceitas, notadamente no que se refere ao comércio internacional na bacia do Mediterrâneo. Teuderico fez com que suas moedas fossem marcadas com suas iniciais, mas seu filho Teudeberto foi mais longe ainda. Ele cunhou moedas que continham seu nome, seu título real, a inscrição de origem romana PAX ET LIBERTAS[203] – que se encontra numa moeda descoberta na Bélgica – e também *VICT AUCCI*, presente em um *solidus* conservado em vários exemplares. A propósito desse sólido, ele comporta também uma representação da Vitória. Mais significativo ainda, sobre a outra face, há uma imagem de Teudeberto, cópia da imagem monetária de Anastásio, cercado da legenda DN THEODEBERTUS VICTOR[204]. Essas moedas de Teudeberto eram obviamente imitações das moedas imperiais, e foram cunhadas muito provavelmente em comemoração dos sucessos militares francos em Itália entre 538 e 540[205]. O historiador grego Procópio testemunha do escândalo provocado na corte imperial por essas imitações[206].

---

[203] M. Prou, **Les monnaies mérovingiennes**, xxxi-xxxv.

[204] P. Le Gentilhomme, "Le monnayage et la circulation monétaire dans les royaumes barbares de l'Occident (VIe-VIIIe)", **Revue Numismatique**, ser. 5, 7 (1943), pp. 45-112; M. McCormick, **Eternal Victory: Triumphal Rulership in Late Antiquity, Byzantium and the Early Medieval West**, pp. 338-339; M. Prou, **Les monnaies mérovingiennes**, x-xv.

[205] M. Prou, **Les monnaies mérovingiennes**, xxxii.

[206] Procópio, ***Bellum gothicum***, III, 33: "*São eles [os francos] hoje que, no anfiteatro de Arles, dão o espetáculo das lutas hípicas; fazem moeda com o ouro das minas da Gália, e essas moedas não são, segundo o costume, cunhadas à imagem do imperador dos romanos; eles colocam sua própria imagem. O rei dos persas faz moeda de prata, e o costume lhe permite de fazê-lo segundo sua vontade; mas nem o chefe desse povo nem qualquer outro rei entre os bárbaros possui o direito de marcar à sua imagem a moeda de ouro, o metal lhe pertencendo em toda propriedade; porque, em suas relações comerciais, ainda que sejam elas de bárbaros a bárbaros, eles não podem colocar essa moeda em circulação. Eis como as coisas se passavam para os francos*".

Os *solidi* de Teudeberto tinham inclusive o mesmo peso que os de Constantinopla, mas o caráter excepcional de suas emissões e o fato de que encontramos uma quantidade crescente de *tremisses* nos tesouros do século VI, sugerem que sua cunhagem resultava mais do prestígio e da "propaganda real" que de necessidades comerciais[207]. Além do mais, a iniciativa monetária de Teudeberto I permaneceu isolada e não converteu-se em uma prática recorrente. Entre todos os reis francos da primeira metade do século VI, Childeberto I é o único do qual dispomos de um *triens* de ouro[208]. Até o princípio do século VII, os francos continuaram a cunhar na Gália moedas com o nome dos imperadores, tanto os contemporâneos, como em Marselha, onde um ateliê monetário no início desse mesmo século emitiu soldos em nome de Héraclius I (610-641), quanto em nome de imperadores cujas moedas tinham sido as mais difundidas, como Anastásio, Justino e Justiniano[209]. Essas moedas "pseudo-imperiais" persistiram por mais ou menos tempo, conforme as regiões. Na Provença, que permaneceu em contato estreito com o Império, elas continuaram a ser cunhadas, enquanto que no restante da Gália já haviam desaparecido há muito tempo[210].

Não há nada de surpreendente no fato de que a substituição do nome do imperador pelo nome do rei nas moedas tenha se difundido durante o reinado de Teudeberto I. Esse personagem, que Marius de Avenches chamou de *rex magnus Francorum*, buscou incessantemente associar os símbolos imperiais ao seu reinado[211]. Ele estava cercado por conselheiros oriundos da elite galo-romana, como Secundius, Asteriolus e especialmente Parthenius. Esse último, neto do imperador Avitus

---

[207] P. Le Gentilhomme, "Le monnayage et la circulation monétaire dans les royaumes barbares de l'Occident", pp.100-101.

[208] M. Prou, **Les monnaies mérovingiennes**, xxxv.

[209] *Ibid.*, xiv.

[210] Ver P. Grierson, M. Blackburn, **Medieval European Coinage. With a Catalogue of the Coins in the Fitzwilliam Museum, 1, The Early Middle Ages (5th – 10th centuries)**.

[211] Marius de Avenches, **Cronica**, an. 548. Ver, a esse respeito, o estudo de F. Beisel, ***Theudebertus magnus rex Francorum*: Persönlichkeit und Zeit.**

e do bispo Ruricius de Limoges, era próximo do bispo Cesário de Arles. Antes da conquista franca da Provença, Parthenius tinha sido enviado à corte de Ravena como delegado da assembléia provincial e como *defensor civitatis* de Marselha. Nomeado patrício em Arles e, em 544, *magister officiorum atque patricius* para a Gália, ele provavelmente exerceu um influencia considerável no governo de Teudeberto, e pode ter sido um dos inspiradores da política "imperial" desse rei[212]. Parthenius morreu assassinado em Trier, algum tempo depois da morte de Teudeberto. Ele foi vítima, de acordo com Gregório de Tours, da revolta da população que o considerava responsável pelos grande volume de tributos da época de Teudeberto[213].

O pesado regime de impostos servia muito provavelmente para custear as campanhas na Itália. Durante a Reconquista de Justiniano, Teudeberto chegou a um acordo com os ostrogodos e atacou as possessões imperiais na Itália. A política imperial, a partir do advento de Justiniano, consistia em restaurar o Império em sua integridade territorial pela anexação do norte da África, da Península Ibérica e da Península Italiana. Após as primeiras vitórias sobre os vândalos, que ocupavam o norte do continente africano, os exércitos imperiais se confrontaram à resistência dos ostrogodos na Itália. E, no entanto, o momento parecia ser favorável a uma campanha contra o Reino dos Ostrogodos, pois a morte de Teuderico, em 526, o tinha mergulhado na instabilidade. A solidez das defesas ostrogóticas, bem como as divisões no comando do exército imperial, reduziram consideravelmente as vantagens de Justiniano. Nenhum das beligerantes conseguiu infligir ao oponente uma derrota decisiva, o que tornava fundamental o apoio militar dos francos[214]. A política de Teudeberto na Itália

[212] Não há nenhum estudo aprofundado sobre Parthenius; existem, contudo, algumas informações nas obras de K.F. Stroheker (**Der senatorische Adel im spätantiken Gallien**, p. 199), de F. Beyerle ("Die beiden deutschen Stammes rechte", pp. 126-128), de P. Riché (**Education et culture**, p. 154), e de M. Heinzelmann (**Gallische Prosopographie**, p. 663; **Bischofsherrschaft in Gallien**, p. 230).

[213] **Histórias** III, 36.

[214] Sobre a Reconquista de Justiniano, ver P. Maraval, **L'empereur Justinien**.

oscilou entre o apoio aos godos e a aliança com os romanos. Em 538, o rei franco enviou à Itália um exército de cerca de mobilizado na Burgúndia. Após cruzar os Alpes, esse exército obrigou a guarnição imperial de Milão a se render aos godos que os sitiavam há algum tempo. Teudeberto tentou convecer os romanos de que esse exército não estava sob suas ordens. Pouco depois, à frente de outro exército franco, Teudeberto invadiu a Itália e atacou ao mesmo tempo ostrogados e bizantinos, pilhando e destruindo as cidades do norte da Itália[215]. Ele amparou-se da Venécia, e em epístola enviada a Justiniano, diz ter se apoderado da Panônia[216]. É pouco provável que tenha conseguido tal proeza, mesmo porquê uma epidemia, que dizimou seu exército, bem como a oposição dos lombardos, o impediram de dominar o vale do Pó[217]. Segundo Agathias, suspeitava-se que Teudeberto preparava um ataque contra Constantinople através do Vale do Danúbio[218]. É pouco provável que Teudeberto possuísse os meios materiais de empreender uma tal operação; tomar posse da capital imperial não estava ao alcance de um príncipe franco, por mais poderoso que ele fosse. Constantinopla permanecia fora de seu alcance: havia o obstáculo dos Bálcãs a ser transposto. Entretanto, e é isso que importa destacar, o fato de um cronista da época mencionar essa possibilidade é um indício da ameaça que esse rei representava para os bizantinos.

Para grande escândalo da Corte imperial de Constantinopla, segundo Procópio, Teudeberto também organizou jogos hípicos em Arles[219]. Era necessário mostrar aos galo-romanos que o Império tinha encontrado

---

[215] Procope ***Bellum gothicum***, II, 25.

[216] Nessa epístola, Teudeberto menciona igualmente entre os territórios que afirma dominar a Turíngia e o país dos saxões (***Epistolae Austrasicae***, 20).

[217] R. Collins, "Théodebert I *Rex Magnus Francorum*", pp.7-33.

[218] Agathias, ***Historiarum Libri Quinque*** I, 4, 1-4. Sobre Agathias e a Gália merovíngia, ver a artigo de A. Cameron, "Agathias on the early Merovingians", pp.95-140.

[219] Procópio, ***Bellum gothicum***, III, 33. Essa iniciativa não significou uma retomada sistemática do ervegetismo romano. Ao organizar esses espetáculos, Teudeberto I, como mais tarde Chilperico I, apenas manifestavam publicamente a continuidade da autoridade imperial.

no príncipe franco seu herdeiro na *pars Occidentis*. De todos os reis francos do século VI, Teuderico, seu filho Teudeberto e seu neto Teudebaldo, cujos domínios correspondiam à antiga *Francia Rhinensis* e a algumas possessões na Aquitânia e na Burgúndia, foram os mais comprometidos com a política expansionista do *Regnum Francorum*. Porém, a autoridade desses príncipes se restringiu à Gália, pois as tentativas de conquista da Espanha e da Itália não alcaçaram sucesso. Mas elas tiveram um custo. Embora Gregório de Tours faça o elogio do apoio dado por Teudeberto às igrejas de Auvérnia face aos agentes do fisco, o rigor de sua política fiscal estava à altura dos custos de suas campanhas na Itália[220]. A morte de Teudeberto, em 547, pôs fim às pretensões francas sobre a Itália, pelo menos até que Pepino, o Breve, atacasse os lombardos, na segunda metade do século VIII. A associação com o Império permaneceria ainda, e por longo tempo, um componente da política dos reis francos, ainda que alguns anos mais tarde ela não fosse mais – como se verá na segunda parte desse trabalho – o principal fundamento de sua autoridade pública.

O segundo e o terceiro livros das crônicas atribuídas a Fredegário, escritos no século VII[221], bem como o ***Liber Historiae Francorum***[222], de

---

[220] Ver, por exemplo, o relato da morte de Parthenius, vítima da população de Trier, revoltada com os pesados tributos aos quais ela estava submetida (**Histórias** III, 36).

[221] B. Krusch, para quem as **Crônicas** foram produzidas por dois autores e três redatores, afirma que o primeiro redator foi quem inseriu a lenda troiana na obra. W. Wattenbach e W. Levison estimam, como Krusch, que há dois autores, mas para eles o segundo redator é que foi o responsável pela inserção da lenda (**Deutschlands Geschichtesquellen im Mittelalter I: die Vorzeit von den Anfängen bis zur Herrschaft der Karolinger**, p. 110); W. Goffart acredita que as **Crônicas** possuem um só autor, que foi o interpolador da lenda troiana em suas duas versões ("The Fredegar Problem reconsidered", pp.206-241); R.A. Gerberding atribuiu aos livros I e II das **Crônicas** a dois autores distintos, o primeiro tendo escrito por volta de 613 e o segundo por volta de 660 (**The Rise of The Carolingians and the Liber Historiae Francorum**, pp.13-30). E. Ewig acredita, igualmente, na existência de dois autores ("Le mythe troyen et l'histoire des Francs", pp. 817-847).

[222] O ***Liber Historiae Francorum*** é uma crônica do inicio do século VIII, escrita provavelmente na cidade de Soissons. Ela é constituída de um resumo dos seis primeiros livros das **Histórias**, de Gregorio de Tours, e de uma crônica dos acontecimentos entre 584 e 727. No

720, relatam que os francos descendiam de guerreiros que fugiram da cidade de Tróia após a sua destruição pelos gregos[223]. Esse mito lembra a origem mítica dos romanos, segundo a qual esses últimos teriam se originado de um grupo de troianos que fugiram de Tróia sob o comando de Enéias e que teriam se instalado nas margens do Tibre. As condições nas quais a lenda troiano-franca nasceu e se desenvolveu são bastante obscuras. É provável que ela tenha surgido no momento dos primeiros tratados entre francos e romanos, como iniciativa da diplomacia imperial, cuja intenção era consolidar a aliança entre os dois povos[224]. Para os francos, essa associação tinha inúmeras vantagens. Povo jovem, etnica-

---

que diz respeito aos acontecimentos posteriores à 584, o autor do ***Liber*** utilizou Isidoro de Sevilha, especialmente as ***Etimologias***, alguns recitos contemporâneos e provavelmente também reccorreu à tradição oral. Ainda que a obra de Gregório seja a principal fonte do ***Liber***, existem diferenças essenciais entre os dois trabalhos. Enquanto a primeira tinha como objetivo primordial narrar a história da Igreja do Cristo e a história do povo escolhido – os Francos –, o autor do ***Liber*** buscou eliminar de sua obra tudo o que não dizia diretamente respeito à Neustria. Pouca atenção foi dada à Austrasia, à Burgúndia ou à Aquitânia. Quando o autor faz referência à Neustria, ele utiliza o termo *Francia*, e designa seus habitantes como *Francii*, enquanto que os habitantes da Austrasia são chamados Austrasianos ou Ripuários. A título de exemplo, ele descreve a reunião de todos os grandes aristocratas da Neustria sem sequer mencionar a existência de tais reuniões em outras partes do Reino dos Francos. O ***Liber*** apresenta um ponto de vista da história franca de um membro da aristocracia da Neustria, e que aparentemente era muito próximo do poder real. Graças à extensão cronológica de sua narração e à simplicidade de sua linguagem, o ***Liber*** teve uma grande difusão durante toda a Idade Média, como demonstram os cerca de cinquenta manuscritos medievais identificados por B. Krusch. O ***Liber Historiae Francorum*** é a principal fonte sobre os acontecimentos das últimas décadas do século VII. Seu autor baseou-se em textos hoje perdidos para escrever sobre o período que vai de 657 até 727 [M. Cândido da Silva, M. Mazetto Junior, "A Realeza nas fontes do período merovíngio (séculos VI-VIII)", pp. 89-119].

223 Sobre a "lenda troino-franca", ver E. Ewig, "Le mythe troyen et l'histoire des Francs", pp. 817-847; E. Faral, "La légende de l'origine troyenne des Francs", pp.262-293.

224 Ver I. Wood, "Ethnicity and the ethnogenesis of the Burgundians", pp.53-69.

mente heterogêneo, eles encontraram na lenda um atributo de antiguidade, uma forma de legitimação histórica. Para o Império, a genealogia mostrou-se ser uma ponte dirigida a chefes e grupos bárbaros em busca de aliança e de prestígio. Os povos com os quais Roma pactuava eram tratados como uma raça à parte, distinta e mais nobre que o restante dos povos germânicos. Amiano Marcelino, por exemplo, sustenta em sua **História** que os burgúndios eram irmãos do povo romano[225]. Essa relação de parentesco é provavelmente contemporânea da iniciativa do imperador Valentianiano em buscar o apoio dos burgúndios contra a ameaça representada pelos alamanos[226]. Ainda que tenha sido uma criação dos séculos III e IV, é durante o reinado de Teodeberto I, em um ambiente cultural romanizado e próximo da corte de Metz, que a lenda troiano-franca adquiriu importância[227]. A opção por um mito fundador que pertencia a uma tradição literária greco-romana diz muito sobre os signos do status político no *Regnum Francorum* durante a primeira metade do século VI. Dotados de uma origem prestigiosa como a romana, apresentados por Fredegário como competidores e vencedores dos romanos, os francos recuperaram assim a herança ideológica romana[228].

---

[225] Amiano Marcelino, **História** XXVIII, 5, 11.

[226] Amiano Marcelino, **História** XXX, 7, 11.

[227] J. Barlow, "Gregory of Tours", pp.89-93; essa é também a opinião de I. Wood, **The Merovingian Kingdoms**, p.34. Outros autores, como G. Uppert e C. Beaune, acreditam que a lenda nasceu no século VII (G. Uppert, "The trojan Franks and their critics", pp.227-241; C. Beaune, **Naissance de la nation France**, p. 25). O ponto de vista de E. Ewig á bastante próximo do de Barlow: segundo ele, a tradição franco-troiana é uma criação da época de Teudeberto I (E. Ewig, "Le mythe troyen", p.843).

[228] R. Le Jan, "La sacralité de la royauté mérovingienne ou les ambiguïtés de l'historiographie", pp.1217-1241.

Os bispos e a atividade conciliar (511-564)

Após a morte de Clotário I, em 561, os bispos se reuniram em Paris[229] para deliberar sobre a proteção dos bens da Igreja. Nesse terceiro Concílio de Paris, os termos utilizados para descrever o estado da Igreja e para denunciar a ingerência da Realeza, são de uma gravidade inédita:

"Nós impomos também o freio de uma tal sanção àqueles que se amparam das possessões da Igreja de maneira condenável, sob o pretexto de uma liberalidade real. É bem tarde que somos tocados de arrependimento sobre esse tema, pois já no passado os bispos do Senhor deveriam, com o apoio dos cânones, ter se oposto a tais pessoas, para que uma atitude indulgente não incitasse a audácia dos maus a cometer diariamente semelhantes atos. É bem tarde que acordamos hoje, espantados sob o peso das injúrias, também movidos pelos danos vindos de nossos senhores"[230].

Esse texto pode ser considerado um balanço da situação da Igreja e de suas relações com o poder real no início da segunda metade do século VI. Ele mostra que o episcopado da Gália merovíngia tinha dificuldade em suportar o peso das liberalidades reais – leia-se: concedidas às custas dos bens eclesiásticos. Os termos empregados são de uma gravidade inédita nos cânones conciliares: os reis, chamados ao final da citação de "senhores"[231], são acusados de terem causado prejuízos à Igreja. É provável que os bispos fizessem referência aqui não apenas aos reis con-

---

229 Como sustenta O. Pontal, esse concílio não pode ter ocorrido após 564, pois Paternus de Avranches e Leontius de Bordeaux o assinaram, e todos os dois morreram por volta de 564-565 (**Histoire des conciles mérovingiens**, pp. 151-154).

230 Paris III (v.561-562), c. 1.

231 O termo "senhores", tradução de *domini*, refere-se aos reis, da mesma maneira que na carta dos bispos a Clóvis, por ocasião do Concílio de Orléans I (*"Ao seu senhor, filho da Igreja Católica, o gloriosíssimo rei Clóvis..."*), ou ainda no preâmbulo do Concílio de Clermont, de 535 (*"Como o santo sínodo tinha se reunido em nome do Senhor, agregado pelo Espírito Santo, com o consentimento do nosso gloriosíssimo rei e religiosíssimo* ***senhor*** *o rei Teudeberto..."*).

temporâneos – Sigeberto, Cariberto, Gontrão e Chilperico – mas também aos reis anteriores, os filhos e herdeiros de Clóvis e talvez mesmo esse último, pois o texto salienta que eles se arrependeram e acordaram tardiamente face aos abusos reais.

Os herdeiros de Clóvis, contra os quais a admoestação episcopal parece estar também dirigida, esperaram cerca de vinte e dois anos antes de convocar um concílio "geral" do *Regnum Francorum*. Após a morte de Clovis, e até o Concílio de Orléans II, em 533, a atividade conciliar da Igreja franca se resumiu a algumas reuniões de porte regional que tiveram lugar em Reims, em 514, e em Mans, por volta de 516-517. Isso significa que os príncipes merovíngios se desinteressaram dos assuntos eclesiáticos, muito ocupados em se degladiar e em conduzir a guerra na Itália, na Burgúndia ou na Germânia? Ou seja, sob os reinados dos filhos de Clóvis, teria havido uma redução da intensidade do caráter "constantiniano" da realeza merovíngia?

No que tange à ordenação dos bispos, a ingerência real não cessou nos anos que separam o primeiro e o segundo concílio de Orléans. No curto reinado de Clodomir, por exemplo, a nomeação de bispos seguiu menos as normas estabelecidas pelo clero do que as conveniências do rei. O caso dos bispos de Tours é sintomático nesse sentido. Após morte de Denifius, Clodomir ordenou Ommatius, e alguns anos depois, foi a rainha Clotilde quem nomeou para a mesmo função Teodoro, e em seguida Proculus[232].

Além disso, o Concílio de Orléans II, que reuniu os bispos de todo o *Regnum Francorum*, reafirmou, pelo menos em seu preâmbulo, o caráter constantiniano da realeza franca:

> "Assim, por ordem dos gloriosíssimos reis, nos reunimos, com a ajuda de Deus, na cidade de Orléans para tratar da observância da fé católica e formulamos, na medida em que a luz do Senhor nos deu a inteligência, aquilo que pensávamos, tanto das regras antigas, quanto das novas questões,

---

232 **Histórias** III, 17.

colocamos por escrito, em constituições particulares e distintas, apoiadas na autoridade dos antigos cânones, o que deve, com a ajuda de Deus, ser observado no futuro"[233].

O texto acima é claro: os bispos se reuniram por ordem dos reis francos. Da mesma maneira que Clóvis havia convocado o Concílio de 511 logo após a anexação da Aquitânia, Clotário, Childeberto e Teuderico convocaram um concílio "nacional" após a incorporação da Burgúndia. A guerra contra os burgúndios havia sido conduzida em comum pelos príncipes francos e ela encerrava, pelo menos momentaneamente, um período de conflitos internos do Reino dos Francos. Pelo número de participantes, bem como pela preocupação em dotar o clero da Gália de um regime disciplinar único, o Concílio de Orléans II demonstra a preocupação dos príncipes francos em afirmar a unidade da Igreja franca e também do *Regnum Francorum*[234]. É bem verdade que a participação nesses concílios "nacionais" alterava-se em função das circunstâncias, como os conflitos internos do reino, ou ainda as dificuldades da viagem, invocadas por alguns bispos para justificar sua ausência. Note-se, por exemplo, a ausência em Orléans, em 533, dos bispos da Auvérnia, região em plena insurreição contra o rei Teudeberto, que acabava de suceder a Teuderico.

Há dois graves problemas indicados nos cânones de Orléans II e que serão temas recorrentes dos concílios merovíngios até o século VII: as normas de eleição dos bispos, bem como as conseqüências das partilhas do território da Gália sobre os bens eclesiásticos. É em torno desses dois problemas que a política "constantiniana" dos sucessores de Clóvis pode ser melhor observada. Embora esses dois elementos estejam ligados, este capítulo abordará notadamente o problema das ordenações episcopais,

---

[233] Orléans II (533), *preâmbulo*.

[234] O Concílio de Orléans II reuniu os bispos de todas as partes do Regnum Francorum, à exceçao da Auvérnia, região em conflito naquele momento. Dele participaram 5 bispos metropolitanos (Bourges, Tours, Rouen, Eauze, Viena), 21 bispos e 5 padres representando os bispos ausentes, sendo que um deles representava o bispo metropolitano de Sens.

deixando para examinar no capítulo seguinte o tema da implicação para os bens da Igreja das partilhas terriroriais francas.

Em que pese o papel do poder real em sua convocação, o Concílio de Orléans II foi marcado também por uma primeira reação à pratica de nomeação dos bispos pelo rei. O episcopado parece então bem mais determinado que sob o reinado de Clóvis a fazer valer as normas canônicas para sua eleição. A ausência de um rei único para todo o *Regnum Francorum*, como em 511, pode explicar esse acirramento do tom empregado pelos bispos, pois criava um ambiante mais favorável às suas reivindicações. Era bem mais difícil arrancar concessões de um rei poderoso do que de vários reis cujas disputas eram mais do que episódicas. De um total de vinte e um cânones do concílio de 533, os sete primeiros constituíam uma afirmação dos direitos e das obrigações do episcopado. O terceiro cânone, por exemplo, proibia os bispos de se corromperem para aceitar as ordenações não conformes às regras eclesiásticas – no que constitui a primeira alusão de um concílio merovíngio ao problema da compra de funções eclésiasticas[235]; o quarto cânone ameaçava de destituição todos os bispos e outros clérigos que obtiveram o sacerdócio graças a um tráfico de dinheiro[236]. Finalmente, o sétimo cânone insistia na fórmula de nomeação dos bispos metropolitanos pelos bispos da província, em conjunto com o clero e o povo – e lamenta que ela não seja mais utilizada[237].

---

[235] Orléans II (533), c. 3: "*Que nenhum dos bispos se permita receber algo por qualquer causa, nem pelas ordenações dos bispos e de outros clérigos, pois é ímpio que um pontífice deixe-se corromper pela venalidade e a cupidez*".

[236] Orléans II (533), c. 4: "*Se alguém, por uma ambição execrável, chegou ao sacerdócio graças a um tráfico de dinheiro, que seja deposto como reprovado, pois a sentença do apóstolo prescreve que o dom de Deus não deve absolutamente ser adquirido com o peso do dinheiro*".

[237] Orléans II (533), c. 7: "*Para a ordenação dos bispos metropolitanos, nós renovmos a antiga fórmula de instituição, que nós vemos cair em desuso em todos os lugares por causa da incúria. Assim, que o bispo metropolitano, eleito pelos co-provinciais, pelo clero e o povo, seja ordenado após reunião de todos os bispos co-provinciais, para que com a ajuda de Deus eleve-se ao grau dessa dignidade alguém que seja capaz de melhorar e de florescer a disciplina eclesiástica*".

Se as divisões entre os príncipes francos após a morte de Clóvis tornaram instáveis as delimitações entre os diversos *regna*, com consequências negativas para as possessões eclesiásticas, paradoxalmente, elas permitiram à Igreja resistir melhor aos avanços da autoridade real. No Concílio de Orléans II, por exemplo, os bispos conciliares criticaram abertamente os princípios que tinham sido ratificados em 511 e que favoreciam a ingerência da autoridade real em matéria de eleição episcopal. No concílio de Orléans II, em 533, e nas assembléias de menor porte, como as de Clermont, em 535, a de Orléans III, em 538, e a de Orléans IV, em 541, os bispos não cessaram de afirmar sua independência e suas prerrogativas face ao poder real. Isso pode inclusive ajudar a explicar a reticência dos reis francos em convocar nos anos seguintes um concílio do porte de Orléans II.

Em 535, realizou-se um concílio na cidade de Clermont, reunindo os bispos da antiga *Francia Rhinensis*, da Auvérnia e das regiões da Burgúndia que tinham sido anexadas por Teudeberto. O segundo cânone desse concílio representa uma vitória daqueles que algumas décadas antes tinham criticado Remígio pela ordenação de Cláudio:

> "Foi também decidido que ninguém deve buscar a honra sagrada do pontificado por seus votos, mas por seus méritos, que não se deve adquirir o don divino graças aos seus recursos, mas graças às suas qualidades, e que se deve elevar à mais eminente dignidade pela eleição de todos, não pelo favor de uns poucos... Que aquele que deseja o episcopado seja ordenado pontífice após a eleição dos clérigos e dos habitantes da cidade, e com o consentimento do metropolitano da província. Não se deve recorrer ao patrocínio dos poderosos; não se deve, por habilidosa astúcia, encorajar alguns através de presentes a redigir o decreto de sua eleição, e forçar outros pelo medo. Se alguém agir assim, será privado da comunhão da Igreja que pretende dirigir de maneira indigna"[238].

---

[238] Clermont (535), c. 2.

Esse segundo cânone reafirma as regras sobre as eleições episcopais que haviam sido enunciadas em Orléans II: aquele que pretendia tornar-se bispo deveria ser ordenado somente após a eleição pelos clérigos e pelos habitantes da cidade, e com o consentimento do metropolitano da província. Mas o cânone vai além, ao proibir expressamente que os candidatos ao episcopado recorressem aos poderosos e também ao prever a pena da excomunhão para aqueles que assim agissem. Trata-se de uma das mais veementes condenações da prática de ordenação episcopal sob influência laica. O concílio como um todo, aliás, é marcado pelo desejo de preservar a autoridade e os bens da Igreja. O cânone 4, por exemplo, proíbe os poderosos de apoiarem os clérigos contra a autoridade dos seus bispos[239]; o cânone 5 ataca aqueles que solicitam, da parte do rei, os bens da Igreja. Os bispos conciliares prevêem a anulação da requisição assim como a pena de excomunhão contra aqueles que incorressem em tais atos[240].

A participação dos bispos burgúndios em Clermont I pode ter influenciado esse tom critico em Relação à realeza, que é bem próximo, diga-se de passagem, do tom que predominou em Epaone, em 517. Aqueles que assinaram os cânones do Concílio de Clermont I eram em sua maioria bispos que não haviam participado do Concílio de Orléans II, pois a Auvérnia vivia uma situação insurrecional [o bispo de Clermont, Gallus (525-551), por exemplo, enviou um representante]. Muitos deles participavam pela primeira vez de um concílio franco – os bispos de Rodez, de Javols, de Langres, de Avenches e de Viviers. Desses últimos, os bispos de Viviers, de Langres e de Avenches haviam igualmente participado ao Concílio de Epaone, que consagrou um posicionamento extremamente crítico em relação à realeza burgúndia. Eles

---

239 Clermont II (535), c. 4: "*Que os clérigos não sejam de modo algum apoiados pelos poderosos desse mundo face a seus bispos*".

240 Clermont II (535), c. 5: "*Se pessoas solicitam da parte do rei qualquer bem da Igreja e, levados por uma horrenda cupidez, roubam os recursos dos indigentes, que seja considerado nulo o que eles obtiveram, e que sejam excluídos da comunhão da Igreja da qual eles esperam retirar os recurssos*".

não participaram de Orléans I, e não ratificaram, portanto, os princípios constantinianos impostos por Clóvis. Esses bispos vinham de uma tradição conciliar de maior autonomia face ao poder real. Os cânones do Concílio de Clermont I mostram que a incorporação da Burgúndia ao Reino dos Francos, mesmo tendo significado para esses bispos a submissão a um rei católico, não alterou significativamente a postura crítica face às ingerências da autoridade real. Nesse sentido, pode-se falar em uma oposição episcopal à "Realeza Constantiniana", que se delineia já no reinado de Clóvis – e cuja carta de Remígio aos bispos Heraclius, Leão e Teodósio é o melhor indício – e que se consolida paulatinamente durante as assembléias conciliares da primeira metade do século VI.

De um total de dezesseis cânones adotados em Clermont, em 535, seis retomaram disposições das reuniões conciliares de Epaone (517), e de Orléans I (511) e II (533). O cânone 16 de Clermont retoma o cânone 29 de Orléans I, e proíbe o convívio de diáconos, padres e bispos com mulheres estranhas às famílias dos mesmos[241]; nada, portanto, que repetisse ou a reafirmasse os preceitos "constantinianos" de ingerência da realeza nos assuntos internos da Igreja, e que eram numerosos em Orléans I. O cânone 2 de Clermont I retoma e completa precisamente os cânones 4 e 7 de Orléans II, que condenavam a ordenação de clérigos por influência dos poderosos laicos e que reafirmavam o principio da eleição pelo clero e pelo povo[242]. O cânone 6 de Clermont I repete o

---

241 Clermont (535), c. 16: "*...Assim, pela autoridade canônica e uma constituição que permanecerá para sempre, nós decretamos que todos evitem a liberdade culpada em relação às mulheres estrangeiras, e que habitem somente com uma avó, uma mãe, uma irmã ou uma sobrinha, se necessidade há...*"; Orléans I (511), c. 29: "*Sobre a frequentação das mulheres estrangeiras, que os bispos, os padres e os diáconos respeitem os estatutos dos antigos cânones*".

242 Orléans II (533), c. 4: "*Se alguém, por uma execrável ambição, atingiu o sacerdócio graças a um tráfico de dinheiro, que seja deposto como reprovado, pois a sentença do apóstolo prescreve que o dom de Deus não deve absolutamente ser adquirido pelo peso do dinheiro*"; Orléans II (533), c. 7: "*Para a ordenação dos metropolitanos, nós renovamos a antiga fórmula de instituição... Assim, que o bispo metropolitano, eleito pelos coprovinciais, os clérigos e o povo, seja ordenado após reunião de todos os bispos coprovinciais, de modo que com a ajuda de Deus ascenda au grau dessa dignidade alguém que seja capaz de melhorar e de florescer a disciplina eclesiástica*".

cânone 19 de Orléans II, e proíbe as uniões entre judeus e cristãos[243]. Finalmente, os cânones 10, 11 e 15 de Clermont I retomam os cânones 5 e 35 de Epaone, que reafirmam a autoridade dos bispos sobre o clero regular e o clero secular[244].

De um modo geral, a afirmação da independência do episcopado aparece nas fórmulas utilizadas nos preâmbulos dos cânones para indicar as circunstâncias das reuniões conciliaires. Em 535, em Clermont, por exemplo, não há nenhuma referência a uma ordem real:

> "Como, em nome do Senhor, o santo sínodo tinha se reunido, agregado pelo Espírito Santo, **com o consentimento do nosso gloriosíssimo rei e religiosíssimo senhor o rei Teudeberto**, na cidade de Auvérnia, e que ajoelhados nós rezamos ao senhor pelo seu reino, por sua longevidade, por seu povo – **ele tinha dado a possibilidade de nos reunirmos**: que o Senhor exalte seu reino com felicidade, o reja com autoridade, o governe com justiça – enquanto nós sediamos na igreja segundo o costume e que examinamos os cânones, nos pareceu razoável, ainda que esses cânones contenham quase todos os pontos da regra eclesiástica, de acrescentar alguns novos e de retirar antigos" (grifo nosso)[245].

---

[243] Clermont I (535), c. 6: "*Se alguém, por causa de uma união conjugal, se associa ao erro judaico, que seja uma judia e um cristão, que seja uma cristã e um judeu tenham relações carnais, que cada um daqueles que é reconhecido ter aceitado tal infâmia seja excluído da assembléia e da mesa dos cristãos e da comunhão da Igreja, a cujos inimigos se associou*"; Orléans II (533), c. 19: "*Foi decidido que nenhum cristão despose uma mulher judia, e nenhum judeu uma cristã, pois nós julgamos que as núpcias são ilícitas entre tais pessoas. Aqueles que, após advertência, deixarem de romper uma tal união, devem, sem dúvida, ser afastados da graça da comunhão*".

[244] Clermont I (535), c. 15: "*...Que todos os habitantes da cidade que são da mais alta estirpe venham se juntar aos seus pontífices para as ditas festas. Se alguns, por uma culpada temeridade, desprezam essa regra, que eles sejam, durante essas mesmas festas nas quais eles desprezam de vir até a cidade, afastados da comunhão*"; Epaone (517), c. 5: "*Que nenhum padre se permita de desservir as basílicas ou os oratórios de uma outra cidade sem a autorização de seu bispo...*"; Epaone (517), c. 35: "*Que os habitantes de mais alta estirpe da cidade saibam que devem se juntar aos bispos para a noite de Páscoa e para a solenidade de Natal em vista de receber sua benção, qualquer que seja a cidade onde eles se encontram*".

[245] Clermont (535), **preâmbulo**.

O papel do rei aqui é menos importante do que em concílios anteriores: ele teria dado seu consentimento, e provavelmente também fornecido ajuda material, a uma reunião que ocorreu sob "inspiração" do Espírito Santo. Os bispos deixam claro que o rei não convocou nem é o inspirador da assembléia conciliar. Os concílios seguintes [o de Orléans III (538) e o de Orléans IV (541)], sequer mencionam um consentimento real. Isso não significa que os príncipes francos tenham perdido o interesse pelos assuntos eclesiásticos após o Concílio de Orléans II, ou ainda que a ingerência real nos assuntos internos da Igreja tenha diminuído de intensidade. As eleições episcopais continuaram a ser objeto de atenção particular de Clodomiro, Childeberto Clotário I e de Teuderico I. Teuderico, empenhado numa política expansionista, provia as sés mais importantes com bispos que lhe eram fiéis. É caso, por exemplo, de Gallus, que sucedeu a santo Quintianus como bispo de Clermont, com o apoio do rei[246]. Teudeberto I e Teudebaldo I prosseguiram a política de Teuderico nas dioceses situadas a oeste de seu *regnum*. A leste, eles encorajaram a vinda de clérigos da Aquitânia e a reconstrução das dioceses abandonadas após as invasões[247]. No reino de Childeberto I, a nomeação pelo rei predominou sobre a eleição "pelo clero e pelo povo", ainda que as normas conciliares tenham sido respeitadas em alguns casos, como durante da eleição de São Germano (v. 555-576), em Paris[248]. Clotário I teve relações muitas vezes difíceis com os bispos[249]. Ele preferiu conduzir a política da "sé vaga", abandonando a nomeação de bispos nas cidades mais setentrionais ou nomeando homens de confiança para as sés mais importantes. Assim, após a morte de Injuriosus (529-546), Baudinus – designado por Gregório de Tours com desdém como um "doméstico" de Clotário – foi nomeado bispo de Tours[250].

---

[246] **Histórias** IV, 5.

[247] Ver J. Heuclin, **Hommes de Dieu, fonctionnaires du roi**, pp. 70-71.

[248] Venâncio Fortunato, ***Vita Germani episcopi parisiaci***, p. 14.

[249] Ele foi excomungado por Nicetius de Trèves (526-v.561), talvez por causa de seu casamento com Waldrade (Gregório de Tours, ***Vitae Patrum***, 17, 2).

[250] **Histórias** IV, 3: *"Injuriosus, bispo da cidade de Tours, morreu no décimo-sétimo ano de seu episcopado; seu sucessor foi Baudinus, que fazia parte da domesticidade do rei Clotário..."*.

Dois outros episódios descritos por Gregório de Tours também mostram a implicação de Clotário I no processo de sucessão episcopal. O primeiro envolve a sé de Tours: solicitado por alguns clérigos a tornar-se bispo daquela cidade, o padre Cautinus teria pretendido esperar alguns dias antes de dar sua resposta. Esses clérigos teriam lhe dito então que não era por vontade própria que o tinham procurado, mas por ordem do rei[251]. O segundo episodio concerne a sé de Mans. Seriamente doente após um pontificado de vinte e dois anos, o bispo Damnolus teria escolhido para substituí-lo, com o consentimento do rei, o abade Theodulfus. Algum tempo depois, Clotário teria mudado de opinião e escolhido como novo bispo de Mans o prefeito do palácio real, Badegisilus. E foi finalmente esse último quem obteve a função episcopal, em detrimento do candidato escolhido pelo bispo Damnolus[252].

Em suma, a ausência nos textos conciliares de expressões que indicassem uma ordem real para a convocação dos concílios não significou um abrandamento da dimensão "constantiniana" da realeza franca. Ao contrário, a ausência de grandes reuniões conciliares prejudicava qualquer iniciativa de resistência organizada do episcopado à atuação da realeza. Se as convocações reais se fizeram raras a partir de Orléans II, é porque, provavelmente, os reis francos não tinham um grande interesse que esse gênero de reuniões se multiplicasse. Por outro lado, as reuniões de menor porte ofereciam uma repercussão menor às decisões tomadas pelos bispos na defesa da independência do poder eclesiástico. A rarefação da atividade conciliar de grande porte durante a primeira metade do século VI não coincidiu com uma diminuição da ingerência real na nomeação dos bispos.

A fórmula usada para indicar o papel do rei na convocação de uma assembléia conciliar reapareceu somente no preâmbulo do quinto Concílio de Orléans, de 549:

---

[251] **Histórias** IV, 11.

[252] **Histórias** VI, 9.

> "É à graça divina que se deve atribuir o fato que os votos dos príncipes coincidem com os sentimentos dos bispos, quando, no momento da realização de uma assembléia episcopal, a regra de vida é fixada pela lembrança dos antigos cânones, ou segundo o lugar e o tempo, pelo estabelecimento de novas medidas prolongando alguns artigos antigos. É por isso que, no momento em que o nosso clementíssimo e senhor invencível na honra de seus triunfos, o rei Childeberto, pelo amor da santa fé e o estatuto da santa religião, reuniu na cidade de Orléans os bispos do Senhor, no desejo de aprender pela boca dos Padres o que é santo e o que propõe a autoridade pastoral para o governo da Igreja, a fim de que seja uma norma para os futuros fiéis e uma regra para aqueles de hoje, os pontos que convêm observar desde o presente e em seguida foram, pela graça de Deus, fixados em detalhe artigo por artigo"[253].

Esse concílio foi o maior de todo o século VI. Participaram dele cerca de 71 bispos e seus delegados; cerca de 13 províncias eclesiásticas estavam representadas. Estiveram presentes os bispos metropolitanos de Lyon, Arles, Viena, Trier, Bourges, Eauze e Sens (os metropolitanos de Bordeaux e de Reims enviaram representantes). No preâmbulo dos cânones, os bispos começam por agradecer à graça divina o fato de que os votos dos príncipes coincidem com os seus sentimentos. Como em Orléans I, eles parecem persuadidos de que a eficácia e o alcance das medidas por eles definidas dependem da concordância do príncipe. Além disso, o texto do preâmbulo é taxativo: foi o rei quem reuniu os bispos. Ao afirmar que o príncipe tinha agido pelo amor da santa fé e do estatuto da religião, com o objetivo de aprender dos Padres aquilo que eles propunham para o governo da Igreja, o texto indica igualmente a preocupação do rei com os assuntos eclesiásticos. Apresentando-se como chefe do episcopado, o rei Childeberto interferiu na querela dos

---

[253] Orléans V (549), ***preâmbulo.***

Três Capítulos, como, aliás, o imperador Justiniano havia feito[254]. A reunião de 549 fechou assim o parêntese aberto com o segundo Concílio de Orléans de 533, e retomou os princípios do concílio de 511. Na melhor tradição Constantiniana, os bispos em Orléans V, sob instigação de Childeberto, condenaram a heresia de Eutyches e de Nestorius alguns anos antes que o concílio ecumênico em Constantinopla fizesse o mesmo[255].

O Concílio de Orléans V foi marcado por uma mudança nas regras de ordenação episcopal:

> "Que a ninguém seja permitido obter o episcopado por presentes ou por compra, mas que seja com o consentimento do rei, em conformidade com a eleição do clero e do povo, como está escrito nos antigos cânones, que o bispo seja consagrado pelo metropolitano ou seu delegado, com a ajuda de seus co-provinciais. Se alguém, por uma compra, viola a regra dessa santa constituição, nós determinamos que aquele que foi ordenado graças a presentes seja afastado"[256].

---

[254] A denominação "Três Capítulos" é dada a Teodoro de Mopsueste (c.350 - 428), a Teodoreto de Cyr (v.393 - v.466) e a Ibas de Edessa (m.457), bispos cujas críticas do monofisismo foram condenadas pelo Concílio de Constantinopla em 553, sob instigação do imperador Justiniano. As reações a essa condenação no Ocidente foram bastante negativas: vários bispos na África do Norte, na Itália e na Gália posicionaram-se a favor dos Três Capítulos. Mas quando o papa Virgílio aderiu às prescrições do concílio de 553, uma parte do episcopado franco não o seguiu. O conflito somente terminou em 689, por ocasião de um concilio reunido em Pávia sob a instigação do rei Cunipertus e do papa Sege I (687-701). Sobre a polêmica dos "Três Capítulos", ver L. Duechesne, **L'Eglise au VIe siècle**, p. 191; e também, L. Pietri, "L'Eglise du *Regnum Francorum*", pp. 745-799.

[255] Orléans V (549), 1: *"Assim, a seita ímpia que teve por autor e fundador um homem de má consciência e se afastando da fonte viva da fé católica, o sacrílego Eutyches, e assim tudo o que ele proferiu o venenoso e ímpio Nestorius, seitas que a Sede apostólica condena igualmente, nós também, execrando-os com seus autores e seus sectários, nós os anatematizamos e condenamos pela autoridade da presente constituição, pregando a regra da fé direita e apostólica em nome do Cristo".*

[256] Orléans V (549), c. 10.

Essa fórmula, mais do que um compromisso entre uma tradição canônica que pressupunha a eleição "pelo clero e pelo povo", e a ingerência da autoridade real, marcava o triunfo legal do princípio do consentimento do príncipe nas ordenações episcopais. Esse consentimento precede, aliás, a eleição "pelo clero e pelo povo". Ainda que na prática, a concordância real já fosse a chave das ordenações episcopais, ela obteve em Orléans V o seu reconhecimento oficial. Essa assembléia conciliar testemunha do endurecimento da postura da Realeza face ao episcopado, e mostra uma vez mais que a política constantiniana de Clóvis não tinha se enfraquecido sob seus sucessores.

Além das ingerências de que a Igreja franca foi objeto, as disposições dos concílios da primeira metade do século VI lançaram as bases do controle episcopal sobre o clero da Gália. O Concílio de Orléans III, por exemplo, proibia aos clérigos de citar um laico diante da justiça secular sem o consentimento episcopal, da mesma maneira que proibia aos laicos citar um clérigo sem a permissão de seu bispo[257]. A título de comparação, o Concílio de Epaone (517), proibia aos clérigos de recorrer ao tribunal civil sem a autorização de um bispo, mas os obrigava a comparecer caso fossem mencionados, e isso sem a necessidade de autorização por parte da autoridade episcopal[258]. Isso mostra que no Reino dos Francos a posição do episcopado era menos frágil que no Reino dos Burgúndios duas décadas antes. Apesar da política "constantiniana" que praticaram, os reis francos utilizaram o episcopado católico da Gália uma peça importante de seu dispositivo de governo, algo que os reis arianos da Burgúndia não fizeram. O Concílio de Orléans IV confirmou as disposições de Orléans III no tocante aos privilégios jurídicos dos clérigos, acrescentando duas regras: primeiramente, nenhum laico poderia forçar, julgar ou condenar um clérigo em nome apenas de sua autoridade, sem reportar-se ao pontífice ou ao preboste da Igreja; em segundo lugar, todas as vezes que houvesse um processo entre um cléri-

---

[257] Orléans III (538), c. 35.

[258] Epaone (517), c. 11.

go e um laico, o juiz laico não deveria instruir o processo sem a presença de um padre, de um arquidiácono ou de um preboste[259]. Além desses privilégios concedidos aos clérigos, os bispos em Orléans IV proibiram que os funcionários reais convocassem para a realização de serviços públicos os clérigos que estivessem em serviço eclesiástico ou cujos nomes estivessem inscritos na matrícula da igreja[260].

Os privilégios outorgados aos clérigos no contexto da administração local não eram poucos. O trigésimo-quarto cânone do Concílio de Orléans III, de 538, por exemplo, previa a excomunhão dos condes das cidades que não levassem aos tribunais os bispos heréticos que rebatizaram católicos[261]. Em um concílio reunido em Paris após a morte de Clotário I, os bispos deram um passo importante na defesa das regras canônicas de eleição episcopal, ao estabelecer que todas as ordenações feitas no passado deveriam ser reavaliadas:

> "No que diz respeito às ordenações de pontífices feitas no passado, foi decidido que o metropolitano, uma vez reunido com seus bispos co-provinciais ou com os bispos vizinhos que ele escolher, no lugar que lhe convir, deveria julgar tudo segundo os antigos estatutos canônicos e segundo o julgamento e a opinião de todos"[262].

Muito provavelmente, os bispos conciliares tentavam aproveitar as perturbações causadas pelas disputas entre os príncipes herdeiros após a morte de Clotário I para corrigir os abusos. Esse concílio também é uma constatação do fracasso das medidas adotadas nos concílios pre-

---

[259] Orléans IV (541), c. 20.

[260] Orléans IV (541), c. 13.

[261] Orléans III (538), c. 34: "*Se o conde da cidade ou do local soube que um bispo herético, ou bonasiano, ou de qualquer outra seita, rebatizou um súdito católico e se ele – posto que nós temos reis católicos – não prendeu rapidamente os autores desses segundos batismos e não os conduziu para serem punidos a esse respeito conforme a fé do rei e à sua justiça, que ele seja submetido a uma excomunhão de um ano*".

[262] Paris III (v.561-562), c. 8.

cedentes. Seus cânones manifestam a irritação dos bispos após mais de meio-século no qual os príncipes francos tinham tentado fazer da Igreja um instrumento da Realeza.

Os conflitos entre a autoridade real e os bispos durante a primeira metade do século VI são indicativos das resistências no interior do episcopado às práticas "constantinianas" da Realeza. O desejo de independência já existia, aliás, sob Clóvis. A carta de Remígio aos bispos Heraclius, Leão e Teodósio, testemunha de uma das primeiras reações à política "constantiniana" implementada pela dinastia merovíngia. Ao longo das décadas seguintes esse sentimento não cessou de se ampliar, até assumir o tom de uma denúncia aberta e vigorosa contra a postura da autoridade real. Clóvis tinha a seu favor o fato de ter sido o primeiro a se converter ao catolicismo. Ele dispunha de uma vantagem que seus sucessores não possuíam. Além do mais, contrariamente aos seus sucessores até 558, ele era o único rei da Gália merovíngia. As partilhas territoriais que se seguiram à morte de Clóvis provavelmente deram força à contestação do poder eclesiástico, tornando menos amplo o poder dos príncipes. Por outro lado, a incorporação da Burgúndia trouxe para o interior do *Regnum Francorum* um episcopado cuja tradição de autonomia em face do poder real havia sido consagrada no Concílio de Epaone, em 517.

Durante muito tempo afirmou-se que aquilo que os reis merovíngios buscavam defender face aos bispos era o seu poder pessoal e seus privilégios. O episcopado aparece assim como o único defensor do "interesse público", enquanto os príncipes merovíngios seriam meros reis "patrimoniais", que tratariam o reino como se fosse um bem privado. O conflito de interesses entre a Realeza e o episcopado era a expressão de um conflito maior, mas os bispos não eram os únicos a agir em nome do "interesse público" – que no caso específico deles estava associado à evangelização, ao auxílio aos fracos e à promoção da salvação. O controle exercido pela Realeza sobre a Igreja franca, nessa primeira metade do século VI, também era a expressão de um "interesse público" da qual a primeira era portadora, como veremos no capítulo seguinte.

Capítulo III

O "interesse público" no século VI

Os historiadores admitem hoje que os francos se apoiaram em construções e conceitos herdados de Roma, mas alegam que essas estruturas eram "embalagens vazias", e que os conceitos – aos quais esses "bárbaros" nada entenderiam – encobriam uma realidade sensivelmente diferente da ópoca romana. É claro que a permanência de certos conceitos não significa que o sentido que lhes era dado fosse rigorosamente o mesmo da época romana; esse é um equívoco no qual incorrem, aliás, as interpretações hiper-romanistas[263]. Contudo, os adeptos da tese das "embalagens vazias" opõem com freqüência a rudeza dos povos germânicos à capacidade romana em elaborar as abstrações políticas e as construções institucionais mais complexas a partir de sua experiência social. É o que faz, por exemplo, J. Ellul, para quem se ainda havia na Gália merovíngia nomes romanos designando as realidades institucionais, o "espírito" não

---

263 Ver a crítica de J.-P Devroey ao "fixismo" das teses hiper-romanistas [**Économie rurale et société dans l'Europe franque (VIe-IXe siècles)**, pp. 231 e sg.].

estava mais presente. O legado de Roma ao Ocidente, segundo ele, não teria consistido na persistência material de algumas instituições romanas na vida social, mas em elementos mais ou menos esparsos que, do século V até o século XII, teriam guardado força suficiente na "memória coletiva" e na reflexão dos clérigos para causar pesar e admiração[264]. A idéia da crise do "espírito público" entre os merovíngios, longe de ser um ponto de vista isolado, é compartilhado por trabalhos mais recentes, como o de P. Geary, para quem somente os clérigos teriam guardado algum sentido da noção romana de *res publica* na Gália merovíngia[265]. Pode-se falar, portanto, em desaparecimento da noção de interesse público? Seria correto afirmar que da herança romana, o pouco que dela teria sobrado estaria subutilizado por esses bárbaros, laicos de sobremaneira, que nada compreendiam ao funcionamento das instituições e do Direito Romano?

Em primeiro lugar, é um equivoco supervalorizar o papel clérigos no edifício político franco. P. Riché mostrou que eles não constituíam a coluna vertebral da administração franca: pelo menos até a primeira metade do século VII, os funcionários que dirigiam o governo franco, da mesma forma que os notários e os escribas que nele trabalhavam, eram laicos, como nos tempos da administração romana[266]. Poder-se-ia mencionar, a título de exemplo, o que P. Riché chamou de "círculo literário austraso-provençal": um grupo formado por eruditos que viveram sob os reinados de Sigeberto e de Childeberto II, e que eram versados no latim e atraídos pela cultura clássica. Os nomes mais representativos desse grupo eram o patrício Dynamius de Marselha, correspondente de Venâncio Fortunato[267], bem como Andarchius e o senador Félix, elogiados por Gregório de Tours por seu conhecimento das letras, do direito e do cálculo[268]. Pode-se citar igualmente um outro laico que desempenhou um papel importante

---

264 J. Ellul, **Histoire des institutions. Le Moyen Age**, p.18.

265 P. Geary, **Naissance de la France**, p. 147.

266 P. Riché, **Education et culture**, p. 75

267 Fortunato, ***Carmina*** VI, 10.

268 **Histórias** IV, 46.

na administração franca, Asclepiodus, que redigiu o edito de Gontrão, de 585, e que após morte deste, serviu a Childeberto II[269].

É preciso reconhecer, por outro lado, que a existência de certo número de laicos que participavam da administração, e que eram reputados por seus talentos em latim ou em retórica, não é suficiente para se sustentar a sobrevivência da autoridade pública. O objetivo deste capítulo é, portanto, analisar se e sob quais formas a noção de "interesse público", distinta e superior aos interesses particulares dos governantes, assim como aos interesses da Igreja, foi preservada nas construções institucionais da Gália merovíngia durante o século VI. A filiação romana das instituições francas é um tema cuja complexidade faz com que mereça um trabalho à parte[270]. Nas páginas seguintes, a análise das sobrevivências institucionais romanas não constitui um fim em si. Essas sobrevivências somente serão abordadas na medida em que ajudarem na compreensão da natureza da autoridade real após a fundação do *Regnum Francorum*.

A construção do espaço público: "pax regia" e "sermo regis"

"Clóvis, rei, aos senhores santos e bispos digníssimos pela sé apostólica. Não deve ter escapado a Vossa Beatitude a novidade divulgada sobre o que foi feito (*actum*) e ordenado (*preceptum*) a todo nosso exército, antes que entremos na pátria das godos,. Em primeiro lugar, ordenamos, no que diz

[269] Ver ***Childeberti secundi decretio***, 7: "*Asclipiodus recognovit*". Segundo K.A.Eckhardt, Asclepiodus é o autor do prólogo curto da lei sálica (***Pactus Leges Salicae***, p.171).

[270] Sobre esse tema, ver: J. Tardif, **Etudes sur les institutions politiques et administratives de la France. Époque mérovingienne**; M. Thévenin, **Textes relatifs aux institutions privées et publiques aux époques mérovingienne et carolingienne**; N.D. Fustel de Coulanges, **La monarchie franque**; F.L. Ganshoff, "Les traits généraux du système d'institutions de la monarchie franque", pp. 91-127; Ch. Pfiester, "Gaul under the Merovingian Franks. Institutions", pp.132-158; E. Ewig, "Das Fortleben römischer Institutionen in Gallien und Germanien", pp. 561-598; K.F. Werner, "La place du VIIe siècle dans l'évolution politique et institutionnelle de la Gaule franque", pp. 173-211.

respeito ao serviço de todas as igrejas, que ninguém tente tirar de forma alguma nem as santas monjas nem as viúvas, as quais se sabe que foram dedicadas ao serviço do Senhor; que a mesma condição seja válida para os clérigos e para as crianças dos mesmos, tanto os clérigos quanto as viúvas que é sabido que residem com eles em suas casas; idem, para os escravos das igrejas que o juramento dos bispos provar que foram arrancados das igrejas; nenhum dano ou violência deve ser exercido contra eles. É por isso que ordenamos, a fim que tudo isso seja bem sabido, que aquele dentre os acima mencionados que sofrer a violência do cativeiro, tanto nas igrejas quanto fora da igreja, seja completamente, e sem demora, devolvido. Para os outros prisioneiros laicos que terão sido apanhados fora da paz (*extra pace*) e que isso for sido provado, não serão negadas as epístolas escritas segundo vosso arbítrio para quem desejastes. No que se refere àqueles, tanto clérigos quanto laicos, que terão sido apanhados em nossa paz (*in pace nostra*), se fizestes saber a verdade por epístolas assinadas com vosso anel, que elas nos sejam dirigidas de qualquer maneira e sabereis que nossa ordem (*nostra praeceptionem*) oriunda de nós deve confirmar isso. Assim, nosso povo pede que, para todos aqueles que julgais dignos de conceder vossas cartas, não tardeis a dizer sob juramento em nome de Deus e com vossa bênção que isso é verdadeiro que reclama de ser provado, pois as variações e as falsificações de muitos foram descobertas a ponto de compreender que, como está escrito: 'O justo perece com o ímpio'. Rezem por mim, senhores santos e pais muito dignos pela sé apostólica"[271].

Único texto autêntico de Clóvis que foi preservado, essa epístola aos bispos trata da entrada das tropas francas na Aquitânia durante a guerra contra os visigodos, em 507. Escrita algum tempo após o fim da referida campanha[272], ela pretende assegurar aos bispos católicos a validade das medidas previstas por um *praeceptum* endereçado ao exército franco, publicado pouco antes do início das hostilidades. A maior parte da epístola, aliás, é uma confirmação desse documento. Ela estipula, em primeiro

[271] ***Chlodowici Regis ad episcopos epistola*, *Capitularia Merowingica***, 1.

[272] Sobre a datação dessa carta, ver M. Rouche, **Clovis**, pp. 441-442.

lugar, que todos aqueles que se encontrassem a serviço das igrejas não deveriam ser vítimas de rapto ou de qualquer outra forma violência. Essa proibição dizia respeito a cinco categorias de pessoas: monjas, viúvas, clérigos, os filhos dos mesmos e, finalmente, os escravos. Quer fossem aprisionados "fora das igrejas" ou "dentro das igrejas", todos que pertencessem a essas categorias deveriam ser libertados mediante um procedimento detalhado mais adiante no texto. No caso dos laicos e eclesiásticos que se encontrassem na paz do rei (*in pace nostra*), não apenas o edifício eclesiástico, mas todo o território além desses limites, era considerado um espaço de asilo. Clóvis relembra aos bispos a possibilidade deles obterem também a libertação de alguns cativos laicos, aprisionados pelo exército franco "fora da paz" (*extra pace*). Nesse caso, as condições para que isso ocorresse eram mais restritivas: em primeiro lugar, deveria ser provado que eles foram aprisionados nessa circunstância, ou seja, "fora da paz"; em segundo lugar, os bispos deveriam enviar cartas pedindo a libertação daqueles que eles escolhessem. O procedimento para a libertação dos cativos apanhados na paz do rei (*in pace nostra*) era menos complexo, e consistia no envio de cartas seladas pelo anel episcopal. Clóvis acrescenta que seu "povo" – provavelmente os oficiais do exército franco, dado o teor nitidamente militar da epístola – pedia aos bispos que não tardassem a iniciar o procedimento, certificando, através de um juramento, a veracidade das damandas enviadas.

O que vem a ser a *pax nostra*, ou mais exatamente a "paz do rei", que o texto menciona? Qual é a diferença de estatuto entre aqueles que foram capturados *in pace nostra* e aqueles que o foram *extra pace*? A "paz do rei", tal como ela está formulada nessa epístola, indica o estatuto daqueles que receberam uma proteção específica. Ela não é o fruto de um simples capricho do governante. Clóvis, aliás, não propunha aos bispos a libertação indiscriminada de prisioneiros. Ele pedia aos primeiros que seguissem um certo número de procedimentos: no que se refere aos cativos aprisionados "*extra pace*", os bispos deveriam provar que eles tinham sido efetivamente aprisionados nessa condição e se dirigir aos funcionários competentes para apresentar seus pedidos. A "paz do rei" era um instrumento de proteção legal que colocava aqueles a quem ela protegia ao abrigo de eventuais arbitrariedades e abusos cometidos pelo exército franco. A manutenção da paz, aliás, aparece como o principal fundamento da autoridade pública na primeira metade do século VI. O objetivo fixado no prólogo curto do ***Pactus legis Salicae***, de "*zelar pela observância da paz entre todos para suprimir o crescimento das disputas*", não era uma mera declaração de intenções sem nenhum efeito prático. A "busca da paz" abria caminho para a consolidação do poder real, ao fornecer a justificativa, e mesmo a legitimidade, para a interferência da autoridade pública no domínio das relações interpessoais. Ao incentivar os indivíduos a resolverem seus litígios diante de tribunais especialmente criados para tanto, o poder real tentava tornar-se a instância normativa das relações sociais.

Apresentada como o oposto da violência, como o campo da normalidade, o domínio da lei, a "paz do rei" é sem dúvida alguma uma categoria jurídica emanada da "autoridade pública". Sua utilização no Edito de Chilperico, algumas décadas mais tarde, mostra que a autoridade real zelava por um bem superior aos interesses ou os caprichos pessoais do príncipe ou de seus próximos conselheiros:

> "Se alguém deve conduzir uma causa no tribunal (*mallus*), que comece por apresentar sua causa diante de seus vizinhos, e que deposite antecipadamente a multa legal nas mãos dos Rachimburgs, ao que ele poderá então conduzir sua causa junto ao tribunal. Ele não deve ter a presunção de se apresentar diante do tribunal sem isso; e se ele se apresentar diante do tribunal [sem ter cumprido essas formalidades], perde sua causa. Pois se ele foi um homem malicioso que perpetrou o mal no *pagus*, que não tem um lar, nem possessões para compensar suas malfeitorias, e que vive nas florestas, sem que seu adversário ou seus próprios parentes possam pôr a mão nele para conduzí-lo em Nossa Presença, então seu adversário, e todos aqueles a quem ele terá causado mal, podem acusá-lo diante de Nós, e Nós o poremos fora de Nossa Palavra (*nostro sermone*), a fim de que quem o encontrar possa matá-lo sem outra formalidade"[273].

---

[273] ***Chilperici Edictum***, ***Capitularia Merowingica***, 4. Sobre o edito de Chilperico, ver F. Beyerle, "Das legislative Werk Chilperichs I", pp. 1-38.

Diferentemente da carta de Clóvis aos bispos, o Edito de Chilperico não menciona a "paz", mas a "presença" (*praesentia*) e a "palavra" (*sermonis*) do rei. A realidade expressa por esse termo parece, no entanto, ser a mesma da noção de "paz do rei". A importância dada à dimensão sagrada da "presença" real em muito obscureceu sua dimensão jurídica. M. Reydellet afirma, por exemplo, que a *praesentia* equivalia a uma "absolvição", uma espécie de segurança assegurada pelo poder de proteção eficaz e sagrado, "quase mágico", da "presença" real. O termo *praesentia* remeteria tanto à sacralidade romana quanto à sacralidade germânica. A esse termo se associariam igualmente ressonâncias cristãs, mas limitadas por esse "cristianismo merovíngio", "superficial e carregado de superstições". A *praesentia* seria, em suma, sinônimo de *virtus*, ou seja, de poder miraculoso[274]. Em primeiro lugar, não há nada no texto acima citado que indique uma função "sagrada" ou "miraculosa" da presença real. O Edito de Chilperico menciona as circunstâncias nas quais aquele que perpetrou o mal não pode ser conduzido diante do rei para ser julgado. Trata-se, portanto, de uma referência à necessidade de um julgamento presidido pelo rei e, portanto, o que é óbvio, em presença desse último, ou talvez de um representante seu. Em segundo lugar, o termo mais importante nesse edito não é a *praesentia*, mas o *sermo regis*, ou a "palavra do rei": é essa palavra quem garante um julgamento de acordo com as normas do procedimento judiciário. Ser colocado fora do *sermo regis* significa perder toda a possibilidade de um julgamento equânime: "*... então seu adversário, e todos aqueles a quem ele terá causado mal, podem acusá-lo diante de Nós,* ***e Nós o poremos fora de Nossa Palavra (*****nostro sermone*****), a fim de que quem o encontrar possa matá-lo sem outra formalidade***" (grifo nosso). O *sermo regis* significa aqui a proteção formal concedida aos acusados face à violência e à imprevisibilidade dos acertos inter-pessoais. No capítulo 19 do livro IX das **Histórias**, Gregório de Tours conclui o relato das "guerras civis" (*bella civilia*) que

[274] M. Reydellet, **La royauté dans la littérature latine**, pp. 380-381.

teriam ocorrido na *civitas* de Tours, mencionando o assassinato de Sicarius por Austregesilo. Esse último teria ido ao encontro do rei para justificar-se pelo ocorrido, deparando-se então com a cólera da ainha Brunilda (†613), pois Sicarius estava sob sua proteção (*in eius verbo*). É em sobreposição às relações inter-pessoais que a "palavra" real deve ser entendida: ela garante a previsibilidade de um ordenamento jurídico no qual as mesmas regras se aplicam a todos os litigantes.

No Edito de Chilperico, a afirmação pelo rei da existência de um domínio onde as regras jurídicas não são válidas, e onde o culpado pode ser assassinado, sem consequências legais para o assassino, supõe a existência de um outro domínio no qual essas regras se aplicam. Essas regras não são o simples produto de arbítrio do rei: ao afirmar que os acusados colocados fora do *sermo regis* estão fora de qualquer regime de proteção legal, o texto admite implicitamente que aqueles que se encontram dentro do *sermo regis* se beneficiam de uma proteção legal[275]. Pode-se falar em sobrevivência da autoridade pública quando as medidas tomadas pelo poder real são fundamentadas por uma referência aos interesses da coletividade, mas também quando essas mesmas medidas são equânimes e universais. Na carta de Clóvis aos bispos e no Edito de Chilperico, os príncipes agem como os depositários de uma autoridade superior, como os guardiões de princípios jurídicos que se aplicam a todos.

Outro indício da existência de uma noção de interesse público no governo merovíngio se encontra em um diploma de Teudeberto II, de 596. É o único diploma real preservado do século VI sobre o qual não há nenhuma dúvida sobre a autenticidade, ainda que se trate de um texto interpolado, ou seja, ligeiramente modificado em relação ao documento original. Esse diploma é conhecido a partir de uma cópia carolíngia do século IX (feita entre 857 e 862), que por sua vez foi conservada através de um manuscrito do século XII (produzido en-

---

275 Como veremos mais adiante, o processo do bispo Pretextatus, acusado do crime de traição, mostra a preocupação de Chilperico com a forma jurídica (**Histórias** V, 18).

tre 1143 e 1165)[276]. O tema desse documento é confirmação por parte do rei de uma doação realizada por dois irmãos, Eoladius, um padre, e Baudomalla, uma freira. Eles concedem à igreja de Sao Gervais e à igreja de São Protais, localizadas no *pagus* de Mans, um certo número de possessões no mesmo local: terras com vinhas, prados, e todos os direitos sobre essas terras, além de uma pequena capela (*oratorio*), dedicada a São Martinho, que os doadores tinham fundado nas muralhas da cidade de Mans. Teudeberto II explica sua ação utilizando-se da seguinte fórmula: "*Por essa razão, eles buscaram nossa alteza, de modo que devemos confirmar por nossa plena autoridade...*"[277]. O rei interfere a partir de um pedido dos doadores. Entretanto, esse pedido não é a única razão invocada por ele. É sua própria autoridade que Teudeberto invoca para justificar a intervenção. Os doadores estão persuadidos de que sem a confirmação real, a doação não possui nenhum valor legal. A palavra "autoridade" designa nesse documento um poder público que ultrapassa os limites das relações interpessoais e que se impõe a essas últimas, conferindo às mesmas uma legitimidade que são incapazes de criar por sí só. Da mesma forma que nos textos anteriormente citados, o diploma de Teudeberto II testemunha da existência de uma "autoridade pública" com regras e lógicas distintas dos princípios que se sobrepõem e orientam as relações interpessoais.

O "público" nas fontes merovíngias

Não basta encontrar algumas vezes a palavra "público" nas fontes do séculos VI para se afirmar que a Realeza não era considerada uma simples extensão das possessões pessoais do príncipe. A existência de termos designando uma esfera de domínio público distinta da esfera dos interesses

---

[276] Ver ***Die Urkunden der Merowinger***, ed. T. Kölzer, t. I, pp. 68-69.

[277] ***Die Urkunden der Merowinger***, t. I, pp. 69-70: "*Ideo petierunt celsitudini nostrae, ut <per> hoc per nostram auctoritatem plenius confirmare deberemus*".

pessoais dos governantes não significa que houvesse uma separação de fato entre elas. Vários historiadores atribuem aos merovíngios uma inabilidade atávica em entender ou em utilizar as noções essenciais da vida política romana. A questão essencial reside em se saber se os conceitos presentes nos documentos do século VI realmente encobriam uma dimensão "pública" da ação do governo real. Para tanto, é necessário que as "palavras" estivessem de acordo com as "coisas" que elas aparentavam expressar, isto é, a existência de uma autoridade pública.

Nenhum outro domínio da administração franca tem sido objeto de tantas polêmicas quanto o fisco[278]. Ele está no centro das argumentações sobre o caráter patrimonial da realeza. Para os defensores dessa tese, o fato de que não havia entre os francos distinção ente o tesouro público e o tesouro privado dos reis seria a prova de que o reino era dirigido

[278] Ver J. Durliat, **Les finances publiques**, p. 98. Os trabalhos de J. Durliat apresentam as sociedades da Alta Idade Média profundamente marcadas pela perenidade do sistema fiscal romano. As elites laicas seriam agentes do fisco, responsáveis por recolher os impostos, e a Igreja, um setor da administração pública. Sobre as críticas à obra de J. Durliat, ver especialmente Ch. Wickham, ("La chute de Rome n'aura pas lieu", pp. 107-126) e J.-P. Devroey (**Économie rurale et société dans l'Europe franque**, pp.231-245). Ainda que a obra de J. Durliat tenha sido objeto de inúmeras criticas quanto ao fixismo de sua interpretação do vocabulário fiscal, uma das idéias por ele veiculada, a sobrevivência das estruturas fiscais da época romana, não foi posta em cheque por seus detratores. Na linha da argumentação de Durliat, ver também a obra recente e erudita de A. Stoclet, onde ele põe em evidência continuidade do *tonlieu* durante a época franca (A. Stoclet, ***Immunes ab omni teloneo***). A sobrevivência da distinção romana entre o tesouro público e o tesouro privado dos governantes não significa que o sistema fiscal na Gália permaneceu inalterado após a fundação do *Regnum Francorum*, como estimava F. Dahn no final do século XIX ("Zum merowingischen Finanzrecht", p. 345). A opinião desse autor não leva em conta o fato de que os francos transformaram o legado romano segundo suas necessidades e segundo as especificidades da Gália nos séculos VI e VII. Ainda que a origem romana do sistema fiscal franco seja insiscutível, não se pode afirmar que as taxas na época de Clóvis, de Clotário, de Chilperico e de Gontrão eram as mesmas da época de Diocleciano e de Constantino, como mostrou W. Goffart ("Old and New in Merovingian Taxation", p. 213). Segundo Goffart, duas categorias de documentos dos séculos VII e VIII

como se fosse a propriedade da dinastia reinante. A confusão semântica que encontramos nas **Histórias** pode explicar o prestígio dessa tese: algumas vezes, Gregório de Tours menciona o "tesouro do rei", mas ao se analisar o contexto no qual a expressão é utilisada, percebe-se que ele faz referência ao tesouro público. É o caso do capítulo 45 do livro VI, cujo assunto é o casamento da filha do rei Chilperico com um príncipe visigodo. Nesse capítulo, a rainha Fredegonda fala dos "tesouros dos reis precedentes", mas fica claro ao longo do texto, sobretudo na conclusão do discurso que lhe é atribuído pelo bispo de Tours, que se trata do "tesouro público":

> "Não acreditem, guerreiros, que haja aqui alguma coisa dos tesouros dos reis precedentes...pois não há nada aqui dos tesouros públicos"[279].

O termo "tesouro" empregado pelo bispo de Tours é às vezes bastante ambíguo e se presta à confusão. Somente nas **Histórias**, é possível identificar três acepções distintas desse termo. A primeira corresponde ao cofre do tesouro público ou o *aerarium*, isto é, o lugar onde eram conservados ouro e dinheiro:

> "Quanto aos servidores que foram enviados pelo rei para procurar os bens desse homem, eles descobriram tanto em seus tesouros (*thensauris illius*) que eles não poderiam ter encontrado nos cofres do **tesouro público** (*aerarii publice*)" (grifo nosso)[280].

---

mostram especialmente o contraste entra e fiscalidade romana e a fiscalidade merovíngia. Os primeiros são os diplomas de imunidade – documentos reais que proibiam aos agentes do rei o acesso a alguns domínios fundiários para a coleta de impostos ou para o exercício da justiça. A segunda categoria de documentos seriam os registros dos domínios laicos e eclesiásticos. A leitura dos diplomas de imunidade do século VII mostra, segundo W. Goffart, um vocabulário que contrasta profundamente com o vocabulário das imunidades romanas: nessas últimas, em nenhuma parte as taxas eram invocadas; tratava-se, sobretudo de liberar os beneficiários das imunidades de todas as funções públicas (*Ibid.*, p. 214).

[279] **Histórias** VI, 45.

[280] **Histórias** IX, 9.

A segunda acepção do termo diz respeito ao local onde estavam depositados os diplomas oficiais, os atos públicos, bem como as cópias das cartas reais:

> "Esses escritos foram descobertos em um **tesouro** do rei Chilperico, reunidos dentro de um de seus cofres, e chegaram até ele (Childeberto) quando após o assassinato de Chilperico os tesouros desse último foram retirados da vila de Chelles, que pertence à cidade de Paris, para lhe ser enviado" (grifo nosso)[281].

> "Esse papel não foi trazido do **tesouro** do rei e durante vários anos ele não esteve em vigor..." (grifo nosso)[282].

O termo "tesouro" pode designar também o tesouro pessoal do rei, de outros membros da família real, ou ainda o dote de uma princesa[283]. Há casos em que o bispo de Tours menciona a palavra "fisco" ou a expressão "tesouro público", numa clara tentativa de diferenciação em relação a "possessões pessoais":

> "O bispo Eunius, o embaixador dos bretões, de quem falamos anteriormente, não foi autorizado a voltar para a sua cidade, e o rei ordenou que ele fosse mantido em Angers às custas do **tesouro público**" (grifo nosso)[284].

O fisco, ou tesouro público, provavelmente compreendia o *aerarium* e os "arquivos" reais, mas há razões para se pensar que ele não incluía os bens pessoais do rei, como se verá mais adiante. As referências ao

---

[281] **Histórias** X, 19.

[282] **Histórias** IX, 30.

[283] **Histórias** VI, 35: *"Em seguida, a rainha apoderou-se do **tesouro** de seu pequeno filho, e destruiu pelo fogo tanto os vestimentos quanto os outros objetos, fossem eles de seda ou de um tecido qualquer, e tudo o que ela pôde encontrar"* ; **Histórias** IV, 28: *"O pai, recebendo essas promessas, lhe envia sua filha como havia feito com a outra, com grandes **tesouros**..."*.

[284] **Histórias** V, 40.

fisco não supõem necessariamente a existência de um "Estado fiscal" franco, pois este, como bem lembrou J.-P. Devroey, não deixou nem os manuais, nem as leis, nem os instrumentos econômicos e administrativos que testemunhariam de seu funcionamento. Boa parte do dossiê do imposto no século VI se reduz na Francia aos testemunhos antifiscais transmitidos por Gregório de Tours num contexto de defesa dos direitos da Igreja. De acordo com Devroey, ainda havia registros e tentativas de cobrar imposto em certas cidades da Gália no final do século VI, mas as fontes se referem a eles apenas para assinalar a destruição dos livros e o assassinato dos coletores[285]. Não apenas. O bispo de Tours menciona os casos de vários personagens cujos bens teriam sido vertidos ao fisco após sua morte[286]. Pode-se citar igualmente o caso do rei Clotário, que impôs a todas as igrejas de seu reino a obrigação de entregar a terça parte de suas rendas ao fisco: "*O rei Clotário havia ordenado que todas as igrejas de seu reino vertessem um terço de seus frutos ao fisco*"[287]. Gregório de Tours não é o único autor que reconhece esse fenômeno: na crônica atribuída a Fredegário, também há menções a vítimas do fisco[288].

Poder-se-ia argumentar que essa distinção entre "fisco" e "tesouro pessoal do rei" era meramente semântica, e que havia, na prática, confusão entre ambos. Ora, nenhum trecho das **Histórias** ilustra melhor a existência de uma separação real entre "tesouro público" e "tesouro do rei" que o capítulo que trata do casamento da filha de Chilperico e de Fredegonda com um príncipe visigodo. De acordo com Gregório, diante da

[285] J.-P. Devroey, **Économie rurale et société dans l'Europe franque**, p. 236.

[286] **Histórias** III, 14: "*Quando ele foi assassinado, seus bens foram vertidos ao fisco*"; **Histórias** VI, 28: "*...em seguida, tendo feito penitência, sua alma se foi e seus bens foram vertidos ao fisco*"; **Histórias** IV, 13: "*...seus bens foram confiscados*".

[287] **Histórias** IV, 2.

[288] Fredegário, **Crônicas** IV, 21: "*No sétimo ano do reinado de Thierry, ele teve, de uma concubina, um filho, chamado Sigeberto, e o patrício Aegyla, sem se que possa lhe imputar nenhum erro, foi assassanado por instigação de Brunilda. A única razão para isso está no desejo cúpido de que o fisco se aproprie de sua fortuna*".

estupefação dos francos com a quantidade de tesouros que faziam parte do dote da princesa, a rainha Fredegonda teria tentado acalmá-los:

> "Não acreditem, guerreiros, que haja aqui alguma coisa dos tesouros dos reis precedentes. Tudo o que vês aqui foi tirado de minha propriedade, pois o gloriosíssimo rei deu-me muitos presentes e eu mesma acrescentei alguns bens com meu próprio trabalho. Eu também obtive muito com os tributos em dinheiro e *in natura* das *villae* que me foram concedidas. Vós me destes muito presentes, com os quais eu compus o que vós veis diante de vós, **pois nada há aqui dos tesouros públicos**" (grifo nosso)[289].

Em primeiro lugar, a reação negativa da multidão, descrita por Gregório de Tours, mostra que havia uma regra segundo a qual os príncipes não podiam utilizar o fisco como se se tratasse de sua possessão pessoal. A justificativa da rainha perante seus súditos constitui uma lembrança desse princípio de separação. Ela diz aos francos que os tesouros que compunham a dote da princesse não pertenciam ao tesouro público, e sim a seu tesouro pessoal. O bispo de Tours não teria mencionado essa ressalva se a confusão entre ambos os domínios fosse uma prática recorrente ou ainda um princípio estabelecido pela tradição e aceito por todos.

Isso não quer dizer que o período merovíngio não conhecesse a confusão entra os bens públicos e os bens pessoais dos reis. A proximidade geográfica –ambos os tesouros se encontravam no Palácio – provavelmente facilitou amálgamas. Da mesma maneira, funcionários corruptos confundiam os bens do fisco com os seus próprios bens. Gregório de Tours menciona, por exemplo, Celso, nomeado patrício por Gontrão:

> "Ele foi tomado em seguida por uma tal cobiça que freqüentemente tomava os bens das igrejas para confiscá-los em seu próprio proveito. Conta-se que tendo lido uma vez numa igreja o verso do profeta Isaías no qual esse diz:

289 **Histórias** VI, 45.

'Aflição a estes que unem as casas às casas e reúnem os campos aos campos, até os confins do país!', ele teria gritado: 'É incongruente; aflição a mim e ao meu filho!'"[290].

A descrição negativa de Gregório mostra uma vez mais que a confusão entre os bens pessoais e os bens públicos era uma anomalia que os clérigos não hesitaram em combater – especialmente quando as malversações diziam respeito aos bens eclesiásticos, diga-se de passagem. Uma prática difundida e legal na administração franca, ao menos no que se refere à administração local, previa que uma parte das impostos arrecadados fosse apropriada pelo funcionário responsável pela arrecadação, como forma de remuneração, enquanto uma outra parte ia para o fisco[291]. Apesar de uma confusão física entre o tesouro público e o tesouro do rei, e dos inúmeros casos de corrupção relatados nas **Histórias** de Gregório de Tours ou nas **Crônicas** atribuídas a Fredegário, havia na administração franca uma regra de separação entre ambos os domínios.

A abundância de exemplos de separação entre o tesouro público e o tesouro privado dos príncipes não significa que os historiadores que sustentam a tese da "realeza patrimonial" desconsideram ou alteram eventos voluntariamente para que suas conclusão sejam demonstradas. Simplesmente, a dimensão anedótica das narrações sobre os reis francos, por tudo o que elas mostram da "crueldade" e da "sede de poder" desses personagens, deixou em segundo plano o fato de que as derivas autoritárias ou as ambições pessoais não são necessariamente incompa-

---

[290] **Histórias** IV, 24.

[291] A mesma coisa ocorria no tocante às multas. J. Durliat lembra que pelo menos na Baviera, a pessoa encarregada pelo conde de exercer a justiça recebia um nono do valor total das multas a título de remuneração (***L. Bav.*** 2, 15, citada por J. Durliat, **Les finances publiques**, p. 120, n. 205). O restante ia em parte à pessoa lesada e em parte à realeza, no caso de julgamento entre particulares, ou em sua totalidade à realeza, no caso de desrespeito às obrigações públicas, notadamente militares (G. Waitz, **Deutsche Verfassungsgeschichte**, t. II, p. 290, citado por J. Durliat, **Les finances publiques**, p. 120).

tíveis com uma administração pública regida pelo princípio do interesse superior, distinto dos interesses pessoais daqueles que governam. A confusão entre o fisco e as possessões dos reis francos é essencialmente um mito do Romantismo cujo vigor ultrapassou em muito os limites do século XIX[292].

"Aequa lance": As partições territoriais do Regnum Francorum no século VI

As partilhas de que foi objeto o Reino dos Francos a partir da morte de Clóvis (511), são comumente apontadas como o melhor indício do caráter patrimonial da realeza franca: com a morte do rei, o reino seria dividido entre seus herdeiros como se fosse um bem pessoal do rei ou da família merovíngia[293]. Por outro lado, a demonstração de que as divisões territoriais do *Regnum Francorum* não eram orientadas por conveniências pessoais ou patrimoniais, e sim por uma lógica derivada

[292] Autores como H. Pirenne tinham sustentado que não havia confusão entre as finanças públicas e as finanças pessoais dos reis francos, mas suas idéias não obtiveram muita repercussão entre os historiadores. Para Pirenne, a conservação do imposto romano e do "tonlieu" era a fonte essencial do poder dos reis francos (H. Pirenne, "Liberté et propriété en Flandre du VIIe au XIe siècle", p. 522-523). Mais recentemente, a tese de Pirenne tem sido reavaliada por trabalhos que sustentam que o sistema fiscal erigido pelos romanos tinha sobrevivido às invasões e servia ainda às necessidades dos reis merovíngios [A bibliografia a esse respeito é numerosa. Há os trabalhos de J. Barbier, "Palais et fisc à l'époque carolingienne: Attigny", pp.132-162; da mesma autora, "Aspects du fisc en Neustrie (VIe-Xe siècles). Résultats d'une recherche en cours", pp. 129-142; de E. Magnou-Nortier, "La gestion publique en Neustrie: Les moyens et les hommes (VIIe-IXe siècles)", pp. 271-320; e "Les *Pagenses*, notables et fermiers du fisc durant le haut moyen age", pp. 237-256. Não se pode deixar de mencionar os trabalhos de W. Goffart ("Old and New in Merovingian taxation", pp.213-231).

[293] Em artigo recente, R. Le Jan afirma que a solução da partilha não significa que o reino era considerado como um bem "privado", mas que ele era o patrimônio da família merovíngia, por sua vez emanação do povo franco [R. Le Jan, "Le royaume des Francs de 481 à 888", pp.11-111; ver também, da mesma autora, **Les Mérovingiens**].

do interesse público, é o melhor e mais forte indício da permanência da noção de *utilitas publica* no edifício político franco.

> "Após a morte do rei Clovis, seus quatro filhos, isto é, Teuderico, Clodomir, Childeberto e Clotário, ampararam-se de seu reino e dividiram-no entre si mantendo um igual equilíbrio (*aequa lance*)"[294].

Esse trecho das **Histórias** relata a primeira partilha do *Regnum Francorum*. Os quatro filhos de Clóvis, Teuderico, Clodomir, Childeberto e Clotário, obtiveram, cada um, uma parte do reino. Conforme expressão utilizada pelo bispo de Tours, tratou-se de uma partilha "*aequa lance*", com "igual equilíbrio", ou com a "balança igual". A mesma expressão aparece novamente no relato de Gregório quando esse último descreve o assassinato dos filhos de Clodomir, morto durante a guerra contra os burgúndios. Após terem assassinato seus sobrinhos, Clotário e Childeberto teriam partilhado o reino de seu irmão: "*Eles então dividiram o reino de Clodomir entre si com igual equilíbrio* (aequa lance)"[295]. Vários historiadores interpretaram essas duas referências à eqüidade como a prova mais límpida do caráter patrimonial da realeza franca: os merovíngios teriam dividido o reino como se estivessem dividindo uma extensão de terras qualquer, em suma, um bem pessoal. O abade Le Beuf, por exemplo, viu no termo "*aequa lance*" a prova de que os territórios obtidos por cada príncipe se equivaliam do ponto de vista da extensão territorial[296]. Assim sendo, as partilhas levariam em conta apenas as conveniências pessoais dos herdeiros – a começar pelo seu número – em detrimento

---

[294] **Histórias** III, 1.

[295] **Histórias** III, 18. A ausência de menção a Teuderico sugere, à primeira vista, que ele não foi beneficiado pela partilha do reino de Clodomir.

[296] J. Le Beuf, **Dissertation dans laquelle on recherche depuis quel temps le nom de France a été en usage...**, pp. 84-85. Essa idéia é o ponto de partida da tese de Fustel de Coulanges, para quem o Reino dos Francos era um bem privado de seus soberanos, uma espécie de patrimônio que se transmitia segundo as regras ordinárias, podendo mesmo ser legado por testamento ou por simples declaração de vontade (N. D. Fustel de Coulanges, **La monarchie franque**, pp. 649-651).

de contingências geográficas ou políticas. Ora, o bispo de Tours, quando descreve a sucessão de Clotário, único rei dos francos entre 558 e 561, não emprega a expressão *aequa lance*. Segundo Gregório, após a morte de Clotário, seu filho Chilperico teria pretendido apoderar-se da maioria da herança paterna. Ele rapidamente teria tomado posse do tesouro real de Paris, prestigioso centro político do reino, onde Clóvis estava enterrado[297]. Os irmãos de Chilperico uniram-se contra ele e procederam então, acrescenta Gregório, a um partilha "*legitima*" do reino[298]. Sabe-se que não se tratou de uma partilha territorialmente equânime, pois Chilperico recebeu uma parte do reino inferior às de seus irmãos[299]. Isso

---

[297] A captura do tesouro real e da cidade de Paris por Chilperico se explica provavelmente pelo seu temor de ser excluído da sucessão real após a morte de Clotário. Contrariamente a Gontrão, a Sigeberto ou a Cariberto, ele não era fruto da união de Clotário com Igonda, mas com a irmã dessa última, Aregonda.

[298] **Histórias** IV, 22: "*Logo em seguida, ele entrou em Paris e ocupou a sede do rei Childeberto, mas não lhe foi permitido possuí-la durante muito tempo, pois seus irmãos se uniram e o expulsaram, e em seguida todos esses quatro, ou seja, Cariberto, Gontrão, Chilperico e Sigeberto, fizeram uma partilha legítima*".

[299] Ver A. Longnon, **Géographie de la Gaule au VIe siècle**, pp.115-152. Graças a fontes variadas, como as *Histórias* de Gregorio de Torres, as *Crônicas* de Fredegário ou as "Vidas de santos", é possível compreender melhor as partilhas merovíngias. Entretanto, a raridade das testemunhos torna difícil, e até mesmo impossível, a reconstituição dos contornos exatos das territórios atribuídos a cada príncipe franco durante as partilhas que ocorreram após 511. Convém também ser prudente sobre o testemunho das fontes. Trabalhos antigos, como os de A. Longnon, ou mais recentes, como os de E. Ewig ["Die fränkische Teilungen und Teilreiche (511-613)"], de M. Heinzelmann (**Gregor von Tours**) e I. Wood ("Gregory of Tours and Clovis", pp. 249-272), têm posto em evidência os enganos, voluntários ou não, contidos na narração do bispo de Tours. Ver **Grégoire de Tours et l'espace gaulois: actes du congrès international**. A maioria do imenso trabalho de reconstituição dos contornos territoriais das partilhas merovíngias foi empreendido por A. Longnon e atualizado algumas décadas mais tarde por E. Ewig. É em seus trabalhos que nos apoiaremos nas páginas seguintes para delinear os contornos geográficos de cada uma das partilhas. É possível que novas pesquisas venham a mostrar que uma ou outra *civitas* aqui citada não esteja corretamente localizada em cada um dos *regna*. Entretanto, o essencial nesse capítulo é identificar qual era ou quais eram as lógicas que presidiam as partilhas do *Regnum Francorum* durante o século VI.

poderia significar que ao preferir utilizar a expressão "*legitima*", ao invés de "*aequa lance*", Gregório estava consciente de que essa última somente seria aplicável no caso de uma partilha isonômica geograficamente, o que decididamente não era o caso da partilha de 561.

O primeiro argumento contra essa tese é que ao se observar um mapa da divisão territorial de 511, por exemplo, fica claro que não havia equilíbrio geográfico algum (ver mapa 1). Em extensão territorial, por exemplo, o *regnum* de Childeberto I era bem menor do que o de Teuderico. Por outro lado, a sucessão real entre os francos nem sempre beneficiou os filhos do príncipe. Segundo H.-W. Goetz, a "herança dos filhos" e a "herança dos irmãos" coexistiram como dois "sistemas" concorrentes sem que um predominasse sobre o outro, ainda que a sucessão dos irmãos fosse excepcional[300]. Assim, por volta de 523, quando o rumor da morte de Teuderico chegou à Auvérnia, foi ao meio-irmão desse ultimo, Childeberto, que os habitantes da cidade se submeteram, em detrimento do filho legítimo de Teuderico, o príncipe Teudeberto[301]. No entanto, a situação é bem mais complexa. As crônicas dos séculos VI e VII estão repletas de situações nas quais sequer entre todos os filhos do príncipe herdaram o reino. Entre os burgúndios, após a morte do rei Gondebaudo, em 516, seu filho Sigismundo é quem lhe sucedeu: o reino não foi partilhado entre esse último e seu irmão Godomar[302]. O terceiro livro das **Crônicas** atribuídas a Fredegário sugere que Sigismundo tornou-se rei pela vontade de seu pai, mas nada é dito a respeito

---

[300] H.-W. Goetz, "Coutume d'héritage et structures familiales au haut Moyen Age", In: F. Bougard, C. La Rocca, R. Le Jan (dir.), *Sauver son âme et se perpétuer. Transmission du patrimoine et mémoire au haut Moyen Âge*, pp. 203-237.

[301] **Histórias** III, 9: "*Enquanto Teuderico ainda estava na Turíngia, correu o rumor em Auvérnia (Clermont) que ele havia sido assassinado. Arcadius, um dos senadores auvérnios, convida então Childeberto a tomar a região*".

[302] **Histórias** III, 5: "*Após a morte de Gondobaldo, seu filho Sigismundo tomou posse de seu reino*".

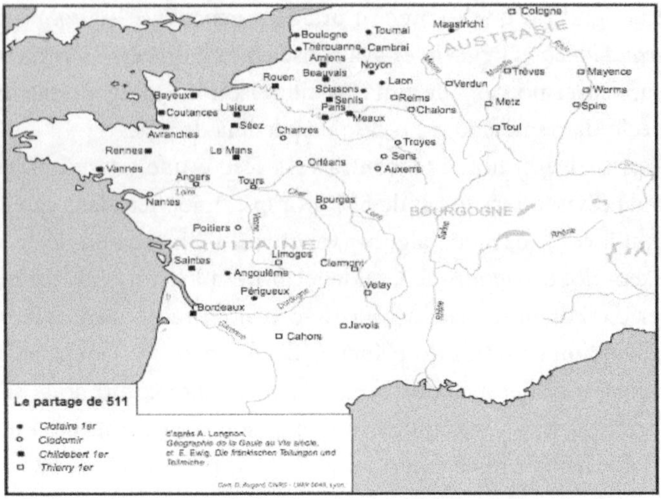

Mapa 1

de seu irmão[303]. É necessário, portanto, nuançar a fórmula citada por Gregório de Tours[304]: ainda que todas as crianças nascidas de reis fossem chamadas príncipes reais, o direito de suceder ao rei não era garantido automaticamente a todos os seus filhos. Nesse sentido, as partilhas não obedeciam pura e simplesmente às conveniências patrimoniais dos reis e de seus herdeiros.

Um terceiro argumento contra a tese patrimonial é que as regras que presidiam a divisão dos bens pessoais não orientavam a divisão do reino. Em seu título LIX, que trata da herança dos alódios, o ***Pactus***

---

[303] Fredegário, **Crônicas**, III, 33: "*Sigismundo, filho de Gondobaldo, foi elevado ao trono por ordem de seu pai próximo a Genebra, na vila de Carouge...*". Segundo K. Binding, Fredegário retirou essa informação da Crônica de Marius d'Avanches (**Das burgundisch-romanische Königreich**, vol. 1, p. 225, n.779).

[304] **Histórias** V, 20: "*... ele começou a falar várias coisas a respeito do rei e a dizer que os filhos desse último não podiam ocupar o reino, pois sua mãe pertencia à domesticidade do finado Magnacarius quando foi chamada para a cama do rei; ele ignorava que chamamos filho do rei aqueles que foram procriados por reis sem que tenhamos conta da família das mulheres*".

legis Salicae estabelecia que o direito à herança dos bens parentais cabia às crianças e, no caso onde essas não existissem, ao pai ou à mãe do defunto. Na ausência dos pais, a herança ia para os irmãos e as irmãs do defunto e, em seguida, para a tia materna e para a tia paterna[305]. O mesmo título LIX, entretanto, excluía as mulheres do direito à herança da terra[306]. Na prática, no entanto, como mostrou R. Le Jan, os alódios se transmitiam tanto aos homens quanto às mulheres. Os pais tinham a escolha de deixar a herança para suas filhas. No seio do casal, a esposa conservava o direito sobre seus bens, herdados ou adquiridos no momento do casamento[307]. De fato, a possibilidade para as mulheres de herdar o domínio fundiário estava prevista no Edito de Chilperico, um dos "Capitulários adicionais à Lei Sálica": o texto estabelecia que na ausência de um homem, as mulheres podiam herdar a terra[308]. O reino, por outro lado, ou era herdado por um dos filhos do rei, ou partilhado entre eles, mas em qualquer das duas hipóteses as mulheres eram excluídas. As regras de sucessão dinástica não previam o direito delas de herdar o reino; se, em algumas ocasiões, as rainhas exerceram influência nos assuntos políticos, elas o fizeram como regentes, e não como titulares do poder real[309]. Tomando como parâmetro a discrepância entre as re-

---

305 ***Pactus Legis Salicae***, LIX: *"Sobre terras alodiais. 1. Se um homem morrer e não deixar filhos, e se seu pai ou mãe sobreviverem a ele, a herança será deles. 2. Se não houver mãe nem pai, mas se ele deixou um irmão ou irmã, a herança será deles. 3. Se não houver nenhum deles, então a herança será da irmã da mãe. 4. Se não houver a irmã da mãe, então a irmã do pai receberá a herança. 5. Se não houver a irmã do pai, após essas gerações, aquele que for o mais próximo do pai receberá a herança"*.

306 *Idem*, 6: *"No que se refere à terra sálica, nenhuma parte pode ser herdada por uma mulher, todavia, toda a terra pertence aos do sexo masculino que são seus irmãos"*.

307 R. Le Jan, **Famille et pouvoir dans le monde franc**, pp.233-234.

308 ***Chilperici edictum***, 3, p.8: *"Da mesma maneira, foi decidido e ordenado que se todos os vizinhos têm filhos ou filhas que sobrevivem à sua morte, que disponham da terra todos os filhos que continuam vivos, segundo a Lei Sálica.* ***E se de repente os filhos morrerem, as filhas do mesmo modo recebem as terras, como se fossem os filhos que as tivessem****"* (grifo nosso).

309 Sobre as rainhas merovíngias, ver I. Wood ("Royal Women: Fredegund, Brunhild and Radegund", In: **The Merovingian Kingdoms**, pp. 120-139) e, mais recentemente, o trabalho de N. Pancer (**Sans peur et sans vergogne. De l'honneur et des femmes aux premiers temps mérovingiens**).

gras de sucessão alodial previstas pela Lei Sálica e as regras de sucessão dinástica vigentes no Reino dos Francos, pode-se afirmar, então, que a sucessão real não era ordenada pelas regras de sucessão alodial, mas possuía uma lógica que lhe era própria. Mas qual lógica?

Consciente dos limites da tese patrimonial, M. Rouche, em sua biografia de Clóvis, foi buscar na tradição germânica uma explicação para as partilhas. Segundo ele, a sucessão de 511 foi o resultado dos costumes matrilineares da antiga Germânia[310]. Da mesma maneira, a partilha dos territórios de Clodomir, em 524, seria uma combinação de dois costumes germânicos ancestrais: a *tanistry*, que concedia a herança do rei defunto aos seus irmãos e não aos seus filhos, e a sucessão matrilinear, que excluía do direito à herança Teuderico, por sua condição de meio-irmão do defunto[311]. É no relato de Gregório de Tours que M. Rouche se fundamenta para demonstrar a exclusão de Teuderico da herança de Clodomir[312]. M. Rouche afirma que a *tanistry* e a sucessão matrilinear foram as razões que motivaram Childeberto e Clotário a assassinarem seus sobrinhos e excluírem Teodorico da parttilha que se seguiu. Entretanto, há indícios de que Teuderico se beneficiou de uma parcela dos territórios de seu meio-irmão Clodomir. A partilha do *regnum* desse último trouxe para Teuderico pelo menos uma parte da *civitas* de Sens,

---

310 M. Rouche, **Clovis**, pp. 350-351: *"Clóvis pretendia que seus filhos lhe sucedessem, sem especificar mais do que isso. Se tivessem praticado a* tanistry *à maneira de Genserico, Teuderico, o filho primogênito, com vinte e um anos, teria sido o unico a receber o titulo de rei e deixar sucessivamente o poder a cada um de seus meio-irmãos, Clodomir, Childeberto e Clotario. Mas isso teria sido considerado como um injuria à Clotilde que relegar ao segundo plano as crianças do casamento oficial em proveito do filho de uma união anterior de nivel inferior. A* tanistry *foi assim simultânea (...) Para Teuderico, os coisas eram praticamente certas, em razão do direito da mãe (*Mutterecht*) (...) Esse retorno aos costumes germanicos matrilineares tinha vantagens se a sucessao voltava para o último irmão que reunificava tudo ».*

311 *Ibid.*, pp.360-361.

312 **Histórias** III, 18: *"Após essas mortes, Clotário, montando a cavalo, se foi sem se preocupar com o assassinato de seus sobrinhos... [Clotário e Childeberto] se dividiram o reino de Clodomir com igual equilíbrio entre eles".*

bem como as *civitates* de Auxerre e de Troyes. Uma carta escrita em 538 a Childeberto pelo bispo Leão de Sens mostra que a cidade episcopal desse prelado dependia de Teudeberto, filho e herdeiro de Teuderico, pois ele se refere ao primeiro como seu rei[313].

Se as partilhas do Reino dos Francos não eram o fruto de uma percepção patrimonial do espaço público, e tampouco de tradições da antiga Germânia, isso significa que elas seriam o fruto do puro acaso, do capricho dos príncipes francos, como sustenta A. Longnon? Em suas obras, **Géographie de la Gaule au VIe siècle** (publicada em 1878), e **Atlas historique de la France** (1907), Longnon refuta a idéia de uma lógica geográfica das partilhas. Para tanto, ele cita a descontinuidade territorial dos domínios herdados pelos filhos de Clóvis. A. Longnon observa que após a morte de Clóvis, os territórios da Gália que pertenciam aos francos antes de 507 foram divididos de maneira mais ou menos regular, ao passo que a Aquitânia, conquistada nessa data, foi "despedaçada" entre todos os herdeiros sem razão ou lógica aparentes. Em sua opinião, isso só poderia ter uma explicação: se cada um dos filhos de Clóvis quis se beneficiar de uma porção do território da Aquitânia, era por causa de suas "famosas vinhas"[314].

Não se pode aceitar a idéia de que as partilhas territoriais eram o fruto do acaso. Em primeiro lugar, é importante lembrar que as divisões repetidas não provocaram a implosão do Reino dos Francos em numerosas entidades políticas independentes. Houve até mesmo momentos em que o reino recuperou sua unidade política. Da chegada ao poder de Clóvis até a metade do século VIII, o *Regnum Francorum* foi em várias ocasiões governado por um só rei, e isso durante cerca de 72 anos. Mesmo levando-se em conta que a partir da segunda metade do século VI o poder dos prefeitos do palácio não cessou de aumentar, e que o

---

[313] ***Epistolae aevi merowingici collectae***, 3. Além disso, na Vida de Santo Phal, os historiadores encontraram indícios de que a *civitas* de Troyes pertencia ao *regnum* de Teudeberto [citado por A. Longnon, **Géographie de la Gaule au VIe siècle**, p. 98 e p. 105, n. 2].

[314] A. Longnon, **Géographie de la Gaule au VIe siècle**, p. 90.

particularismo regional era bastante forte, não se assistiu à formação de unidades políticas independentes a partir do Reino dos Francos. Além disso, é necessário lembrar que quando da morte de Clóvis, seu filho Teuderico herdou o território correspondente à antiga *Francia Rhinensis* (a futura Austrásia). Essa região, que havia sido incorporada ao Reino dos Francos poucos anos antes, manteve sua integridade territorial na partilha de 511 e nas partilhas seguintes. A partir dessas evidências, é difícil sustentar que as partilhas francas eram aleatórias, ou simplesmente o fruto do capricho dos príncipes.

Nos últimos anos, os historiadores tendem a enxergar nas partilhas do século VI o resultado de um arranjo político. Para E. Ewig, por exemplo, as partilhas – ou *Teilungen* – que ocorreram na Gália entre 511 e 714 constituiram um compromisso político dos reis francos sem nenhuma relação com o passado germânico[315]. I.N. Wood vê na partilha de 511 um arranjo político reunindo de um lado Clotilde e seus filhos, e de outro, Teuderico. Desse acordo teriam participado os bispos e os grandes do reino[316].

A influência dos bispos nas partilhas do *Regnum Francorum* é uma tese sedutora a priori. No entanto, há fortes indícios de que os resultados das mesmas trouxeram prejuízos à Igreja. Os cânones do concílio de Clermont, de 535, são acompanhados por uma carta na qual os bispos pedem ao rei Teudeberto que não permita que ninguém perca seus bens e suas possessões quando se encontra separado deles em virtude do partilha do reino[317]. Os bispos conciliares preocupavam-se em salvaguardar os bens eclesiásticos, ameaçados pelas constantes divisões do reino que nem sempre levavam em conta os limites das províncias eclesiásticas. Durante o Concílio de Clermont, os bispos ameaçaram de excomunhão

---

[315] E. Ewig, "Die fränkische Teilungen und Teilreiche (511-613)", pp.651-715. K. F. Werner, **Les origines : avant l'an mil**, pp. 358-361 ; P. Geary, **Naissance de la France. Le monde mérovingien**, pp. 117-118 ; S. Lebecq, **Les origines franques**, p. 63

[316] I. Wood, "Kings, Kingdom and Consent", pp. 6-29.

[317] Clermont (535), ***Epistola ad regem Theodebertum***.

aqueles que tomavam posse arbitrariamente dos bens e dos recursos da Igreja, qualificados de *necatores pauperum* ("assassinos dos pobres")[318]. O décimo-quarto cânone é uma advertência dirigida aos bispos e clérigos de todos os níveis que poderiam aproveitar da partição territorial para apropriar-se daquilo que pertencia à Igreja[319]. Pode-se notar, através do IV Concílio de Orleans (549), a amplitude que assumiu o seqüestro e o confisco de bens da Igreja pelos reis e por outros membros da aristocracia laica. O mesmo tema reaparece no primeiro concílio ocorrido em Paris após a morte de Clotário. Os cânones desse concílio mencionam as ameaças constantes à integridade do patrimônio eclesiástico, bem como as intervenções reais em matéria de disciplina e de organização da Igreja[320]. Face àqueles que justificavam a apropriação dos bens eclesiásticos em função das partilhas do reino, os bispos, em duas ocasiões – em Paris, por volta de 562, e em Tours, em 567 – opuseram o argumento da universalidade da força do Cristo. Os termos usados pelos bispos em Paris III para qualificar a situação da Igreja, associando os ladrões de bens eclesiásticos a "assassinos dos pobres", eram de uma gravidade inédita: esses homens agiriam sob a cobertura das partilhas e das liberalidades reais[321]. As críticas constantes às implicações das partilhas na legislação conciliar ao longo do século VI mostram que é necessário nuançar o papel do episcopado nos acordos sobre os limites e as fronteiras dos diversos *regna*. Ainda que os bispos tenham eventualmente participado de sua organização, como em 511, ou, como veremos mais adiante, em Andelot, em 587, as partilhas do século VI foram especialmente favoráveis aos poderes reais, sem que fossem levados em conta os interesses da Igreja. Não se pode supor, portanto, que a lógica dessas partilhas fosse inspirada pela Igreja e pela hierarquia eclesiástica.

F. Cardot também contribuiu para o desenvolvimento de uma nova interpretação das partilhas. Ela acredita que na sucessão dos príncipes

---

318 Orléans V (549), c. 13.

319 *Ibid.*, c. 14.

320 Paris III (v. 561-562), c. 1; Tours II (567), c. 26.

321 Paris III (v. 561-562), c. 1.

merovíngios predominava uma lógica territorial, isto é, as peculiaridades regionais eram muito mais importantes que o número de herdeiros. Contudo, essa lógica somente teria triunfado a partir do final do século VI, quando "... *à memória do poder de um homem se substitui a consciência de um* regnum *sem rei*"[322]. A partir do século VII é que as partes do Reino dos Francos oriundas das compartilhas se converteram em entidades perenes tendo uma personalidade própria, expressa por uma aristocracia representante dos interesses regionais. É bem verdade que é nesse momento que o Pseudo-Fredegário menciona pela primeira vez o termo Neustria (*Neptrico*, *Neuster*) para designar a região compreendida entre o Rio Loire, o Canal da Mancha e a região da Champagne. O termo Austrásia é um pouco anterior, e aparece pela primeira vez nas **Histórias**, de Gregório de Tours, no final do século VI, quando esse último narra os conflitos entre Sigeberto I e Chilperico. Além do mais, F. Cardot tem razão quando afirma que Teudeberto I, em sua carta a Justiniano, recorre a termos geográficos apenas como um exercício retórico destinado a impressionar o imperador do Oriente[323]. Evidentemente, não se pode ignorar que havia uma dimensão pessoal no exercício da autoridade política entre os francos: a geografia das partilhas levava em conta também o número de príncipes herdeiros[324]. Como sublinha I. Wood, uma das preocupações da partilha de 511 pode ter sido a de evitar que Teuderico, filho de uma primeira esposa de Clóvis, fosse o seu único herdeiro, em detrimento dos filhos de Clotilde[325]. Todavia, isso não quer dizer que não houvesse nenhuma percepção política do espaço no *Regnum Francorum* no século VI.

A implementação das partilhas territoriais no século VI também levou em conta as contingências territoriais, e especialmente políticas: a afirmação de uma lógica territorial ou política em detrimento de uma razão puramente dinástica não parece ser um fenômeno tão tardio como

---

322 F. Cardot, **L'espace et le pouvoir. Etudes sur l'Austrasie mérovingienne**, p. 129.

323 ***Epistolae Austrasicae***, III, 20.

324 E. Ewig, "Die fränkische Teilungen und Teilreiche (511-613)", pp.651-715.

325 I.N. Wood, "Kings, kingdoms and consent", pp.6-29.

acredita F. Cardot. Essa lógica já estava presente quando os filhos de Clóvis obtiveram, cada um, uma parte do *Regnum Francorum*, em 511. O melhor exemplo, nesse sentido, é a herança de Teuderico: como foi dito anteriormente, os territórios que ele passou a governar correspondiam, grosso modo, ao antigo Reino de Colônia, cujos "grandes" tinham reconhecido o poder de Clóvis em 507. Além disso, o nome Teuderico (*Theudericus*) evoca o nome de dois reis renanos do século IV: Teudebaldo (*Theudebaldus*) e Ricimero (*Ricimerus*). Os descendentes diretos de Teuderico continuaram a reinar durante vários anos, e mesmo após a morte de Teudebaldo, em 555, o rei Clotário se assegurou de que o filho que lhe sucederia na Austrásia possuísse o mesmo nome de um antigo rei de Colônia, Sigeberto[326]. Com exceção dos três anos durante os quais Clotário I governou sozinho o *Regnum Francorum*, e durante os primeiros anos em que Clotário II ocupou a mesma função, a *Francia Rhinensis* teve, até o fim do século VII, seus próprios reis cujos nomes evocavam os antigos reis de Colônia[327].

Mesmo a criação de enclaves, que à primeira vista parece ser a prova do caráter irracional das partilhas territoriais, é o fruto de um acordo político. Os enclaves eram visivelmente uma solução que visava favorecer a coesão entre os *regna*. Para atingir a eficiência administrativa de seus reinos respectivos, bem como para conduzir das campanhas contra um inimigo externo, ou para estabelecer uma defesa efetiva contra tais ameaças, os herdeiros de Clovis eram obrigados a buscar entendimento. Na partilha de 511, a proximidade territorial das capitais escolhidas - Paris, Reims, Soissons e Orleans, a partição do reino em dois blocos, ao sul e ao norte do rio Loire, a presença de enclaves territoriais, assim como a escolha de Paris como capital comum, mostram que havia entre os francos uma política de união, e mais do que isso, o sentimento da preservação da integridade do *Regnum Francorum*.

---

[326] K. F. Werner, **Les origines avant l'an Mil**, p. 360.

[327] Teuderico I (511-533), Teudeberto I (534-547), Teudebaldo (547-555), Sigeberto I (561-575), Childeberto II (575-592), Theudeberto II (595-613), Dagoberto I (623-629), Sigeberto III (c. 633-656), Dagoberto II (656-v. 660), Childeberto, o Adotado (656/61-662), Childerico II (662-675) e Dagoberto II (676-679).

A idéia do acaso para explicar as partições francas deve ser descartada: é difícil acreditar que divisões aleatórias tenham evitado por si só a fragmentação completa e irreversível do reino e, mais ainda, que o simples acaso explique a preservação da integridade territorial da Austrásia (*Francia Rhinensis*) e da Burgúndia. Mesmo se dermos razão a I. Wood e a E. Ewig sobre o papel dos acordos políticos na realização das partilhas, cabe ainda perguntar quais eram os critérios que conduziam esses arranjos. O respeito às particularidades regionais não deve ter sido o único deles, pois a Aquitânia, por exemplo, conquistada aos visigodos em 507, foi dividida após a morte de Clóvis entre Clodomir, Clotário e Teuderico. Em 561, ocorreu nova dispersão territorial: Chilperico, Cariberto e Sigeberto receberam porções do território ao sul do rio Loire (ver Mapa 2). Novamente, a integridade daquela região não foi respeitada, ao contrário do que ocorreu com a *Francia Rhinensis* e com a Burgúndia. Essa discrepância no tratamento dado à Aquitânia por um lado, e às demais regiões por outro, significa que os arranjos políticos nas partilhas não contemplavam apenas os particularismos regionais. Deve-se buscar então uma outra explicação para a partilha da Aquitânia entre os príncipes francos.

Mapa 2

Até o presente momento, as inúmeras interpretações sobre as partilhas do Reino dos Francos não deram importância suficiente às *civitates*. E, portanto, elas ocupavam lugar de destaque no edifício político franco. A *civitas* era, pelo menos durante o século VI, a unidade fiscal fundamental do Reino dos Francos[328]. Essa situação somente se modificou durante o século VII, quando o *pagus* tornou-se a unidade territorial fundamental. O número de circunscrições na Gália passou assim de uma centena no final do século V, para cerca de 600 ou 700 unidades no século VII[329]. Nas **Histórias**, de Gregório de Tours, cada parte oriunda das partilhas era definida não apenas pela pessoa do rei, mas também por suas capitais:

> "A sorte deu a Cariberto o reino de Childeberto com a sede em Paris; a Gontrão, o reino de Clodomir que tem por sede Orléans; a Chilperico o reino de seu pai Clotário com Soissons por capital; a Sigeberto o reino de Teuderico com a capital em Reims"[330].

---

[328] J. Durliat, **Les finances publiques de Dioclétien aux Carolingiens (284-889)**, p. 100; do mesmo autor, "Les attributions civiles des évêques mérovingiens: l'exemple de Didier, évêque de Cahors (630-655)", pp. 67-77; H.H. Anton por exemplo, vê em Trier o exemplo de uma cidade que permanece até o século VIII uma parte essencial do dispositivo fiscal franco ("Verfassungsgeschichtliche Kontinuität und Wandlungen von der Spätantike zum hohen Mittelalter: das Beispiel Trier", pp. 1-25, cité par J. Durliat, **Les finances publiques**, p. 100, n. 21); ver também, E. Magnou-Nortier, "Du royaume des *civitates* au royaume des *honores*", p. 324.

[329] K. F. Werner, "Missus-Marchio-Comes. Entre l'administration centrale et l'administration locale", pp. 191-239, especialmente p. 191.

[330] **Histórias** IV, 22. Ver, a esse respeito, A. Dierkens, P. Périn, "Les *sedes regiae* mérovingiennes entre Seine et Rhin", pp. 267-304. Sobre a noção de fronteiras no Ocidente durante a Antiguidade Tardia e a Alta Idade Média, ver H.-W. Goetz, "Concepts of realm and frontiers from late Antiquity to the Early Middle Ages", In: W. Pohl, I. Wood, H. Reimitz (ed.), **The Transformation of Frontiers. From Late Antiquity to the Carolingians**, pp. 73-82; e também, D. Harrison, "Invisible boundaries and places of power : Notions of liminarity and Centrality in the early Middle Ages", pp. 83-93.

As ***Formulae*** de Marculfo e as **Histórias**, de Gregório de Tours, mencionam que quando os francos e os romanos eram convocados para jurar fidelidade a um novo rei sobre as relíquias, era em cada *civitas* que essa cerimônia ocorria[331]. Além disso, uma parte considerável do exército franco se achava em serviço junto ao rei, pronta para ser rapidamente convocada para a luta em caso de necessidade imediata, mas outra parte, uma espécie de exército de reserva, se reunia, sob ordem real, em cada uma das *civitates*. Os próprios soldados eram identificados em função de suas cidades de origem[332].

É possível então afirmar que havia isonomia numérica das *civitates* que cabiam a cada um dos príncipes no momento das partilhas? A reconstituição de cada um dos *regna* é uma tarefa bastante difícil. Como bem notou A. Lognon, Gregório de Tours não se preocupou em definir claramente a composição ou os limites territoriais das heranças de cada um dos príncipes merovíngios. Ainda assim, uma tal reconstituição é possível. Tome-se como exemplo a partição de 511, que Gregório qualifica como *aequa lance*: Clotário I obteve ao norte do rio Loire, Soissons, Noyon, Tournai, Maastrich, Boulogne, Thérouanne, Laon, Arras e Vermond; Teuderico recebeu, ao norte do rio Loire, Reims, Cologne, Zulpich, Trèves, Metz, Verdun e Chalons-sur-Marne, e na Aquitânia, Cahors, Childeberto herdou Rouen, Amiens, Beauvais, Meaux, Evreux, Séez, Lisieux, Bayuex, Coutances, Avrenches, Le Mans, Rennes, Vannes, Quimper. O reino de Clodomir, o único a possuir um território contí-

---

[331] ***Formulae Marculfi***, I, 40; ver também, **Histórias** VII, 26 e 33; **Histórias**, IX, 30.

[332] **Histórias** VI, 31. A imagem tradicional que a historiografia construiu do exercito da época merovíngia é a de um bando armado vivendo da pilhagem e da exploração das populações civis. "Reis privados", os merovíngios teriam sido sustentados por milícias de mercenários, pouco respeitosas de seus habitantes e de suas possessões, e que eram arregimentadas freqüentemente no exterior da Gália. O exército franco não possuía uma estrutura tão rudimentar assim. Seus soldados eram pagos pelas rendas fiscais, com uma soma fixada por lei, variável para cada homem em função de seu grau (J. Durliat, **Les finances publiques, p. 127; ver também, B.S. Bachrach, Merovingian Military Organisation**, p. 123).

nuo dos dois lados do rio Loire, era constituído por cerca de nove *civitates*: Sens, Auxerre, Bourges, Orléans, Chartres, Tours, Angers, Nantes e Poitiers. Essa recapitulação mostra que não havia isonomia quantitativa entre as *civitates* que couberam a cada um dos herdeiros.

A segunda partição onde aparece o termo *aequa lance* é a que ocorreu após a morte de Clodomir, em 524: Sens, Auxerre, Troyes, e talvez Bourges, foram incorporadas ao reino de Teuderico, o que criou uma continuidade territorial entre as possessões desse último na Auvérnia e na *Francia Rhinenses*; Childeberto obteve as *civitates* de Orléans e de Chartres; Clotário incorporou ao seu reino Tours e de Poitiers. Teuderico recebeu, portanto, o dobro das *civitates* obtidas por cada um de seus meio-irmãos. O significado do termo *aequa lance* não pode ser, portanto, quantitativo, nem do ponto de vista da extensão territorial dos *regna*, tampouco do ponto de vista do número de *civitates*. Nesse caso, podemos pensar qualitativamente na importância militar, estratégica, fiscal ou política de cada uma das *civitates*.

No livro V das **Histórias**, Gregório menciona a reação da rainha Fredegonda diante de uma grave epidemia que atingiu seus dois filhos; dirigindo-se ao rei Chilperico, ela teria dito:

> "'Há muito tempo, a misericórdia divina nos sustenta, nós que somos agentes do mal; pois muitas vezes febres e outros males nos puniram, e não nos corrigimos. Eis que agora perdemos nossos filhos; eis que as lágrimas e as lamentações dos pobres e os suspiros dos órfãos os matam, e não nos restam mais esperanças de acumularmos bens para alguém. Entesouramos sem saber para quem acumulamos. Eis que tesouros permanecem provados de possuidor, cheios de rapinas e de maldições! Nossos depósitos não abundam de vinho? Nossos celeiros não estão repletos de frumento? Nossos tesouros não estão repletos de ouro, prata, pedras preciosas, colares e outras jóias imperiais? Eis que perdemos o que temos de mais belo! Agora venha, por favor; incendiemos todos esses livros de impostos iníquos e que nosso fisco se contente com aquilo que era suficiente ao pai e rei Clotário'. Após dizer isso, a rainha, batendo os punhos em seu peito, ordenou que mostrassem os livros que haviam sido trazidos das cidades por Marcos, e tendo-os lançado ao fogo,

> virou-se para o rei e disse: Que esperas? Faça o que tu me vês fazer, para que se perdermos nossos filhos pelo menos escapemos à pena eterna'. Então o rei, o coração grave, lançou ao fogo todos os livros de imposições e quando eles foram queimados enviou pessoas para proibir novas imposições"[333].

Fica claro através do trecho acima que os registros fiscais eram estabelecidos em cada uma das *civitates*. O rei conhecia o total de suas rendas fiscais somando as rendas registradas em cada uma de suas cidades. A equidade sugerida pela expressão de Gregório de Tours, *aequa lance* pode não ter, portanto, a conotação de uma divisão simétrica do território do *Regnum Francorum*, tampouco do número de *civitates*. *Aequa lance* pode traduzir uma divisão aproximativa das rendas fiscais obtidas por cada herdeiro a partir das cidades que lhe eram confiadas no momento das partições. Gregório de Tours menciona a revisão do imposto fundiário no Poitou por ordem de Childeberto II. Esse último teria ordenado que seus coletores fossem a Poitiers para que o imposto devido pelos habitantes fosse pago somente após um recenseamento. Depois de ter restabelecido a justiça da imposição em Poitiers, eles teriam ido a Tours, para exigir da população o pagamento do imposto devido de acordo com um registro que eles tinham em mãos. Gregório, então bispo de Tours, retorquiu afirmando que Clotário I havia mandado queimar o exemplar do cadastro fiscal da cidade, isentando assim a população da cidade[334]. Os agentes reais lhe apresentaram então o referido registro, mas o bispo replicou afirmando que se tratava de um exemplar conservado por um dos notáveis de Tours, e não um documento oriundo do tesouro público, o que um milagre terminaria por demonstrar[335]. A disputa em torno da *civitas* de Marselha é um dos melhores exemplos da importância fiscal dessas unidades territoriais e

---

[333] **Histórias** V, 34.

[334] **Histórias** IX, 30.

[335] *Ibid.*

administrativas. Childeberto II, após ter feito a paz com seu tio Chilperico, enviou embaixadores ao rei Gontrão para obrigá-lo a devolver-lhe a metade da *civitas* de Marselha, que ele havia concedido a esse último quando da morte de Sigeberto I. Entretanto, o conflito entre os dois se prolongou, e somente no final de 583 é que Gontrão teria devolvido a Childeberto II a metade de Marselha[336]. A importância da cidade deve-se, sobretudo, ao fato dela ser o principal porto do Mediterrâneo ocidental, e sua pujança se manifestou pelo menos até a segunda metade do século VI. O volume de mercadorias trazido do Oriente era considerável (especiarias, sedas, papiros e azeite de oliva), o que significava para o poder real uma renda fiscal considerável. Quando da divisão da cidade entre Childeberto II e Gontrão, o austrasiano Dinamus dirigiu Marselha em nome dos dois reis[337]. Isso mostra que não houve necessariamente uma divisão política da cidade, mas, o que é bem mais provável, uma divisão das rendas fiscais.

Fundadas no valor fiscal das *civitates*, as partilhas obedeciam a imperativos de ordem política e administrativa, isto é, às necessidades materiais de cada príncipe herdeiro de criar e de manter estruturas de governo em cada um de seus territórios. É importante, contudo, sublinhar que as considerações fiscais não eram as únicas a prevalecer durante as partilhas territoriais francas. As suscetibilidades regionais constituíram algumas vezes um fator determinante, como no caso do respeito à integridade territorial do antigo reino de Colônia. É também possível que Clóvis tenha sido guiado em sua sucessão pelo princípio da *Imitatio Imperii*, pois o direito de todos os herdeiros homens de suceder ao seu pai se desenvolveu no Império a partir do século III. Na Espanha visigótica, por exemplo, o rei Leovigildo, seguindo o modelo constantiniano, associou à realeza seus dois filhos, Recaredo e Hermenegildo[338]. Outras

---

[336] **Histórias** VI, 33.

[337] **Histórias** VI, 11.

[338] Ver A. Isla Frez, "Las relaciones entre el reino visigodo y los reyes merovingios a finales del siglo VI", pp.11-32.

razões também podem ser evocadas para explicar a decisão de Clóvis de outorgar a cada um de seus filhos uma parte do reino. Havia, por um lado, as proezas militares de Teuderico, que devem ter conferido uma aura de prestígio. Além disso, pode-se pensar nas pressões da rainha Clotilde, para quem a exclusão de seus filhos da herança paterna teria sido uma afronta[339]. Todavia, esses são fatores meramente conjunturais, e podem explicar as circunstancias de uma determinada partilha, como a de 511, mas são insuficientes para se compreender o fenômeno em

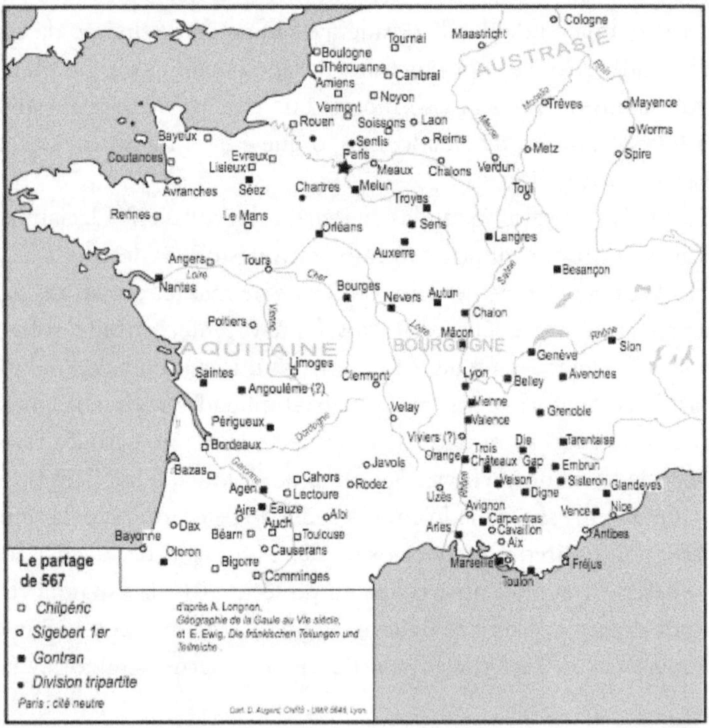

Mapa 3

---

[339] I.N. Wood, "Kings, kingdoms and consent", pp.6-29.

sua continuidade e em sua complexidade, em 561, em 567 ou em 587. A unidade perene do *Regnum Francorum* resultou do fato de que essas partilhas constituíram um arranjo estrutural, de natureza política, e cujo objetivo era o de constituir uma autoridade pública eficaz.

A lógica territorial que se esboça a partir da partilha de 511 – e cujos indícios eram ainda mais fortes nas partilhas de 561 e de 567 – tinha por fundamento uma preocupação de equilíbrio fiscal. Cada um dos reis procurava a se dotar de meios próprios para assegurar sua autoridade sobre as populações dos territórios por eles governados. Tratava-se de dotar a autoridade real, em todas as partes do Reino dos Francos, dos meios de ação permitindo sustentar a administração civil, bem como o exército. Essa solução, longe de ter provocado a fragmentação do Reino dos Francos, contribuiu para a manutenção de sua unidade, inclusive durante o período das guerras civis, quando as rivalidades entre os reis francos alcançaram seu ponto culminante. Qualquer que tenha sido a responsabilidade das partilhas na eclosão das guerras civis que opuseram os reis francos do início da segunda metade do século VI até o ano de 613, não se pode negar a lógica e a eficácia dos princípios consagrados pela partição de 511. Concebidas como um recurso de estabilidade para o mundo franco, os arranjos territoriais fundados nas rendas fiscais das cidades cumpriram seu papel na primeira metade do século VI. O estabelecimento de enclaves, que criou efetivamente uma situação de interdependência, deveria garantir a cooperação dentro do mundo franco. Da mesma forma, a excentricidade das capitais na partilha de 567 tinha sido compensada pela criação de um "condomínio" compreendendo as cidades de Paris, Senlis e Ressons-sur-Matz, que estavam submetidas à autoridade dos três reis. Embora tudo isso não tenha garantido uma harmonia total entra os príncipes francos, nenhum conflito generalizado ocorreu até morte de Clotário I. Ainda que se constate o fracasso dessa fórmula em 567, não se pode negar que ela perseguia então o estabelecimento de um equilíbrio político, mais ainda que em 561. Por mais paradoxal que isso possa parecer, as partilhas não eram um elemento de divisão, mas de união. Entretanto, os arranjos territoriais eram incapazes de promover a estabilidade política de um reino onde os projetos políticos dos reis tinham se tornado mais e mais concorrentes e onde a personalidade política dos *regna* tinha se consideravelmente afirmado ao longo do século VI. As partilhas francas, pelo menos durante o século VI, foram orientadas por uma "razão de Estado" que não se reduzia aos interesses privados do rei ou de um ou outro membro das elites galo-francas.

E. Ewig e K.F. Werner vêem desde o século VI uma progressiva autonomização de cada um dos *regna*, de modo que a unidade do *Regnum Francorum* não seria mais que uma ficção no começo do século VII. Após a morte de Clotário II, e durante as décadas seguintes, ter-se-ia assistido à consolidação de três grandes blocos territoriais: a Neustria, a Austrásia e a Burgúndia. Realmente, é a partir do início do século VII que a associação nominal entre os *regna* e os príncipes que as governavam começou a cair em desuso. O reino de Sigeberto I foi chamado de Austrásia, o de Gontrão retomou o nome de Burgúndia. Um pouco mais tarde, por volta da metade do século VII, os territórios do noroeste da Gália, onde tinha reinado Chilperico, receberam a designação de Neustria[340]. Entretanto, nenhum dos príncipes que reinaram na Burgúndia, na Neustria ou na Austrásia, todos membros da mesma família até 751, utilizou os títulos respectivos de *rex Burgundiae* ou *rex Neustriae*. Cada um deles era chamado *rex francorum*. A consciência da unidade do reino aparece também nas fontes da época. *Regnum Francorum*, ou *Francia*, continuaram a ser os termos tradicionalmente utilizados por cronistas dos séculos VII e VIII para designar a Gália[341]. A lógica fiscal das parti-

---

340 As regiões do norte do rio Loire permaneciam o centro de gravidade do *Regnum Francorum*, o que correspondia aproxmadamente ao antigo "Reino de Syagrius". Na ausência de uma denominação mais precisa até a metade do século VII, essas regiões são denominadas como o "Reino de Soissons". A denominação "Neustria" aparece pela primeira vez na ***Vita Columbani***, escrita por volta de 643 por Jonas de Bobbio (I, 24).

341 **Histórias** IV, 9: *"Foi sob o reinado de Teodeberto que Buccelenus, que havia anexado toda a Itália ao Reino dos Francos, foi assassinado por Narses"*; **Histórias** V, *prólogo*: *"É difícil para mim lembrar as vicissitudes das guerras civis que enfraquecem bastante a nação e o Reino dos Francos"*; **Histórias** VI, 24: *"O duque Gontrão, tendo prendido o bispo Teodoro, o lançou na prisão por*

lhas foi duramente colocada à prova pelos antagonismos que opuseram, especialmente entre 561 e 613, os membros da dinastia merovíngia, e pela emergência de três grandes entidades políticas dentro do reino, a Neustria, o Austrásia e a Burgúndia. A partir do princípio do século VII, assistiu-se a um aumento em importância do particularismo regional e dos particularismos eclesiásticos no dispositivo das partilhas. A política dos reis merovíngios até o final do século VI foi caracterizada por uma centralização e por uma autonomia face ao episcopado que seus sucessores abandonaram progressivamente.

Utilitas publica

Mais importante que a perenidade de algumas construções institucionais ou de títulos romanos, o que constitui a originalidade maior do século VI na Gália franca é a sobrevivência de uma idéia segundo a qual o objetivo central do governo não estava na satisfação dos interesses pessoais dos príncipes, mas na realização do "interesse público". O melhor indicio, nesse sentido, são as partilhas do *Regnum Francorum* no século VI. Essas partilhas conciliavam três princípios distintos, a unidade geral do reino, os particularismos regionais e a viabilidade política e administrativa de cada domínio. A criação de enclaves, bem como a existência de uma capital comum, são os melhores indícios de que as partilhas não perdiam de vista a integridade territorial, além de fornecerem ao Reino dos Francos a coesão de que ele necessitava

---

essa razão; ele lhe acusava de ter introduzido um homem estrangeiro nas Gálias e ter pretendido por esse meio submeter o Reino dos Francos à dominação imperial"; **Histórias** VII, 27: "*...que nenhum estrangeiro ouse violar o Reino dos Francos*"; Fredegário **Crônicas** IV, 42: "*Firmou-se a unidade do Reino dos Francos como havia sido o caso quando Clotário I dominava*"; Fredegário, **Crônicas** IV, 45: "*Por essa época também, como está escrito anteriormente, eles [os lombardos] fizeram irrupção no Reino dos Francos*".

para fazer face às ameaças exteriores. As partilhas também respeitaram a integridade territorial das regiões conquistadas pelos francos sob Clóvis e seus sucessores. Os sentimentos autonomistas da aristocracia do antigo Reino de Colônia – que mais tarde iria se tornar a Austrásia – foram igualmente levados em consideração. É provável que razões estratégicas tenham forçado os merovíngios a manter a unidade política e administrativa dessa região de fronteira. Finalmente, o reino era partilhado entre os herdeiros de maneira a conceder a cada um deles um número de *civitates* que forneciam um volume de impostos mais ou menos equivalentes. Esse sistema, durante a maior parte do século VI, esteve em contradição com uma lógica paralela de organização do espaço franco, a lógica do episcopado. As fronteiras das partilhas nem sempre coincidiam com os limites das províncias eclesiásticas, o que ocasionava prejuízos aos bens da Igreja, sujeitos também às divisões. A transmissão do *regnum* de pai para filho não se fazia conforme uma lógica do "direito privado", mas segundo um outro imperativo, o da viabilidade do exercício da autoridade pública em cada uma das partes do *Regnum Francorum*. Esse imperativo se chocou com a lógica eclesiástica das partilhas, como mostram os conflitos constantes entre os reis e os bispos a respeito dos bens das igrejas.

A distinção e mesmo a oposição entra a lógica "eclesiástica" e a lógica "real" das partilhas é o melhor indício de que havia uma espécie de *ratio* política entre os merovíngios. Como designar esse princípio que colocava, durante a maior parte do século VI, os interesses da realeza acima dos interesses pessoais dos reis e do episcopado? A expressão do vocabulário merovíngio que melhor traduz essa lógica própria à monarquia franca é *utilitas publica*. Ela pode ser traduzida por "interesse público", ou seja, aquele encarnado pelo Estado. A idéia segundo a qual o objetivo da autoridade pública é promover o interesse da coletividade é tão antiga quanto a própria política, e foi expressa claramente pela primeira vez na Grécia antiga. Entretanto, é em Roma que ela encontrou terreno fértil ao seu desenvolvimento e foi lá também que sofreu as mais profundas alterações. A *utilitas publica* tornou-se um dos componentes essenciais da vida política romana[342]. Dotada de um sentido bastante amplo, essa expressão designava a *utilitas civium*, o *hominium communis*, isto é, o interesse do conjunto dos cidadãos, mas também a utilidade do Estado – entendido como uma entidade autônoma com suas necessidades, senão seus fins, próprios. Os autores romanos durante o período republicano, notadamente Cícero, tinham privilegiado em sua definição de *res publica* as obrigações dos governantes para com os governados. O reforço do poder imperial entre os Severos, sem precedentes na historia romana, marcou uma evolução importante da noção de *utilitas publica*, doravante identificada como uma espécie de razão de Estado que eclipsou a noção de *utilitas communis*[343].

No **Código Teodosiano** (século IV), por exemplo, a palavra *utilitas* aparece em 69 ocasiões, das quais 31 sob a forma de *utilitas publica*. No *Codex Iustinianus* (século VI), de um total de 83 menções de *utilitas*, 32 dizem respeito à *utilitas publica*, e somente 6 mencionam a *utilitas communis*[344]. A *utilitas publica* aparece nas constituições tardo-romanas como sinônimo de defesa da integridade do Império[345]. Essa mutação semântica se insere no contexto do fortalecimento da autoridade imperial, na qual o Estado era identificado aos serviços públicos e à vontade do soberano, muito mais do que à comunidade de cidadãos. O advento do Império Cristão transformou mais uma vez o conteúdo da *utilitas publica*. No **Código Justiniano**, a *utilitas publica* aparece associada à idéia de uma missão e de uma responsabilidade confiadas por Deus aos governantes. Na ótica desta "teologia política", Deus teria confiado os sú-

---

[342] No que se refere à noção de *utilitas publica* na época romana, ver M. Steinwenter, "*Utilitas publica, utilitas singulorum*", pp. 84-102; J. Gaudemet, "*Utilitas publica*", pp. 465-499; há também o livro mais recente de P. Hibst, onde o autor estuda as formas medievais da noção de *utilitas publica* (***Utilitas Publica*** **- Gemeiner Nutz –Gemeinwohl. Untersuchungen zur Idee eines politischen Leitbegriffes von der Antike bis zum späten Mittelalter**, pp.1-6, pp. 142-160).

[343] J. Gaudemet, "*Utilitas publica*", p. 465.

[344] *Ibid.*, p. 480.

[345] M. Steinwenter, "*Utilitas publica, utilitas singulorum*", pp. 84-102.

ditos ao imperador para que este último velasse pelos seus interesses[346]. A oposição entre essas duas formas de *utilitas* – uma primeira centrada na preservação das instituições e uma segunda focada no corpo social – não se restringe apenas à época romana, é possível encontrá-la também na história política do *Regnum Francorum*, como veremos a seguir.

Na obra de Gregório de Tours, a utilização da palavra *utilitas* sugere, à primeira vista, uma confusão entre a pessoa do rei e a realeza. O bispo de Tours descreve o conflito entre o duque dos bretões, Weroc, e o rei Gontrão:

> "Mas, quando (Weroc) veio encontrar Ebracharius, implorou a paz, entregou reféns assim que numerosos presentes e prometendo não contrariar jamais os interesses do rei Gontrão (*contra **utilitatem** Guntchramni regis esse venturum*)" (grifo nosso)[347].

No mesmo capítulo, o bispo de Vannes afirma não ter tido jamais a pretensão de opor-se aos interesses dos reis francos:

> "Nós não somos em nada devedores em relação aos reis nossos mestres, diz o bispo, e jamais tivemos a presunção de opor-nos aos seus interesses (*contra **utilitatem** eorum*), mas, conquistados pelos bretões, fomos submetidos a um pesado julgo" (grifo nosso)[348].

A palavra *utilitas* aparece ainda quando o bispo de Reims, Egidius, confessa diante de um tribunal eclesiástico ser amigo do rei Chilperico: "Eu não poderia negar que tenho sido amigo do rei Chilperico; porém, não é contra os interesses do rei Childeberto (*contra **utlitatem** regis Childeberthi*) que esta afeição se desenvolveu" (grifo nosso)[349].

---

[346] Ver Código Justiniano VI, 5, 1, 14a.

[347] **Histórias** X, 9.

[348] *Ibid.*

[349] **Histórias** X, 19.

Em nenhum dos três trechos acima citados, está claro se a *utilitas* concerne somente a pessoa do rei ou também a autoridade pública por ele encarnada. Em outro trecho das **Histórias**, fica claro que o autor considera o interesse o público e o interesse pessoal do rei como duas coisas distintas, embora próximas. Levado à presença de Childeberto II, o duque Gontrão Boson confessa ter agido contra a vontade do rei, mas também contra a *utilitas publica*:

> "Eu pequei contra ti e tua mãe, ao não obedecer a vossos preceitos, mas agindo contra vossa vontade e o interesse público (*...sed agendo contra voluntate vestram atque* ***utilitatem publicam***)" (grifo nosso)[350].

Duas idéias são importantes nesse trecho. A primeira é que, ao contrariar Childeberto, o duque Gontrão teria igualmente se oposto ao interesse público. Isso significa que para Gregório de Tours os interesses do rei Childebert II se coadunam com a *utilitas publica*. Um príncipe pode, portanto, fazer coincidir seus interesses com os interesses gerais. Em segundo lugar, ao mencionar no mesmo trecho e separadamente os interesses do rei e o interesse público, o bispo de Tours sugere que os dois elementos nem sempre se confundem. Seria, entretanto, um equívoco acreditar que a distinção entre o interesse do rei e o interesse público é um mero capricho de linguagem de Gregório. O caso anteriormente mencionado do dote da filha do rei Chilperico, em que aparece a reação negativa dos francos à suspeita de que haveria bens públicos entre os tesouros ofertados à princesa, é um forte indício de que a distinção entre aquilo que pertencia ao rei e aquilo que era de domínio público tinha um alcance concreto.

A distinção entre os interesses públicos e os interesses pessoais do rei aparece igualmente nos documentos oficiais, por exemplo, no tratado

---

[350] **Histórias** IX, 8.

de Andelot. O texto do tratado previa o direito de passagem através do reino àqueles que desejavam se locomover para tratar de seus interesses privados ou para os "assuntos públicos":

> "E como uma concórdia pura e sincera foi selada em nome de Deus entre os referidos reis, foi decidido que a passagem através do reino de um e de outro não será jamais recusada aos fiéis de um nem de outro quando eles quererão se locomover seja para os assuntos públicos, seja em nome de interesses privados"[351].

No título I do ***Pactus legis Salicae***, mais precisamente nos capítulos 4 e 5, há uma distinção entre o serviço do rei e o serviço "privado": "*§4. Se um homem está ocupado em uma missão do rei, ele não pode vir. §5. Porém, se o homem estiver no pagus para tratar de seus próprios assuntos, ele pode ser chamado, como dissemos acima*". Aquele que estivesse em missão definida pelo rei não poderia ser chamado ao *mallus*, pelo menos enquanto durasse a missão, mas aquele que estivesse tratando de seus próprios assuntos no *pagus*, não poderia escapar da convocação. Há, portanto, nesses dois capítulos, uma *ratio* própria ao exercício da autoridade pública, encarnada no serviço do rei e sobreposta aos interesses pessoais dos súditos. As **Histórias** mencionam também uma embaixada enviada pelo rei Gontrão a Childeberto II com a proposta de que eles se encontrassem, no interesse da vida desse último, mas também em nome da *utilitas publica*:

> "Que todos os obstáculos cedam e venha para que eu te veja. Trata-se de uma necessidade certa, tanto no interesse de sua vida quanto no interesse público, que nós nos vejamos"[352].

---

[351] **Histórias** IX, 20.

[352] **Histórias** IX, 10.

Todos os exemplos mencionados até aqui a respeito da *utilitas publica* são aparentemente neutros, ou seja, não se atribui qualquer conteúdo ao "interesse público". O máximo que se pode deduzir a respeito dessa expressão é que ela remete ao interesse da monarquia, e que não se confunde com os interesses pessoais do rei ou de um ou outro membro das elites secular ou eclesiástica, ou ainda com o interesse da Igreja franca.

No entanto, se compararmos a descrição de Chilperico feita pelo bispo de Tours com a descrição que esse mesmo autor faz de Gontrão, podemos perceber que há nas **Histórias** um interpretação teológico-política da noção de *utilitas publica.* A abordagem "gregoriana" apresenta essa noção estreitamente associada a uma ética cristã do poder. Vejamos: em duas ocasiões, quando menciona Chilperico, Gregório faz referência aos interesses pessoais que o guiavam. Ele começa o capítulo sobre o julgamento do bispo Pretextatus falando das motivações de Chilperico:

> "Após realizar esses atos, Chilperico, sabendo que Pretextatus, bispo de Rouen, distribuía presentes às populações para prejudicar seus interesses (*contra utilitatem suam*), mandou que o convocassem"[353].

No balanço do reinado de Chilperico, Gregório se contenta em mencionar que ele governava *pro suis utilitatibus*[354]. Ele quer assim mostrar que Chilperico desconhecia qualquer sentido da responsabilidade pública: ele governaria levando em conta somente seus interesses pessoais. Nesse mesmo capítulo, Gregório afirma que Chilperico tinha aversão aos interesses dos pobres (*causas paperum exosas habebat*) e blasfemava frequentemente contra os bispos do senhor (*sacerdotes Domini assiduae blasphemabat*). A realeza de Chilperico seria a encarnação de um poder desligado de qualquer obrigação em relação aos pobres, que despreza os bispos e que está voltado unicamente para a satisfação dos interesses pessoais do rei (*pro suis utilitatibus*). Logo, pode-se deduzir que a *utilitas*

---

353 **Histórias** V, 18.

354 **Histórias** VI, 46.

publica é, para Gregório, indissociável da preocupação do governante com os pobres, com a Igreja e com os bispos.

Um indício suplementar do caráter fundamentalmente cristão que Gregório outorga à *utilitas publica* está no fato de que essa expressão aparece nas **Histórias** somente a partir das últimos livros e, na maior parte do tempo, em capítulos que se referem ao rei Gontrão, e uma outra vez em um capítulo sobre Childeberto II (príncipes da Burgúndia e da Austrásia dos quais o bispo de Tours é próximo). É muito provável que se Gregório não utilizou o termo em questão quando descreveu os príncipes francos antes de Gontrão, é porque considerava que eles foram incapazes de representar esse ideal de governo. Esta é uma interpretação pessoal da história por parte de bispo de Tours, ou as menções à *utilitas publica* encobrem uma realidade mais complexa?

A primeira possibilidade é pouco provável. As **Histórias** não são a única fonte a mencioanar a expressão *utilitas publica* e a sublinhar a distinção entre os assuntos privados e os assuntos públicos. Os cânones dos concílios merovíngios a mencionam igualmente: é o que podemos ver na carta enviada pelos bispos do Concílio de Paris, em 573, ao bispo Egidius de Reims:"*Assim, em favor da causa pública e dos assuntos privados nós nos reunimos em Paris...*"[355]; ou ainda, no preâmbulo do concílio de Macon I: "*Como, pela injunção de nosso gloriosíssimo senhor o rei Gontrão, nossa pequenaza se reuniu na cidade de Macon no interesse dos assuntos públicos da mesma forma que das necessidades dos pobres...*"[356].

Como nas **Histórias**, a *utilitas publica* nos concílios de Paris e de Macon tem, à primeira vista, um conteúdo neutro: não se trata, aparentemente, de uma interpretação cristã daquilo que poderia constituir o interesse comum. Contudo, aquilo que os bispos designavam nos cânones conciliares como a *utilitas publica* designava as espectativas do episcopado em relação àquilo que deveria ser a ação do poder real. Os

[355] Paris IV (573), *Epistola synodi ad Egidium Remensem episcopum.*

[356] Mâcon I (581-583).

bispos não se restringiam nos concílios à administração interna da Igreja, mas legislavam sobre os domínios os mais variados, como as relações entre clérigos e laicos, a aplicação da justiça ou ainda a nomeação de juízes laicos. Eles insistiam, por exemplo, na necessidade de impedir que os judeus se tornassem juízes, de modo que nenhum cristão estivesse sob suas ordens[357]. Eles ameaçavam com a excomunhão os autores de perjúrio, e seus cúmplices com a interdição de testemunhar em novos processos[358]. As medidas previstas pelos bispos conciliaires estavam orientadas, portanto, pela preocupação em reformar a sociedade conforme os preceitos cristãos.

Havia na monarquia franca, pelo menos na primeira metade do século VI, uma noção de autoridade pública que não se reduzia aos interesses privados dos reis e que tampouco se confundia com os interesses dos clérigos, como podemos observar através dos conflitos envolvendo as partilhas. Essa noção pode ser definida através da responsabilidade dos reis em manter a "paz". O que está em questão aqui é a paz civil, o equilíbrio do reino. Trata-se, portanto, de uma noção sem conteúdo nitidamente cristão. À medida que se aproxima o final do século VI, no entanto, a *utilitas publica* adquiriu progressivamente, nas fontes narrativas e também nos textos oficiais, um sentido "salvacionista". É essa mutação no sentido da *utilitas publica* que será abordada na segunda parte desse trabalho. Ao opor os reis que governavam *pro suis utilitatibus* aos que governavam *pro populi salvatione*, Gregório de Tours opunha duas formas de realeza. O aparecimento do termo *utilitas publica* na segunda metade do século VI, nas narrativas, nos textos conciliares e nos editos reais, foi o resultado de uma evolução da realeza, e que marcou a transição de uma *Realeza constantiniana* em direção a uma *Realeza cristã*. É esse processo que será analisado na segunda parte deste trabalho.

---

[357] Mâcon I (581-583), c. 13.

[358] *Ibid.*, c. 18.

Segunda Parte

Os francos e a Realeza Cristã

Capítulo I

O rei cristão nos escritos episcopais (c.481-c.594)

Pelo menos desde o reinado de Clóvis, e antes mesmo de sua conversão ao catolicismo, os bispos católicos da Gália já apresentavam aos príncipes francos um modelo ideal de governo. É o que se pode observar na epístola escrita por Remígio de Reims, por volta de 481, e que será abordada a seguir. Através de suas epístolas, de seus sermões, de suas crônicas ou dos textos conciliares, os bispos galo-francos buscaram definir o lugar e o papel de um poder exercido por um rei convertido ao catolicismo no interior da sociedade cristã. Sob vários aspectos, a idéia de um governo cristão, desenvolvida pelo papa Gregório Magno no final do século VI em suas cartas a Brunilda, Fredegonda, Childeberto II, Clotário II, Teudeberto e Teuderico, já havia sido esboçada por Remígio, Avitus, Aureliano de Arles, Venâncio Fortunato ou Gregório de Tours. Esses autores desenvolveram reflexões sobre os deveres dos reis francos em relação aos seus súditos bem antes que Gregório Magno o fizesse em sua correspondência[359]. Neste primeiro capítulo, dar-se-á

---

[359] Contrariamente ao que afirma M. Reydellet, **La royauté dans la littérature latine**, p. 441.

ênfase aos argumentos endereçados pelos bispos aos reis francos para fundamentar a Realeza Cristã. Por outro lado, em que pese o papel de Remígio de Reims, de Avitus de Viena, de Fortunato e de Gregório de Tours na defesa de um poder real fundado na justiça e orientado pelos conselhos do episcopado, suas exortações são insuficientes para explicar as transformações da monarquia franca durante o século VI, ou ainda a emergência da Realeza Cristã. As idéias elaboradas pelos bispos católicos somente tiveram alguma repercussão sobre a autoridade real a partir do momento em que essa última outorgou efetivamente ao episcopado um papel preponderante na condução dos assuntos do reino. Tal será o objeto do segundo capítulo.

A Igreja e o poder

Desde o início da história da Igreja, os autores cristãos não cultivaram uma oposição sistemática ao poder político, nem mesmo sob os reinados dos imperadores que mais se destacaram na perseguição aos cristãos, como Nero ou Diocleciano. O texto que melhor exprime esse posicionamento, e que parece tê-lo inclusive influenciado, é a "Epístola aos Romanos", de Paulo. Na visão desse autor, bons ou ruins, os governantes teriam sido estabelecidos pela vontade de Deus, e eles deveriam então se beneficiar da obediência de todos os cristãos[360]. Apesar dessas reflexões, os autores cristãos não elaboraram imediatamente uma doutrina sobre o lugar do poder político no interior da comunidade cristã. Eles se contentaram em apresentar visões sobre o poder tão dispares quanto as próprias comunidades cristãs dos primeiros séculos. Em sua versão mais positiva, essas visões apresentavam o poder como uma realidade provisória do homem, e em sua visão mais negativa como o produto da queda de homem em estado de pecado. Mesmo que o poder pudesse ser visto por vários autores cristãos como um instrumento da

[360] Rom. 13, 1-7.

cólera divina, ainda sim ele era um instrumento essencial da realização das profecias bíblicas. Ao formular a idéia de que o poder político é estabelecido por Deus para fazer reinar a ordem e a justiça, esses autores abriram uma via que foi amplamente utilizada nos séculos seguintes, e que consistia em outorgar aos detentores de uma função pública um certo número de deveres inspirados da tradição bíblica. No entanto, se a autoridade do príncipe se impôs à obediência dos cristãos durante os três primeiros séculos da Era Cristã é porque globalmente ela era vista como o instrumento de Deus para promover o bem e refrear o mal.

A partir do século IV, ocorreu uma transformação crucial na forma como os detentores do poder aparecemm nas obras dos autores cristãos, e que vale destacar aqui. De simples instrumentos de punição dos pecadores, os governantes tornaram-se instrumentos da redenção humana. O Edito de Milão (312), que acordou aos cristãos a liberdade de culto e à Igreja o estatuto de *religio licita*, e especialmente o Edito de Teodósio (392), que concedeu à Igreja o estatuto de religião oficial do Império[361], contribuíram profundamente para essa evolução[362]. A visão tradicional que fazia do Estado um instrumento de punição dos pecadores não era mais capaz por si só de responder às questões colocadas pela nova situação na qual esse mesmo Estado havia se tornado cristão. A dificuldade com a qual se confrontavam a partir de então os autores cristãos consistia em definir o lugar de um poder civil recentemente cristianisado no mundo e especialmente em relação à Igreja e aos seus membros. Essa nova situação conduziu a uma ruptura com a atitude "pré-constantinia-

---

[361] N.H. Baynes, **Constantine the Great and the christian Church**; P. Battifol, **La paix constantinienne et le catholicisme**; E. Becker, "Konstantin der Grosse, der 'neue Moses'", pp.161-171; S. Bradbury, "Constantine and the problem of anti-pagan legislation in the fourth century", pp.120-139.

[362] Ver S. Calderone, **Costantino e il cattolicesimo**, Firenze, p. 304; do mesmo autor, "Eusebio e l'ideologia imperiale", pp.1-26; M. Pavan, "Cristianesimo e impero romano nel IV secolo d.C.", pp. 1-16; G. Bonamente, "Potere politico ed autorità religiosa nel 'De obitu Theodosii' di Ambrogio", vol. 1, pp. 83-133; do mesmo autor, "Apoteosi e imperatori cristiani", pp. 107-142.

na" da Igreja, pois os autores cristãos passaram a associar o Estado, mais precisamente o poder imperial, à realização da Parusia. Eles elaboraram uma doutrina sobre o comportamento político dos governados e dos governantes, onde a realidade terrestre era ainda vista como provisória, mas onde a partir de então o poder político participava da economia da salvação[363]. O marco dessa transformação nas doutrinas cristãs é Eusébio de Cesaréia. O bispo de Cesaréia é o primeiro a atribuir um papel ativo ao príncipe na "economia da salvação"[364]:

> "Com um poder infalível, ele enche com sua mensagem toda a terra que vê o sol, modelando o reino terrestre à imagem daquele do céu, em direção ao qual ele exorta todo o gênero humano a se apressar, propondo-lhe essa bela esperança"[365].

As migrações bárbaras dos séculos IV e V não deixaram de produzir um certo pessimismo, uma perda de confiaça na capacidade do Império de ser o instrumento da realização da "Jérusalém terrestre". A obra de Agostinho, **A Cidade de Deus** é a mais remarcável testemunha desse desencanto. A "descoberta" do Ocidente pela Igreja, mais precisamente das monarquias romano-germânicas, abriu uma nova era de otimismo

---

[363] Sobre o impacto da conversão de Constantino, há a obra clássica de A. Alföldi, **The Conversion of Constantine and Pagan Rome**; sobre a dimensão "eclesiológica" desse personagem, ver o artigo de M. Agnes, "Il mito 'teologico' di Costantino", pp.183-192.

[364] A respeito da sacralização do poder civil na Antiguidade Tardia, ver os trabalhos de P. Brown, notadamente **Religion and society in the age of the Saint Augustine**, e também "Eastern and western christendom in late antiquity: a parting of the ways", pp. 1-24; do mesmo autor, **La société et le sacré dans l'Antiquité tardive**; **Genèse de l'Antiquité tardive**; e finalmente, **L'essor du christianisme occidental. Triomphe et diversitté, 200-1000.** O grande mérito dos trabalhos de P. Brown foi de admitir que outras autoridades além das autoridades políticas podem amparar-se dos espíritos, e tornar-se temas de conflitos, como é o caso da autoridade eclesiástica, e que essas autoridades, com as agitações e as paixões que elas provocam, não se reduzem à simples racionalidade política (P. Veyne, "Préface", In: P. Brown, **Genèse de l'Antiquité Tardive**, pp.vii-xxii, especialmente, p.ix).

[365] ***De Laudibus Constantini*** IV, 2.

entre os autores cristãos. O abismo que existia entra a autoridade dos primeiros reis francos e a Igreja era muito menor que aquele que existia entra essa última e o Império. Ao se aproximarem dos reis merovíngios, os bispos galo-romanos não se confrontaram a uma forma de governo onde o príncipe esperava ser adorado como um deus, como era o caso no Império Romano do século III[366]. No que se refere à realeza franca, a desconfiança e a hostilidade, típicos, conforme a formula já clássica de P.M. Arcari, do *"l'incontro di una religione troppo giovane con uno stato troppo vecchio"*[367], não existiam. Os escritos de Remígio, de Avitus, de Aureliano e de Fortunato testemunham do lugar acordado pelas doutrinas cristãs a esse poder recentemente convertido ao catolicismo. Em seus estudos sobre as doutrinas cristãs, as historiadores das idéias durante muito tempo se interessaram mais especificamente aos escritos papais[368]. Todavia, os bispos católicos da Gália é que foram, ao longo

---

[366] Ver R. Deniel, "*Omnis potestas a Deo.* L'origine du pouvoir civil et sa relation à l'Eglise", pp.43-85. Se o poder político não era mais um adversário da Igreja, posto que as perseguições tinham cessado e que os imperadores tinham se convertido ao cristianismo, por outro lado, os conflitos não desapareceram. O Estado romano revelou-se um parceiro tão incômodo quanto poderoso. A literatura sobre as relações entre a Igreja e o Estado romano é abundante. A obra de H. Rahner (**L'Eglise et l'Etat dans le christianisme primitif**) é fundamental. Pode-se também citar alguns textos mais recentes: K.F. Morrison, **The Two Kingdoms: Ecclesiology in Carolingian political Thought**; do mesmo autor, **Tradition and Authority in the western Church, 300-1140**; e **Holiness and Politics in Early Medieval Thought**. Ver também, Ch. Thomas, **Christianity in the Roman Britain to A.D. 500**; G.G. Archi, "Interferenze tra cristianesimo e impero romano (V e VI secoli)", pp.317-323. Sobre o culto imperial, ver E. Beurlier, **Essai sur le culte rendu aux empereurs romains**; E. Bréhier, P. Batiffol, **Les survivances du culte impérial romain;** M.P. Charlesworth, "The Vertues of a Roman Emperor. Propaganda as the Creation of Belief", pp.105-133; P. Brezzi, "L'idea d'Impero nel IV secolo", pp.265-279; J. Beaujeu, "Les apologètes et le culte du souverain", pp.101-142; também, G.W. Bowersock, "Greek intellectuals and the imperial cult in the second century", pp.177-212; L. Cracco Ruggini, "Imperatori romani e uomini divini (I-VI secolo d.C.)", pp.9-91; e J. B. Aufhauser, "Die sakrale Kaiseridee in Byzanz", pp. 531-542.

[367] P.M. Arcari, **Idee e sentiment politici nell'Alto Medioevo**, p. 53.

[368] É o caso, por exemplo, de F. Cavallera, "La doctrine sur le prince chrétien dans les lettres pontificales du Ve siècle", pp. 67-78, pp. 119-135, pp. 167-178.

de todo o século VI, os interlocutores privilegiados da autoridade real franca. O fato de constituirem um corpo de funcionários à serviço da realeza favoreceu essa aproximação.

Remígio e Clóvis

Nascido em uma família de origem senatorial, entre 436 e 437, nos arredores de Laon, Remígio tornou-se bispo de Reims ainda jovem, quanto tinha entre 20 e 25 anos. Ele possuía uma sólida formação literária, como mostra uma carta de Sidônio Apolinário, escrita por volta de 471, e que faz o elogio de suas ***Declamationes***. Gregório de Tours também se refere a ele como alguém de "*uma ciência extraordinária e que tinha se impregnado desde cedo do estudo da retórica*"[369]. Remígio era o "bispo metropolitano", ou superior hierárquico de todos os bispos da Bélgica Segunda, pois sua sé episcopal, a *civitas* de Reims, era a capital da província eclesiástica. Seu episcopado foi de uma longevidade excepcional; Gregório de Tours afirma que Remígio foi bispo de Reims por mais de setenta anos[370]. Ele morreu por volta de 532, e foi enterrado em Reims na basílica que pouco tempo depois recebeu seu nome. Apesar de uma produção aparentemente prolífica, poucos textos de Remígio foram preservados, e se encontram quase todos na coleção ***Epistolae Austrasicae*** (Epístolas austrasianas)[371]. Foi em um código nazareno da Biblioteca de Heidelberg que o erudito M. Freher encontrou uma série de epístolas do período franco, publicadas por ele em Hanover, no ano de 1613[372]. Qua-

---

[369] **Histórias** II, 31.

[370] Gregório de Tours, ***Liber in Gloria Confessorum***, 78.

[371] A exceção é o testamento deixado pelo bispo de Reims, transmitido em sua forma curta pela **Vida de São Remígio**, escrita por Hincmar, entre 878 e 881, e em sua forma longa por um interpolador anônimo do século XI, que introduziu o texto na **História da Igreja de Reims**, escrita em 948 por Flodoardo de Reims.

[372] ***Corpori Francicae historiae veteris et sincerae.***

tro edições dessas epístolas se seguiram antes daquela que é considerada a mais importante de todas, a de W. Gundlach, de 1892[373]. Em um artigo de 1888, Gundlach analisou os principais problemas colocados por esses textos, sobretudo os de ordem cronológica. Segundo ele, essas epístolas teriam sido reunidas por um notário na corte de Metz, capital do *regnum* da Austrásia, sob a inspiração da rainha Brunilda. Isso teria ocorrido no final do século VI, durante o reinado de Childeberto II (575-595)[374]. No entanto, quem melhor estabeleceu a cronologia das diversas epístolas austrasianas foi G. Reverdy, confrontando-as com outros textos, como os ***Decem Libri Historiarum***, de Gregório de Tours[375].

É provável que as ***Epistolae Austrasicae*** tenham sido editadas com o objetivo de realçar o prestígio da Austrásia, em meio às turbulências das guerras civis. Dado o número de epístolas que possuem como remetentes e, sobretudo, destinatários, membros da família imperial – 23 dentre elas têm como tema principal as relações entre as cortes de Metz e de Bizâncio –, deduz-se que o editor tentava mostrar que os príncipes austrasianos eram interlocutores privilegiados do Império. No entanto, a preocupação do editor não parece restringir-se à afirmação da proximidade com o Império. As epístolas que fazem parte dessa coleção emanam ou se dirigem aos mais importantes personagens da época, na Gália e fora dela: reis, rainhas, bispos, altos dignitários, imperadores. As ***Epistolae*** abrangem todo o espaço franco e também a Itália, a Espanha e Bizâncio.

As duas primeiras epístolas dessa coleção estão dispostas em ordem inversa à sua elaboração: a primeira, seguindo a ordem estabelecida pelo primeiro editor, foi enviada por Remígio a Clóvis após o batismo desse último[376]; a segunda epístola, por outro lado, é contemporânea da ascensão de Clóvis ao poder. No entanto, a ordem cronológica é res-

---

[373] ***Epistolae Austrasicae***, pp. 434-468.

[374] W. Gundlach, "Die Sammlung der *Epistolae Austrasicae*", pp. 367-387.

[375] G. Reverdy, "Les relations de Childebert II et de Byzance", pp. 61-85.

[376] Sobre a conversão e o batismo de Clóvis, ver a síntese de B. Dumézil (**Les racines chrétiennes de l'Europe. Conversion et liberté dans les royaumes barbares, Ve-VIIIe siècle**, pp. 217-223).

peitada em outros casos: as epístolas de Childeberto II e de Brunilda encontram-se, por exemplo, na segunda metade da coleção. Ao todo, as ***Epistolae Austrasicae*** conservaram todas as quatro epístolas conhecidas de Remígio: duas escritas a Clóvis (***Epistolae Austrasicae***, 1 e 2), uma endereçada aos bispos Heraclius, Leão e Teodósio (***Epistolae Austrasicae***, 3), e uma outra dirigida a Falco, bispo de Maastricht (***Epistolae Austrasicae***, 4). Como a cidade de Reims fazia parte do *regnum* da Austrásia, é natural que a coleção contivesse quatro epístolas de Remígio, bem como duas outras escritas por um de seus sucessores atestados na sé episcopal, Mapinius (***Epistolae Austrasicae***, 11 e 15). Há também uma epístola do bispo de Paris Germanus à rainha Brunilda (***Epistolae Austrasicae***, 9), uma epístola de Aureliano a Teudeberto, onde o autor, muito provavelmente o bispo de Arles, enumera as qualidades que considera indispensáveis ao exercício do poder real (***Epistolae Austrasicae***, 10). Podem ser mencionadas igualmente as epístolas de Teudeberto (***Epistolae Austrasicae***, 19 e 20) e de Teudebaldo (***Epistolae Austrasicae***, 18) ao imperador Justiniano, assim como as epístolas de Childeberto II e de Brunilda ao imperador Maurício, à imperatriz e ao patriarca de Constantinopla (***Epistolae Austrasicae***, 25, 26, 27, 28, 29, 30).

A forma de cada epístola comporta um "endereço" com o nome e a função do destinatário, seguido do nome do remetente e de sua função; em seguida, há o corpo do texto e, na maior parte do tempo, um *explicit* para indicar o fim da mensagem. A coleção começa pela epístola de Remígio a Clóvis e se encerra por uma outra que trata das relações do Reino dos Francos com o Império. Segundo M. Rouche, por não encontrar uma epístola do imperador a Clóvis, o editor do século VI teria escolhido os textos redigidos por Remígio para mostrar que desde o início o mundo franco estava perfeitamente integrado ao Império Romano[377].

De fato, Remígio, pela posição que ocupava na hierarquia eclesiástica da Bélgica Segunda, era um alto funcionário do Império. No entanto,

---

[377] M. Rouche, **Clovis**, pp. 388-389.

pode-se pensar que, além de querer mostrar a inserção da monarquia franca no Império Romano, a escolha das epístolas do bispo de Reims para iniciar a coleção pode ter também servido para sublinhar as estreitas relações entre os reis francos e um personagem de indubitável santidade. Afinal de contas, Remígio era o padrinho espiritual de Clóvis, aquele que o conduziu até a pia batismal. Gregório de Tours refere-se a Remígio como alguém "*tão distinto pela sua santidade que igualava Silvestre por seus milagres*"[378]. Como vimos anterioremente, nessa comparação entre o bispo de Reims e o papa Silvestre, o primeiro está para o mundo franco assim como o segundo para o Império: ao batizarem seus governantes, ambos teriam contribuído para o triunfo da fé católica. Essa, pelo menos, é a visão de Gregório de Tours que, não se pode esquecer, era um próximo da corte de Metz, e redigiu os ***Decem Libri Historiarum*** no final do século VI, no mesmo período em que as ***Epistolae Austrasicae*** foram reunidas. Saliente-se também que nesse momento Remígio já era reconhecido como um santo. Gregório menciona o caso de uma criança que o bispo de Reims teria ressuscitado com suas orações[379], bem como o fato de que uma festa era dedicada ao santo todos os anos na cidade de Reims[380].

É bastante provável que o personagem cujas epístolas inauguram as ***Epistolae Austrasicae*** fosse visto no final do século VI menos como o funcionário do Império do que como o pai espiritual da dinastia merovíngia, aquele cuja contribuição foi decisiva para a conversão dos reis francos. Se o editor das ***Epistolae Austrasicae*** pretendesse, como afirma M. Rouche, ressaltar a vinculação do mundo franco ao Império, ele teria escolhido para iniciar a coleção a epístola em que Remígio felicita Clóvis por ter assumido a administração da Bélgica Segunda. A epístola inaugural da coleção é imediatamente posterior ao batismo de Clóvis, e nela o bispo de Reims reconforta o rei franco pela perda de sua irmã. Isso

---

[378] ***Histórias*** II, 31.

[379] ***Liber in Gloria Confessorum***, 78.

[380] ***Decem Libri Historiarum*** VIII, 21.

pode significar que no ambiente profundamente marcado pela ideologia da Realeza Cristã, na Austrásia do final do século VI, a associação com o Império não era mais o principal fundamento da autoridade pública. Comecemos a análise pela epístola enviada a Clóvis quando esse último sucedeu seu pai, por volta de 481:

> "Ao senhor insigne e magnífico pelos méritos, o rei Clóvis, Remígio bispo. Um grande rumor chegou até nós, vós assumistes a administração da Bélgica Segunda. Isso não é novo, pois tu terás começado por ser aquilo que teus pais sempre foram. É necessário fazer de modo que o julgamento de Deus continue a sustentá-lo, pois é em recompensa de tua humildade que ele fez com que tu chegasses ao ápice. Pois, como se diz vulgarmente, é pelos atos que se reconhece o homem. Tu deves te associar conselheiros que possam ornar tua fama. Teu benefício (*beneficium*) deve ser casto e honesto. Tu deverás relatar aos teus bispos e recorrer sempre às suas deliberações. Pois se tu te entendes bem com eles, sua província somente poderá ser consolidada. Anime teus cidadãos, alivie os aflitos, favoreça as viúvas, alimente os órfãos; mais do que iluminá-los, que todos o amem e o respeitem. Que a justiça saia de vossa boca sem nada esperar dos pobres e dos estrangeiros a fim de que não queiras de forma alguma aceitar presentes ou qualquer coisa da parte deles. Que teu pretório esteja aberto a todos a fim de que ninguém regresse triste. Tu possuis algumas riquezas paternais com as quais libertarás os prisioneiros e os desligarás do jugo da servidão. Se alguém é admitido em vossa presença, que ele não se sinta como um estrangeiro. Brinque com os jovens, delibere com os anciãos, e se queres reinar, julgue em nobre" [381].

Essa epístola é o primeiro testemunho escrito do entendimento entre um membro da dinastia merovíngia e os bispos católicos da Gália. Mas qual seu sentido? Tratar-se-ia de um texto puramente formal, o uso habitual de um alto funcionário romano que se endereçava a um de seus pares que acabava de ser nomeado governador da Bélgica Segunda[382]?

---

[381] ***Epistolae Austrasicae***, 2 (trad. M. Rouche, **Clovis**, pp.387-388).

[382] M. Rouche, **Clovis**, pp.391-392.

Ou seria um texto com exortações teológico-políticas que transcendiam o campo das questões administrativas? Conforme M. Rouche, adepto da primeiro opção, haveria nesse documento somente um conselho "político" dado por Remígio a Clóvis, a recomendação para que ele mantivesse boas relações com o episcopado de sua província: "*Tu deverás relatar aos teus bispos e recorrer sempre às suas deliberações. Pois se tu te entendes bem com eles, sua província somente poderá ser consolidada*". Clóvis era o mais alto responsável da administração romana na Bélgica Segunda: era natural que Remígio esperasse que ele recorresse ao auxílio dos bispos, também membros da mesma administração. Entretanto, toda tentativa de distinguir na carta de São Remígio os temas "políticos" dos temas "não-políticos", ou ainda "religiosos", constitui um equívoco. Uma tal distinção reflete uma visão moderna que dificilmente corresponderia à visão do bispo de Reims. Em momento algum em sua carta Remigio faz uma nítida discriminação entra aquilo que era político e aquilo que não era. Na lógica de um bispo do século VI, aliás, essa distinção não faria sentido algum. Seus conselhos sobre o bom governo da província eram profundamente impregnados de uma percepção cristã do mundo em geral e do governo em particular.

A carta de Remígio constitui uma simples formalidade entre dois altos membros da hierarquia romana. Seu autor estava consciente de que Clóvis não era apenas um alto funcionário romano, pois no endereço da epístola ele é chamado de rei: "*Ao senhor insigne e magnífico pelos méritos, o rei Clóvis, Remígio bispo*". Se o considerasse somente um alto funcionário romano, o bispo de Reims teria se contentado em afirmar que Clóvis assumiu a administração da Bélgica Segunda. No entanto, Remígio reconhece o duplo caráter da autoridade de Clóvis, membro da administração romana e rei franco. Esse duplo caráter se unificou na pessoa de Clóvis: mais do que membro da administração romana na Gália, ele era também seu chefe. Ele recebeu título e honraria do imperador, em 508, convocou um concílio em Orléans, em 511, em suma, se comportou como um *princeps*. Há indícios dessa unificação na própria carta: Remígio não aconselha diferentemente o rei e o alto funcionário. Suas palavras eram válidas para ambos. Esse documento constitui uma primeira tentativa de inculcar em um personagem que era ao mesmo tempo rei franco e governador de uma província romana, um noção cristã do governo.

Remígio faz uma constatação em sua epístola: a função ocupada por Clóvis não diminui em nada suas obrigações morais, ao contrário, torna-as ainda mais graves: "*Pois, como se diz vulgarmente, é pelos atos que se reconhece o homem*". Isso equivale a afirmar que o poder não é um privilégio em si, e que é através de seus atos que o governante deve buscar seu mérito. O que o bispo de Reims propõe aqui é uma interpretação do fundamento da legitimidade política que encontra suas raízes na tradição cristã. Trata-se do tema do poder como uma obrigação e não como um privilégio, que será retomado no final do século VI por Gregório Magno em suas cartas aos reis francos em em suas ***Moralia in Job***. Remígio descreve, portanto, o poder como um conjunto de obrigações dos governantes em relação aos governados.

Ele insiste que Clóvis deve buscar o conselho dos bispos: "*Tu deverás relatar aos teus bispos e recorrer sempre às suas deliberações*". Quando menciona, algumas linhas antes, os conselheiros que podem ornar a reputação de Clóvis, o bispo de Reims não está se referindo especificamente aos bispos: ele menciona *consiliarios* em geral, sem nenhum tipo de precisão suplementar. No entanto, Remígio pretende mostrar a Clóvis que dentre todos os personagens que poderiam executar a tarefa enunciada por ele, isto é, ornar a reputação do governante, os bispos são os mais aptos. Remígio utiliza-se do possessivo *tuos* para deixar claro que se tratam dos "bispos de Clóvis". Como responsável pela administração da Bélgica Segunda, esse último era o chefe do pessoal administrativo, no qual incluíam-se os bispos. Uma Novela de Valentiniano III, publicada em julho de 445, estabelecia que todos os bispos das Gálias deveriam reconhecer como lei tudo aquilo que a *auctoritas* da sé apostólica havia sancionado ou viesse a sancionar. Essa Novela era uma resposta às demandas do papa Leão I que, em conflito com o bispo Hilário de Arles, havia extinguido a função de Vigário das Gálias (444), ocupada por esse último. Hilário foi privado pelo pontífice romano de seu direito de consagrar bispos e de convocar concílios. Valentiniano transformou em lei imperial a primazia da sé romana sobre a Igreja das Gálias. Os bispos que fossem convocados, e que não comparecessem para serem julgados diante do pontífice romano, seriam obrigados a comparecer pela intervenção do governador de sua província[383]. Essa medida reforçava não apenas a primazia da Igreja de Roma sobre o episcopado das Gálias, mas submetia esse último ao poder de seus respectivos governadores de província. A menção de Remígio aos bispos "de" Clóvis é um reconhecimento dessa primazia do *rector provinciae* sobre o episcopado. Os bispos eram funcionários públicos, responsáveis, juntamente com os condes, pela administração das *civitates*. O caso de São Patiens, bispo de Lyon, é ilustrativo a respeito das responsabilidades civis dos bispos: segundo Gregório de Tours, ele teria alimentado a população de Lyon durante a fome que se abateu sobre a Gália no final do século V[384].

Voltando à frase de Remígio, é importante notar que há nela duas admoestações distintas, ainda que complementares. Em primeiro lugar, o bispo de Reims sugere que Clóvis deveria conversar com os seus bispos; em seguida, seria necessário que ele recorresse às suas deliberações (*consilia*). Recorrer aos *consilia* episcopais não pode ser traduzido simplesmente por "ouvir os conselhos dos bispos". Essa última idéia já está exposta na primeira parte da frase. A segunda parte traz algo distinto: Clóvis é aconselhado a recorrer às "deliberações dos bispos". Uma maneira dele recorrer a tais deliberações seria consultar as atas dos concílios episcopais que se reuniram na Gália ao longo de todo o século V. A instalação muitas vezes violenta dos bárbaros, bem como a incursão dos hunos, levou à desorganização da estrutura eclesiástica, sobretudo no norte da Gália. Muitos bispados da própria província de Reims ficaram muitos anos sem serem preenchidos. O advento de Remígio coincide

---

[383] ***Novellae Valent. III.*** tit. 16. Ver O. Guillot, A. Rigaudière, Y. Saissier, **Pouvoirs et institutions dans la France médiévale, Des origines à l'époque féodale**, p. 57; M. Rouche, **Clovis**, pp. 143-144.

[384] ***Decem Libri Historiarum*** II, 24. M. Rouche afirma que os bispos não eram sucesssores do *defensor civitatis*, função administrativa criada por Valentiniano I, e cuja responsabilidade era receber as queixas dos contribuintes contra os poderosos (M. Rouche, **Clovis**, p.147).

com o fim de uma aparente vacância: desde o episcopado de Bennagius, nos anos de 430, não se conhecia o nome de um bispo de Reims. Apesar disso, os concílios não deixaram de se reunir, em Angers (453), Tours (461), Vannes (465). Eles se pronunciavam sobre questões doutrinarias, sobre os conflitos que opunham clérigos e laicos, fixavam as regras da conduta desses grupos, lembravam aos clérigos os deveres da caridade, proibiam as mutilações e os atos de brutalidade, condenavam as relações com assassinos, excomungavam adúlteros e homicidas. Portanto, é possível que Remígio faça referência, nessa segunda parte da frase, aos cânones conciliares. Mas qual sentido poderia ter a consulta às atas dos concílios, ou, em outras palavras, que tipo de deliberações havia nesses textos que pudesse servir a Clóvis no exercício de suas funções? As duas frases seguintes trazem um indício de resposta: "*Pois se tu te entendes bem com eles, tua província somente poderá ser consolidada. Anime teus cidadãos, alivie os aflitos, favoreça as viúvas, alimente os órfãos; mais do que iluminá-los, que todos o amem e o respeitem*". A referência ao amor e ao respeito de todos mostra uma relação entre o governante e os governados que transcende os padrões tradicionais; o que se explica pela natureza específica da autoridade de Clóvis (as boas obras, a retidão, a humildade, etc.). A expressão *civos tuos* é uma referência aos habitantes da Bélgica Segunda, o que poderia, a princípio, significar que Remígio está descrevendo o que deveria ser a atuação ideal de Clóvis como governador da província. No entanto, as ações que ele espera desse último vão além das prerrogativas de um simples governador de província: aliviar os aflitos, favorecer as viúvas e alimentar os órfãos assemelham-se mais às tarefas de um rei. Não é uma simples coincidência o fato de que no livro de Deuteronômio prescreve-se a defesa dos estrangeiros, dos órfãos e das viúvas:

> "Não perverterás o direito do estrangeiro e do órfão, nem tomarás como penhor a roupa da viúva"[385].

---

[385] Deut., 24, 17.

> "Quando estiveres ceifando a colheita em teu campo e esqueceres um feixe, não voltes para pegá-lo: ele é do estrangeiro, do órfão e da viúva, para que Iahweh teu Deus te abençoe em todo trabalho das tuas mãos. Quando sacudires os frutos da tua oliveira, não repasses os ramos: o resto será do estrangeiro, do órfão e da viúva. Quando vindimares a tua vinha, não voltes a rebuscá-la: o resto será do estrangeiro, do órfão e da viúva"[386].

Remígio buscou no Velho Testamento o tema do auxilio aos mais necessitados, associando-o ao exercício do poder. Essa associação também está presente nos textos bíblicos, sobretudo no livro de Provérbios, onde a defesa dos fracos aparece como um atributo do rei: "*O rei que julga os fracos com verdade firmará seu trono para sempre*" (Prov., 29, 14). A visão de Remígio a respeito do poder real é marcada pela tradição veterotestamentária da Realeza. Um dos traços essenciais dessa tradição é a prerrogativa judiciária associada à pratica do poder: o rei do Antigo Testamento é, antes de tudo, um juiz. Da mesma forma, os conselhos de Remígio indicam que o exercício da justiça está entre as funções mais importantes, senão a mais importante, do governo de Clóvis:

> "Que a justiça saia de vossa boca sem nada esperar dos pobres e dos estrangeiros a fim de que não queiras de forma alguma aceitar presentes ou qualquer coisa da parte deles. Que teu pretório esteja aberto a todos a fim de que ninguém regresse triste".

Eis então, na perspectiva do bispo de Reims, o significado de se recorrer aos cânones conciliares: esses textos seriam inspirados por um ideal de eqüidade no exercício da justiça que deveria guiar Clóvis, e eles também permitiriam que esse último soubesse, por exemplo, se o benefício por ele concedido aos seus súditos era casto e honesto. O imperativo da eqüidade no exercício da justiça aparece claramente nas duas frases anteriormente citadas. Remígio espera que Clóvis não aceite qualquer

[386] Deut. 24, 19-21.

tipo de remuneração ou presente daqueles que não têm condição, em troca do julgamento de seus processos no tribunal (*praetorium*).

A injunção para que o pretório de Clóvis *esteja aberto a todos a fim de que ninguém regresse triste* é uma defesa do tratamento equânime àqueles que procuram a justiça: todos devem ser ouvidos pelo tribunal, independentemente de sua condição social. A mesma idéia aparece um pouco mais adiante, quando Remígio afirma: "*Se alguém é admitido em vossa presença, que ele não se sinta como um estrangeiro*". Galo-romanos, francos ou estrangeiros, todos devem ter o mesmo tratamento no pretório chefiado por Clóvis. A tarefa essencial dos governadores das províncias romanas, pelo menos desde o Império Romano tardio, era de fazer justiça, o que explica, aliás, a razão deles serem chamados de *iudices*[387]. Em sua epístola, Remígio demonstra uma nítida preocupação com a lentidão dos processos, o que é, aliás, um tema recorrente nas reformas da justiça no período franco. O ***Capitulare de iustitiis faciendis***, por exemplo, publicado no final do reinado de Carlos Magno, pretendia resolver as disputas e litígios que há anos permaneciam sem solução. O imperador pretendia garantir também que as disputas entre condes e poderosos não atrapalhassem o andamento dos processos dos pobres e dos menos poderosos[388].

Em sua epístola, Remígio passa em revista as categorias da província que não podem se defender sozinhos; após mencionar os pobres, as viúvas, os órfãos e os estrangeiros, ele se detém no caso dos prisioneiros e dos servos. Ele espera que Clóvis utilize a herança de Childerico para libertá-los: "*Tu possuis algumas riquezas paternais com as quais libertarás os prisioneiros e os desligarás do jugo da servidão*". Essas riquezas são as terras e os bens do fisco romano, de que Clóvis, como governador hereditário da província, poderia dispor.

O último conselho do bispo de Reims resume o espírito da carta: se Clóvis deseja reinar, ele deve julgar como um "nobre". Esse termo

---

[387] A. Piganiol, **L'Empire chrétien (325-395)**, p. 351.

[388] ***Capitulare de iustitiis faciendis*** (811-813), 80, ***Capitularia regum Francorum***, pp.176-177.

não é uma referência ao estatuto social do destinatário, mas é sinônimo de "justo". Eis o argumento essencial das exortações dos bispos durante todo o século VI na Gália: o ato de governar é legítimo unicamente se ele se fudamenta em um comportamento moral inspirado pelos bispos. Face um chefe militar que também é rei e alto funcionário romano, o bispo de Reims evoca os limites da força no exercício do governo; apenas a verdadeira justiça, em seu sentido cristão, caracterizaria o bom governo.

As exortações de Remígio não são originais: elas contém temas que já haviam sido abordados por outros autores, como a idéia do poder a serviço da fé. No entanto, sua carta é o primeiro testemunho escrito onde se pretende inculcar aos reis francos uma idéia cristã da *utilitas publica*. Ora, a pregação de Remígio parece ter, à primeira vista, um significado meramente pessoal quando ele sustenta que "*...é aos atos que se reconhece o homem*". Ele escreve como um pastor que se dirige a uma das ovelhas de seu rebanho, prodigando-lhe conselhos sobre comportamento moralmente correto. Convém ressaltar que os atos que o bispo de Reims espera de Clóvis não são os de um fiel como os outros. Ainda que a expressão *utilitas publica* não apareça explicitamente no texto, é a ela que Remígio faz referência quando menciona as obrigações de Clóvis em devolver coragem aos cidadãos, em aliviar os aflitos, em obsequiar as viúvas, em alimentar os órfãos. Nas décadas seguintes, tantos nas fontes eclesiásticas quanto nos capitulários reais, essas ações tornam-se o conteúdo da *utilitas publica*. Não há nenhuma dúvida de que o cumprimento dessas tarefas equivaleria, também na visão do bispo de Reims, à realização do bem público, pois todos os conselhos anteriormente citados se terminam pela frase "*...e se queres reinar, julgue em nobre*". A utilização do verbo *regnare* (*reinar*) mostra que Remígio é consciente de que os conselhos que ele dá implicam na condução dos assuntos públicos.

No entanto, foi em sua segunda carta a Clóvis que Remígio integrou pela primeira vez e explicitamente entre os deveres do rei a obrigação de zelar pela salvação de todos:

> "Meu senhor [rei], expulse de teu coração a tristeza; governe o reino de maneira mais penetrante, com um espírito justamente dominado, tomando decisões mais difíceis graças ao zelo da serenidade. Alente teus membros graças a um coração alegre. O entorpecimento da amargura sacudido, consagrarás tuas vigílias para a salvação [de todos] com mais acuidade. Que o reino permaneça em tua mão para ser administrado e, com a ajuda de Deus, prosperar. Tu és a cabeça dos povos e possui o governo. Possam aqueles que se habituaram a viver graças a ti nas felicidades não lhe observar subjugado pela acidez da perda"[389].

A conversão e o batismo tinham acabado de acontecer. Remígio, que teve um papel importante nos eventos, tornou-se o padrinho espiritual de Clóvis. Daí sua preocupação em escrever-lhe para consolar-lhe da perda de sua irmã. Entretanto, suas palavras não se restringem ao domínio do reconforto espiritual. Remígio sugere que a conversão fez de Clóvis um herói, um governante que se encontrava dorenavante à frente dos povos. Ele afirma que além de suas amarguras pessoais, e em virtude da posição que ocupava no reino, Clóvis tinha um dever em relação ao seu povo: ele deveria velar pela salvação de todos com mais acuidade. Na primeira carta ele evoca ao rei os deveres inerentes à sua função, sem mencionar uma responsabilidade desse gênero. Não havia sentido, aliás, em associar a um governante pagão a responsabilidade na salvação espiritual de seus súditos. Esse é um tema que somente poderia ser desenvolvido para um príncipe que tivesse adotado a fé cristã. Vemos algo análogo no ***De laudibus Constantini*** (Elogio a Constantino), redigido por Eusébio de Cesaréia, por ocasião do trigésimo aniversario do reinado desse imperador. A idéia de que o príncipe tem responsabilidade na salvação de seus súditos é um dos componentes essenciais da Realeza Cristã, e a primeira vez que ela aparece na Gália merovíngia é nessa carta do bispo de Reims.

---

[389] ***Epistolae Austrasicae***, 1 (trad. M. Rouche, **Clovis**, pp.393-394).

Ao tratar das implicações do batismo, como faz Remígio em sua segunda epístola ao rei dos francos, o bispo Avitus de Viena[390] utiliza um tom "constantiniano" que examinamos na primeira parte deste livro. Mas o bispo de Viena vai além:

> "No momento em que tinhamos nos voltado para a eternidade e que esperávamos do julgamento futuro que seja dito o que há de direito naquilo que cada um sente, eis que brilhou entre os homens de hoje um raio de verdade iluminado. A divina Providência enfim encontrou um árbitro para nossa época. A escolha que fizeste é uma sentença que vale para todos. Tua fé é nossa vitória...Tu, de uma genealogia de origem antiga, se contentaste de tua própria nobreza e quiz fazer surgir de ti para tua descendência tudo o que pode ornar de generosidade esse alto grau. Tu tens fundadores, homens de bem, mas quizeste fazer nascer melhores. Tu estás à altura de teus ancestrais, quando reina no século; tu és um fundador para tua descendência quando reinares no céu"[391].

Segundo Avitus, o poder de Clóvis não resultaria apenas do prestígio de seus antepassados, mas também do fato de que ele tinha se tornado um rei cristão. Avitus, bem como Remígio, considera que as implicações desta conversão ultrapassavam os limites de uma profissão de fé individual. É difícil afirmar, como faz W. von den Steinen, que não havia por parte do bispo de Viena nenhuma consciência do alcance político do batismo de Clóvis[392]. Avitus diz claramente a propósito do batismo de Clóvis que a divina Providência tinha encontrado um "árbitro" para sua época. Ele crê que escolha do rei é uma sentença que vale para "todos"[393].

---

[390] Cidade localizada ao sul de Lyon. Sobre Avitus, ver H. Goelzer, **Le latin de saint Avit, évêque de Vienne (450 ? – 526 ?)**; M. Burckhardt, **Die Briefsammlung des Bischofs Avitus**; e também, M. Reydellet, "Avit de Vienne et la royauté chrétienne", In: *La royauté dans la littérature latine*, pp. 87-137.

[391] ***Avitus episcopus Clodovecho regi*** (trad. M. Rouche, pp. 397-400).

[392] W. von den Steinen, "Chlodowigs Übergang zum Christentum", pp. 417-501.

[393] ***Alcimi Ecdicii Aviti Viennensis Episcopi***, 46 (41).

A palavra "todos" designava, provavelmente, não somente os habitantes do *Regnum Francorum*, mas todos os católicos. Avitus era um bispo estrangeiro, cuja sé episcopal se encontrava no Reino dos Burgúndios. É pouco provável que ele tivesse em mente exclusivamente os habitantes do Reino dos Francos quando redigiu essa carta. Ele se preocupava com todos os católicos, incluindo aqueles que eram governados por reis heréticos. Avitus acordava um valor imenso à conversão de Clóvis, não somente porque ela facilitaria a conversão dos francos, mas também porque ela fazia desse rei a ponta de lança da fé católica. Algumas linhas adiante na carta, os arguments do bispo se tornam mais incisivos nesse sentido:

> "Há uma coisa no mundo que nós queríamos que ela o amplificasse: que Deus faça teu, para ti, todo o teu povo e que os povos mais distantes, mas ainda não corrompidos, em sua ignorância natural, por germes dos maus dogmas, recebam de ti a semente da fé, tomada no bom tesouro de teu coração; não tenha nem vergonha, nem aborrecimento de construir, pelo envio de embaixadas sobre esse tema, o reino de Deus, ele que tudo fez para edificar o teu"[394].

Avitus vê Clovis não apenas como o defensor da fé, mas também como seu propagador, um evangelizador cuja ação ultrapassaria as fronteiras de seu próprio reino:

> "Na medida onde esses povos exteriores pagãos estarão prontos a servi-lo sob o mandato da religião, então perceberemos novamente que isso tem uma outra propriedade. Nós a discerniremos mais pelo pertencimento a um povo que a um príncipe"[395].

---

[394] *Ibid.*
[395] *Ibid.*

Na epístola de Avitus, as fronteiras políticas tradicionais cedem lugar a uma nova forma de identificação coletiva fundada sobre o pertencimento a uma mesma fé católica, e o que é mais importante, sobre a lealdade a um governante que a incarnaria. A proposição é nitidamente constantiniana: o príncipe aparece como o chefe de uma comunidade cujo cimento é a religião. O fundamento da autoridade "supranacional" do *rex* é a religião: "*Na medida onde esses povos exteriores pagãos estarão prontos a servi-lo sob o mandato da religião*". Essa carta é menos marcada que as de Remígio pela idéia de que o poder deve se assentar na ajuda aos fracos e na promoção da salvação. Tata-se do primeiro documento a mencionar explicitamente a mudança na legitimidade dos reis francos provocada pelo batismo de Clóvis. Conforme Avitus, o rei franco retira sua força é da propagação da fé católica e da conversão dos povos pagãos.

As epístolas de Remígio e de Avitus mostram que a conversão e o batismo de Clóvis não foram apenas os marcos de uma política cujo objetivo era aproximar o governo franco do modelo imperial de governo. Era a primeira vez que um rei bárbaro adotava a fé católica, num momento onde a propagação do arianismo ameaçava pôr em risco a ortodoxia adotada pelo Concílio de Nicéia[396]. Entretanto, o batismo não deve ser considerado como um evento que inaugurou a "Realeza Cristã"[397]. A impor-

---

[396] O arianismo opunha aqueles que, como Arius, um padre de Alexandria, sustentavam que Jesus não era o filho de Deus, aos partidários do Concilio de Nicéia, que havia condenado as idéias de Arius como heréticas e proclamado o dogma da Trindade. As divisões não tardaram a atingir os próprios arianos. Para os mais radicais, o Cristo era *anhoimos*, ou seja, de uma outra substância que Deus; uma segunda tendência sustentava que o Cristo era *homoios*, semelhante a Deus; aqueles dentre os arianos que eram mais próximos da ortodoxia proclamavam o Cristo *homoiousios*, semelhante pela substância. Mas uma diferença permanecia: o Concilio de Nicéia havia estabelecido que o Flho era da mesma substância que o Pai (Sobre o arianismo, ver H.G. Opitz, **Urkunden zur Geschichte des arianischen Streites**; M. Simonetti, *La crisi ariana nel IV secolo*; M. Meslin **Les Ariens d'Occident, 335-430**).

[397] Ver R. Aigran, "L'Eglise franque sous les Mérovingiens", pp.329-390; também, L. Pietri, "L'Eglise du *Regnum Francorum*", pp. 745-799.

tância política da conversão e do batismo do rei dos francos não deve ser superestimada. A Igreja franca e a monarquia merovíngia não eram dois parceiros recentes. O batismo de Clovis oficializou e aprofundou as relações entre ambos os poderes, e abriu grandes possibilidades à propagação da fé cristã proclamada pelos padres do Concilio de Nicéia. Ele permitiu que alguns bispos desenvolvessem em suas exortações temas que até então estavam ausentes de sua correspondência com os reis francos, como o dever do príncipe em promover a evangelização e sua obrigação para com a salvação dos seus súditos. Porém, a idéia do rei ao serviço a povo tinha sido abordada por Remígio antes do batismo de Clóvis. É apenas depois do batismo que a idéia de serviço foi associada à salvação, tornando o conteúdo dos deveres morais do príncipe explicitamente cristão. Isso não significa que essas idéias tenham sido automaticamente incorporadas ao exercício do poder na Gália. Foi necessário um longo caminho para que essas idéias tomassem forma na legislação real franca.

Aureliano de Arles

Depois das epístolas de Remígio e de Avitus, o melhor e o mais completo exemplo, na primeira metade do século VI, de uma exortação episcopal é a epístola que Aureliano, bispo de Arles, enviou ao rei Teudeberto I. A carta foi escrita por volta de 546-548, no momento em que a cidade tinha acabado de passar sob o poder desse rei[398]. No início

[398] ***Epistolae Austrasicae***, 10, pp. 124-126. W. Gundlach, que editou o texto dessa carta nos *M.G.H.*, acreditava que seu autor é Aureliano de Arles (546-551), pois ele é o único bispo cujo nome é mencionado nos fastos episcopais como sendo um conteporâneo de Theudeberto I ("Die Sammlung der *Epistolae Austrasicae*", pp. 365-387, especialmente p. 397). Essa opinião é partilhada pela maior parte dos historiadores que analisaram o documento; é o caso, por exemplo, de M. Heinzelmann (**Bischofsherrschaft in Gallien**, pp. 149-152). Ela é, entretanto, refutada por R. Collins: para ele, do ponto de vista literário e estilístico, essa carta não poderia ser de Aureliano de Arles. Comparando a *Regula* escrita por Aureliano com a carta que lhe é atribuída, Collins afirma que esses dois textos não podem ter sido de um mesmo autor, pois o primeiro teria sido escrito em um latim de má qualidade, contrariamente à carta enviada a

do século VI, a *civitas* de Arles era a Metrópole das Gálias e sua importância como centro político e religioso havia sido ampliada durante o pontificado de Cesário de Arles[399]. Nomeado bispo da cidade por volta de 502-503, Cesário sofreu, como outros membros do episcopado provençal, os excessos do poder visigodo. Exilado em Bordeaux por Alarico II (503-507), e mais tarde reabilitado[400], ele voltou a ser exilado quando Arles passou sob o domínio dos ostrogodos após a derrota de Alarico, em 508[401]. Cesário teve um papel importante em vários concílios provinciais, desde o concílio de Agde, em 506, até o de Marselha, em 533. Ele também presidiu o Concílio de Orange, em 529. Em 514, o papa Símaco outrorgou-lhe o *pallium*[402], e no ano seguinte, um carta pontifical o nomeou "vigário apostólico" na Provença, na Narbonesa e na Espanha. Pela primeira vez na história da Igreja Católica, o *pallium* era concedido a alguém fora da Península Italiana[403].

Mais do que os textos anteriores de Remígio e de Avitus, a epístola de Aureliano é uma espécie de "espelho do príncipe" destinado a mostrar

---

Teudeberto, composta num estilo apurado e com uma retórica elaborada. O autor dessa última carta, afirma R. Collins, praticava o latim tal como um Ennodius ou um Cassiodoro, enquanto que a *Regula* teria sido redigida com uma "simplicidade bárbara". Ele estima que o autor da carta a Teudeberto I era um outro bispo chamado Aureliano, cuja identidade da sede episcopal permanece incerta e que teria vivido no sul da Gália, provavelmente na Provença ("Theodebert I, '*Rex Magnus Francorum*'", pp.7-33, especialmente pp. 19-20). P. Riché, por outro lado, não compartilha a opinião de Collins a respeito da falta de erudição de Aureliano de Arles. Riché o coloca, juntamente com Cypriano de Toulon e Ferreol de Urzes, como membro de uma última geração de bispos letrados da Gália do sul (**Education et culture dans l'Occident barbare**, p. 220). Outro argumento em favor de Aureliano de Arles é a importância e o prestigio de sua sede episcopal. É pouco provável que um obscuro bispo provençal escrevesse ao rei nos termos de uma exortação moral.

399 R. Collins, "Théodebert I '*Rex Magnus Francorum*'", pp.7-33.

400 ***Vita Caesarii*** I, 21-26, pp. 465-466.

401 ***Vita Caesarii*** I, 36, pp. 470-471.

402 ***Vita Caesarii*** I, 42, p. 473.

403 L. Duchesne, **L'Eglise au VIe siècle**, p.532; P. Batiffol, **Saint Grégoire le Grand**, p.512.

para rei as virtudes que ele deveria praticar[404]. Quase todas as virtudes mencionadas por Aureliano e endereçadas ao rei Teudeberto pertenciam ao vocabulário romano: é o caso da "misericórdia", da "justiça", da "concórdia" e da "generosidade". Nada mais natural, uma vez que essa epístola se endereçava a um príncipe com nítidas pretensões imperiais, e que recebeu, ainda no século VI, o epíteto de *magnus*. Entretanto, como bem nota P.D. King, dentre as virtudes apresentadas por Aureliano, há uma que não possuía raízes no pensamento romano secular: a *humilitas*, virtude ideal do imperador para Ambrósio de Milão e para Agostinho, mas inconcebível para os autores pagãos[405]. Em sua primeira epístola a Clóvis, Remígio exalta a *humilitas* de Clóvis, muito embora não a associe diretamente à sua conversão à fé cristã: "*É necessário fazer de modo que o julgamento de Deus continue a sustentá-lo, pois é em recompensa de tua humildade que ele fez com que tu chegastes ao ápice*". Essa *humilitas* teria permitido a Clóvis chegar até a posição em que se encontrava após a morte de seu pai, bem antes, portanto, da conversão e do batismo. Na carta de Aureliano, ela assume plenamente um caráter cristão. A *humilitas* significa, para o bispo de Arles, que o príncipe devia reconhecer o poder de Deus e se submeter às suas ordens. A menção a essa virtude tem uma implicação de suma importância: o temor do poder de Deus. Virtude diametralmente oposta à *superbia* (valor particularmente caro aos romanos), a *humilitas* do *christianus princeps* abre aos bispos a possibilidade de ensinar aos reis aquilo que é correto e aquilo que não o é. Aureliano lembra a Teudeberto I as punições que ele evita ao se comportar como um príncipe cristão. Ele insiste no dia do Juízo Final, tema caro a Gelásio e a Cesário de Arles, e também presente na primeira carta de Remígio.

Aureliano designa Teudeberto como *sacratissimus praesul* (algo como "chefe muito sagrado"). Y. Saissier acredita que essa expressão revela uma dimensão religiosa e sagrada de matriz constantiniana[406]. O bispo narra

---

[404] ***Epistolae Austrasicae***, 10.

[405] P.D. King, "Les royaumes barbares", p.130.

[406] Y. Saissier, **Royauté et idéologie au Moyen Âge**, p.82.

ao rei o *dies terroris inenarrabilis* ("dia do terror inenarrável"), o *dies furoris Dominum* ("dia do furor de Deus"), no qual os bons e os maus serão julgados, e esses últimos castigados, amaldiçoados e condenados a uma pena eterna sem a mínima consideração para com suas ilustres origens ou sua condição social. A única coisa a ser levada em conta seria o mérito de cada um: "*Assim, ser rei não é não um privilégio em si mesmo*". Em sua relação com Deus, a responsabilidade do rei seria muito maior em função da posição que esse último ocupa: "*Quanto mais você terá recebido em quantidade, mais você será devedor*"[407]. Nesse sentido, quanto mais seu *regnum* for grande, maior é o risco que o rei corre durante a grande prestação de contas. Essa concepção ministerial do poder secular, como vários autores já observaram, tem raízes na Epístola de Paulo aos Romanos, onde os governantes aparecem como servidores zelosos de Deus: "*É também por isso que pagais os impostos, pois os que governam são servidores de Deus, que se desincumbem com zelo do seu ofício*"[408].

No entanto, as reflexões de Aureliano trazem importantes modificações em relação às idéias paulinas sobre o poder. No trecho que acaba de ser citado, Paulo faz referência aos governantes, sem se ater especificamente aos governantes cristãos, problema que não se colocava naquele momento. Ao retomar o princípio da responsabilidade dos governantes, Aureliano se preocupa fundamentalmente com os governantes cristãos: "*É impossível medir as contas que o príncipe cristão deve prestar a Deus*". Para Aureliano, como para Remígio e para Avitus, o governo, muito mais do que um instrumento de Deus para punir os pecadores, é um função, um ministério, exercido em nome de Deus e em benefício de todos. Essa percepção constitui uma ruptura em relação à idéia do poder como um castigo, expressa na Epístola de Paulo aos Romanos, e que durante muito tempo os autores cristãos sustentaram como sendo a característica essencial de toda forma de autoridade:

---

[407] *Ibid.*

[408] *Rom.*, 13, 6.

> "Cada um se submeta às autoridades constituídas, pois não há autoridade que não venha de Deus, e aquelas que existem foram estabelecidas por Deus. De modo que aquele que se revolta contra a autoridade, opõe-se à ordem estabelecida por Deus. E os que se opõem, atrairão sobre si a condenação. Os que governam incutem medo quando se pratica o mal, não quando se faz o bem. Queres não ter medo da autoridade? Pratica o bem e dela receberás elogios, pois ela é instrumento de Deus para te conduzir ao bem. Se, porém, praticares o mal, teme, porque não é à toa que ela traz a espada: ela é o instrumento de Deus para fazer justiça a punir quem pratica o mal"[409].

Ao pregar a obediência às autoridades pelo fato delas terem sido instauradas por Deus, Paulo via no poder político um organismo punitivo, cuja existência se justificaia pelo castigo dos ímpios. A associação do poder à espada - o gládio – perpetuou-se nos séculos seguintes, mas a conversão dos príncipes à fé católica colocou para os autores cristãos o problema da função desses príncipes no interior da comunidade. A idéia de Paulo segundo a qual o poder é também o instrumento de Deus para conduzir ao bem foi aprofundada, e o conteúdo desse "bem" assimilado à salvação das almas. Da mesma forma, o papel do episcopado na realização dessa tarefa também foi destacado. Os bispos seriam os conselheiros privilegiados desse príncipe cuja tarefa não é apenas de punir aqueles que escapam do bom caminho. Ele é o responsável por guiá-los de modo que possam alcançar a salvação. Ao insistirem mais sobre as implicações "positivas" do papel da autoridade política do que sobre seus instrumentos punitivos, Remígio, Avitus e Aureliano outorgam ao príncipe o papel de "pastor" que conduz seu rebanho até o pasto da vida eterna, e até mesmo de "pai", muito mais do que o de "juiz"[410].

---

[409] *Rom.*, 13, 1-4.

[410] Os próprios bispos se tornaram gradualmente, e no lugar da aristocracia senatorial, o símbolo da paternidade, como mostrou M. Heinzelmann. Através do estudo de inúmeros epitáfios e elogios escritos nos séculos V e VI, esse autor mostra que os bispos apareciam nessa época como os "pais dos pobres" ou "pais da igreja", e de maneira mais sistemática como "pais do povo", "pai ou amor da cidade", "pai, salvação e orgulho da pátria". Esse conjunto de valores

Venâncio Fortunato

Venantius Honorius Clementianus Fortunatus nasceu nos arredores de Trevisa, no início do século VI. Ele chegou na Gália em 565 para uma peregrinação ao túmulo de São Martinho de Tours. Tornou-se monge por volta de 576, e em seguida bispo de Poitiers, função que ocupou até sua morte, por volta do ano 600. Entre suas obras, destacam-se as ***Carmina*** – série de onze livros de poemas sobre diversos personagens da Gália merovíngia: reis, rainhas, aristocratas, bispos, etc. – bem como várias hagiografias – a "Vida de Santa Radegonda", a "Vida de São Martinho", a "Vida de São Germano de Paris", a "Vida de Santo Aubin de Angers", a "Vida de São Patérnio de Avranches", a "Vida de São Marcelo de Paris", a "Vida de São Seurin de Bordeaux"[411]. As ***Carmina*** constituem uma substancial fonte de informaçãoes sobre a realeza: em seus onze livros, há trinta poemas que tratam de reis ou rainhas. Pouco tempo depois de sua chegada na Gália, Fortunato pronunciou em Metz o epitálamo do casamento de Sigeberto e Brunilda, seguido de um breve panegírico para marcar a conversão de Brunilda ao catolicismo[412]. Em seguida, em Paris, proferiu um longo elogio dedicado ao rei Cariberto[413], e compôs dois poemas, o primeiro sobre a Igreja de Paris[414], e o segundo sobre os

---

que associava o exercício do poder público a um conjunto de virtudes, o cristianismo teria ido buscar, segundo M. Heinzelmann, na aristocracia romana (M. Heinzelmann, **Bischofsherrschaft in Gallien**, especialmente pp. 185-246).

[411] ***Venantii Fortunati opera***, ed. F. Leo, B. Krusch, *MGH, AA* 4/1. No que se refere ao livro II e ao livro VI que são citados nesse trabalho, foi utilizada a tradução de M. Reydellet (**Poèmes**).

[412] ***Carmina*** VI, 1, VI, 1a. A publicação das ***Carmina*** deve ter ocorrido em 576, ou mais provavelmente em 577, pois ***Carmina*** V, 5 menciona a conversão dos judeus de Clermont que Gregório de Tours situa em 576 (**Histórias** V, 11). Sobre as relações entre Gregório e Fortunato, há o excelente artigo de M. Reydellet, "Tours et Poitiers: les relations entre Grégoire de Tours et Fortunat", pp. 159-167.

[413] ***Carmina*** VI, 2.

[414] ***Carmina*** II, 10.

jardins de Ultrogothe, viúva do rei Childeberto I[415]. Em 570, escreveu um longo texto sobre a morte da princesa Galswinta[416]. Em 573, quando Gregório tornou-se bispo de Tours, Fortunato redigiu dois poemas à glória de Sigeberto e de Brunilda[417], e em 580, no Concílio de Berny, convocado por Chilperico para julgar Gregório de Tours, pronunciou o elogio do rei e da rainha Fredgonda[418]. Na mesma época, Fortunato escreveu dois poemas sobre Chilperico e Fredegonda, para consolá-los pela morte de seus dois filhos, bem como o epitáfio dos mesmos[419]. Fortunato também escreveu poemas em honra de Brunilda e de seu filho Childeberto II[420].

O primeiro dos poemas que Fortunato dedicou à realeza foi escrito por ocasião do casamento de Sigeberto e Brunilda. Ele louva as glórias e as virtudes do reinado de Sigeberto, e o fato de Brunilda ter escolhido a religião católica. O poema começa mencionando os méritos guerreiros de Sigeberto, cuja reputação é, segundo ele, tão grande no Ocidente quanto no Oriente[421]. Em seguida, entre as linhas 7 e 14, Fortunato revela qual é feito militar que objeto de seu louvor: as campanhas contra os Saxões e os Turíngios, nas quais Sigeberto auxiliou seu pai Clotário:

---

415 ***Carmina*** VI, 6.

416 ***Carmina*** VI, 5.

417 ***Carmina*** V, 3.

418 ***Carmina*** IX, 1.

419 ***Carmina*** IX, 2; IX, 3; IX, 4 e IX, 5.

420 ***Carmina*** X, 10, 8; ***Apêndice*** V; ***Apêndice*** VI, 2. No que se refere à cronologia dos poemas de Fortunato, ver W. Meyer (**Der Gelegenheitsdichter Fortunatus**). A datação sugerida por Meyer não é sempre aceita por M. Reydellet, especialmente no que se refere aos poemas sobre Brunilda e sobre Childeberto II, reunidos no livro X e no Apêndice (ver M. Reydellet, "Fortunat et la vision poétique de la royauté mérovingienne", **La royauté dans la littérature latine de Sidoine Apollinaire à Isidore de Séville**, pp. 297-344, especialmente pp. 301-302).

421 ***Carmina,*** VI, 1a, *Item de Sigeberto rege et Brunichilde regina*, linhas 1-6: "*Quem poderia vos dar aquilo que vós mereceis, vós o vitorioso que a reputação faz nascer do Ocidente ao Oriente e de quem ela torna ilustre cabeça principesca?*".

> "Poderoso Sigeberto, ilustrado por triunfos luminosos, teu valor inigualável e teu nascimento fazem tua glória. Uma vez raptada por ti, a Vitória colocou suas asas e voa espalhando em todos os lugares suas benéficas proezas. Ela ecoa os nomes do saxão e do turíngio: quantos heróis, provocando sua própria perda, caíram para a glória de apenas um! Por ter marchado à frente das tropas a pé, precedendo todos, tu possues hoje uma escolta de reis. Por uma prosperidade inconcebível, tuas guerras produziram a paz e tua espada criou uma bondade assegurada. Para ampliar até o limite teu charme, enquanto que a vitória é jactância, tu permaneces mais doce à medida que sobe"[422].

Contrariamete ao que afirma J.W. George[423], Fortunato não louva nesse poema o guerreiro germânico, mas o chefe romano vitorioso. A referencia à Vitória, aliás, remete ao mesmo tema que ilustra várias das moedas cunhadas por Sigeberto, um motivo que por sua vez é derivado das moedas de Teudeberto I, de Valentiniano e de Graciano[424]. A má-reputação do gênero laudatório entre os historiadores fez com que durante muito tempo ele tenha sido menosprezado, em detrimento dos "documentos oficiais": atos das chancelarias, textos legislativos, tratados, etc. A ampliação das fontes da história política ao longo do século XX modificou a situação. Os historiadores reconhecem hoje que os textos laudatórios são fontes preciosas para a história política[425]. Os poemas de Fortunato podem, sobretudo quando tratam de personagens reais, traduzir uma visão sobre a Realeza que não era apenas o apanágio do autor,

---

422 *Ibid.*, linhas 6-18. Sobre essas campanhas de Sigeberto, ver **Histórias** IV, 10.

423 J.W. George, **Venantius Fortunatus. A Latin Poet in Merovingian Gaul,** pp. 39-40.

424 Ver A. Blanchet, A. Dieudonné, **Manuel de numismatique française**, v. 1, p. 201.

425 Ver, por exemplo, R. Koebner, **Venantius Fortunatus. Beiträge zur Kulturgeschichte des Mittelalters und der Renaissance**, vol. 22; D. Tardi, **Fortunat. Étude sur un dernier représentant de la poésie latine dans la Gaule mérovingienne**; J.W. George, **Venantius Fortunatus. A Latin Poet in Merovingian Gaul**, pp. 35-61; do mesmo autor, "Poet as politician: Venantius Fortunatus' panegyric to king Chilperic", pp.5-18; B. Brennan, "The Image of the Frankish Kings in the Poetry of Venantius Fortunatus", pp. 1-11.

mas que se encontrava igualmente difundida nas cortes que "encomendaram" tais obras. Com efeito, Fortunato provavelmente repercutiu uma sensibilidade da corte austrasiana que tendia a associar Sigeberto a um príncipe romano. O casamento com uma princesa oriunda da mais romanizada das cortes ocidentais é uma atitude que aponta nesse sentido. As idéias e até mesmo o vocabulário desse poema de Fortunato estão a tal ponto impregnadas da tradição da filosofia política romana que alguns autores como M. Reydellet enxergam paralelos com o **Panegírico de Trajano**[426]. Há também no poema uma nítida dimensão cristã, observável na penúltima frase do texto: "*Por uma prosperidade inconcebível, vossas guerras produziram a paz e vossa espada criou uma bondade assegurada*". Vê-se aqui que a idéia do poder como instrumento de punição dos maus e dos pecadores, presente na "Epístola de Paulo aos Romanos", cede lugar a uma visão positiva do gládio e de sua função. Ele é o instrumento através do qual a "paz" e a "bondade" são estabelecidas. A poesia de Fortunato repercute um tema recorrente da legislação real no século VI, o do príncipe a serviço da paz. O ***Pactus pro tenore pacis*** ("Pacto para a manutenção da paz"), redigido por Childeberto I e Clotário I antes de 558, é um bom exemplo nesse sentido. Nos escritos episcopais, no entanto, a paz não é um valor em si, como no ***Pactus***, mas tão somente um meio para se alcançar a salvação.

Entre as linhas 25 e 29 do poema a Sigeberto, a dimensão propriamente "cristã" do elogio retoma o tema do príncipe a serviço da salvação:

> "Pelo descanso do povo estás imbuído de uma piedosa preocupação. Tu foste dado a todos como a única salvação e, conforme a ordem de Deus, tu conduz a todos no tempo presente as alegrias do passado"[427].

Nesses versos, o rei está estreitamente associado ao seu povo por meio de suas obrigações para com esse último. Fortunato exprime nessa

---

[426] Ver M. Reydellet, **La royauté dans la littérature latine**, p. 321.

[427] ***Carmina***, VI, 1a, ***Item de Sigeberto rege et Brunichilde regina***, linhas 25-29. .

parte de seu poema a idéia maior da eclesiologia da Gália no século VI, segundo a qual o interesse geral se confunde com um bem não material, a salvação das almas, e que compete à Realeza a realização dessa tarefa. Além disso, a imagem de um rei que foi dado ao seu povo evoca a tradição veterotestamentária da instituição da Realeza em Israel. O primeiro livro de Samuel narra como todos os anciãos de Israel se reuniram e foram ao encontro desse juiz, pedindo que Deus estabelecesse sobre eles um rei. Exortado por Iahweh, Samuel lembrou expôs ao povo os incovenientes da existência de um rei:

> "O povo, no entanto, recusou-se a atender a palavra Samuel, e disse: 'Não! Nós teremos um rei e seremos nós também como as outras nações: o nosso rei nos julgará, irá à nossa frente e fará as nossas guerras'. Samuel ouviu tudo o que o povo disse e contou ao ouvido de Iahweh. Mas Iahweh lhe respondeu: 'Escuta a voz deles e faze reinar sobre eles um rei'"[428].

A associação entre os descendentes de Clóvis e os reis do Antigo Testamento tem sido vista de um ângulo bastante negativo. Para F. Lot, por exemplo, quando os teóricos da Igreja tentaram encontrar no passado um modelo para o rei franco, não o procuraram no passado germânico ou no passado romano, mas entre os reis de Israel. Trata-se, segundo Lot, do modelo de perfeição do "déspota oriental"[429]. Ora, ao evocarem a tradição véterotestamentária, os autores do século VI viam a realeza como a realização dos desígnios divinos, mas cuja origem primeira estava na vontade do povo. Afinal de contas, como narra o primeiro livro de Samuel, Deus teria dado um rei às doze tribos de Israel em razão do desejo do povo. Mais do que a imagem do déspota oriental, as referências aos reis do Antigo Testamento evocavam o fato de que a Realeza, mesmo sendo instituída por Deus, era o fruto da vontade do povo ou pelo menos destinava-se ao seu serviço.

---

[428] **I Samuel**, 8, 19-22.

[429] F. Lot, **Naissance de la France**, p. 167.

Essa concepção sobre a origem da realeza não é nem "ascendente", nem "descendente", para utilizar os termos consagrados por W. Ullmann. Numa obra que se tornou um clássico da história do pensamento político medieval, esse autor afirma que os princípios de governo na Idade Média eram dirigidos por duas concepções sobre a origem do poder: a ascendente, ou popular, e a descendente, ou teocrática. Nessa última, a regulamentação do espaço publico se encontaria nas mãos de um órgão supremo, na maior parte das vezes uma entidade sobrenatural, de modo que as atribuições daqueles que exercem o poder nada mais seriam que o produto da vontade desse agente situado acima de todos. Na concepção ascendente, a organização do espaço público seria um atributo da comunidade de cidadãos, o *populus* – entidade jurídica, fonte da legitimidade e da autoridade do governo. A queda de Roma, o progresso da religião cristã e a constituição dos reinos bárbaros teria provocado o desaparecimento da noção segundo a qual o povo e quem seria o depositário da soberania, e teria a capacidade de constituir uma autoridade política suprema. Em seu lugar, teria triunfado a noção cristã e oriental na qual essa autoridade como produto da vontade divina. A partir do século XII, com o desenvolvimento do Direito Romano, e em função da experiência das comunas italianas, a concepção ascendente teria, segundo Ullmann, recuperado seu prestígio[430].

O esquema interpretativo de W. Ullmann não é o melhor instrumento para se compreender as diferenças entre as concepções políticas do final da Antiguidade e do inicio da Idade Média. Mas é em sua analise da Realeza franca que o esquema se revela mais redutor. O serviço ao povo cristão pode ser considerado um elemento "protocontratual", que dá ao poder político uma base de legitimidade a meio caminho entre o princípio da origem divina e o princípio da origem popular do poder. Se para os homens dos séculos VI e VII, Deus é quem institui todas as formas de autoridade, o poder político para eles respondia a um imperativo espiritual: o auxilio à Igreja na tarefa da salvação das almas.

---

[430] W. Ullmann, **Principios de gobierno y politica en la Edad Media**, p. 24.

O poder, longe de constituir um privilégio para aquele que governa, podendo ser exercido de modo ilimitado, é restrito a um conjunto de obrigações dos governantes em relação aos governados. A legitimidade do príncipe não dependia mais unicamente de um mandato divino, mas também, e talvez, sobretudo, da realização de uma tarefa sobrenatural cujo maior beneficiário era o *populus*. O serviço do povo cristão torna-se a *raison d'être* do poder, que por sua vez não pode ser considerado como unicamente "descendente", posto que ele responde às expectativas da comunidade de fiéis. Mais importante ainda, os constantes paralelos com os reis do Antigo testamento mostram que o poder real era visto como originário de uma demanda do *populus* a Deus. Provavelmente satisfatória para a aristocracia secular, pois ela colocava o *populus* numa posição privilegiada, essa noção veterotestamentária da Realeza o era também para o clero, pois colocava o rei como uma peça essencial da economia da salvação, sem, no entanto, apresentá-lo como o representante de Deus na terra.

O tema da realeza bíblica em Fortunato aparece também no poema sobre Cariberto[431] e em um poema sobre a Igreja de São Vicente:

> "Nosso Melquisedec, de bom direito rei e padre, cumpriu, em leigo, uma obra de religião. Regente da coisa pública, os olhos voltados para o palácio celeste, ele fez da glória dos pontífices sua única regra"[432].

Melquisedec representa, no Antigo Testamento, a figura do "rei-sacerdote"[433]. Isso significa que Fortunato identifica a monarquia franca como uma realeza sacerdotal? Ou ainda que ele sustenta a existência

---

431 ***Carmina***, VI, 2, linhas 77-81: "*Quando pratiqueis a paciência de uma maneira tão aberta e admirável, podemos dizer que possuistes a indulgência de David em sua vida. Guia da justiça, amoroso do direito venerável, é de Salomão que possuistes vosso julgamento sábio*".

432 ***Carmina***, II, 10, linhas 21-24.

433 **Gênesis** 14, 18: "*Melquisedec, rei de Salém, trouxe pão e vinho; ele era sacerdote do Deus Altíssimo*".

no seio da realeza merovíngia de pretensões teocráticas semelhantes às da monarquia bizantina?[434] Na obra de Fortunato, a comparação entre o rei franco e Melquisedec tem um sentido distinto. Por meio dela, o autor busca salientar que o rei se interessa aos assuntos eclesiásticos e, sobretudo, que ele se preocupa com seus bispos. Daí a afirmação: "...*ele fez da glória dos pontífices sua única regra*" ("...*unica pontificum gloria norma foge*"). Além disso, na *Epístola aos Hebreus*, Melquisedec aparece como a figura profética do Cristo[435]. A comparação feita por Fortunato não implica, portanto, na defesa de uma "realeza sacerdotal". Trata-se de uma alegoria destinada a sublinhar um aspecto indissociável do comportamento do bom rei: a atenção dispensada aos bispos e aos conselhos que esses últimos estavam dispostos a lhe dar[436].

O segundo poema que Fortunato consagrou inteiramente a um rei merovíngio foi escrito em homenagem a Cariberto, e declamado pela primeira vez em Paris, muito provavelmente por ocasião de uma "entrada triunfal" (*adventus*) em Paris, quando assumiu a herança paterna, após a expulsão de seu irmão Chilperico da cidade. Muito embora o próprio poema traga a descrição de um *adventus*, cerimônia tipicamen-

---

[434] Essa é, por exemplo, a opinião de O. von Simpson (*Sacred Fortress, Byzantine Art and Statecraft in Ravenna*), de J.W. George (**Venantius Fortunatus. A Latin Poet in Merovingian**, p. 43). Sobre as referências a Melquisedeque nos primeiros séculos da Era Cristã, ver G. Bardy, "Melchisédech dans la tradition patristique", pp.496-509.

[435] **Hebreus**, 7, 1-3: "*Este Melquisedec é de fato, rei de Salém, sacerdote de Deus Altíssimo. Ele saiu ao encontro de Abraão quando este regressava do combate contra os reis, e o abençoou. Foi a ele que Abraão entregou o dízimo de tudo. E seu nome significa, em primeiro lugar, 'Rei de Justiça'; e, depois, 'Rei de Salém', o que quer dizer 'Rei da Paz'. Sem pai, sem mãe, sem genealogia, nem princípio de dias nem fim de vida! É assim que se assemelha o Filho de Deus, e permanece sacerdote eternamente*".

[436] O paralelo entre os reis francos e os reis do Antigo Testamento não e uma exclusividade das fontes "laudatórias". Nas **Histórias**, por exemplo, Gregório descreve o rei Clotário avançando como um novo Davi pronto a combater seu filho: "*Senhor, olhe do alto de Céu e julgue minha causa, pois e injustamente que eu sofro os ultrages de meu filho. Olhe Senhor, julgue justamente e pronuncie o mesmo julgamento que outrora tu pronunciastes para Absalão e seu pai Davi*" (**Histórias** IV, 20).

te romana, Fortunato identifica em Cariberto mais do que os atributos do governante romano:

> "Aqui o aplaudem os bárbaros, lá os romanos: em diversas línguas, é um mesmo elogio desse herói que se sobressai. Ame, Paris, aquele que reina em tua poderosa cidadela, e venere o protetor que te presta assistência. Beije-o hoje, alegre e entusiasta, de tuas mãos plenas de desejos: **ele é pelo direito teu senhor, mas pela bondade teu pai**" (grifo nosso)[437].

A referência à "bondade paternal" indica que o rei protege e assiste seus súditos, e, mais importante ainda, que essa proteção e assistência é que fornecem o conteúdo, e provavelmente a legitimidade, ao exercício da dominação. O bom rei, portanto, está longe de encontrar sua fonte no mundo romano: ao ressaltar a indulgência e a sabedoria de Cariberto, Fortunato o compara a Davi e a Salomão. Encontramos na obra de Venâncio Fortunato o mesmo tema desenvolvido nas epístolas de Remígio, Avitus e Aureliano: o rei que ultrapassa o rigor de um simples juiz por sua bondade. O governante ideal na perspectiva de Fortunato é aquele que traduz no exercício de seu poder o principio da *pietas* cristã. Trata-se de um tema recorrente na tradição episcopal ao longo do século VI: ser rei não é suficiente, é necessário ser um rei católico.

Ainda nesse poema a Cariberto, Fortunato retoma o tema da nobre linhagem dos merovíngios, desenvolvido pelo bispo Avitus de Viena em sua carta a Clóvis, ao escrever sobre o significado do batismo desse último:

> "Descendente de uma altíssima linhagem, centelhando de uma nobre luz, sua glória provém de sublimes antepassados. Pois quaisquer que sejam aqueles dentre seus antigos pais que eu queira mencionar, são reis de uma raça gloriosa que aparecem e cuja fé altíssima empurrou o cume até o céu. É ela

---

[437] ***Carmina*** VI, 2, linhas 7-12.

que colocou teu pé sobre a cabeça das nações, que lhes fez pisar os inimigos inchados de orgulho e relevar seus amigos, protegeu aqueles que se submetem e esmagou os rebeldes"[438].

Fortunato evoca a "nobre ascendência" de Cariberto, mas deixa claro que é a fé que teria levado até o ápice o prestígio dessa linhagem. No que se refere ao restante do poema, e a começar pela evocação do *adventus*, o poema a Cariberto é um retrato bastante romano. Cariberto é louvado por sua capacidade em manter a paz e a prosperidade de seu reino[439]. O texto se aproxima em muito dos panegíricos latinos pelas virtudes que são associadas ao rei franco: a *pietas*, a *sapientia*, a *iustitia*, a *patientia*, a *moderatio*[440]. Comparado a Trajano por sua bondade e a Fabius pela sua gravidade, Cariberto é também louvado por seu domínio da língua dos romanos[441] e por sua capacidade de ser o defensor e o guia de seu povo[442].

O terceiro poema real de Fortunato foi dedicado a Chilperico por ocasião do concílio de Berny, em 580[443]. Esse concilio foi convocado por Chilperico com o objetivo de julgar Gregório de Tours, acusado pelo conde de Tours, Leudastus, de ter caluniado a rainha Fredegonda, ao pretender que ela mantinha relações adúlteras com o bispo metropolitano de Bordeaux[444]. Esse é o poema de Fortunato que gerou o maior número de polêmicas entre os historiadores modernos: compreende-se mal que um próximo do bispo de Tours tenha aceitado proferir o elogio daquele que é descrito nas **Histórias** como a antítese do bom rei. S. Dill

---

438 *Ibid.*, linhas 27-34.

439 *Ibid.*, linhas 37-44.

440 *Ibid.*, linhas 61-96.

441 *Ibid.*, linhas 97-100.

442 *Ibid.*, linhas 111-114.

443 ***Carmina*** IX, 1. Sobre as discussoes sobre o local e a data desse concilio, ver C.J. Hefele e H. Leclercq, **Histoire des conciles d'après des documents originaux par C.J. Hefele**, t. III, p. 200, n. 1.

444 **Historias** V, 49.

considera Fortunato um manipulador das palavras sem nenhuma outra preocupação que seus proprios interesses[445]. Para R. Koebner, Fortunato tem um comportamento de oportunista, mas o que estaria em causa, antes de mais nada, é o gênero literario por ele praticado, que seria particularmente susceptivel à dissimulação[446]. Cogitou-se também que Fortunato proferiu o elogio de Chilperico para tentar remediar a situação precária de Gregório durante o concílio.

Os termos utilizados por Fortunato são, de fato, bastante elogiosos em relação a Chilperico e à rainha Fredegonda, e contrastam em muito com a descrição feita pelo bispo de Tours sobre esses personagens. Fortunato sublinha as realizações literárias de Chilperico:

> "Tua coragem evoca teu pai, tua oratória, teu tio; mas tu ultrapassaste tua família inteira por teu entusiasmo em aprender. Dentre todos os reis, teus iguais, tu possues mais alta estima em razão de teus versos, nenhum de teus antepassados o igualou no aprendizado. Tuas qualidades de guerreiro o fizeram à imagem de tua família, mas tua literatura o tornou excepcional"[447].

Ora, Gregório estigmatiza os versos "mancos" desse rei ignorante que teria colocado "*as sílabas breves no lugar das sílabas longas e as longas no lugar das breves*"[448]. Há outras discrepâncias nos relatos desses dois autores. Aquele que, segundo o bispo de Tours, tinha por hábito castigar os homens "*injustamente por causa de seus riquezas*", é descrito por Fortunato como um amante da justiça:

> "Que direi de tua administração da justiça, ó príncipe? Ninguém se indispõe contigo se procura realmente a justiça, pois em teu honesto discurso estão

---

445 S. Dill, **Roman Society in Merovingian Gaul**, p. 333.

446 R. Koebner, **Venantius Fortunatus. Beiträge zur Kulturgeschichte des Mittelalters und der Renaissance**, p. 95.

447 ***Carmina***, IX, 1, linhas 103-108.

448 **Histórias** VI, 46.

presentes as escalas da justa medida e o curso da justiça contínua. A verdade não é incomodada, a mentira e o engano não arranjam nada, a trapaça foge diante de vosso julgamento, e a ordem volta"[449].

A referência à capacidade do rei em julgar corretamente pode ser parte da estratégia de Fortunato em convencê-lo a evitar a condenação de Gregório. O texto laudatório não é um retrato fiel fo objeto descrito, tampouco uma deliberada deturpação do mesmo com o simples objetivo de "adular o rei". Ele serve como instrumento de transformação de uma determinada conjuntura. Aqui, especificamente, o poema busca um objetivo pontual: influenciar a atuação de Chilperico no julgamento do bispo de Tours. À luz do comentário feito pelo próprio Gregório de Tours a respeito da atuação de Chilperico no Concílio de Berny, os elogios de Fortunato parecem menos surpreendentes: "*Todos admiraram a sabedoria e ao mesmo tempo a paciência do rei*"[450]. Mais adiante, veremos como os poemas de Fortunato podem ter buscado um objetivo mais amplo.

Ao celebrar as virtudes estratégicas de Chilperico, Fortunato o chama de "muro", "torre", "escudo":

> "Em ti, nosso governante, o país tem um muro de defesa estabelecido ao redor dele e um portão de ferro eleva sua cabeça muito alto. Tu brilhas adiante, uma torre adamantina para vosso país do sul, e abrigas as esperanças do povo sob um escudo firme"[451].

Não há nenhuma referência a eventuais vitórias de Chilperico no campo de batalha; somente seus talentos defensivos são celebrados. Isso pode ser uma maneira para Fortunato de evocar o fato de que esse rei efetivamente resistiu, e de maneira eficaz diga-se de passagem, aos

---

[449] ***Carmina***, IX, 1, linhas 85-90.
[450] **Histórias** V, 49.
[451] ***Carmina***, IX, 1, linhas 79-82.

ataques de seus irmãos. Como se pode observar através desse exemplo, o gênero laudatório não pode prescindir de um mínimo de verossimilhança. Note-se que Fortunato não ousa louvar os talentos ofensivos – que as fontes são unânimes em apontar que eram inexistentes – de Chilperico. Além disso, a alegoria defensiva traz consigo um aspecto positivo na construção da imagem real: ela serve para evocar o papel do rei como o protetor de seu povo.

Finalmente, nas linhas 50-54 do poema dedicado a Chilperico, há uma passagem sobre a relação do rei com os bispos :

> "Quando os inimigos procuravam elevar uma guerra destrutiva contra ti, a fé, forte ante às armas, lutou por ti. Tua causa alcançou com sucesso um julgamento sem ti, e a sé elevada voltou ao seu justo lugar"[452].

A palavra "sé", na última frase do fragmento acima citado, deve ser interpretada no sentido do assento episcopal, ou "cátedra". O fato de que ela retornou ao seu justo lugar pode ser uma evocação do julgamento de Pretextatus, ocorrido três anos antes, em 577. Saliente-se que o próprio Pretextatus havia confessado ter participado de um complô contra o rei. Ao julgá-lo e ao baní-lo do reino, Fortunato dá a entender que Chilperico teria agido corretamente. Não obstante, e é isso que o autor parece sugerir, o rei se enganaria ao procurar inimigos lá onde ele não existiam, isto é, em Gregório de Tours[453]. É também aos bispos que Fortunato faz referencia quando descreve a "fé" lutando pelo seu príncipe. Ele louva assim a lealdade do episcopado para com Chilperico, e o que é mais importante, associa a vitória desse último ao apoio dado por esse grupo. Maneira hábil de lembrar aquilo que o rei devia ao episcopado, e a necessidade de manter o apoio desse último, absolvendo Gregório.

Uma possível explicação para o tom apologético usado por Fortunato em seu panegírico é que os elogios eram destinados a influenciar Chilperi-

---

[452] ***Carmina***, IX, 1, linhas 50-54.

[453] J. Georges, **Venantius Fortunatus. A Latin poet in Merovingian Gaul**, pp. 51-52.

co, a persuadí-lo de apoiar o bispo de Tours face às acusações que lhe eram feitas por Leudastus no Concílio de Berny. Todavia, esses versos de uma condescendência extraordinária, sobretudo se comparados ao retrato de Chilperico pintado por Gregório, não se explicam não só por uma escolha "tática" do autor. Quando Fortunato atribui a Chilperico certas virtudes as quais ele provavelmente estava persuadido que esse rei não possuía, como, por exemplo, o amor da justiça, ele apresenta um modelo a seguir. O panegírico de Chilperico, mais do que uma descrição do governo desse último, traz consigo o "programa" de sua transformação. Ao mostrar os bispos como fiéis do rei e como os fiadores do sucesso do seu governo, Fortunato aproxima-se da visão de Gregório de Tours sobre o papel da Realeza no mundo. Sua obra constitui, de fato, à primeira vista, um retrato excessivamente generoso dos reis francos, mas ela constitui também, e talvez sobretudo, um modelo para o futuro da monarquia franca.

Os panegíricos reais de Fortunato não são homogêneos. As descrições de Sigeberto, de Chilperico e de Cariberto estão repletas de nuances[454]. Os adjetivos usados de Fortunato não são os mesmos, e quando isso ocorre, eles não são utilizados com a mesma intensidade para cada um dos reis em questão. O panegírico de Sigeberto está muito marcado pelas qualidades militares, mas também por seu papel na salvação do povo. As características romanas predominam no panegírico de Cariberto, mas os elementos cristãos não estão ausentes. E, finalmente, no panegírico de Chilperico, sobressai a imagem de um rei que governa o reino com justiça e com o auxilio dos bispos. Essas nuances podem ser explicadas por uma evolução do estilo do autor, pelas diferentes circunstâncias às quais ele estava confrontado, e até mesmo pelo fato de que sua concepção da realeza pode ter evoluído à medida que ele escrevia seu obra. Contudo, talvez se acorde uma importância excessiva aos fatores literários para explicar as diferenças entre os panegíricos reais.

---

[454] Contrariamente à opinião de M. Reydellet: "*É inútil procurar em Fortunato o que distingue Sigeberto e Cariberto, e esses dois soberano de Chilperico. Todos os três são reis igualmente justos, bons e virtuosos*" (**La royauté dans la littérature latine**, p. 320).

Em seus retratos reais, Fortunato tenta se adaptar às peculiaridades políticas dos diversos *regna*. Assim, por exemplo, seu retrato "romano" de Sigeberto coincide propositadamente com a sensibilidade pró-romana da corte de Metz a que já aludimos aqui e que se verifica através de iniciativas como a cunhagem de moedas pseudo-imperiais, sob o reinado de Teudeberto, ou ainda a compilação, ordenada pela rainha Brunilda, da correspondência com os imperadores. Entretanto, para além desses elogios a uma primeira vista dissonantes, havia uma mesma percepção da "Realeza Cristã". O rei ideal na perspectiva de Fortunato é aquele que, como Cariberto, é o mestre pelo direito e o pai por sua bondade. Como Sigeberto, ele é o responsável pela salvação do povo, e como Chilperico, ele defende a justiça, auxiliado pelos conselhos dos bispos.

Gregório de Tours e Chilperico nos Decem Libri Historiarum

Os ***Decem Libri Historiarum*** (também chamados de **Histórias**) compõem-se de 443 capítulos distribuídos em 10 livros. O primeiro livro, com seus 48 capítulos, começa com a criação da Igreja pelo Cristo (que o autor coloca em paralelo com a Criação do mundo por Deus) e termina com a morte de São Martinho de Tours, em 397. O segundo livro, que aborda mais detalhadamente a história dos reis francos e da Igreja da Gália, com 43 capítulos, se estende desde o advento de Brício, sucessor de São Martinho, até a morte de Clóvis, em 511. Os oito livros restantes tratam dos reinados dos filhos e dos netos de Clóvis no período compreendido entre 511 e 591. O terceiro livro (37 capítulos) se prolonga até a morte de Teodeberto I, em 548. O quarto, e também o mais longo pelo número de capítulos (51), termina com a morte do rei Sigeberto, em 575. A partir do quinto livro, o relato torna-se cada vez mais minucioso. Os livros VI, VII, VIII, IX e X, por exemplo, cobrem um período de apenas 11 anos, entre 580 e 591[455]. A.H.B. Breukellaar estima que não há razão algu-

[455] M. Cândido da Silva, "Providencialismo e história política nos ***Decem libri Historiarum***, de Gregório de Tours", pp.137-160.

ma para se pensar que Gregório tenha esperado sua consagração como bispo de Tours para começar a escrever. Ele teria começado bem antes de se mudar para Tours, quando ainda ocupava uma função eclesiástica em Clermont. O indício que Breukelaar apresenta para sustentar sua tese é o fato de que nos primeiros quatro livros dos *Decem Libri Historiarum*, as referências à cidade de Clermont são muito mais numerosas do que aquelas que remetem à cidade de Tours[456]. Contudo, como bem mostrou M. Heinzelmann, os ***Decem Libri Historiarum*** foram ordenados e editados por Gregório pouco antes de sua morte[457].

Por mais paradoxal que possa parecer, a chave para se compreender a visão de Gregório sobre os deveres do rei cristão não está na descrição do "governo ideal", mas de sua antítese. Ao apontar os pecados e os defeitos do rei Chilperico, o bispo de Tours explicita uma noção de Realeza Cristã que é amplamente compartilhada pelo episcopado da Gália franca. Chilperico, o personagem cuja morte é descrita pelo bispo de Tours no capítulo 46 do livro VI das **Histórias**, é filho do rei Clotário I e da rainha Aregonda (c.520-c.580), e nasceu por volta de 537. Em 561, com a morte de seu pai, herdou o *regnum* cuja capital era a cidade de Soissons. Após repudiar sua esposa Audovera (†580), em 564, Chilperico se casou com Galswinta (†564), cuja irmã, Brunilda, tinha esposado o rei franco Sigeberto – meio-irmão de Chilperico. O assassinato de Galswinta, cuja responsabilidade foi imputada a Chilperico, bem como as desavenças em torno da herança de Clotário I, desencadearam uma série de conflitos entre os reis francos que não terminaram com o assassinato de Chilperico, em 584. Entre todos os descendentes de Clóvis, Chilperico é aquele que dispõe da pior reputação entre os historiadores modernos, e isso graças à descrição feita pelo bispo de Tours nas **Histórias**. G. Tessier, por exemplo, afirma que os sentimentos pessoais de Gregório podem ter interferido no retrato sem nenhuma indulgência que esse último

---

456 A.H.B. Breukelaar, **Historiography and episcopal authority in sixht-century Gaul: the Histories of Gregory of Tours interpreted in their historical context**, pp.29-50.

457 M. Heinzelmann, **Gregory of Tours: history and society in the sixth century**, pp.96-102.

estabelece do rei franco, mas acredita que esse retrato corresponde de um modo geral à personalidade de Chilperico[458]. As análises mais recentes de W. Goffart e de M. Heinzelmann, ao chamarem atenção para o conteúdo ideológico presente na obra de Gregório, permitiram que se duvidasse da verossimilhança de alguns aspectos da descrição negativa de Chilperico. No entanto, essas análises também lançaram certo descrédito sobre o papel dos *Decem Libri Historiarum* na escrita da história da monarquia franca. Um manual destinado a servir e à confortar a posição do episcopado não seria o texto mais seguro e objetivo a partir do qual reconstituir as relações de poder na Gália da segunda metade do século VI. Nas páginas seguintes, buscar-se-á discutir os problemas e os limites da utilização desse texto pelos historiadores.

Na primeira frase, Gregório faz referência ao casamento da filha de Chilperico, a princesa Rigonta com o rei visigodo Recaredo, evento descrito por ele no capítulo anterior: "*Enquanto essas pessoas prosseguiam sua rota com seu espólio, Chilperico, o Nero e o Herodes de nosso tempo, vai até a* villa *de Chelles, que se encontra a cerca de cerca de cem estádios de Paris, e se exerce na caça*"[459]. As pessoas que ele menciona tinham sido encarregadas por Chilperico de conduzir sua filha até a Espanha. O dote que a princesa leva consigo é chamado de "espólio", pois no capítulo anterior Gregório descreve como o tesouro público e os próprios francos foram dilapidados para constituí-lo. Embora essa acusação já aponte para uma descrição bastante negativa de Chilperico, o mais significativo, nessa frase, é a afirmação de que ele é "*o Nero e o Herodes de nosso tempo*". É evidente que a referência por parte de um bispo cristão a esses dois personagens não é nem um pouco lisonjeira. Contudo, para compreender o sentido que Gregório dá a essa comparação, é necessário observar como ele descreve esses personagens em outras partes de sua obra: "*Furioso contra eles por que pregavam o Cristo filho de Deus e por*

---

[458] G. Tessier, **Le baptême de Clovis**, p.192.

[459] **Histórias** VI, 46.

que se recusavam a adorar os ídolos, Nero fez perecer Pedro sobre a Cruz e Paulo pela espada"[460]. Nero é, portanto, o imperador que atacou o culto do Cristo e que mandou assassinar São Pedro e São Paulo. Trata-se de um inimigo da Igreja e, mais particularmente, do Cristo e de seus discípulos. E quanto a Herodes: "*Herodes, temeroso por sua realeza, e que perseguiu o Cristo-Deus, massacrou todas as crianças pequenas...*"[461]. Mais do que o governante cruel que teria mandado matar os recém-nascidos, o que sobressai nesse trecho é a imagem de um rei que temia que o Cristo ameaçasse sua realeza.

Não é uma simples coincidência a associação de Chilperico a Nero, o "assassino dos Apóstolos", e a Herodes, o "inimigo da realeza do Cristo". Através dessa comparação, é bastante provável que Gregório tenha pretendido referir-se ao rei como um inimigo dos bispos e como o detentor de uma realeza que era o oposto daquela preconizada pelo Cristo. É possível igualmente que o bispo de Tours tenha tentado mostrar a aversão de Chilperico ao episcopado como um signo do "ciúme" nutrido por esse último em relação à Realeza do Cristo, daí a comparação com Herodes. O orgulho e a crueldade de Nero e de Herodes servem, nas **Histórias**, para sublinhar um traço da personalidade de Chilperico: sua falta de respeito em relação aos bispos e aos conselhos que esses últimos poderiam lhe oferecer.

O texto prossegue com a descrição das circunstâncias do assassinato de Chilperico:

> "Quando um dia regressava da caça sob uma noite obscura, e descia do cavalo apoiando uma mão sobre os ombros de um servo, veio um homem que o atingiu com uma faca sob a axila e com um outro golpe perfurou seu ventre; imediatamente, jorrou sangue pelos ferimentos e sua alma iníqua se foi"[462].

---

[460] **Histórias** I, 25.

[461] **Histórias** I, 19.

[462] **Histórias** VI, 46.

A morte aqui aparece como a punição pelos atos perpetrados por esse rei, e que Gregório afirma ter descrito anteriormente: "*O mal que fez, o texto que precede o mostra*". O bispo de Tours parece, inicialmente, remeter o leitor aos trechos anteriores de sua obra onde aborda os males feitos por esse rei, sem dar a impressão de que vai se prolongar no assunto. No entanto, o capítulo 46 constitui um inventário do reinado de Chilperico: "*Devastou e incendiou inúmeras regiões, e não sentia nenhuma dor por isso, ao contrario, ficava alegre, tal como Nero em outros tempos, que cantava tragédias durante os incêndios de seu palácio*". Na associação com Nero e com os incêndios por ele promovidos, fica nítida a filiação à tradição cristã, muito embora não se possa também descartar uma possível influência da literatura de origem senatorial no texto gregoriano. De fato, é possível traçar alguns paralelos entre o retrato de Chilperico nas **Histórias** VI, 46 e o retrato de Nero nos **Anais**, de Tácito. No primeiro texto, Chilperico aparece como aquele que "*No que se refere à depravação e à luxúria, não se pode encontrar em pensamento algo que não tenha perpetrado na realidade...*". Nos *Anais*, Nero é aquele que "*...não teria omitido nenhum ato vergonhoso para atingir o mais alto grau de corrupção*"[463]. Isso não significa que Gregório tenha sido um leitor de Tácito; não há evidências nesse sentido. Todavia, é preciso reconhecer que alguns dos elementos da construção da imagem negativa de Chilperico parecem diretamente oriundos de uma tradição literária anti-imperial da qual faz parte a obra de Tácito. É o caso, por exemplo, da acusação de que Chilperico "*Era um glutão cujo deus era o ventre*", ou ainda de que ele "*Pretendia que ninguém era mais sábio do que ele*". O paralelo com os festins promovidos por Nero e com as pretensões literárias do mesmo é bastante verossímil.

Por outro lado, pode-se questionar o sentido da comparação de Chilperico com o imperador Nero. Exemplos de maus governantes não deveriam faltar a Gregório, e mesmo de maus governantes que perse-

---

[463] Tácito, **Anais** XV, 37.

guiram os bispos. A escolha de Nero tem uma outra razão. A razão dessa escolha são as pretensões literárias do rei:

> "Compôs dois livros, à imitação de Sedulius, cujos versos débeis não podem permanecer de pé – em sua ignorância, colocou as silabas breves no lugar das longas e as longas no lugar das breves – e opúsculos, hinos e missas que não podem ser aceitas sob nenhuma razão"[464].

Nesse trecho, é possível observar que Chilperico buscou introduzir novas letras no alfabeto; ora, o imperador Cláudio procedeu da mesma maneira. Fica claro também que ao compor hinos e missas, Chilperico interferiu em matéria teológica, de maneira não muito distinta do que fez Justiniano. Através desse trecho de seu relato, Gregório revela um príncipe que tinha como norte de sua ação alguns imperadores romanos e o modelo imperial romano. Ao ridicularizar as ambições literárias e teológicas desse príncipe, o bispo de Tours dá indícios da existência de uma política sistemática de *imitatio imperii* ("imitação do Império"). Mas, ao comparar Chilperico a Nero, Gregório busca mostrar o fracasso dessa política. Outro indício de que o rei franco atuava no sentido de aproximar seu governo dos padrões imperiais é a menção pelo bispo de Tours da prática de se arrancar os olhos dos culpados de certos crimes, o que era uma prática recorrente em Bizâncio[465].

> "...desse modo, se em seu tempo descobrisse culpados, seus olhos eram arrancados. E nos preceitos que dirigia aos juízes para seus próprios interesses, ele acrescentava: 'Se alguém viola nossos preceitos, a pena deve ser ter os olhos arrancados'"[466].

Em suma, a referência a Nero tem a função, na narrativa de Gregório, de ridicularizar as pretensões imperiais de Chilperico e também de

---

[464] **Histórias** VI, 46.

[465] M. Reydellet, **La royauté dans la littérature latine**, p. 419.

[466] **Histórias** VI, 46.

mostrá-las sob o prisma da crueldade. É uma maneira hábil de desacreditar a política constantiniana de seu rival sem, no entanto, atacar a própria função imperial. Saliente-se, a título de exemplo, que Tibério representa para Gregório o exemplo do bom imperador. Não se trata, portanto, de uma indisposição do bispo de Tours para com o Império ou com a função imperial. A obra gregoriana, em que pese seu caráter de "manual do poder episcopal" – para utilizar a expressão de W. Goffart –, pode ser utilizada como fonte para o estudo da monarquia franca, e não apenas para a concepção de poder dos bispos da Gália.

Apesar de uma possível influência da literatura senatorial, Gregório busca dar uma conotação específica à crueldade de Chilperico, próxima das preocupações do episcopado franco: *"Puniu vários homens de maneira injusta. Em seu tempo, poucos clérigos obtiveram o episcopado"*. Além de se comportar de maneira injusta, e, portanto, contrária àquilo que se espera de um bom governante, Chilperico teria nomeado poucos clérigos à função episcopal. A eleição de um bispo na Gália do século VI, mesmo quando ocorria segundo as regras canônicas, ou seja, pela eleição "do clero e do povo", necessitava da confirmação do rei para ser validada. Faz sentido, portanto, que Chilperico tenha deixado vagas varias sés episcopais. Mas por qual razão? Mais uma vez, é o próprio Gregório quem dá indícios de uma possível resposta:

> "Ele tinha aversão aos interesses dos pobres. Blasfemava assiduamente contra os sacerdotes do Senhor, e quando estava entre os seus, nada lhe era mais agradável do que ridicularizar e pilheriar os bispos das igrejas. Ele dizia que um era desenvolto, o outro vaidoso, um outro excessivo e um outro luxurioso; pretendia que um era altaneiro, o outro orgulhoso; não havia nada que odiasse mais do que as igrejas. Pois em efeito dizia na maior parte do tempo: 'Eis que nosso fisco permanece pobre, eis que nossas riquezas são transferidas às igrejas; ninguém reina mais, somente os bispos; nosso poder (*honor*) morreu e foi transferido aos bispos das cidades'"[467].

---

[467] *Ibid.*

Pode-se supor que Chilperico desconfiava dos bispos que "usurpavam" as prerrogativas da autoridade real. É compreensível que ele tenha praticado a política da "sé episcopal vazia", de forma a reduzir a influência dos bispos. De acordo com a descrição de Gregório, Chilperico não só falava claramente de seus temores em relação ao crescimento da influência política dos bispos, como também se queixava de que o episcopado governava em seu lugar e usurpava as riquezas do reino. Pode-se deduzir que o projeto político desse rei comportava a redução da influência dos bispos nas *civitates* e, ao mesmo tempo, a recuperação das prerrogativas da Realeza e de seus representantes laicos.

Mais do que sua ignorância da literatura, dos dogmas e da métrica, ou ainda o desrespeito à palavra dada, o que torna Chilperico o arquétipo do mau-governante aos olhos de Gregório é sua relação com os bispos (o fato de não escutá-los como se deveria e de humilhá-los):

> "Enquanto afirmava isso, os testamentos redigidos em benefício das igrejas eram na maior parte do tempo violados, e ele pisava freqüentemente os preceitos de seu pai, pensando que não restava ninguém para fazer respeitar suas vontades"[468].

Quando Gregório remarca a vaidade daquele que acredita ser mais sábio do que qualquer um, ele se refere à recusa de Chilperico em ouvir e aceitar os conselhos dos bispos. É possível perceber nas ações desse rei descritas pelo bispo de Tours uma concepção "constantiniana" do exercício da autoridade real. É ela, aliás, a chave para se compreender a oposição do bispo de Tours a Chilperico. As pretensões literárias reforçam a imagem de um príncipe cujas referências eram os imperadores romanos que, como vimos anteriormente, eram também prolíficos em incursões no domínio da liturgia, da literatura e das questões doutrinárias. Gregório vê nas iniciativas de Chilperico apenas uma impostura, o fruto da ambição desmedida de um rei que teria ousado interferir

---

[468] *Ibid.*

em domínios reservados aos bispos. Em suma, o fato de que Chilperico tenha pretendido aparecer aos seus súditos como um digno sucessor dos imperadores romanos não passou despercebido para Gregório.

O contraponto que Gregório oferece desse que pretendia ser igual aos imperadores é o de um rei que, além de conseguir igualar-se apenas a Nero, governava levando em conta unicamente seus interesses pessoais: "*Et in praeceptionibus quas ad iudicis pro suis utilitatibus dirigebat, hac addebat: 'Si quis praecepta nostra contempserit, oculorum avulsione multetur*'". A tradução francesa e a tradução inglesa dos *Decem Libri Historiarum* dão sentidos sensivelmente diferentes a essa frase. R. Latouche a traduz da seguinte maneira : "*...et dans les préceptes qu'il adressait aux juges pour ses affaires il ajoutait cette clause...*" (p. 72); já L. Thorpe prefere: "*In the instructions wich he issued to judges for the maintenance of his decrees...*" (p. 380). A tradução de R. Latouche é a mais adequada, pois com o termo *utilitas*, em outras partes de seu texto, Gregório designa "assuntos", "interesses", e não "decretos"[469]. No mesmo capítulo 46, Gregório afirma que Chilperico "*tinha em aversão os interesses dos pobres*" ("*causas paperum exosas habebat*"). Há uma estreita correlação entre essa frase e a idéia segundo a qual Chilperico, em suas ações, "*... pro suis utilitatibus dirigebat...*". Seria normal, na perspectiva do bispo de Tours, que um rei que tinha aversão aos interesses dos pobres, se ocupasse, em seus atos de governo, unicamente de seus próprios interesses.

Em outros trechos das **Histórias**, Gregório emprega a expressão "*utilitas publica*"[470]. Ela aparece apenas em situações envolvendo Childeberto II e Gontrão. Para se entender seu sentido, é possível partir da descrição que Gregório faz de Chilperico. Em primeiro lugar, no livro VI, capítulo 46, o bispo de Tours apresenta ao leitor uma antítese do rei ideal, do rei cristão. Chilperico é o rei cruel, que humilha e despreza os bispos e tem aversão aos interesses dos pobres. A Realeza de Chilperico seria a encarnação de um poder desligado de qualquer obrigação em

---

[469] **Histórias** X, 9; **Histórias** X, 19.

[470] **Histórias** IX, 10; **Histórias** IX, 20.

relação aos pobres e voltado unicamente para a satisfação dos interesses pessoais do rei (*"suis utilitatibus"*). Logo, pode-se deduzir que a *"utilitas publica"* é, para Gregório, indissociável da preocupação do governante com os pobres, com a Igreja e com os bispos. Os interesses de Chilperico, aos quais ele atribui uma conotação pessoal, se oporiam à *"utilitas publica"* que o bom príncipe deve perseguir em seus atos de governo. Quando o bispo de Tours qualifica as motivações dos atos de Chilperico como estritamente pessoais, ele recusa o complemento "pública" a uma *utilitas* que não levaria em conta os conselhos dos bispos, e que por isso mesmo seria estrangeira a toda consideração de ordem moral. Para Gregório, portanto, toda autoridade que não esteja fundada na preocupação cristã pelo interesse dos pobres não possui qualquer dimensão pública, ou seja, qualquer legitimidade.

A descrição das condições da morte de Chilperico é o ponto culminante do retrato "gregoriano" desse rei:

> "Ele jamais amou alguém de maneira pura e não foi amado por ninguém; eis porque, quando exalou seu último suspiro, todos o abandonaram. Mallulfus, bispo de Senlins, que o esperava em vão por uma audiência há três dias em sua tenda, veio assim que soube de seu assassinato. Após tê-lo lavado, ele o vestiu com suas melhores roupas e, tendo passado a noite a contar hinos, ele o colocou em um navio e o enterrou na Basílica de São Vicente, em Paris, enquanto a rainha Fredegonda permanecia sozinha na catedral"[471].

Gregório mostra ao leitor que aquele que durante toda vida não havia tido a mínima consideração em relação aos bispos – e que o demonstrou mesmo nos seus últimos instantes, obrigando o bispo de Senlins a esperar três dias por uma audiência – acabou encontrando, depois de morto, somente esse bispo para vestir seu cadáver e enterrá-lo. O evento tem, portanto, um sentido moral e político, mais do que simplesmente exemplar: ele demonstra o triunfo do episcopado sobre

---

[471] **Histórias** VI, 46.

o seu maior inimigo entre os reis francos. A título de comparação, a morte de Gontrão sequer é mencionada nas **Histórias**. Entretanto, Gregório tomou conhecimento dela antes de terminar a redação dessa obra, como mostra um trecho dos ***Septem libri miraculorum*** dedicado aos milagres de São Martinho: "*Tempos depois, após a morte do gloriosíssimo rei Gontrão...*"[472]. Uma possível explicação para essa omissão, provavelmente deliberada, está no sentido providencial do relato da morte de Chilperico: o assassinato desse rei cruel, inimigo dos bispos e da Igreja, marca, nas **Histórias**, a derrota dos opositores da Realeza do Cristo, da mesma maneira que a sobrevivência daquele que Gregório chama de "o bom rei Gontrão" indica o triunfo dessa Realeza. Portanto, em face de um Chilperico cuja morte significa o triunfo moral do episcopado, há Gontrão, cuja morte é omitida com o mesmo intuito.

Alguns autores põem em dúvida a autenticidade do relato de Gregório de Tours sobre Chilperico. Segundo W. Meyer, o fato de que em nenhuma outra parte das *Histórias* encontra-se uma crítica tão acerba de Chilperico como aquela do capítulo 46 do livro VI, provaria que esse capítulo foi incorporado à obra por um outro autor após a morte de Gregório de Tours[473]. Esse ponto de vista parece sedutor, visto que em outro trecho de sua obra Gregório refere-se a Chilperico da seguinte forma: "*Todos admiraram a sabedoria e ao mesmo tempo a paciência do rei*"[474]. Contudo, essa afirmação não tem nenhuma implicação no balanço final do reinado de Chilperico, que é extremamente negativo. Além disso, não há razão para se colocar em dúvida a autenticidade do referido capítulo 46. Ele apenas resume e reforça a imagem que o bispo de Tours transmite de Chilperico ao longo dos *Decem Libri Historiarum*. A primeira vez que o rei franco aparece no relato de Gregório é como usurpador e corruptor: "*Após os funerais de seu pai, Chilperico tomou possessão de seu tesouro que estava guardado na* villa *de Berny. Em*

[472] ***De virtutibus beati Martini episcopi***, IV, 37.

[473] W. Meyer, **Der Gelegenheitsdicher Fortunatus**, p.310, n.53.

[474] **Histórias** V, 49.

seguida, ele buscou os francos mais influentes e, tendo-os convencido com presentes, submeteu-lhes"[475].

No episódio de seu casamento com Galswinta, Chilperico é descrito como um ganancioso sem escrúpulos: "*Ele a amava muito especialmente pois ela havia trazido consigo um grande dote*"[476]. Gregório vai além, sugerindo que Chilperico a teria assassinado: "*Finalmente, ele fez com que ela fosse estrangulada por um de seus escravos e ela foi encontrada morta em seu leito*"[477].

Gregório retrata Chilperico como um governante cruel que não hesitava em prolongar os sofrimentos daqueles que estavam sob seu jugo: "*O rei ordenou que ele fosse tratado por médicos até que fosse curado desses ferimentos para em seguida ser martirizado por um longo suplício*"[478]. No episódio do julgamento do bispo Pretextatus, acusado de traição, Chilperico é mostrado como alguém que não possuía nenhum respeito pela palavra dada[479]. A menção à sabedoria e à paciência de Chilperico, no capítulo 49 do livro V, é uma opinião circunscrita a um evento específico, o posicionamento do rei face às acusações de traição feitas a Gregório por Leudastus. Chilperico havia decidido aceitar a declaração de inocência do bispo de Tours que, todavia, teve de pedir desculpas através de um juramento e de missas rezadas em três altares distintos. Gregório acrescenta que "*Se bem que essas medidas fossem contrárias aos cânones, nós as realizamos por consideração ao rei*"[480]. De maneira pouco sutil, o que Gregório sugere que o rei desconhece as regras canônicas. Fica claro, portanto, que o capítulo 46 do livro VI está em perfeita consonância com a imagem que é dada de Chilperico ao longo das **Histórias**.

O retrato de Chilperico explica-se mais por razões teológicas, e mesmo políticas, do que por razões pessoais, em que pese a muito provável

---

[475] **Histórias** IV, 22.

[476] **Histórias** IV, 28.

[477] *Ibid.*

[478] **Histórias** VI, 32.

[479] **Histórias** V, 18.

[480] **Histórias** V, 49.

indisposição do bispo de Tours em relação ao rei. As relações entre um rei que interferia em matérias doutrinárias e litúrgicas, e um bispo que era partidário da independência do poder eclesiástico, e que acreditava que o episcopado tinha conselhos a dar para o exercício do bom governo, não poderiam ser menos conflituosas. Não é anódino que Gregório tenha erigido Chilperico em modelo do mau príncipe e Gontrão em seu contra-ponto. A oposição entre essas duas maneiras de tratar o episcopado aparece nas explicações dadas por Gregório, no capítulo 48 do livro IV, sobre as origens das guerras civis que assolaram a Gália:

> "Nós nos perguntamos ainda surpresos e estupefatos porque tantos desastres abateram-se sobre esses povos. Mas lembremo-nos do que seus ancestrais fizeram e o que eles perpetram hoje. Após a predicação dos bispos, as primeiras gerações abandonaram os templos pelas igrejas; agora, saqueiam cotidianamente essas mesmas igrejas. Os antigos veneravam e escutavam de todo seu coração os bispos do Senhor; hoje, não somente não os escutam, como os perseguem. Seus ancestrais enriqueceram monastérios e igrejas, hoje as dilapidam e as demolem".

A resposta de Gregório à questão das origens das "guerras civis" (*bella civilia*) é uma comparação entre os primeiros príncipes merovíngios e aqueles que eram seus contemporâneos. Nesse texto, Gregório designa Chilperico, sem, no entanto, citá-lo formalmente. Gregório propõe aqui a inclusão do episcopado na vida política do Reino dos Francos. Esse modelo de sociedade não era uma criação do bispo de Tours. Descrito pela historiografia alemã pelo termo *Bischofsherrschaft*, ele tem suas raízes na Gália, durante a segunda metade do século V. Entre seus opositores, encontramos Chilperico, mas também alguns bispos que desconfiavam de uma união excessivamente estreita entre a Realeza e o episcopado[481].

O fato de Gregório de Tours ter sido o difusor de uma idéia de realeza cristã coloca o problema do nível de comprometimento de seu

---

[481] M. Heinzelmann, **Bischofsherrschaft in Gallien**, p.158.

relato: em outras palavras, pode-se questionar até que ponto sua descrição da monarquia franca foi influenciada e até mesmo obscurecida por seus preceitos ideológicos. No caso afirmativo, seriam os *Decem Libri Historiarum* uma testemunha confiável da evolução das relações de poder no século VI? Teria ele tentado, em sua narrativa, concatenar os eventos de modo a mostrar o triunfo de uma certa visão do mundo que era também a sua? É verdade que sua obra é a expressão de uma certa percepção episcopal do mundo em geral e da realeza em particular, na qual os reis são chamados a buscar ajuda dos bispos na administração dos assuntos públicos. Todavia, não encontramos nos textos do bispo de Tours um alinhamento incondicional e sem nuances à causa episcopal. Ele não cessou de denunciar os crimes e os pecados de certos clérigos, da mesma maneira que não poupou os príncipes, nem mesmo Gontrão. Seria redutor ver em Gregório um autor a serviço de uma ideologia. Sua postura face à Realeza é a postura de um clérigo ciente de suas prerrogativas, mas também perfeitamente consciente da superioridade dos reis nesse mundo. Ele não pode ser qualificado de defensor de um regime "hierocrático". Os bispos poderiam, segundo ele, estar à escuta dos reis, aconselhá-los, mas jamais assumir a postura de gerentes do poder. Por outro lado, há na visão de Gregório limites que um rei, por mais poderoso e santo que fosse, não poderia jamais ultrapassar. Defensor da "Realeza Cristã", Gregório se opunha à idéia e à prática de uma realeza em que os poderes do rei fossem absolutos. Ele também não buscou dissimular a atração que essa "Realeza constantiniana" exercia sobre os príncipes merovíngios. Aliás, a existência de tais práticas possui uma função pedagógica em sua obra: mostrar, através do choque entre os reis que obedeciam aos preceitos dos bispos e os reis que não os obedeciam, o triunfo dos primeiros. Da mesma maneira, os clérigos, respeitosos face às atribuições temporais do rei, deveriam evitar desobedecer ao rei nesse domínio.

Em um colóquio internacional ocorrido no final dos anos 1980, K.F. Werner sustentou que o papel de Gregório de Tours nos trabalhos sobre o período franco era excessivo; seria necessário, segundo ele, retirar a história franca do "controle" do bispo de Tours[482]. Essa é uma tarefa difícil. Boa parte das informações disponíveis sobre a Gália merovíngia, sobretudo no que se refere ao século VI, deve-se aos escritos do bispo de Tours. Em uma época na Gália onde a produção historiográfica se resumia na maior parte do tempo a crônicas de eventos cujo alcance raramente ultrapassava os limites regionais, Gregório foi um inovador: com os ***Decem Libri Historiarum***, ele pretendeu escrever uma "história universal". Mas é na própria natureza dessa "história universal" que reside a raiz das críticas dos historiadores: segundo A.H.B. Breukelaar, por exemplo, esse texto constituiria um artefato literário, um instrumento para o estabelecimento e para a legitimação do poder episcopal na Gália, através da qual teria sido expresso o monopólio episcopal sobre o sagrado e sobre as relações políticas. Em suma, a obra de Gregório seria um manual destinado a servir e a confortar as posições dos bispos[483].

As **Histórias** constiuem mais do que apenas um testemunho episcopal da Realeza Cristã no final do século VI. Ainda que Gregório de Tours seja partidário de uma forma de governo fundada em princípios cristãos e orientada pelos conselhos dos bispos, sua narrativa permite observar a existência de outros projetos políticos, como o da "Realeza constantiniana". A visão episcopal da realeza que ele exprime várias vezes não o impede de descrever os conflitos e as contradições no seio da monarquia franca. Sua visão crítica e algumas vezes irônica – que parece servir para mostrar o quanto tal ou tal rei estava longe do modelo ideal de príncipe – resulta em uma descrição do governo merovíngio que é bastante útil ao historiador. Quando Gregório apresenta o modelo e o anti-modelo do rei cristão ideal, opõe a "Realeza cristã" à "Realeza constantiniana". Seu estilo é marcado pela dicotomia, pela oposição sistemática entre dois modelos de príncipes, mas não é maniqueísta. Mesmo quando des-

---

[482] K.F. Werner, "Faire revivre le souvenir d'un pays oublié: La Neustrie", pp.XIII-XXXI.

[483] A.H.B. Breukelaar, **Historiography and episcopal authority in sixth-century Gaul**, p. 227.

creve aquele que considera como o príncipe ideal, Gontrão, o bispo de Tours não busca esconder seus erros. É, portanto, nos interstícios de um relato à primeira vista comprometido com uma visão providencial da história que se deve buscar os elementos para se reconstituir a história da monarquia franca.

***

Na Gália, ao longo do século VI, os escritos episcopais são marcados, em graus variados, por duas idéias principais. A primeira é a defesa veemente do princípio segundo o qual os reis deveriam aprender com os bispos a maneira mais justa de governar o reino. A segunda idéia, uma decorrência da primeira, é a de que o objetivo da realeza seria criar as condições que favorecessem a salvação das almas. Com efeito, em várias ocasiões ao longo do século VI, os reis francos foram exortados a exercer um governo cristão, com auxilio episcopal, e cujo fim era a realização da salvação. No entanto, essas exortações não explicam por sí só a emergência da Realeza Cristã. Não se pode confundir aquilo que os bispos esperavam da autoridade real com a natureza e a ação dessa mesma autoridade. Resta saber em que medida as exortações dos bispos foram acompanhdas de uma transformação no exercício da autoridade pública por Clóvis e seus sucessores.

Capítulo II

As guerras civis e a ascensão do episcopado (561-614)

As guerras civis que assolaram o *Regnum Francorum* desde a morte de Clotário I, em 561, até o ano de 613, alteraram sgnificativamente as relações entre a Realeza e as aristocracias laica e eclesiástica, e contribuíram para o aumento da importância dos bispos e dos grandes no edifício político franco. Pretende-se abordar nas páginas seguintes a evolução, ao longo das guerras civis e em cada uma das partes (*regna*) do Reino dos Francos, das práticas do poder real face ao episcopado. A convocação de assembléias episcopais de caráter legislativo aparece, especialmente a partir da segunda metade do seculo VI, como uma prática recorrente do poder real na Burgúndia, governada por Gontrão. O mesmo não se verifica, por outro lado, nas regiões do Reino dos Francos sob a autoridade de Chilperico: nelas, os únicos concílios convocados tinham por função julgar bispos acusados de traição, como foi o caso de Pretextatus de Rouen e de Gregório de Tours. A partir do início das guerras civis, os reis francos oscilaram entre duas vias distintas de afirmacão de sua legitimidade: a aproximação diplomática e militar com o Império e com suas práticas políticas e, por outro lado, a integração do episcopado e de seus valores político-morais ao exercício do poder real. As guerras civis estão no centro dessa grande mudança política que se situa na década de 580, e que consagrou a emergência da Realeza Cristã como um projeto político viável, da mesma maneira que a Realeza constantiniana havia sido até então.

Bella civilia

> "É difícil para mim evocar os vicissitudes das guerras civis (*bella civilia*) que muito esgotam a nação e o Reino dos Francos. E o que é pior, vemos, chegar o tempo que o Senhor predisse que será o começo das dores: 'O pai se levantará contra o filho, o filho contra o pai, o irmão contra o irmão, o próximo contra o próximo'. Eles deviam, realmente, estar amedrontados pelos exemplos dos reis precedentes que, estando divididos, foram mortos pelos inimigos. Todas as vezes também que a própria cidade das cidades, a capital do mundo inteiro se lançou nas guerras civis, ela desmoronou; quando elas cessaram, ela novamente emergiu da terra. Possais vós também, ó Reis, vos conduzir em combates tais como aqueles que vossos ancestrais livraram com o suor de seus rostos para que as nações, amedrontadas pela paz reinando entre vós, sejam subjugadas por vossa força!"[484].

Essas linhas são a constatação mais pessimista feita por Gregório de Tours sobre a situação do *Regnum Francorum* no século VI; elas constituem também uma advertência. Através do exemplo de Roma, o bispo de Tours queria alertar os reis merovíngios contra o risco dos conflitos internos. Eles debilitam o reino, dizia ele, e absorvem toda a energia que poderia ser utilizada contra os inimigos externos. Nas **Histórias**, Gregório não cessou de relatar as disputas no seio da dinastia merovíngia na primeira metade do século VI, como a tentativa de assassinato de Clotário I por seu meio-irmão Teuderico I[485], ou ainda a rebelião de

[484] **Histórias** V, **prefácio.**

[485] **Histórias** III, 7.

Chram contra seu pai Clotário I[486]. Todavia, ao escrever o texto acima, Gregório chama a atenção para a especificidade desses conflitos, cujo desfecho, inclusive, ele não conheceu, tendo falecido cerca de dez anos antes: tratavam-se de "guerras civis" (*bella civilia*), no plural, e não apenas uma "guerra civil". De fato, o fim do reinado de Clotário I constituiu uma reviravolta na história do *Regnum Francorum*: foi o começo de uma série de conflitos endêmicos, entrecortados por períodos de paz relativa, e que opuseram os príncipes francos durante mais de cinqüenta anos. Daí a necessidade, bem observada por Gregório, de se falar em "guerras civis" no plural.

Apesar desses conflitos, a segunda metade do século VI não foi marcada pela "decadência" que normalmente se associa ao mundo franco. Ao contrário, foi um período que marcou a afirmação do Reino dos Francos como a potência hegemônica do Mediterrâneo Ocidental. O tom pessimista usado por Gregório de Tours pode ser em parte creditado ao comportamento típico de um clérigo que acreditava na decadência inelutável do mundo que anunciaria o fim dos tempos e a vinda do Messias. O texto era também uma admoestação, um alerta para que os conflitos cessassem, pois paralelamente ao teólogo que estava convencido do caráter efêmero da história humana sobre a terra, havia também o alto funcionário que se preocupava com a unidade de sua "pátria", o Reino dos Francos. Sua obra testemunha, por outro lado, do fato de que as guerras civis não absorveram todas as energias dos reis merovíngios. O próprio Gregório menciona as campanhas conduzidas por Sigeberto contra os ávaros, por Gontrão contra os visigodos, ou ainda as campanhas de Childeberto II na Itália. Ao lado dessas atividades militares, nem todas bem sucedidas, diga-se de passagem, houve igualmente uma intensa atividade diplomática, da qual testemunham as embaixadas enviadas pela corte de Metz e pela corte de Soissons à Bizâncio[487]. A

---

486 **Histórias** IV, 16, 17 e 20.

487 Ver P. Goubert, **Byzance avant L'Islam**, t. II. **Byzance et l'Occident sous les successeurs de Justinien, 1, Byzance et les Francs**, p. 16.

expedição de Gondovaldo na Gália, na qual o papel da corte de Bizâncio é ainda obscuro, ilustra melhor do que qualquer outro evento a efervecência politica desse final do seculo VI. O Reino dos Francos permanecia, apesar das guerras civis, uma potência de escala "européia", como mostram as demandas da corte imperial por um lado, e dos lombardos por outro, para que os príncipes merovíngios interviessem nos conflitos na Península italiana[488].

Felizmente para os estudiosos da segunda metade do século VI, as fontes narrativas são mais loquazes sobre os netos de Clovis que sobre seus filhos. Graças notadamente a Gregório de Tours, o período compreendido entre 561 e o princípio dos anos 590 é menos obscuro que o período que vai da morte de Clovis à de Clotário I. No que se refere ao desenrolar do conflito propriamente dito, a principal testemunha é o quarto livro das crônicas de Fredegário.

Pode-se reagrupar, grosso modo, o longo período das guerras civis em quatro fases distintas, cada uma delas marcada senão pelo predomínio, pelo menos pelas iniciativas de um dos *regna*. Assim, o primeiro período, que vai de 561 a 575, caracteriza-se pelo protagonismo da antiga *Francia Rhinensis* (mais tarde chamada de Austrásia), o segundo período, compreendido entre 575 e 584, é dominado pelas iniciativas da corte de Soissons (capital do reino de Chilperico, a futura Nêustria); o terceiro período, que vai de 584 a 592, corresponde à hegemonia da Burgúndia; o quarto, situado entre 592 e 612, é dominado pelo eixo Austrásia-Burgúndia; finalmente, os anos de 613-614, correspondem à vitória de Clotário II e à consolidação do eixo Austrásia-Burgúndia. As constantes modificações do equilíbrio militar, assim como as reviravoltas nas alianças entre os príncipes merovíngios faz com que a reconstituição desses conflitos seja bastante difícil e irremediavelmente lacunar em vários aspectos. Alguns historiadores, como G. Tessier, face

---

488 Ver, a esse respeito, P. Goubert, **Byzance avant L'Islam**, t. II: **Byzance et l'Occident sous les successeurs de Justinien, 1, Byzance et les Francs**, p. 82; e também, E. Ewig, **Das Merowinger und das Imperium**, p.26.

à complexidade dessa cronologia, preferem, inclusive, remeter o leitor a outros textos[489]. Optou-se nas páginas seguintes por um enfoque que privilegia as relações dos reis merovíngios com o episcopado e com o Império em cada um dos principais regna que constituíam o Reino dos Francos nos séculos VI e VII: a Austrásia, a Neustria e a Burgúndia.

A Austrásia (561-575)

Durante os primeiros anos de seu reinado, Sigeberto defendeu eficazmente as fronteiras orientais da Austrásia contra os ávaros[490], mas também contra Chilperico, que considerava ter sido prejudicado pela partilha de 561. Seu casamento, em 565, com Brunilda, filha do rei visigodo Atanagildo (c.554-567), tem um duplo significado: era um meio de firmar aliança com uma das mais poderosas monarquias da *pars occidentis*, e também uma das mais romanizadas. Além disso, o casamento permitiu que ele se demarcasse claramente de seus irmãos que, como afirma Gregório, estavam unidos a mulheres "indignas"[491]. Pelo menos no que se refere a esse último objetivo, a estratégia de Sigeberto foi coroada de êxito. O bispo de Tours comparou-o ao "bom rei Gontrão", que tinha como concubina uma criada[492], a Cariberto, que havia repudiado sua esposa para unir-se à filha de um artesão, e em seguida à filha de um pastor[493]. Em contraste, Sigeberto, tinha tomado como esposa "... *uma jovem elegante em suas maneiras, bela, honesta e distinta em seus*

---

[489] G. Tessier, **Le baptême de Clovis**, p. 195: "*Sente-se algum escrúpulo em entrar nos detalhes de uma história puramente factual, caída hoje, merecida ou imerecidamente, no mais completo descrédito... Assim, temos vontade de enviar pura e simplesmente o leitor a Augustin Thierry e a seus 'Récits des temps mérovingiens'*".

[490] Sobre as campanhas de Sigeberto contra os ávaros, ver **Histórias** IV, 23 e 29.

[491] **Histórias** IV, 27.

[492] **Histórias** IV, 25.

[493] **Histórias** IV, 26.

costumes, sábia em sua conduta e agradável em sua conversão"[494]. O fato de que Chilperico tenha se apressado em solicitar ao rei Atanagildo a autorização para esposar a irmã de Brunilda, mostra o impacto provocado pelo casamento de Sigeberto.

De acordo com P. Goubert, convertida ao catolicismo, a rainha Brunilda tornou-se um dos mais firmes apoios à política pontifícia, que pretendia uma união mais estreita das realezas ocidentais com Bizâncio. A rainha teria desejado uma espécie de "federação" de povos católicos gravitando em torno do Império, e que neutralizaria a ação das nações ainda arianas ou pagãs, como era ainda o caso da Espanha[495]. Os indícios de que Brunilda acalentava esse ambicioso projeto estão longe de serem conclusivos; no entanto, seu casamento com Sigeberto contribuiu para estreitar os laços entre a corte austrasiana e o Império. Uma embaixada foi enviada por Sigeberto a Constantinopla por volta de 571-573. Os embaixadores eram Warmarius e o duque de Clermont, Firminus, os mesmos que tinham, por volta de 567, tentado retirar a cidade de Arles das mãos do rei da Burgúndia[496]. Isso mostra que Sigeberto talvez buscasse o apoio político e talvez até mesmo militar do imperador contra o rei Gontrão. Pela sua experiência na Provença, Firminus era capaz de expôr as reivindicações de Sigeberto sobre o Vale do Ródano[497]. De acordo com Gregório de Tours, depois de uma longa viagem, os embaixadores austrasianos chegaram à cidade de Constantinopla e, depois de uma audiência com o imperador, firmaram um acordo de paz:

> "O rei Sigeberto enviou embaixadores ao imperador Justino para pedir a paz; eram o franco Warmário e o auvérnio Firminus. Eles viajaram em um

---

[494] **Histórias** IV, 27.

[495] Ver P. Goubert, **Byzance et les Francs**, p. 18; e também, E. Ewig, **Das Merowinger und das Imperium**, pp. 26-27.

[496] **Histórias** IV, 30: "*O rei Sigeberto, desejoso de tomar a cidade de Arles, mobilisou os auvérnios. O conde da cidade de Clermont era então Firminus que partiu a frente deles*".

[497] P. Goubert, **Byzance et les Francs**, p. 17.

transporte naval, entraram em Constantinopla, em seguida após ter se entrevisto com o imperador, obtiveram o que haviam pedido"[498].

Esse texto é bastante vago sobre o assunto, e nada permite dizer que a "paz" com o Império foi seguida de ajuda militar à Austrásia. Todavia, essa embaixada chegou em Constantinopla em um momento onde Sigeberto e Gontrão encontravam-se na eminência de um conflito armado. Durante todo o reinado de Sigeberto, a política externa austrasiana mostrou-se hesitante entre, por um lado, a aproximação com a Espanha visigótica e com o Império e, por outro, com a Burgúndia. A prioridade dada ao conflito com Chilperico acabou por prejudicar os entendimentos diplomáticos com o Império, pelo menos sob o reinado de Sigeberto: um acordo com Gontrão era indispensável para que os austrasianos pudessem fazer face à agressão de Chilperico. A impossibilidade de um auxílio militar proveniente do Império – ocupado além de tudo pela invasão lombarda de seus domínios na Itália, a partir de 567 – pode ter convencido Sigeberto da necessidade de uma aliança com Gontrão.

No entanto, as relações com o Oriente foram retomadas e intensificadas sob o reinado de Childeberto II, por iniciativa de Brunilda e de seus partidários. O conflito com a Neustria absorveu boa parte do reinado de Sigeberto, e se traduziu igualmente por uma certa negligência em relação ao episcopado, sobretudo se comparada com a intensa atividade conciliar na Burgúndia. Nenhum concílio foi convocado por Sigeberto, nem mesmo uma assembléia conciliar regional. Isso não significa que tenha havido uma redução da ingerência nos assuntos eclesiásticos, como mostra a criação de um bispado em Châteaudun, *civitas* que fazia parte de seu regnum, mas que pertencia à diocese de Chartres, pertencente ao *regnum* de Gontrão. Em 573, quando da morte do bispo de Chartres, Chaletricus, Pappolus foi eleito seu sucessor segundo as regras canônicas, ou seja, pelo "clero e pelo povo" com a aprovação do rei Gontrão.

[498] **Histórias** IV, 40.

Sigeberto ordenou que o bispo metropolitano de Reims, Aegidius, nomeasse Promotius bispo de Châteaudun[499]. A criação desse episcopado transgrediu as regras conciliares que proibiam a um bispo de interferir nos assuntos de uma diocese estrangeira. Gontrão convocou então um concílio em Paris para obter dos bispos a condenação de Sigeberto[500]. Pouco tempo depois, Sigeberto foi assassinado[501]. Ocupado durante a maioria de seus quatorze anos de reinado a combater os ameaças que pesavam sobre a integridade territorial de seu reino, ele permaneceu prisioneiro de estratégia que o forçava a compor com um Burgúndia anti-visigótica e anti-bizantina, e ao mesmo tempo estabelecer uma aliança com a Espanha e com o Império.

A Neustria (575-584)

Entre todos os descendentes de Clóvis, Chilperico é aquele que possui a pior reputação entre os historiadores modernos. Ele constitui na historiografia moderna o arquétipo da barbárie dos tempos merovíngios[502]. As **Histórias**, como vimos no capítulo anterior, constituem a fonte principal dessa "lenda negra". Em 561, nos dias que sucederam a morte de Clotário I, Chilperico apoderou-se do tesouro real assim que sobre a cidade de Paris[503]. Segundo A. Thierry, a conquista de Paris

[499] Ver Paris IV (573), ***Epistula synodi ad Egidium Remensem episcopum,* e *Epistula synodi ad Sigebertum regem*.**

[500] **Histórias** IV, 47. F. Maassen acredita que essa assembléia conciliar corresponde ao Concílio de Paris de 573 (***Concilia aevi Merovingici***, p. 146).

[501] **Histórias** IV, 51.

[502] G. Tessier, **Le baptême de Clovis**, p.192: "*Ao lado de Gontrão, Chilperico aparece como imupulsivo, não somente cruel e depravado, mas ambicioso e cúpido, arredio a toda regra. Diríamos mesmo um bruto descontrolado. Ainda que supersticioso, ele critica os bispos e se apodera do patrimônio eclesiástico, o que também não o impede de pressionar seus súditos laicos recorrendo a uma impiedosa fiscalidade. Esse desequilibrado, esse semi-selvagem tinha também pretensões intelectuais que traduzem um gosto rudimentar, mas pouco esclarecido, pelas coisas do espírito*".

[503] **Histórias** IV, 22.

por Chilperico tinha para único objetivo assegurar a posse do palácio impérial cujos edifícios e jardins encontravam-se nas margens meridionais do rio Sena, fora da cidade. "*Esta suposição*", diz-ele, "*nada tem de improvável, pois as visões ambiciosas dos reis francos não iam além da perspectiva de um lucro imediato e pessoal*"[504]. Contrariamente ao que sugere A. Thierry, é bastante provável que a conquista de Paris tenha sido o fruto de considerações estratégicas e políticas. Durante todo seu reinado, Chilperico buscou aumentar seus domínios às custas dos outros *regna* francos. Em razão de sua posição central e de suas fortificações, Paris era necessária como base para seus movimentos militares posteriores. Ela era também um santuário da monarquia, o lugar onde Clóvis e Santa Genoveva tinham sido enterrados. O fato de que Chilperico era o mais velho dos filhos de Clotário pode ter-lhe dado a impressão de que por direito ele era o único herdeiro do *Regnum Francorum*. Ao tomar posse do tesouro e da capital reais, ele recusava um arranjo como aquele de 511 que tinha feito de Clodomir, de Childeberto e de Clotário os herdeiros de Clovis ao lado do primogênito, Teuderico.

Venâncio Fortunato, no poema que dedicado a Chilperico, como vimos anterioremente, ressalta o afeto particular de Clotário em relação ao seu primogênito: "*Sobre vós, meu caro, repousavam todas as esperanças de pai, entre tantos irmãos, somente vós aveis seu amor*"[505]. É provável que a poesia de Fortunato refletisse opinião predominante na corte de Soissons. As relações privilegiadas com o pai, na linguagem de Fortunato, podem explicar o papel que Chilperico acreditava ser o seu dentre todos os outros príncipes francos. Ele aparece nos poemas de Fortunato como o mais importante dentre os filhos de Clotário, vítima do ciúme de seus irmãos[506].

---

[504] A. Thierry, **Récits des temps mérovingiens**, p. 30.

[505] **Carmina** IX, 1, linhas 31-34.

[506] *Ibid.*, linhas 40-44: "Vós crescestes sob os melhores auspícios, o maior príncipe, constante em vosso amor por vosso pai. Mas de súbito o destino, ciumento de tais qualidades, procurando perturbar a paz de vosso reinado e perturbando a predisposição das pessoas em relação a vós e os acordos de vossos irmãos conseguiram em sua tentativa de vos destronar".

Se Chilperico apressou-se em tomar posse do tesouro real, era porque buscava um meio de obter, ou melhor, de remunerar, a lealdade dos grandes. A partir de Paris, ele tinha acesso às antigas terras do fisco romano. Contudo, não se pode perder de vista que a posse de meios materiais constituía uma condição necessária para a tomada do poder entre os francos, mas em nenhum caso era uma condição suficiente. É possível que os argumentos que Chilperico apresentou aos grandes do reino para atraí-los para a sua causa eram semelhantes aos que Fortunato expôs em seu poema. Ele provavelmente mencionou suas relações privilegiadas com Clotário, e o fato de que como primogênito tinha direito aos mesmos privilégios que outrora foram concedidos a Teuderico após a morte de Clóvis, e que incluíam a *Francia Rhinensis*, berço da familia merovíngia.

A intervenção simultânea de seus meio-irmãos forçou a uma nova partilha, na qual Chilperico obteve um número menor de *civitates* que seus irmãos. Toda a política de Chilperico, até morte de Cariberto, em 567, tem sido marcada por iniciativas militares com o objetivo de recuperar as *civitates* perdidas durante essa partilha. Uma nova partilha do *Regnum Francorum*, ocorrida após a morte de Cariberto, em 567, tentou dar alguma estabilidade para o reino: tendo sido o maior prejudicado com a partilha de 561, Chilperico conseguiu obter compensações, especialmente na Aquitânia. Contudo, os conflitos não diminuíram, eles somente ganharam uma outra dimensão. Gontrão e Sigeberto, julgando que Chilperico tinha ordenado o assassinato de Galsvwinta, invadiram o *regnum* de Soissons e, segundo Gregório de Tours e Fortunato, o destronaram[507].

[507] **Histórias** IV, 28. Se Gregório de Tours e Venâncio Fortunato (**Carmina** IX, 1, linhas 41-44) sugerem que Chilperico foi destituído, no ***Liber Historiae Francorum***, a versão dos fatos é bastante diferente. O autor dessa obra afirma que Gontrão e Sigeberto pretendiam destronar Chilperico, mas nada diz sobre o sucesso de sua empreitada (***Liber***, c. 31). Segundo o texto do Pacto de Andelot, Chilperico teria concedido a Brunilda, esposa da vítima, as *civitates* de Bordeaux, Cahors, Limoges, Béarn e Bigorre (**Histórias** IX, 20).

A "vingança" contra Chilperico pelo assassinato de Galsvinta, tem sido apontada como a causa das guerras civis[508]. Nesse caso, não estaríamos diante de "ódios privados" no seio da dinastia reinante que seriam a causa de meio século de conflitos endêmicos no Reino dos Francos, mas de uma longa "faida". "Faida" (do inglês *feud*, e do alemão *Fehde*) é um termo de origem germânico, latinizado e muito utilizado pelos cronistas da Alta Idade Média ocidental para designar a **ameaça** de hostilidade entre duas linhagens, bem como o **estado** de hostilidade entre elas e, finalmente, a **satisfação** das diferenças e a resolução em termos aceitáveis para ambas[509]. É um equívoco enxergar uma oposição entre "público" – ou seja, o poder real e a sua justiça, suas normas e seus tribunais – e "privado" – encarnado pelas práticas faidais que tenderiam a desregular a ordem pública. Ora, a oposição entre essas duas categorias, "público" e "privado", não se aplica às práticas faidais, que possuíam um alcance público digno de nota. O que está em jogo é a honra ou as regras do grupo ao qual se pertence. Alem do mais, os atores da faida muitas vezes querem apenas abrir um processo que se terminará por um pacto de concessões mútuas, por uma redefinição honorável das relações interpessoais. As solidariedades extensas que as faidas mobilizam, a clientela, a parentela, as alianças, as amizades, a vizinhança, e o próprio poder real, se localizam em diversos registros. No entanto, como reconhece o próprio Wallace-Hadrill, a noção de faida coloca problemas e é difícil encontrar nas fontes da época franca "faidas puras". Por outro lado, convém lembrar que os conflitos entre os herdeiros de Clotário come-

---

508 Essa é, por exemplo, a opinião de J.M. Wallace-Hadrill ("The bloodfeud of the Franks", **The Long-haired Kings and Other studies in Frankish History**, pp. 121-147).

509 *Ibid.*, p.122. O aumento do interesse pela faida nos últimos anos deve-se, notadamente, à antropologia jurídica. Há uma extensa bibliografia sobre o assunto. Ver, por exemplo, D. Barthélemy, "La vengeance, le jugement et le compromis", pp.11-20; J. Byock, **Feud in the Icelandic Saga**, 1982; G. Courtois, "Vengeance", pp.1507-1510; R. R. Davies, "The Survival of the Bloodfeud in Medieval Wales", pp. 338-57; S. White, "Feuding and Peace-Making in the Touraine Around the Year 1100", pp. 195-263.

çaram imediatamente após o falecimento desse último; a morte da irmã de Brunilda foi mais um episódio de um conflito que havia começado na partilha de 561. É nesse momento que se deve situar o começo das guerras civis, e não em 567. O assassinato de Galsvinta apenas agravou uma tensão que você era já grande entre Chilperico e seus irmãos, e que tinha raízes na tentativa desse último de acaparar-se da maioria ou da totalidade da herança de Clotário I.

De um ponto de vista estritamente militar, os esforços de Chilperico, até o fim dos anos 570, tinham por objetivo a recuperação das cidades que ele tinha perdido para Sigeberto após o assassinato de Galswintha. Porém, ele não abandonou o projeto constantiniano, que consistia na ampliação das prerrogativas reais em matéria eclesiástica, na hegemonia neustriana no interior do *Regnum Francorum* e em uma aproximação, tanto no plano simbólico quanto no plano diplomático, com a autoridade imperial.

Desde o momento em que amparou-se de Paris, e que passou a reivindicar as *civitates* de seus irmãos, Chilperico buscou afirmar sua preponderância no mundo franco. É legítimo afirmar que ele é herdeiro e continuador da Realeza Constantiniana. Para realizar esse projeto, os afrontamentos com o clero eram inevitáveis. Os nomes que escolheu para seus filhos (Clóvis, Meroveu) refletem, aliás, essa vontade de retomar contato com o momento da fundação da monarquia. É, no entanto, na política religiosa que a ambição "constantiniana" de Chilperico assumiu toda sua amplitude. Ele entendia que a afirmação da hegemonia no seio do *Regnum Francorum* passava não somente pela adoção de símbolos romanos, mas, sobretudo, pela submissão da Igreja. As duas assembléias conciliares que ocorreram durante seu reinado tinham por objetivo julgar bispos acusados de traição, como mostram as **Histórias**. A primeira ocorreu em Paris, em 577, para julgar o bispo de Rouen, Pretextatus; a segunda, que ocorreu em Berny, em 580, tinha como réu o próprio Gregório de Tours.

Na primeira dessas assembléias, Chilperico participou dos debates e foi ele quem formulou as acusações ao bispo Pretextatus. Esse último era acusado de ter celebrado o casamento de seu filho, Meroveu, com a viúva de seu irmão, Brunilda, em detrimento dos cânones conciliares que proibiam o casamento entre um homem e a viúva de seu tio. Chilperico também acusava o bispo de Rouen de ter distribuído benefícios às populações, tendo como objetivo tornar Meroveu rei em seu lugar:

> "Após esses acontecimentos, Chilperico, sabendo que Pretextatus, bispo de Rouen, distribuía presentes às populações para prejudicar seus interesses, convocou-o à sua presença. Após tê-lo questionado, descobriu que bens da rainha Brunilda tinham-lhe sido confiados, e após tê-los confiscados, ordenou que Pretextatus fosse banido até que seu caso fosse examinado por um concílio de bispos. Quando o concílio se reuniu, fizeram com que Pretextatus comparecesse...O rei disse ao acusado: 'Que motivo tens, ó bispo, para unir meu inimigo, que deveria ter se comportado como um filho, à sua tia, isto é, a viúva de seu tio? Tu ignoras as sanções que os cânones prevêem para uma tal coisa ? Além do mais, não é apenas nisso que é provado que você errou, tu conspirastes com Meroveu corrompendo certas pessoas para que eu fosse assassinado"[510].

A descrição do julgamento de Pretextatus não é de modo algum maniqueísta. Gregório mostra, por exemplo, que Chilperico permaneceu preso à formalidade jurídica e que foi através de argumentos retirados dos cânones conciliares que ele tentou condenar o bispo de Rouen. O rei se colocou inclusive como defensor das normas canônicas ao dirigir-se a Pretextatus e acusar-lhe de ter realizado o casamento de Meroveu e de Brunilda, a despeito do que afirmavam os cânones. Quando Chilperico formulou a segunda acusação, a de traição, a multidão, segundo Gregório, teria tentado atacar o bispo, o que Chilperico teria impedido. Não há dúvidas de que o rei queria punir o bispo de Roeun, mas ele preferia que esse último fosse condenado pelos seus próprios pares. Chilperico pretendia fazer de Pretextatus um exemplo. Se do ponto de vista da forma, o rei permaneceu fiel às regras canônicas, do ponto de vista do conteúdo,

---

[510] **Histórias** V, 18.

aparentemente ele não hesitou em deturpá-las a seu favor. Elas eram um instrumento que ele utilizava segundo suas intenções, como, por exemplo, para justificar a deposição e a excomunhão do bispo Pretextatus[511].

Era importante para Chilperico criar um precedente, utilizando a assembléia conciliar para punir os membros do episcopado de seu reino que não se mostrassem suficientemente leais em um contexto político bastante delicado. A acusação de que Pretextatus havia transgredido os cânones, ao unir em casamento um homem e a viúva de seu tio, era apenas a primeira parte de um requisitório destinado a provar que o bispo havia participado de um complô contra o rei. É exatamente essa acusação que provocou a reação violenta da multidão que quis linchar o bispo e é também ela que dominou os debates. Chilperico esperava que Pretextatus fosse condenado pelos seus pares por traição. Ele reunia o episcopado, mas apenas para referendar a vontade real. Os bispos eram vistos como simples funcionários da realeza e, enquanto tais, deviam obediência ao rei e aos seus representantes. Essa política consistia em recusar ao episcopado um papel político de primeiro plano.

Entre 579 e 581, ocorreu a mais espetacular reviravolta política de Chilperico. Após a morte de seus filhos, uma vez que se encontrava sem herdeiro, aproximou-se de Childeberto II, a quem adotou como filho, o que pôs fim à aliança que esse último havia estabelecido com seu tio Gontrão[512]. Essa aproximação entre a Neustria e a Austrásia é contemporânea de uma embaixada enviada por Chilperico a Bizâncio, cerca de dez anos depois da embaixada enviada por Sigeberto I. Bizâncio tinha interesse na aliança neustro-austrasiana, pois ela debilitava a Burgúndia e sua política pró-lombarda[513]. Os três anos que se seguiram

---

[511] *Ibid.*

[512] **Histórias** VI, 3.

[513] **Histórias** VI, 2: "*Nesse meio tempo, os embaixadores do rei Chilperico, que três anos antes tinham sido enviados ao imperador Tibério, retornaram sem grandes danos e sem muita dificuldade*". Os embaixadores trouxeram dessa viagem, que durou entre 578 e 581, uma série de objetos preciosos: "*Ele mostrou-me também moedas de ouro pesando uma libra cada uma que o imperador lhe havia enviado; elas tinham de um lado a imagem pintada do imperador e em um*

culminaram com um novo entendimento entre Gontrão e Sigeberto II, enquanto Chilperico adotou uma estratégia defensiva. Em 583, na Austrásia, uma insurreição do *minor populus* expulsou do poder o bispo Aegidius de Reims e os leudes partidários da aliança com a Neustria[514]. Uma vez quebrada a aliança com os austrasianos, Chilperico tentou uma aliança com a Espanha visigótica. A troca de embaixadas culminou com o projeto de casamento entre a filha de Chilperico, a princesa Rigontha, e Recaredo, filho do rei Liuvigildo[515]. O assassinato de Chilperico, em 584, impediu a realização do casamento, e marcou, ao mesmo tempo, o fortalecimento da Burgúndia. Com regências em curso no *regnum* de Soissons e no *regnum* de Metz, Gontrão se tornou o árbitro da vida política franca.

Durante muito tempo considerado como um bárbaro sem escrúpulos, rei brutal e primitivo, Chilperico destacou-se entre os príncipes francos de sua época como defensor da Realeza Constantiniana. Ele foi, aliás, o mais poderoso representante do modelo constantiniano na segunda metade do século VI.

---

círculo estava gravado: TIBERII CONSTANTINI PERPETUI AUGUSTI; do outro lado, havia uma quadriga e um cavaleiro e elas continham essa inscrição: GLORIA ROMANORUM. Ele mostrou igualmente muitos outros ornamentos que haviam sido trazidos pelos embaixadores" (*Ibid.*). Essas moedas, de um peso insólito de uma libra, eram provavelmente medalhas comemorativas do advento imperial de Tibério (P. Goubert, *Byzance et les Francs*, p. 23). Note-se que quando Chilperico apresenta a Gregório um dos objetos que haviam sido fabricados com o ouro e as pedras preciosas trazidas de Constantinopla, ele afirma que eles haviam fabricados para honrar e enobrecer a nação dos francos. Ele não fazia referência ao valor material dos objetos, mas ao fato de que eles haviam sido feitos a partir do ouro e das pedras preciosas enviadas pelo imperador.

514 **Histórias**VI, 31.

515 **Histórias**VI, 34.

A Burgúndia (567-592)

Para se compreender o papel da Burgúndia durante as guerras civis, seria necessário levar em conta duas características do reinado de Gontrão. A primeira é o papel de árbitro desempenhado por esse rei nos conflitos que opuseram Chilperico a Sigeberto, e em seguida Clotário II a Childeberto II. A segunda é o lugar de destaque acordado aos bispos nos assuntos políticos. Com efeito, após a morte de Cariberto, em 567, Gontrão adotou uma posição ambígua em face dos conflitos entre Chilperico e Sigeberto, apoiando um ou outro beligerante em função da conjuntura. É provável que ele buscasse a todo preço impedir que o *regnum* de Soissons ou o *regnum* de Metz obtivessem uma vantagem decisiva nesses conflitos. A constituição de uma potência austrasiana ou neustriana era uma ameaça para a Burgúndia.

A política externa de Gontrão foi ritmada por uma oposição radical ao Império. Só se tem conhecimento de uma embaixada enviada por esse rei a Constantinopla, provavelmente após a conclusão do tratado de Andelot[516]. Os objetivos dessa embaixada são bastante obscuros: ela buscava impedir a realização da aliança entre Recaredo e a corte austrasiana[517], ou o matrimônio entre Brunilda e um dos filhos de Gondovaldo, refugiado na Espanha[518]. No entanto, essa embaixada não resultou em nenhuma aliança, nem em relações duráveis entra a Burgúndia e o Império.

---

[516] Fredegário, **Crônicas** IV, 6.

[517] **Histórias** IX, 20: "*Depois que ele disse essas palavras, Félix declarou: 'Acredito que a notícia chegou a vossa glória segundo a qual Recaredo enviou uma embaixada a vosso sobrinho para pedir em casamento Clodosinda, filha de vosso irmão. Mas ele nada quis decidir sem pedir vosso conselho'. O rei replicou: 'Não é muito bom que minha sobrinha vá para onde sua irmã foi assassinada e razoavelmente é ruim que a morte de minha sobrinha Igonda não seja vingada. Félix respondeu: 'Eles querem se desculpar completamente seja por juramentos seja por qualquer outro meio que vós ordenares; queira dar vosso consentimento para que Clodosinda despose Recaredo'. O rei disse: 'Se meu sobrinho cumprir aquilo que ele aceitou que consignássemos nos pactos, também farei sua vontade a esse respeito* '".

[518] **Histórias** IX, 28.

Longe dos pilares tradicionais da autoridade real merovíngia, Gontrão não hesitou em buscar o apoio político episcopado. É nesse sentido que se pode falar em uma "revolução" burgúndia, que foi o resultado da busca de apoio ideológico e político junto aos bispos por parte da autoridade real. O reinado de Gontrão contribuiu, mais do que qualquer outro dessa segunda metade do século VI, para o aumento da influência política do episcopado[519]. Esse fenômeno manifestou-se pela primeira vez no *Regnum Francorum* através dos concílios reunidos na Burgúndia. De uma maneira geral, os concílios da segunda metade do século VI trataram mais de temas gerais do reino que dos assuntos internos da Igreja. Isso significa que os bispos foram introduzidos no campo dos conflitos que opuseram os reis francos de maneira endêmica entre 573 e 613. Gontrão recorreu várias vezes aos concílios na esperança de que eles pudessem servir de apoio à autoridade real, mas também como mediadores nos conflitos que o opunham aos seus irmãos. Na Burgúndia, os bispos tornaram-se, mais do que em qualquer outro lugar no *Regnum Francorum*, os parceiros da autoridade pública, conselheiros que o rei escutava para conduzir a bom termo o governo do reino.

O edito que Gontrão publicou em 585 era endereçado tanto aos *iudices* (juízes) laicos quanto aos bispos de seu reino: "*Gontrão, rei dos francos, a todos os juízes e bispos em nosso reino*"[520]. Ambas as categorias são responsáveis pela aplicação das medidas previstas pelo texto. A julgar pelo endereço do documento, os bispos parecem ter ocupado na administração real em Burgúndia um lugar comparável ao dos *iudices*. Da mesma maneira, o preâmbulo do pacto de Andelot menciona que, nessa ocasião, as decisões tinham sido tomadas com a ajuda dos bispos e dos grandes: "*mediantibus sacerdotibus atque proceribus*"[521]. Esses são dois bons exemplos do crescimento do papel político dos bispos na segunda metade do século VI. A título de comparação, em seu edito,

---

519 G. Tabbaco, "Re Gontrano et il suoi Vescovi nella Gallia di Gregorio di Tours", pp. 327-354.

520 ***Guntchramni regis edictum***, 5.

521 **Histórias** IX, 20.

Chilperico menciona somente a participação de seus "*viri magnificentissimi obtimates vel antrustiones*"[522]. Ao excluir os bispos, ele deixa claro que seus únicos interlocutores na administração do reino são os altos funcionários laicos. A idéia da participação eclesiástica no governo do *regnum* impregna a um tal ponto o edito de Gontrão de 585, que se poderia dizer que Gregório é quem o escreveu[523].

Há sem dúvida uma grande convergência entra a política religiosa de Gontrão e a teologia política de Gregório. Por outro lado, o contraste entra a política religiosa de Chilperico e a de Gontrão é impressionante. Um bom exemplo disso é o julgamento dos bispos Salonius de Embrun e Sagittarius de Gap:

> "Então começou uma revolta contra os bispos Salonius e Sagittarius. Esses personagens, que haviam sido educados por São Nizier, bispo de Lyon, chegaram à dignidade do diaconato e foi em seu tempo que Salonius foi designado bispo da cidade de Embrum e Sagittarius bispo da cidade de Gap. Uma vez o episcopado obtido e estando livrados aos seus caprícios, eles começaram com um louco furor a se lançar em brigas, em massacres, em homicídios, em adultérios e em diversos outros crimes; foi assim que um dia quando Vitor, bispo de Trois-Chateaux celebrava solenemente o aniversário de seu nascimento, eles enviaram uma tropa que com espadas e flechas se lançou contra ele. Ao chegarem, essas pessoas rasgaram suas vestimentas, maltrataram seus servidores, levando consigo os vasos e todo o vasilhame da festa e deixando o bispo sob o efeito desses graves outrages. Assim que o rei Gontrão soube do acontecido, ele reuniu um sínodo na cidade de Lyon" [524].

Os editores das coleções conciliares identificam esse "sínodo" citado por Gregório de Tours como sendo o concílio que ocorreu em Lyon em algum momento entre o ano de 567 e 570, e cuja ata foi publicada pela

522 ***Chilperici edictum***, 4.

523 M. Heinzelmann, **Bischofsherrschaft in Gallien**, pp. 162-166.

524 **Histórias** V, 20.

primeira vez por Surius a partir de um manuscrito que se perdeu desde então[525]. Por outro lado, C. De Clercq estima se tratam de dois concílios distintos, pois os bispos de Gap, de Embrun e de Trois-Châteaux estando submetidos ao bispo metropolitano de Arles, não poderiam ser julgados em Lyon, sem mesmo a presença de um representante de sua hierarquia eclesiástica[526]. De Clercq tem razão ao afirmar que o concílio mencionado por Gregório de Tours não é o mesmo cuja ata foi publicada por Surius. Entretanto, O. Pontal mostra que o argumento que De Clercq apresenta para sustentar sua posição não é válido, pois os atos dos bispos Salonius e Sagittarius são rediscutidos no concílio de Chalon, na diocese de Lyon, em 579[527].

Além disso, o cânone 4 do Concílio de Lyon II (567-570) está em contradição com as medidas tomadas pelos bispos em relação a Vitor, medidas essas que Gregório de Tours menciona no capítulo 20 do livro V das **Histórias**: eles o excomungaram após ele ter aceitado em comunhão Salonius e Sagittarius. Ao excomungar Victor, os bispos se valiam do oitavo cânone do Concílio de Tours II (567), que estipulava que aquele que fosse excomungado por um bispo deveria ser considerado como tal por todos os outros, sob pena de sofrer a mesma punição até a realização de um novo concílio. O quarto cânone do concílio editado por Surius confirma essa regra: se um bispo suspendeu alguém da comunhão, esse último deve ser considerado como estranho à comunhão por todos os bispos; mas ao mesmo tempo, ele prevê que o excomungado possa ser reintegrado por aquele que o havia excluído da comunhão da Igreja. É exatamente o que fez Vitor; e ele não teria sido sancionado pelos seus pares se o quarto cânone do concílio editado por Surius tivesse sido publicado entes dele ter reintegrado na comunhão Salonius e Sagittarius.

---

525 L. Surius, ***Conciliorum Omnia***, I-VI, Cologne, 1567, citado por C.J. Héfèle, **Histoire des conciles d'après les documents originaux**, III, trad. francesa, notas críticas e bibliográficas por Dom H. Leclerq, Paris, 1909, p. 182, n. 2.

526 ***Concilia Galliae***, *A. 511-695*, p. 200.

527 **Histoire des conciles mérovingiens**, p. 167; **Histórias** V, 27.

Esse quarto cânone soa como um compromisso e também como uma justificativa ***a posteriori*** do comportamento de Victor. Estamos diante, portanto, de dois concílios distintos. Além disso, enquanto Gregório de Tours afirma que o concílio que deveria julgar Salonius e Sagittarius foi convocado por Gontrão, o nome desse rei não é sequer citado no prefácio do concílio editado por Surius. Esse último concílio ocorreu provavelmente entre 569 e 570, enquanto que o concílio citado por Gregório de Tours no capítulo 20 do livro V das **Histórias** deve ter ocorrido por volta de 567-568.

Embora ele também tenha reunido durante seu reinado concílios cujo objetivo era de julgar alguns bispos – como foi o caso do julgamento de Salonius de Embrun e Sagittarius de Gap, acusados de assassinato e de adultério – Gontrão adotou uma postura em relação ao episcopado diferente daquela adotada por Chilperico. Em primeiro lugar, Salonius e Sagittarius eram acusados por atos perpetrados contra seus pares, não contra o poder real. Além disso, a condenação de ambos foi pronunciada por outros bispos, e não pelo rei. Uma vez depostos da função episcopal, Salonius e Sagittarius compareceram diante do rei para reclamar da punição. Eles pediram e obtiveram a autorização de ir até Roma para defender sua causa junto ao papa. Munidos de cartas reais, chegaram a Roma, onde o papa João III (561-574) deu-lhes o direito de retomar suas sés – no que foi praticamente a única intervenção conhecida de um papa em um assunto da Igreja franca durante o século VI[528]. Apos terem sido repreendidos por Gontrão, os dois bispos recuperaram seus postos. Ora, diante do pedido de ambos, o rei não interferiu diretamente, por exemplo, ordenando que eles fossem reintegrados à hierarquia eclesiástica. Sua atitude foi mais nuançada. As cartas reais não constituíam uma defesa da causa dos bispos, mas somente uma autorização para que eles pudessem defender-se junto ao pontífice romano. Além disso, restabelecendo-os em seus respectivos

---

[528] Lyon III (c. 569-570), c. 1.

bispados, o rei, como diz claramente Gregório de Tours, nada mais fez que seguir as recomendações do papa.

É nesse contexto que se deve compreender o Concílio de Lyon II (c.569-570), cujos cânones foram editados por Surius. Trata-se de um apelo à unidade do episcopado após o primeiro julgamento de Salonius e de Sagittarius e sua viagem à Roma:

> "Em primeiro lugar, convém que a unidade entre os bispos, amada pelo Senhor, aconselhável pelas Escrituras, reclamada pela união na caridade, seja guardada por todos, de maneira que em toda deliberação e decisão o acordo entre bispos se mantenha em um único espírito, em um único sentimento"[529].

Nesse concílio, os bispos buscaram também circunscrever seus conflitos e impedir que os personagens estrangeiros ao episcopado – talvez fizessem referência ao rei Gontrão – interviessem. Os bispos adversários eram orientados a remeterem-se ao julgamento do metropolitano e de seus co-provinciais, caso pertencessem a uma mesma província, ou aos seus metropolitanos reunidos, caso fossem originários de províncias diferentes[530]. Esse compromisso ao qual chegaram os bispos reunidos em Lyon II traduziam um desejo de autonomia. Não era um sentimento novo: ele está presente nos concílios merovíngios desde o início do século VI. Note-se, no entanto, no caso dos bispos Salonius e Sagittarius, que os bispos conciliares apoiaram a decisão do bispo Victor de perdoar aos seus agressores, ao aceitá-los de volta em comunhão. Eles ratificavam assim a decisão do rei que desejava o fim da sanção que pesava sobre o bispo de Trois-Châteaux[531].

Um outro concílio foi convocado em Paris por Gontrão em 573, após seu conflito com Sigeberto a respeito da criação do bispado de Châteaudun. Sigeberto pretendia, como foi mencionado anteriormente, consti-

---

[529] *Ibid.*

[530] *Ibid.*, c. 4.

[531] Paris IV (573), ***Epistula synodi ad Egidium Remensem episcopum***, pp.147-148.

tuir um bispado em Châteaudun com a conivência do bispo Aegidius. Ao convocar os bispos, Gontrão queria obter seu apoio no conflito que o opunha a Sigeberto, e é o que ele conseguiu: numa carta a Aegidius, os bispos o informam da deposição de Promotius[532], e em outra carta enviada a Sigeberto, com um tom bastante diplomático, afirmavam não acreditar que uma tal injustiça pudesse ser cometida com seu consentimento, e também pediam que ele fizesse cessar o abuso[533]. Essa segunda carta mostra que a autoridade moral do clero transcendia os limites geográficos oriundos das partilhas: os bispos que participaram a esse concílio em Paris pertenciam apenas ao *regnum* de Gontrão[534], o que não os impediu de dirigir uma admoestação a Sigeberto.

Durante seu reinado, Gontrão apoiou-se nesse episcopado cuja autoridade moral transcendia os limites dos *regna*. Em que pesem as dificuldades atravessadas pela Igreja franca em razão das partilhas, a atividade conciliar é o melhor exemplo da persistência da unidade dessa instituição. Além da freqüência com que as assembléias conciliares se reuniam, as medidas por elas aprovadas também apontam para a construção de uma unidade hierárquica e também litúrgica. O primeiro cânone do concílio de 538, por exemplo, evocava a obrigação de todos os bispos participarem da reunião anual, e denunciava as "desculpas" daqueles que estavam ausentes[535]. Em 549, o apelo para que todos os bispos participassem do sínodo anual foi renovado[536]. Os bispos reunidos em concílio adotaram também uma mesma organização do ano litúrgico para toda a Gália[537]. Eles relembraram a obrigação de uma período de abstinência antes das festas pascais – cuja duração era estritamente limitada a quarenta dias – e durante o qual era obrigatório o

---

[532] *Ibid.*, ***Epistula synodi ad Sigebertum regem***, pp 149-150.

[533] Na lista de bispos que assinaram as ditas cartas, podemos observar que apenas as dioceses da província de Arles, que pertenciam ao *regnum* de Gontrão, estavam representadas.

[534] Orléans III (538), c. 1.

[535] Orléans V (549), c. 18.

[536] L. Pietri, "L'Eglise du *Regnum Francorum*", pp. 745-799, especialmente p. 756.

[537] Orléans I (511), c. 24; Orléans 541, *can.* 2.

jejum, salvo aos domingos, e aos sábados, somente para os doentes. Eles também estenderam a período do jejum a cinqüenta ou sessenta dias[538]. Em 541, os bispos reunidos em Orléans decidiram que a Páscoa deveria ser celebrada no mesmo momento em toda a Gália[539]. Não havia uma Igreja da Austrásia, uma Igreja da Neustria ou uma Igreja da Burgúndia. As comunidades eclesiásticas da Gália franca permaneciam unidas no sentimento de pertencimento a um mesmo organismo político – o Reino dos Francos. O melhor indício dessa coesão eclesiástica é que os reis merovíngios não conseguiram criar um novo bispado, sem serem confrontados a uma forte oposição episcopal. É o que ocorreu quando Childeberto I tentou converter Melun em bispado[540]. Os bispos de cada *regnum* eram funcionários do poder real, deviam obediência a seus soberanos respectivos; mas não se pode confundir uma Igreja submetida a uma lógica política e também ao arbítrio do poder real com uma Igreja fragmentada. A lógica política das partições prevaleceu eventualmente sobre o desejo de união dos bispos. Apesar de seu empenho, esses últimos não conseguiram impedir a fragmentação de algumas províncias

---

[538] Orléans IV (541), c. 1.

[539] ***Epistolae aevi merowingici collectae***, VII, 3, pp. 437-438.

[540] **Histórias** IX, 20. O pacto de Andelot nos coloca diante de um dilema. Pode-se perguntar qual era a razão pela qual Brunilda, assim como Galsvinta antes dela, tinha direito a uma compensação fiscal. Elas não estavam à frente de um *regnum*. Isso poderia ser interpretado como um prova do caráter privado, "patrimonial", dos arranjos territoriais merovingios? Em razão de seu interesse e de sua complexidade, o estatuto das rainhas merovíngias mereceria uma pesquisa a parte. O poder dessas rainhas não era tão "privado" como se acredita. Bastaria citar o caso de Clotilde, de Fredegonda ou de Brunilda para demonstrar o papel preponderante que elas desempenharam na história merovíngia até a época de Clotario II (Ver I. Wood, "Royal Women: Fredegund, Brunihild and Radegund", **The Merovingian Kingdoms**, pp. 120-139; e também o estudo recente de N. Pancer, **Sans peur et sans vergogne. De l'honneur et des femmes aux premiers temps mérovingiens**). As rainhas estavam muitas vezes à frente de uma estrutura administrativa bastante complexa (**Histórias** VIII, 32; **Histórias** V, 42). Daí a necessidade de uma fonte de renda capaz de prover às necessidades desse aparelho, embora esse último fosse bem menos importante que a administração real. Não se pode falar, nesse sentido, de duas estruturas estatais concorrentes, mas de duas entidades complementares.

eclesiásticas e a divisão de dioceses entra os reinos oriundos das partilhas. No entanto, as medidas do Concílio de 511, que transformaram a Igreja da Gália na Igreja do *Regnum Francorum*, não foram colocadas em questão pelas partilhas. Ela continuou a existir como uma entidade indivisível, apesar das dificuldades que os bispos de todo a Gália não cessaram de evocar durante dos concílios.

O texto do tratado de Andelot traz a primeira referência explícita à participação dos bispos em uma reunião onde houve uma partilha do *Regnum Francorum*:

> "Em nome do Cristo, os excelentíssimos senhores reis Gontrão e Childeberto e a gloriosíssima dama a rainha Brunilda se reuniram em Andelot dentro de um sentimento de afeição para resolver após uma deliberação plenária as questões de toda natureza que pudessem gerar entra eles um conflito, e, nesse sentimento de afeição, foi retido, decidido e convindo entre eles, com a ajuda dos bispos e dos grandes, e graças à mediação de Deus, que tanto que Deus tudo poderoso consentiria à sua sobrevivência no mundo presente, eles deverão manter entre si uma fé e uma afeição puras e sinceras"[541].

A participação dos bispos na deliberação plenária na qual o pacto foi debatido e preparado atesta de uma provável redução de tensões entre o poder real e o episcopado no que se refere às partições territoriais. Não obstante, é em sua penúltima disposição que o pacto consagrou explicitamente o sucesso das orientações episcopais em matéria de partilhas:

> "Da mesma maneira, tudo o que os ditos reis conferiram às igrejas ou a seus fiéis e que eles desejarão ainda lhes conferir justamente com a graça de Deus deverá ser respeitado irrevocavelmente. E quanto ao que é devido a cada um dos fiéis no reino de um e de outro em virtude da lei da justiça, esses não deverão sofrer nenhum prejuízo, mas serão autorizados a possuir seus

541 *Ibid.*

bens e a receber outros, e se alguma coisa foi retirada a um deles durante os interregnos sem que tenha havido erro de sua parte, essa lhe será restituída após ter sido feita uma investigação"[542].

Esse trecho sustenta que todos os bens que os reis tinham conferido às igrejas ou a seus fiéis deveria ser respeitado. O tratado quis reparar os danos causados pelas guerras civis e restituir as possessões àqueles que as tinham perdido em virtude do apoio a uma das partes em luta. Os príncipes francos aceitavam também uma das demandas mais freqüente dos bispos, e que consistia na garantia da integridade dos bens eclesiásticos em caso de partilha.

Gontrão contava com a autoridade moral dos bispos para regular as disputas dentro do *Regnum Francorum*; é o que também mostra o concílio que ele convocou em Lyon, em 581. Temeroso dos desdobramentos da aliança que Childeberto II estava concretizando com Chilperico, em detrimento de acordo concluído com a Burgúndia, Gontrão recorreu uma vez mais à arbitragem episcopal[543]. Ele convocou um outro concílio em 589 para que os bispos arbitrassem suas disputas com Childeberto II, e também julgassem o patrício Mummolus por traição. Ele suspeitava que Childeberto II buscava um aliança com os visigodos. O concílio não ocorreu, pois segundo Gregório de Tours, a rainha Brunilda refutou essas acusações através de um juramento[544].

É nos concílios que ocorreram na década de 580 em Mâcon, em Lyon, e em Auxerre, que se pode identificar melhor o alcance da influência política do episcopado na Burgúndia. No preâmbulo do primeiro Concílio de Mâcon (581-583), convocado *Cum ad iniunctionem gloriosissimi domni Guntramni regis* (*"Com a injunção do gloriosissimo senhor o rei Gontrão"*), os bispos sustentam que se reuniram *...tam pro causis publicis quam pro necessitatibus pauperum* (*"...tanto pelas causas públicas*

---

542 **Histórias** VI, 1.

543 **Histórias** IX, 32.

544 Tours II (567).

quanto pelas necessidades dos pobres"). Essa asserção ilustra a natureza das assembléias conciliares durante o reinado de Gontrão: ainda que reunidos por uma determinação do rei, os bispos expressavam claramente, e pela primeira vez em um concílio merovíngio, o desejo de se ocupar das "causas públicas". Ver-se-á mais adiante que as medidas adotadas durante esse concílio diziam respeito a temas que eram até então o apanágio da autoridade real. Contudo, o que melhor revela o alcance das pretensões episcopais é o fato de que o preâmbulo desse Concilio de Mâcon I associava os "assuntos públicos" às necessidades dos pobres. Os bispos conciliares nunca tinham ido tão longe. Nos concílios precedentes, eles tinham se contentado de estabelecer como horizonte da assembléia conciliar a *pace et instructione ecclesia*[545], a *ordo ecclesiae*"[546], e a "*populi salvatione*"[547]. Além do mais, as medidas adotadas nesse primeiro Concílio de Mâcon favoreciam os clérigos em detrimento dos juízes seculares: o sétimo cânone, por exemplo, estabelecia que nenhum clérigo deveria ser posto na prisão, ou vítima de injustiça cometida por um juiz secular. Os bispos conciliares ameaçavam com a excomunhão todo juiz que ousasse repreender ou pôr em prisão um clérigo sem antes ter consultado o bispo ao qual o referido clérigo era submetido:

> "Que nenhum clérigo, por nenhum motivo, seja, sem o exame por parte de seu bispo, vítima da injustiça de um juiz secular ou colocado na prisão. Se um juiz permite tratar desse modo o clérigo de alguém, a menos que se trate de um crime, ou seja, homicídio, roubo e malefício, que ele seja afastado do solo da igreja o tempo que o bispo do lugar julgar necessário"[548].

Os clérigos eram proibidos de acusar seus colegas diante de um juiz secular. Mas é sobretudo no que tange às medidas tomadas contra os

---

[545] Lyon III (v. 570).

[546] *Ibid.*

[547] Mâcon I (581-583), c. 7.

[548] *Ibid.*, c. 13.

judeus que se pode notar a tendência dos bispos em legislar sobre temas que eram até então o monopólio da autoridade real, como a nomeação de funcionários. Eles proibiram, por exemplo, que os judeus fossem nomeados juízes:

> "Que os judeus não sejam dados como juízes ao povo cristão,e que eles não tenham o direito de serem preceptores, o que colocaria os cristãos sob seu comando e não agradaria a Deus"[549].

O episcopado burgúndio entrava em um domínio que pertencia tradicionalmente à Realeza, e se colocava como o fiador da retidão dos "assuntos públicos". Essa tendência se acentuou nos concílios posteriores. O concílio de Mâcon II, ocorrido em 585 é, desse ponto de vista, o mais "político" de todos os concílios merovíngios da segunda metade do século VI. Os temas desenvolvidos pelos bispos constituíam um verdadeiro programa para a realeza cristã. Note-se que no preâmbulo aos cânones desse concílio, os bispos não fazem qualquer menção ao fato de que o rei os teria convocado. Ao contrário, eles deixam claro que se reuniram por sua própria iniciativa:

> "É por isso que devemos todos rezar incessantemente para que a majestade do Deus todo-poderoso conserve com sua bondade habitual a saúde de nosso rei e nos conceda a todos nós que, membros de um só corpo, nos reunimos de nossa própria iniciativa, possamos realizar o que agrada à sua serenidade e à sua majestade"[550].

É surpreendente que um concílio politicamente relevante como o de Mâcon II tenha podido se realizar sem uma convocação real. Todavia, os bispos tomavam o cuidado de especificar que sua assembléia tinha por objetivo realizar aquilo que agradava ao rei. Essa menção ao rei poderia

---

549 Mâcon II (585), **prefácio**.
550 *Ibid.*

salvar as aparências. Entretanto, ao se colocarem como intérpretes da vontade do rei, os bispos se outorgavam uma responsabilidade e uma autoridade públicas consideráveis, confirmando assim os princípios expostos no primeiro Concílio de Mâcon:

> "Uma vez que a indivisível Trindade nos reuniu, tanto de espírito quanto de corpo, em uma só assembléia, nós devemos com uma sábia prudência ajudar a todos, por medo de que nosso silêncio nos valha a reprovação da Divindade e exponha nossos súditos à tentação"[551].

Eles estabelecem como missão ajudar a todos os habitantes do reino, o que justificam através de sua reponsabilidade diante de Deus. A idéia de que os bispos devem prestar contas à Divindade das ações de seu rebanho constitui a principal justificativa para a ingerência do episcopado nos assuntos de "interesse público". Estamos bem longe de espírito do primeiro Concílio de Orléans, onde os bispos tinham se remetido humidilmente a Clovis para que esse último aplicasse as disposições conciliares, inclusive no domínio organização interna da Igreja[552].

O interesse público do qual os bispos de Mâcon II se afirmaram como intérpretes tinha um sentido profundamente cristão. No primeiro cânone, eles definiam a obrigação de respeitar o repouso durante o domingo[553]. O segundo cânone tratava da obrigação para todos os cristãos de celebrar a Páscoa[554]. O quinto cânone estabelecia a necessidade do pagamento do dízimo[555]. Em 585, os bispos estabeleceram regras cuja amplitude ia além do limite estrito da organização hierárquica e da administração cotidiana da Igreja. Eles ultrapassavam um limite que seus predecessores não haviam ousado transpor. O Concílio de Mâcon II supõe não apenas a existência de uma Realeza Cristã, mas traz consigo o

---

[551] Orléans I (511), ***Epistola ad regem.***

[552] Mâcon II (585), c.1.

[553] *Ibid.*, c. 2.

[554] *Ibid.*, c. 5.

[555] Clermont I (535), ***Epistola ad regem Theodebertum.***

projeto de uma sociedade cristã, pois os bispos conciliares se colocaram como guardiães dos interesses (*utilitas*) de todos. Essa palavra reveste-se aqui do mesmo sentido que tinha nos escritos episcopais desde o incício do século VI: tratava-se de zelar pelo bem-estar espiritual dos cristãos, ou seja, pela sua salvação. Aquilo que os bispos deveriam defender, e que é resumido por dois temas principais, a paz e a salvação, justificaria sua ingerência na condução dos assuntos públicos, aconselhando e influenciando as decisões reais.

Uma vez que era seu dever cumprir essas duas tarefas, os bispos não hesitavam em proclamar sua superioridade perante os *iudices* e os outros representantes laicos da autoridade real. Comparativamente, os concílios da primeira metade do século VI não eram marcados por essa preocupação do episcopado em definir a condução dos "assuntos públicos":

> "Enquanto sediavam juntos na cidade de Auvérnia, os bispos de vossas igrejas, vossos fiéis, com o objetivo de reiterar os estatutos canônicos e de elucidar a lei eclesiástica para aqueles que se achariam oprimidos pela dúvida na conduta de sua vida pessoal, uma multidão muito numerosa de pessoas implorando um remédio a seu desespero afluiu em volta de nós"[556].

Nesse primeiro concílio de Clermont, de 535, os bispos fixaram como objetivo apenas reiterar os estatutos canônicos e elucidar a lei eclesiástica para aqueles que se encontrassem oprimidos pela dúvida na conduta de suas vidas pessoais. Há aqui uma definição clara das prerrogativas episcopais: aos bispos caberia a tarefa de estabelecer a doutrina e cuidar da saúde moral de seu rebanho. Nada transparece de um interesse pelos "assuntos públicos". O que se observa no Concílio de Mâcon II é uma

---

[556] **Histórias** VIII, 1. Ver, a esse respeito, N. Gussone, "Adventus-Zeremoniell und Translation von Reliquien: Victricius von Rouen, *De laude Sanctorum*", pp. 125-133; sobre o *Adventus* das relíquias de Santo Estéfano em Bizâncio, ver K.G. Holum et G. Vikan, "The Trier Ivory, Adventus Ceremonial, and the Relics of St. Stephen", pp. 113-133; ver também S.G. McCormack, **Art and Ceremony in Late Antiquity**, pp. 15-89.

extensão das prerrogativas do episcopado: o interesse público torna-se matéria de implicação moral e religiosa.

Se compararmos, a título de exemplo, as medidas de governo de Chilperico com as medidas tomadas por Gontrão, é possível observar uma diferença que não se limita a um simples contraste entre a "crueldade" do primeiro e a "bondade" do segundo. O que os opõe antes de tudo é o entendimento que cada um deles tinha sobre a natureza e o exercício da autoridade real. Gontrão buscou na Igreja, mais precisamente junto ao episcopado, a fonte principal de sua legitimidade. É em seu reinado que se pode observar o enfraquecimento decisivo desse elemento característico da vida política franca ao menos desde Clóvis, isto é, a política de *imitatio imperii*. Esse enfraquecimento não significou um abandono completo da referência romana e das relações com o Império. Não havia nenhuma escolha exclusiva entre, por um lado, a legitimação eclesiástica ou episcopal e, por outro lado, a legitimação pelos símbolos romanos. Os príncipes francos continuaram a recorrer ao passado romano. Gregório de Tours descreve, por exemplo, da entrada triunfal de Gontran em Orleans:

> "Tendo em seguida abandonado Nevers, ele veio à cidade de Orleans onde se mostrou em sua majestade aos habitantes, pois ele ia a suas casas onde era convidado e participava dos banquets que lhe eram oferecidos. Tendo recebido deles numerosos presentes, ele também lhes concedeu vários benefícios com uma bondosa generosidade. Ora, quando chegou à cidade de Orléans, era dia da festa do bem-aventurado Martinho, isto é o 4 das nonas do quinto mês. Uma multidão imensa de pessoas veio ao seu encontro com estandartes e bandeiras, cantando suas laudas"[557].

---

[557] A bibliografia sobre Gregório Magno é considerável. Não é o caso aqui de fazer uma descrição exaustiva. Poderíamos, no entanto, citar algumas obras. Temos inicialmente alguns clássicos: Th. Bonsmann, **Gregor der Grosse. Ein lebensbild**; P. Battifol, **Saint Grégoire le Grand**; C. Dagens, **Saint Grégoire le Grand**; sobre seu pontificado e sua atividade missionária, ver H. Grisar, **San Gregorio Magno (590-604)**; L. Bréhier, R. Aigran, **Grégoire le Grand, les états barbares et la conquête arabe (590-754)**; E. Demougeot, "Grégoire le Grand et la conversion du roi germain au VIe siècle", pp.191-203; G.R. Evans, **The Thought of Gregory the Great**;

A "entrada triunfal" de Gontrão em Orléans era uma cerimônia mais cristã que romana, apesar da referência aos "benefícios" concedidos pelo rei e ao fato de que ele se mostrou em majestade aos habitantes da cidade e participado aos banquetes que lhe eram oferecidos. Gontrão chegou na cidade no dia da celebração de São Martinho, e isso tinha um significado particular. Uma grande quantidade de pessoas veio ao seu encontro com estandartes e bandeiras cantando hinos. O cortejo real era ao mesmo tempo um cortejo em honra do santo. O rei foi aclamado pelos habitantes, entretanto, e isso é fundamental, ele não era o personagem central da cerimônia, contrariamente a Clóvis em 507. Ele participava como os outros habitantes de Tours da reverência ao santo.

Os anos que sucederam a morte de Gontrão foram marcados por uma atividade conciliar bastante fraca. A radicalização das lutas internas não favorecia a convocação desses concílios; além do mais, a rainha Brunilda, que mantinha as rédeas do poder na Austrásia e na Burgúndia até o princípio do século VII, hesitava em reunir um concílio nacional do *Regnum Francorum*. E isso apesar dos pedidos repetidos do papa Gregório Magno. As dificuldades encontradas por esse último em suas relações com os príncipes merovíngios foram imensas[558]. Ele não encontrou no mundo franco uma rede de representantes ou de correspondentes oficiais da Sé Apostólica.

H. Chadwick, "Gregory of Tours and Gregory the Great", pp.38-49; sobre sua doutrina, C. Dagens, "Saint Grégoire le Grand, *Consul Dei*. La mission prophétique d'un pasteur", pp.33-45; F.E. Consolino, "Il papa e le regine: potere femminile e politica ecclesiastica nell'epistolario di Gregorio Magno", pp.225-249; do mesmo autor, "I doveri del principe christiano nel *Registrum Epistolarum* di Gregorio Magno", pp.57-82; B. Judic, "Grégoire le Grand et son influence sur le haut Moyen Age occidental", pp. 09-32; D.V. Ribeiro, "A sacralização do poder temporal na Alta Idade Média Ocidental: Grégorio Magno et Isidoro de Sevilha", pp. 91-112. Um bom repertório bilbliográfico sobre Gregório Magno foi publicado por R. Godding, **Bibliografia di Gregorio Magno (1890-1989)**, (**Opere di Gregorio Magno. Complementi**, 1); do mesmo autor, ver também, "Cento anni di ricerche su Gregorio Magno: a proposito di una bibliografia", pp.293-304.

558 Fredegário, **Crônicas** IV, 14.

Quando o rei Gontrão faleceu, em 592, Childeberto II tornou-se o rei da Burgúndia[559]. A morte desse último, quatro anos depois, conduziu à divisão de seu *regnum*, que constituía mais de três quartos da Gália merovíngia. Seus dois filhos, Teudeberto II e Teuderico II, passaram a reinar respectivamente sobre a Austrásia e sobre a Burgúndia[560]. Ambos iniciaram hostilidades contra Clotário II, cujo reino estava reduzido a uma pequena porção das terras entre o rio Sena, o Oise e o canal da Mancha[561]. As disputas entre os irmãos acabaram por absorver quase todas as suas energias durante cerca de duas décadas. Teuderico II atacou e matou Teudeberto II, em 612[562]. Pouco tempo depois, ele teria perecido tentando derrotar Clotário II. Abandonado pela aristocracia, Brunilda foi assassinada em 613 por esse último. Pela primeira vez desde 558, o *Regnum Francorum* passou a ser governado por um só rei[563].

O V Concílio de Paris (614)

O quinto concílio de Paris, reunido em outubro de 614[564], foi a maior reunião conciliar do período merovíngio, não somente do ponto de vista do número de participantes – dele participaram doze bispos metropolitanos, sessenta e sete bispos e um abade vindo de Inglaterra –, mas também em razão dos tópicos tratados[565]. Os bispos pretendiam corrigir as falhas na hierarquia eclesiástica aparecidas durante as guerras civis, mas, além disso, contribuir para a homogeneização da legislação eclesiástica na Gália. Clotário II, o vencedor das guerras civis, era, após mais

---

559 Fredegário, **Crônicas** IV, 16.

560 Fredegário, **Crônicas** IV, 20.

561 Fredegário, **Crônicas** IV, 27, 37 et 38.

562 Fredegário, **Crônicas** IV, 39-42.

563 A data do concílio é dada por um manuscrito do século VIII (Munique, Staatsbibl. Lat. 5508).

564 Paris V (614), pp. 190-192.

565 Paris V (614), **prefácio.**

de sessenta anos, o primeiro rei franco a governar ao mesmo tempo os três *regna*. Foi sob a inspiração de Clotário que o concílio ocorreu: "... *com o convite de nosso gloriosissimo príncipe o o senhor rei Clotário...*"[566].

Os bispos invocavam três razões que teriam orientado seus deliberações : o interesse do príncipe, a salvação do povo e a ordem da Igreja: "*...nós deliberamos aquilo que convinha mais apropriadamente, seja ao interesse do príncipe, seja a salvação do povo, e aquilo que observava positivamente a ordem eclesiástica*"[567]. A fórmula é quase idêntica à utilizada pelos bispos durante o Concílio de Lyon II (c. 569-570), com a diferença que essa última omitia toda e qualquer referência ao interesse do príncipe. Os bispos de Paris V pareciam muito mais preocupados que em Lyon de tudo o que poderia convir à autoridade real. Pode-se questionar qual o sentido e o alcance dessa fórmula na medida em que, por exemplo, no que se refere às eleições episcopais, o segundo cânone de Paris V recusou toda ingerência da autoridade real. Os bispos escolheram a eleição pelo clero e pelo povo, seguida da ordenação pelo metropolitano e seus comprovinciais. Aqueles que obtivessem a função episcopal por uma via não prevista nos cânones teriam sua eleição invalidada[568].

Tanto os bispos de Paris em 614, quanto aqueles de Mâcon II em 585 acreditavam-se qualificados para traduzir e expressar aquilo que era o "interesse" do príncipe, bem como o "interesse público". A fórmula sobre o interesse do príncipe não era uma concessão feita à Realeza: ela indicava a vontade do episcopado em participar ativamente da condução dos assuntos do reino e da definição do conteúdo do *utilitas publica*.

Os primeiros cânones do V Concílio de Paris tratavam especialmente do estatuto dos bispos. Eles eram proibidos de escolher seu sucessor[569] ou de expulsar, sem razão canônica, um abade[570]. Ao mesmo tempo, os

---

[566] *Ibid.*

[567] Paris V (614), c. 2.

[568] Paris V (614), c. 3.

[569] Paris V (614), c. 4.

[570] Paris V (614), c. 5.

bispos recebiam garantias tais como a proibição aos clérigos, qualquer que fosse sua dignidade, de recorrer ao príncipe ou aos poderosos em detrimento de seus superiores[571]. Isso assegurava o controle do episcopado sobre a hierarquia eclesiástica, como em vários outros concílios do século VI. Entretanto, os cânones de Paris V iam além ao afirmar as prerrogativas episcopais em detrimento dos juízes laicos. Eles proibiam a esses últimos de condenar um padre, um diácono ou um outro membro da igreja contra a vontade de seu bispo[572]. Da mesma forma, proibia-se aos bispos a possibilidade de regular seus conflitos diante de um *iudex*: eles tinham que buscar o julgamento de seus metropolitanos[573].

No que se refere à defesa dos bens eclesiásticos, os bispos de Paris V também pretenderam fazer prevalecer sua vontade em detrimento dos preceitos reais e da autoridade das *iudices* laicos. O nono cânone determinava que as possessões que pertenceram a um clérigo defunto não poderiam ser reivindicadas por alguém que possuísse uma autorização real ou que agisse em nome de um *iudex*. Aqueles que cometeriam tais atos são designados, como aliás no Concílio de Orleans V, de 549, "*necatores pauperum*" ("*assassinos dos pobres*")[574]. Com o fim das guerras civis, é natural que os padres conciliares quizessem pôr fim às constantes violações dos bens eclesiásticos. Através dos cânones de Paris V, pode-se observar que o episcopado tinha ampliado suas prerrogativas em relação à primeira metade do século VI. Como nos concílios de Mâcon I e II, os bispos reunidos em Paris, em 614, proibiram os judeus de exercer qualquer função pública que lhes desse autoridade sobre os cristãos[575].

---

571 Paris V (614), c. 6.

572 Paris V (614), c. 13.

573 Paris V (614), c. 9. O décimo, o décimo-primeiro e o décimo-segundo cânones previam igualmente medidas para impedir que os bispos ou os arquidiáconos se apossassem dos bens dos clérigos mortos.

574 Paris V (614), c. 17: "*Que nenhum judeu tenha a audácia de solicitar do príncipe que ele exerça um ofício ou uma carga pública que lhe dê autoridade sobre os cristãos. Se ele se arriscar, que ele receba com toda sua família, das mãos do bispo da cidade onde ele exerceu seu ofício em contradição com os estatutos canônicos, a graça do batismo*".

575 **Histórias**VI, 46.

Ainda que a influência política do episcopado no início do século VII fosse considerável, as medidas por ele defendidas nem sempre eram adotadas pela autoridade real, como se verá no capítulo seguinte. Não se pode confundir as exortações conciliares com as medidas de governo adotadas pela autoridade real. Entretanto, o fato de que os bispos tenham podido se exprimir em Paris, em 614, com tanta liberdade e sobre um tal número de temas, testemunha da evolução realizada desde o primeiro concílio de Orléans, em 511.

Da Realeza constantiniana à emergência do episcopado

As guerras civis coincidiram com um período de importantes mutações na cultura política e nas relações de poder no mundo franco. Esses conflitos contribuíram de dois modos para a cristianização da Realeza e da noção de *utilitas publica*. Em primeiro lugar, o fim das guerras civis significou a derrota militar e política dos últimos partidários da Realeza Constantiniana. O assassinato de Chilperico e, anos depois, o de Brunilda, significaram a derrota de uma prática do exercício do poder real inaugurada por Clóvis e continuada por seus sucessores imediatos. Em segundo lugar, a partir de 550, houve um crescimento extraordinário do papel político do episcopado galo-franco. Os bispos, notadamente na Burgúndia, tornaram-se atores políticos de primeiro plano. Eles propuseram ao poder real uma nova noção sobre exercício do governo e, por conseguinte, um nova fonte de legitimidade.

As guerras civis significaram, portanto, mais do que ums disputa entre dois ramos da dinastia reinante por algumas parcelas de território franco. Elas também não eram simplesmente o resultado do acirramento de "ódios privados" entre o rei Chilperico e seus descendentes à rainha Brunilda. Para mostrar o quanto as disputas interdinásticas não constituem necessariamente as fronteiras ideais para se compreender as *bella civilia* do Reino dos Francos, basta lembrar que Chilperico e Brunilda possuíam ambos uma mesma percepção constantiniana das prerrogativas da Realeza. Se o primeiro deplorava o empobrecimento do tesouro público em detrimento dos bispos[576], a segunda exerceu um poder sobre a Austrásia em nome de seu filho Childeberto II, e em seguida em nome de seus netos Teudeberto II e Teuderico II, que se chocava com os interesses da aristocracia, sobretudo pelo seu centralismo e pelo excessivo fiscalismo[577]. Após a morte de Chilperico, Brunilda permaneceu como o último avatar de um poder de inspiração "mediterrânica", ou em todo caso galo-romana, ávido de poder e desejoso de restaurar a fiscalidade direta[578]. Não havia entre esses dois príncipes um duelo ideológico, mas um conflito de interesses, pois cada um pretendia garantir às suas linhagens respectivas a hegemonia no *Regnum Francorum*. As práticas de governo de ambos eram marcadas por uma mesma percepção constantiniana do poder. As clivagens quanto às atitudes em relação ao Império não separavam Chilperico e Brunilda, nem Brunilda e Fredegonda, mas Chilperico e Gontrão, Brunilda e Gontrão, e finalmente Brunilda e Clotário II. De um lado, a política pró-bizantina e "imperial" levada a cabo por Chilperico, mas também, e em menor grau, por Sigeberto e por Childeberto II, e por outro, a via "nacional" e episcopal escolhida por Gontrão, e em seguida por Clotário II; essa via consistia numa política decididamente hostil em relação a Bizâncio e à Espanha visigótica. No que se refere a Gontrão, que se encontrava isolado no plano exterior, a escolha que se impôs consistia em buscar o apoio do episcopado, e seu projeto político incluía a participação desse grupo no governo do reino. Para Chilperico, ao contrário, tratava-se de assegurar o controle absoluto do rei sobre a administração local, e isso em detrimento dos bispos. A via escolhida por Sigeberto, e tambem por Childeberto II, era mais nuançada. Mesmo construindo alianças, hora com a Neustria, hora com a Burgúndia, os austrasianos tentaram se

---

576 Fredegário, **Crônicas** IV, 19.

577 Ver J.L. Nelson, "Queens as Jezebels: the Careers of Brunehild and Bathild in Merovingian History", pp. 1-48; S. Lebecq, **Les origines franques**, p. 119.

578 **Histórias** VI, 30: "'*Eis que sinto ter preenchido o tempo de minha vida; agora, devo escolher a partir de teu conselho aquele que deverá estar à frente da* res publica'".

aproximar do Império. Os herdeiros de Chilperico foram os vencedores das guerras civis. Porém, o projeto político que encarnaram não era o projeto de Chilperico. Clotário II retomou as grandes linhas da política de Gontrão, buscando o auxilio da aristocracia secular e especialmente eclesiástica, o que lhe permitiu obter uma vitória decisiva sobre seus rivais. É importante ressaltar que sua vitória sobre Brunilda e seus fiéis somente foi possível com o apoio da aristocracia da Burgúndia.

Ainda que seja difícil estabelecer uma relação de causa e efeito entre ambos os fenômenos, é necessário constatar que a mudança de atitude dos reis merovíngios em relação aos bispos foi acompanhada de uma mutação nas relações desses primeiros com o Império. Mesmo após o fracasso da Reconquista de Justiniano, a presença militar imperial na Itália prosseguiu até o século XI. Embora não tenha havido ruptura, sinais de tensão apareceram entre o Reino dos Francos e o Império. As campanhas da Itália, nos anos 540, opuseram pela primeira vez as tropas do *Regnum Francorum* ao exército imperial. Sob Teudeberto I, houve um aumento da desconfiança na corte de Constantinopla em relação aos reis francos, que queriam aparecer como os novos imperadores do Ocidente. Procópio é uma das melhores testemunhas dessa desconfiança. Teudeberto I, mesmo mantendo a política "pró-imperial" de seus predecessores, levou até o um ponto inaceitável para o Império a identificação com Roma. Uma identificação que se traduziu tanto no domínio monetário quanto no domínio militar e que consistia também na reivindicação de uma autoridade sobre o Ocidente e talvez mesmo além – segundo o relato de Procópio, e se consideramos que a descrição feita por Teudeberto de suas possessões numa carta ao imperador não era um simples exercício retórico. Claro, nada indica que Teudeberto I tenha efetivamente conquistado todos os territórios que dizia controlar. Entretanto, o simples fato de reivindicá-los diante do imperador testemunha da extensão das pretensões desse rei franco.

Durante a segunda metade do século VI, a incapacidade dos austrasianos em intervir eficazmente na Itália contra os lombardos, como pretendia o imperador Maurício, e também o papa Gregório Magno, apenas fez aumentar o abismo que separava a Gália merovíngia e Constantinopla.

As cartas de Childeberto II e de Brunilda mostram bem essa mudança de tom. A forma recorrente adotada para designar o Império era *res publica* – a mesma empregada por Gregório de Tours[579]. A utilização desse termo contribuiu para dissolver a hierarquia contida na noção de *Imperium*. Essa última expressão aparece somente nas cartas de número 37 e 43[580]. No restante das cartas reais repertoriadas nas *Epistolae Austrasicae*, da 29 à 39, e da 45 à 47, é o termo *res publica* que prevalece[581]. Após Justiniano, os reis merovíngios buscaram construir relações menos hierárquicas com

---

579 ***Epistolae Austrasicae***, 3, 37: "*Praecelse potestati vestrae generosa praeconia, quae vos tantum extulerunt, divinitate propitia, ut de vestro germine procrearetur feliciter, qui guberaret imperia, nobis prospere nuntiata provocat, ut, quos affectu columus, missis etiam epistolis ambiamus*".

580 ***Epistolae Austrasicae***, 3, 29: "*...ut de vestra nos laetificare incolomitate praecipiat, qui singulorum desideria et secretorum novit arcana, significandum curavimus, ad serenissimum principem Romane reipublicae praesentium nos...*"; ***Epistolae Austrasicae***, 3, 30: "*Tranquillitatis vestrae supereminens dignitas, quae cursu prosperitatis vos extulit, rempublicam felicissime regere, hortatur nos efficaciter, si Christi dictum placuerit, amicitiarum foedera propagare*"; ***Epistolae Austrasicae***, 3, 32: "*...noverit beatitudo vestra, praesentium legatarios nostros, Domino prosperante, ad principem Romane reipublicae causa future concordie et communis utilitatis providentiam direxisse...*" ; ***Epistolae Austrasicae***, 3, 33: "*...notitiae vestrae deferimus, nos praesentium latores, legatarios nostros, communi pro utilitate ad tranquillissimum Romane reipublicae principe direxisse...*"; ***Epistolae Austrasicae***, 3, 34: "*...cum tranquillissimo Romane reipublice principe caritatis studia deliberaverunt excolere...*"; ***Epistolae Austrasicae***, 3, 35: "*...ad tranquillissimum principem Romane reipublice...*"; ***Epistolae Austrasicae***, 3, 36: "*...ad tranquillissimum principem Romane reipublicae devinctissime destinasse...*"; ***Epistolae Austrasicae***, 3, 37: "*...causa communis utilitatis studiosissime destinasse...*"; ***Epistolae Austrasicae***, 3, 38: "*...presentium legatarios nostros ad serenissimum principem Romane reipublicae...*"; ***Epistolae Austrasicae***, 3, 39: "*...presentium nostros legatarios ad clementiam seresissimi principis distinasse, Romanam rempublicam gubernantes*"; ***Epistolae Austrasicae***, 3, 45: "*...et per hoc inter nos et Romanam rempublicam sit diuturnae pacis et quietas fructus, non terminus*"; ***Epistolae Austrasicae***, 3, 46: "*...iuxta votum Romanae reipublicae vel sacratissimi patris nostri imperatoris in Italiam deximus adversum gentem Langobardorum relegioni ac fidei iniquissimae perfidam*"; ***Epistolae Austrasicae***, 3, 47: "*...per qui vestrum culmen Romanam rempublicam longa feliciter...*".

581 Orléans V (549): "*Eis porquê – no momento em que nosso clementíssimo príncipe* [*princeps*] *e senhor muito invencível na honra de seus triunfos, o rei Childeberto...*". Ver, a esse respeito, K.F. Werner, "La notion de *princeps*", pp. 162-163. Fustel de Coulanges acredita que foi em

um Império que necessitava, aliás, de seu apoio militar contra a ameaça lombarda. No Concílio de Orléans V, em 549, os bispos designavam o rei como *princeps*, o que constitui provavelmente um indício de que viam nele o chefe da Igreja da Gália, no lugar do imperador[582].

O movimento descrito pela Realeza franca durante a segunda metade do século VI pode ser definido como uma espécie de "marcha para o Ocidente", semelhante àquela que o papado entamou sob Gregório Magno. Da mesma forma que a Igreja de Roma conseguiu vencer sua desconfiança em relação às monarquias ocidentais, os reis merovíngios "descobriram" a Igreja franca e seu episcopado. Primeira dentre os *tria regna* a romper com a política de *imitatio imperii*, a Burgúndia foi também pioneira na construção de uma Realeza Cristã, no final do século VI. No Reino dos Burgúndios, já na época de Gondebaldo, no início do século VI, o episcopado já demonstrava bastante autonomia face ao poder real, como mostra o concílio de Epaone (517). As práticas constantinianas dos sucessores de Clóvis devem ter repercutido negativamente entre os bispos burgúndios, para quem o reinado de Gontrão representava o reforço de suas posições tradicionais. É bom lembrar que no

---

539 que os reis francos romperam as relações de subordinação em relação ao Império. Ele retira o argumento que justifica essa afirmação da *Vita S. Treverii*, que afirma que em 539, os reis francos, deixando de lado os direitos o Império e não levando mais em consideração a soberania da *Res publica* romana, governaram a Gália em seu próprio nome (***Vita S. Treverii***, Bouquet, t. III, p. 411 : "*Quum Galliarum Francorumque reges, sublato Imperii jure et postposita reipublicae dominatione, propria fruerentur potestate...*" - citado por Fustel de Coulanges, **L'invasion germanique et la fin de l'Empire**, p. 511, n. 1). É verdade que nessa época as campanhas de Teodeberto I na Itália contribuíram para a degradação das relações entre os francos e o Império. Entretanto, há um exagero em se falar em ruptura. É o que mostram as relações epistolares entre a corte de Metz, sob Childeberto II e Brunilda, e o Império, da mesma forma que as diversas embaixadas enviadas à Constantinopla pelos príncipes francos durante a segunda metade do século VI. Sobre a política externa do Império, ver, por exemplo, E. Chrysos, "Byzantine diplomacy, A.D. 300-800: means and ends", pp.25-39.

[582] É o que sustentaram no final do século XIX os historiadores alemães P.-E. Fahlbeck (**La royauté et le droit royal Francs pendant la première période de l'existence du royaume**) e G. Waitz (**Deutsche Verfassungsgeschichte**, t. II, p. 215).

Concílio de Orléans, que consagrou a política constantiniana de Clóvis, não havia nenhum bispo da Burgúndia. Gontrão encontrou no episcopado uma fonte de legitimidade que Clóvis, Teudeberto I e Chilperico haviam buscado na *imitatio imperii* e na tentativa de controlar a Igreja. A política abertamente antiimperial e antivisigótica do rei burgúndio aliou-se com o fortalecimento do papel político dos bispos.

É evidente que as guerras civis beneficiaram a aristocracia laica e a aristocracia eclesiástica da Gália, na medida em que esses grupos puderam ampliar sua influência face às divisões do poder real. Durante a segunda metade do século VI, os grandes do reino exerceram um papel bem mais importante no *Regnum Francorum* que durante os períodos precedentes. As minoridades de Childeberto II, de Clotário II, de Teuderico II e de Teudeberto II proporcionaram a esses grupos, uma experiência ímpar e a prática do exercício do poder nos *tria regna*. Durante a primeira metade do século VI, esse fenômeno havia sido mais raro.

Isso não significa que as aristocracias galo-francas irromperam subitamente na vida política do Reino dos Francos. A imagem de "servidores" que usurparam o poder, consagrada pelo historiador alemão P.-E. Fahlbeck, é bastante caricatural. Além disso, a idéia de uma longa e implacável luta entre os grandes e o rei, entre os poderes locais e o poder central, que necessariamente conduziu à vitória do primeiro, e conseqüentemente do "Feudalismo", é uma criação dos historiadores modernos. A aquisição por parte dos bispos galo-francos de um estatuto político de primeira ordem não pode ser assimilada à uma "revolução aristocrática" ou a um "golpe de Estado". Em vários trabalhos sobre a Gália merovíngia, o final das guerras civis, em 613, teria coincidido com o início da preeminência das aristocracias sobre o poder real[583]. Essa data marcaria, segundo os autores dessas

---

[583] Essa é a opinião de P.-E. Fahlbeck (**La royauté et le droit royal Francs**, p. 208). É interessante ressaltar que os autores que sustentam esse ponto de vista são quase sempre os mesmos a considerar o governo merovíngio como uma monarquia absoluta. Trata-se de mostrar o ano de 613, o ano da vitória de Clotario II sobre Brunilda, e o ano de 614, o da publicação do edito de Paris, como pontos de ruptura na historia política do *regnum Francorum* : exercendo-se

obras, uma ruptura na história franca, o momento a partir do qual as prerrogativas reais teriam começado a tornar-se mais e mais reduzidas até se dissolverem face à ascenção dos grandes proprietários de terras. As guerras civis são muitas vezes julgadas como se tivessem acentuado o caráter patrimonial da Realeza franca. Muito ocupados se degladiando, os príncipes francos teriam acabado por deixar a direção do governo nas mãos dos altos funcionários, que teriam de uma maneira bem mais radical que antes, tratado o reino como se fosse um bem privado. Quanto aos reis do século VII, sobretudo a partir de Dagoberto, desprovidos de vigor moral e intelectual, bem como de aptitudes governamentais, teriam perdido o pouco que lhes restava da "autoridade pública".

Não se deve exagerar o alcance da "politização", ou melhor, do aumento da importância política das aristocracias, nessa segunda metade do século VI. É a melhor maneira de se evitar uma leitura esquemática da evolução da autoridade real franca, que consiste em dividir a história política da Gália merovíngia em duas fases: a primeira, de Clóvis até Clotário II, ou no máximo, Dagoberto, marcada por um poder real ilimitado; e a segunda, da metade do século VII até a deposição do último merovíngio, Childerico III, por Pepino, o Breve, marcada pelo triunfo da aristocracia e pelo enfraquecimento do poder real. Alguns historiadores explicaram essa mutação pela "revolução constitucional" que teria, em

---

até então sem limites, o poder real teria se tornado o prisioneiro da aristocracia. Tornando-se atores políticos de primeira ordem no *regnum Francorum*, os grandes do reino acabaram por confiscar aos reis merovíngios a substancia de sua autoridade política durante o século VII (*Ibid.* pp. 211-212 : "*É o velho e o novo tempo; é a antiga e verdadeira realeza merovíngia, com suas tradições e suas pretensões, colocada em presença de uma realeza nova, nascida no meio de novas condições sociais e políticas. Traída e abandonada por todos, a velha rainha morre de uma morte ignóbil e cruel, e todo um sistema de governo desce com ela no tumulo. O período de governo pessoal e do poder absoluto e não disputado dos reis, é substituído pelo regime dos prefeitos do palácio e por um poder relativamente impotente. A aristocracia venceu, e a realeza se viu forçada de curvar a cabeça diante de seus próprios servidores*").

614, conduzido a aristocracia ao ápice do poder, em detrimento de uma autoridade real enfraquecida por décadas de guerras civis[584].

A cristianização da autoridade pública entre os francos é um processo por demais longo e complexo para ser reduzido a uma "data fundadora". Podemos, por outro lado, identificar o momento em que essa mutação (que a um longo prazo modificou as relações entre o poder real e os bispos, e também entre a realeza e a sociedade) se tornou visível. Isso ocorreu com a ascenção do episcopado na segunda metade do século VI. A partir dessa época, vê-se cada vez mais os bispos interferindo, com o consentimento real, na vida política do *Regnum Francorum*. No contexto da administração local, eles adquiriram certa preeminência em face dos condes com os quais tradicionalmente dividiam o governo das *civitates*. O equilíbrio de forças tornou-se a um tal ponto desfavorável aos *iudices* que, no final do século VI, a nomeação dos mesmos estava submetida à aprovação dos bispos em cada cidade. Por volta desse mesmo período, as grandes reuniões conciliares, como as de Mâcon ou a de Paris, em 614, tratavam cada vez mais de temas que eram até então o apanágio da autoridade real. Em face das desordens causadas pelas guerras civis, o episcopado foi chamdo a exercer um papel político de primeira ordem. Para os reis, não se tratava mais, como no *regnum* de Chilperico, de opor-se aos bispos e à sua influência, mas de associá-los às suas decisões. É nesse contexto que os bispos puderam inspirar uma prática cristã do exercício do poder. A autoridade real na segunda metade do século VI na Burgúndia, e nas primeiras décadas do século VII em toda a Gália, era permeável às influências ideológicas do episcopado: nesse sentido, os reis merovíngios foram perfeitamente capazes de constituir uma sociedade política orientada para a realização da *utilitas publica* no sentido cristão, ou seja, para a salvação.

---

[584] ***Lex Baiwariorum*, *De legibus***, pp. 201-203.

Capítulo III

A legislação real franca e a cristianização da utilitas publica

Os editos e os preceitos reais merovíngios são os melhores testemunhos das transformações na *utilitas publica* entre os séculos VI e VII. A legislação real da segunda metade do século VI contrasta com aquela que a precedeu no tocante à natureza e à extensão das obrigações do príncipe em relação aos seus súditos. O objetivo desse capítulo é de analisar, através de alguns preceitos e editos, a emergência de uma noção cristã de *utilitas publica*, que associava o ato de governar a um conjunto de deveres morais em relação aos governados. Tais deveres se consubstanciram na criação de condições para a salvação dos habitantes do *Regnum Francorum*. Buscar-se-á, igualmente, tecer algumas reflexões sobre a influência da cristianização da *utilitas publica* na perenidade da dinastia merovíngia até a primeira metade do século VIII.

A legislação real na primeira metade do século VI

O texto do prólogo da ***Lex Baiwariorum***, que se encontra igualmente na ***Lex Ripuaria***, descreve como o rei Teuderico I escolheu homens sábios que conheciam as antigas leis, e como sob sua orientação eles escreveram a Lei dos francos, a Lei dos alamanos e a Lei dos bávaros. O texto precisa que o rei tomou o cuidado de realizar essa tarefa conforme o costume de cada nação que estava sob seu governo. Ele lembra também que o rei acrescentou aquilo que se devia acrescentar, mudou aquilo que devia ser mudado, tendo o cuidado de modificar, segundo os preceitos da lei cristã, aquilo que era conforme ao costume pagão[585]. Aliás, o empenho do príncipe em impor os princípios da fé cristã em detrimento das práticas pagãs pontua todo o documento. Teuderico pretendia que as práticas religiosas dos habitantes do *Regnum Francorum* fossem fundadas nos preceitos cristãos, livres de todo resquício de paganismo. A fé dos habitantes do *regnum* deveria se conformar à fé de seu *princeps*. Essa forma de ingerência nos assuntos religiosos é uma constante na legislação real merovíngia no século VI: encontramo-la no Preceito de Childeberto I, no Edito de Gontrão e no Decreto de Childeberto II[586]. A

---

[585] O décimo-quarto capítulo do Decreto de Childeberto II, por exemplo, proibia toda forma de trabalho durante os domingos (***Childeberti Secundi Decretio*** 7, c. 14: "*Deo die dominico similiter placuit observare, ut si quiscumque ingenuus, excepto quod ad coquendum vel ad manducandum pertinet, alia opera in die dominico facere praesumpserit, si Salicus fuerit, solidos quindecim componat; si Romanus, septem et dimidium solidi. Servus vero aut tres solidos reddat, aut de dorsum suum componat*".

[586] Sobre a cristianização da Gália merovingia, ver J. Imbert, "l'influence du christianisme sur la législation des peuples Francs et Germains", pp. 365-396; K.F. Werner, "Le rôle de l'aristocratie dans la christianisation du nord-est de la Gaule", pp. 45-73; há também o colóquio de Nanterre, intitulado **La Christianisation des pays entre Loire et Rhin** (**IVe-VIIe siècle**); R. Butzen, **Die Merowinger östlich des mittleren Rheins: Studien zur militärischen, politischen, rechtlichen, religiösen, kirchlichen, kulturellen Erfassung durch Königtum und Adel im 6. sowie 7. Jahrhundert**, especialmente p. 32; e também, A. Dierkens, "Superstitions, christianisme et paganisme à la fin de l'époque mérovingienne. A propos de l'*Indiculus superstitionum paganiarum*", pp. 9-26. Sobre a cristianização da Europa Ocidental no final da

participação do príncipe nas atividades de evangelização é muito mais uma herança do Império Romano tardio do que uma criação da Realeza Cristã. Mas onde reside a originalidade dessa última? Se houve durante o século VI uma cristianização da *utilitas publica*, é porque não somente os reis francos tornaram-se cristãos ou que os francos tornaram-se também, mas, sobretudo, porque os primeiros aceitaram o princípio da participação dos bispos nos assuntos públicos e que em seus atos de governo esses príncipes incorporaram a noção segundo a qual a finalidade da autoridade real é favorecer a salvação das almas. O batismo de Clóvis não significou automaticamente a cristianização de todos os francos. Com efeito, não se deve confundir os atos dos príncipes merovíngios que tinham por objetivo extirpar as práticas pagãs em favor da fé cristã, com a concessão de um papel político ao episcopado e com a fundamentação do ato de governar na necessidade de se salvar as almas – elementos que estão no cerne da Realeza Cristã.

O batismo de Clóvis, a conversão dos francos e a cristianização da *utilitas publica* são três fenômenos distintos, muito embora estreitamente ligados. O primeiro deles, que foi acompanhado pela conversão de uma parte do exército franco, marcou uma transformação no lugar da fé cristã na Gália franca, muito mais do que uma mudança no estatuto oficial da Igreja católica. Os clérigos já gozavam de privilégios devidos ao seu estatuto de membros da administração pública. Eles eram funcionários que se tornaram indispensáveis ao funcionamento do aparelho de Estado, pelo menos desde a época romana. A grande transformação trazida pelo batismo de Clóvis dizia respeito ao estatuto da fé cristã; ela era a partir de então a religião oficial do *Regnum Francorum*. É esse novo estatuto que permitiu a cristianização dos francos. Uma das conclusões que se pode tirar desse último fenômeno, que ainda

Antiguidade, ver A.H.M. Jones, "The Social Background of the Struggle between Paganism and Christianity", pp. 17-37; P. Brown, "Aspects of the Christianization of the Roman Aristocracy", pp. 1-11; G. Crifo, "Romanizzazione e cristianizzazione. Certezze e dubbi in tema di rapporto tra cristiani e istituzioni", pp. 75-106; J.-M. Carrié, A. Rousselle, **L'Empire romain en mutation des Sévères à Constantin**, pp. 665-679.

permecia inacabado na época de Gregório Magno[587], é que ele não foi somente o resultado dos esforços dos bispos, como se pode observar, aliás, no documento anteriormente mencionado. Theuderico I, como outros príncipes merovíngios antes dele, não mediu esforços para combater os elementos pagãos e para fazer com que seus súditos aceitassem e seguissem os preceitos cristãos.

Entretanto, se a idéia do rei defensor da fé estava presente na atividade legislativa merovíngia na primeira metade do século VI, a autoridade real não tinha incorporado a idéia de um governo conforme os princípios morais enunciados pelos bispos. O rei se preocupava unicamente com as "reminicências pagãs", ou seja, com a efetividade da conversão de seus súditos, da mesma forma como o imperador cristão zelava pela correção da fé e da doutrina dos romanos. As ingerências dos primeiros reis francos no processo de evangelização eram fortemente marcadas por uma percepção "constantiniana" quanto às obrigações do poder real.

---

[587] ***Childeberti I. Regis Praeceptum***, 2, pp. 2-3. Os *Capitularia Merowingica* são um conjunto de nove textos originalmente escritos entre o início do século VI e o início do século VII, e que foram reunidos e editados no final do século XIX por A. Borétius nos *M.G.H.* É preciso ressaltar, no entanto, que o termo "capitulário", empregado para designar esses documentos, é uma escolha deliberada do editor e não corresponde ao vocabulário merovíngio. Esse termo aparece pela primeira vez em um ato oficial de 779 (Ganshof, *Recherches sur les capitulaires*, p. 3). Além disso, a reunião em um mesmo volume dos *M.G.H.* dos textos que compõem os *Capitularia Merowingica* explica-se muito mais por uma escolha deliberada de Borétius do que por uma coerência interna desses documentos. Senão vejamos: o primeiro texto a figurar nessa seleção é uma carta de Clóvis aos bispos, escrita por ocasião do Concílio de Orléans, em 511. O segundo texto, seguindo a ordem estabelecida por Borétius (com o título *Incipit epistola clementissimi et beati regis nostri Childeberti, data per ecclesias sacerdotum vel omni populo*), é um preceito mutilado de Childeberto I (511-558); o terceiro é um pacto estabelecido entre esse último e Clotário I (511-561), chamado *Pactus pro tenore pacis*; o quarto texto é um edito de Chilperico; o quinto, um edito de Gontrão, publicado por ocasião do Concílio de Mâcon, em 585; o sexto texto é um tratado assinado em 587 por Childeberto II e por Gontrão na cidade de Andelot; o sétimo é um decreto de Childeberto II, de 596; há também um preceito que Borétius atribui ao rei Clotário II (584-613). Finalmente, há um edito de Clotário II, publicado por ocasião do Concílio de Paris, de 614 [M. Cândido da Silva, M. Mazetto Junior, "A Realeza nas fontes do período merovíngio (séculos VI-VIII)", pp. 89-119].

É nesse espírito que Childeberto I publicou um preceito, que foi preservado incompleto e cuja data precisa permanece desconhecida:

> "Aqui começa a epístola de nosso clementíssimo e bem-aventurado rei Childeberto, dada às igrejas episcopais e a todo o povo. Nós acreditamos que, Deus nos favorecendo, será bom para nossa recompensa (eterna) bem como para a salvação do povo, se o povo cristão, tendo renunciado ao culto dos ídolos, servimos a Deus, a quem prometemos uma fé exclusiva, como Ele nos inspirou. E, posto que é necessário que o povo, que não segue os preceitos dos bispos como se deve, seja corrigido também segundo Nossa autoridade, decretamos que essa epístola seja enviada a todos os lugares [no reino]. Ordenamos que todos os homens que, uma vez advertidos que havia em suas terras imagens e ídolos consagrados aos demônios e criados pelos homens, não expulsarem imediatamente ou impedirem os bispos de os destruírem, não serão libertados uma vez que derem cauções, antes de virem em Nossa Presença. A maneira pela qual a injúria feita a Deus por esses sacrílegos será vingada cabe a nós decidir, porque nossa fé, como o bispo pronuncia do altar... tudo o que foi anunciado pelo Evangelho, os profetas e o Apóstolo na medida em que Deus nos dá a compreensão. No que se refere ao culto, certas queixas chegam até nós segundo as quais o povo comete muitos sacrilégios, pelos quais Deus é ofendido e que conduzem as pessoas pelo à morte pelo pecado: noites inteiras passadas na bebedeira, na dansa e o canto, mesmo nos dias santos de Páscoa, da Natividade do Senhor e outras festas [eclesiásticas]. Ou ainda, quando chega o domingo, são os dançarinos que vão dançando de domínio em domínio. Nós proibimos todas essas coisas pelas quais sabemos que Deus é ofendido. Qualquer um que após a admoestação dos bispos ou (a proclamação de) Nosso Preceito, ousará cometer esses sacrilégios, se ele é um servo, ordenamos que ele receba cem chicotadas. Se ele é livre ou de estatuto honorável [o restante do documento foi perdido]..."[588].

---

[588] Há, na ***Vita Cesarii***, um retrato bastante otimista da atitude de Childeberto I em relação à Igreja (II, 45, p. 499): "*...e foi enquanto ele* [Cesário] assumia *essa tarefa sagrada que se estabeleceu, graças a Deus, e não em razão de sua traição, como acusam os arianos, mas simplesmente pelas suas orações contínuas, o reinado catolicíssimo do gloriosíssimo Childeberto, em nome do Cristo, para a calma e a tranquilidade da cidade de Arles; esse rei, doce com firmeza, velava com*

O objetivo principal mencionado pelo texto é o combate às práticas pagãs. Nessa tarefa, o rei atua como o único responsável diante de Deus pelo estado moral de seu reino, pois interpela o episcopado sobre esse tema[589]. Childeberto I não pretende em seu preceito forçar a aceitação da fé cristã pelos pagãos, mas extirpar tudo o que é incompatível com o comportamento dos cristãos[590]. Também não se trata de colocar como objetivo último da política antipagã a realização da salvação. O preceito afirma somente que a graça do rei e a salvação do povo somente poderiam ser alcançados se esse último abandonasse a adoração dos ídolos. Em seu preceito, Childeberto I justifica sua posição pelo peso de sua autoridade, muito embora reconheça partilhar sua responsabilidade com os bispos: "*E posto que é necessário que as pessoas, que não seguem os preceitos dos bispos como se deve, sejam corrigidas* ***também*** *segundo Nossa autoridade...*"(grifo nosso). Ao mesmo tempo, essa afirmação realça a insuficiência do episcopado em realizar a bom termo sua tarefa de admoestação, pois as pessoas não seguiriam os preceitos dos bispos "como se deve". O príncipe assume, assim, a direção do combate às reminiscências pagãs: ele age como o chefe supremo da Igreja franca, seu *princeps*, no sentido "constantiniano" do termo. Childeberto se estima igualmente o único responsável diante de Deus pelo comportamento de seus súditos, o único interlocutor da Providência divina: "*Nós proibimos todas essas coisas pelas quais sabemos que Deus é ofendido*". Como mostra

---

rigor, eminente com humildade, não dominando pelo terror os padres do senhor, mas ligando-os a ele pelo respeito; mesmo dominando tudo nas Gálias, ele era igual a todos na Igreja, reconhecendo o privilégio da Cidade do alto entre os homens". O otimismo do autor devia-se notadamente ao fato de que a cidade de Arles tinha acabado de ser librada da dominação dos godos, e que os padres esperavam dos francos católicos muito mais do que dos godos arianos.

[589] Ver K.F. Werner, "Le rôle de l'aristocratie", pp. 56-57, n. 29. Efetivamente, vários textos atestam da sobrevivência de práticas pagãs na Gália merovíngia. O primeiro cânone do Concílio de Mâcon II (585), por exemplo, se atacou àqueles que "são cristãos apenas de nome". Em uma carta à rainha Brunilda, datada de 597, o papa Gregório Magno manifestou seu descontentamento pela idolatria dos francos, e convida a rainha à combatê-la (*Reg.* VIII, 4).

[590] Orléans II (533), c. 20.

o Concílio de Orléans V, de 549, Childeberto não hesitou em impor sua vontade aos bispos, tanto no que dizia respeito às eleições epicopais, quanto em matéria de doutrina. Prova disso é o titulo de *princeps* que os bispos lhe atribuem, fato sem precedentes na história merovíngia.

O Concilio de Orléans, em 533, ao qual participaram os bispos do reino de Childeberto I, estabeleceu a expulsão da Igreja daqueles que tinham retornado ao culto dos ídolos ou às outras práticas pagãs:

> "Que os católicos que não preservam intacta a graça do batismo recebido e retornem ao culto dos ídolos, ou aqueles que se aprazem a burlar um interdito, usam alimentos imolados ao culto dos ídolos, sejam excluídos das assembléias da Igreja"[591].

A pena prevista pelo concilio não ia além de uma sanção eclesiástica. O Preceito de Childeberto, no entanto, ameaçava com a prisão e com castigos corporais aqueles que persistissem na idolatria. A autoridade real se dispunha assim a utilizar a força contra as infrações às regras canônicas que os bispos eram incapazes de punir. Ela não agia simplesmente em complemento à autoridade dos bispos, mas se impunha ao episcopado, determinando o caminho a ser seguido para a punição dos pecadores, e reprovando a falta de severidade do episcopado em matéria de combate à idolatria e às superstições pagãs.

O tom dos textos reais da segunda metade do século VI é sensivelmente diferente daquele adotado pelo preceito de Childeberto I. Os três documentos que melhor ilustram essa mudança de atitude da realeza face ao episcopado são: o Edito de Gontrão e dois outros textos legislativos, um edito e um preceito, ambos geralmente atribuídos a Clotário II. Esses textos associavam muito mais diretamente a autoridade real à realização da salvação das almas.

---

[591] ***Guntchramni Regis Edictum***, 5.

O Edito de Gontrão

O primeiro ponto a ser ressaltado no Edito de Gontrão são as condições nas quais ele foi redigido, em 585 na cidade de Macon. Sua publicação serviu para ratificar as medidas que tinham sido discutidas e aprovadas pelos bispos reunidos na mesma cidade pouco tempo antes: "*Essas coisas que decretamos nesse edito devem ser perpetuamente observadas, pois no santo sínodo de Macon, como vós sabeis, buscamos definir aquilo que publicamos agora segundo a declaração presente*"[592]. A proximidade com o II Concílio de Macon não está apenas na forma. O edito reforça decisões que haviam sido tomadas pelos bispos conciliares, como a obrigação de se guardar repouso nos dias santos:

> "Nós decretamos nessa lei geral que durante os dias do Senhor, nos quais nós honramos o mistério da Santa Ressureição e durante outros banquetes quando as pessoas estão habitualmente reunidas na igreja, nenhum trabalho fisico deve ser feito, salvo o que é necessário para preparar a alimentação"[593].

O Edito de Gontrão desenvolve um tema que aparece várias vezes no discurso dos autores cristãos, a conexão entre a realização da justiça e a vontade divina:

> "Nós cremos que o Autor da Majestade Divina, através de quem todas as coisas são dirigidas, estará satisfeito se as regras de justiça são observadas entre nosso povo e que Ele, o Pai Piedoso e o Senhor, que sempre preservou a fragilidade humana através de Sua ajuda, aceitará conceder as necessidades entre aqueles que Ele sabe que mantém seus mandamentos"[594].

Para o rei, a estabilidade e a prosperidade de seu reino dependeriam da realização da justiça. Entretanto, a justiça não é vista aqui como um

---

[592] *Ibid.*
[593] *Ibid.*
[594] *Ibid.*

valor em si, um princípio absoluto. Em seu sentido cristão, ela é apenas um meio de atingir um objetivo maior: "*Em consequencia, enquanto nós deliberamos para a estabilidade de nosso reino e a salvação de nosso povo* ..."[595]. Gontrão coloca explicitamente como o centro de gravidade de sua ação a realização dessa tarefa espiritual. Eis o novo sentido da *utilitas publica* na Gália merovíngia a partir da segunda metade do século VI: tratava-se de garantir a estabilidade do reino de forma a se alcançar a salvação.

É a primeira vez sob os merovíngios que um documento real estabelecia a salvação das almas como o objetivo último da atividade de governo. O preceito de Childeberto I mencionava igualmente a salvação. A diferença essencial encontra-se na forma e nos meios alocados para se atingir esse objetivo. O Edito de Gontrão prevê, como condição preliminar para a realização da salvação uma cooperação crescente entre a autoridade real e o episcopado. O autor do edito se contenta se repetir, resumindo-as, as decisões conciliares, mas, sobretudo, dando a elas força de lei. A autoridade real não ia além do que havia sido previsto pelos bispos. Em nenhum momento em seu edito, Gontrão recriminava direta ou indiretamente aos bispos sua incapacidade a colocar um termo às práticas pagãs. Ele reconhecia as responsabilidaes e as prerogativas da realeza nesse domínio. Pode-se mesmo falar de uma "responsabilidae partilhada". Aos bispos, cabia corrigir o povo pela oração e governá-los com a caridade pastoral:

> "Consequentemente, é a vós, os bispos mais santos, a quem a clemência paternal de Deus deu vosso ofício, que nosso discurso é inicialmente endereçado, na esperança de que estudareis para corrigir as pessoas que a Providência Divina colocou sob vossa responsabilidade pelos pecados frequentes e governa-los com a caridade pastoral. Assim, quando todos os homens, amando a justiça, tentam viver honestamente, a boa vontade celeste pode conceder a tranquilidade e a salvação de todos os homens. E, ainda que a oração seja

[595] *Ibid.*

notadamente de vossa responsabilidade sem qualquer outra admoestação da nossa parte, nós acreditamos que dividis os pecados de outros se não corrigires assiduamente as falhas de vossos filhos, mas as passais em silencio"[596].

O rei dirige-se em primeiro lugar aos bispos. É a eles que a Divina Providência teria concedido a tarefa de guiar espiritualmente o povo. O governante não possuía mais, como era o caso no preceito de Childeberto I, o monopólio dessa missão confiada por Deus e que diz respeito à paz e à salvação do reino. A responsabilidade da autoridade real seria de uma outra natureza. Responsável perante Deus pelo governo do povo, o rei deve tomar medidas que convém para que a ordem e a justiça triunfassem: "*Para que nada disso aconteça a nós, a quem a autoridade do Rei Supremo deu o poder de reinar, para subtrair-se de Sua Cólera, se nós não nos preocupamos do povo que nos está submetido*"[597].

A complementaridade entre os bispos e os *iudices* era expressa em um sentido profundamente gelasiano:

"Mas vós, os bispos apostólicos, juntando-se a vossos companheiros padres, os filhos mais velhos da Igreja e os juízes locais e qualquer um que vós sabeis que a honestidade da vida o recomenda corrigir o povo com orações constantes para que a exortação mística podem fazer progredir a boa correção pastoral, podem trazer de volta ao bom caminho aqueles que se desviam, para que todos possam juntos se esforçar para viver juntos e preservar a uniade e a justiça, e que a Santa Igreja possa receber cristãos livres de toda sujeira do pecado"[598].

"É apropriado que a justiça e a equidade sejam aplicadas em todas as coisas e que a punição legal dos juízes aja sobre aquilo que as pregações canônicas dos bispos não corrigiram"[599].

---

596 *Ibid.*
597 *Ibid.*
598 *Ibid.*
599 *Ibid.*

Ao rei, caberia a tarefa de reinar sobre o povo, enquanto os bispos deveriam cuidar da oração. Como se pode observar, não foi com Clóvis que o dualismo gelasiano se afirmou no *Regnum Francorum*, mas sob o reinado de Gontrão. O dualismo gelasiano aparece também no Edito de Gontrão quando se definem as atribuições respectivas dos bispos e dos *iudices* laicos. O rei afirma que o castigo aplicado pelos *iudices* deve atuar nas instâncias onde as exortações episcopais não surtem efetivo algum:

> "Todos os juízes se esforçarão em fazer julgamentos justos, que agradam a Deus, para não haja nenhuma dúvida que nossa sentença condenará mais rapidamente aqueles que não julgaram conforme a equidade. Os juízes não poderão comandar ou enviar representantes nas regiões consagradas aos que exercem a justiça venal ou pilhar o que é sua responsabilidade"[600].

À primeira vista, a necessidade de submeter a justiça secular aos preceitos cristãos parece reafirmar a superioridade do episcopado. Entretanto, há igualmente uma admoestação dirigida aos bispos:

> "Quando os eclesiásticos transgridem, como maior é a reverência que lhes é devida pelo amor de Deus, eles devem ser mais bruscamente repreendidos. Se santos pastores ou juízes (que Deus proibe !) tentam esconder os crimes de seus súditos ao invés de lhes restringir, eles podem saber que eles serão culpados"[601].

O rei pede aos bispos que eles não escondam os crimes de seus súditos, e invoca a grande responsabilidade dos primeiros diante de Deus. Da mesma maneira que os reis, os bispos são reconhecidos como interlocutores privilegiados da Providência. Esse edito é provavelmente o mais importante documento real que trata da divisão de responsabi-

---

600 *Ibid.*

601 *Ibid.*

lidades entre a realeza e o episcopado. Não é um exagero afirmar que esse edito marca o prelúdio da Realeza Cristã entre os francos. Com ele, estamos em um universo de pensamento onde dominam, mais do que em qualquer outro texto legislativo anterior, as características típicas da Realeza Cristã. O princípio gelasiano da superioridade moral do poder eclesiástico aparece aqui nitidamente. Mais importante ainda, ele mostra um rei preocupado em adaptar sua conduta como governante à vontade de Deus e segundo os preceitos dos bispos. Para que um rei agrade a Deus, ele deve manter a *iustitia*, tendo consciência que o mal pode se encontrar em todos os lugares. O pecado, inerente ao homem, estaria na origem das calamidades terrestres.

O rei encontra-se estreitamente ligado ao seu povo. Mais do que uma escolha delibarada, essa proximidade é vista no edito como uma obrigação: "*Nós também, a quem a autoridade do rei celeste confiou a função de governar, não poderemos evitar sua cólera se nós não mostramos nenhuma sollicitude em relação ao povo que está submetido a nós*"[602]. O rei compartilha com os bispos a responsabilidade diante de Deus pela conduta de seus súditos. Isso faz com que a solução para o problema das transgreções às regras cristãs seja dupla: ela repousa por um lado na pregação e na correção asseguradas pelo clero e, em caso de fracasso, no rigor da lei, canônica ou secular. Quando o episcopado é incapaz, pela força da oração, de reconduzir ao bom caminho os habitantes do reino, o poder real intervém com a lei.

O Preceito de Childeberto I é também marcado pela idéia que a autoridade real deve atuar nos domínios e nas situações nas quais autoridade moral dos bispos era impotente. Entretanto, e essa é a diferença essencial, no Edito de Gontrão a cooperação não nasce apenas sob o signo da responsabilidade do rei perante Deus, ela resulta de uma visão cristã quanto à natureza e os objetivos do poder real. Não vemos nada disso no preceito de Childeberto I: o rei intervém para suprir uma deficiência dos bispos, e mais importante ainda, sua ação não parece ter sido guiada

[602] ***Chlotarii II. Edtictum***, 9.

por uma crença na capacidade do poder real em cristianizar a sociedade. O poder age em defesa da fé cristã, mas ele é apenas o gládio que se impõe aos pecadores. Nada mais que isso. No Edito de 585, a realeza afixa como objetivo declarado de conduzir todos os seus súditos a amar a *iustitia* e a viver honestamente, e disso resultariam dois bens essenciais: o primeiro, de ordem terrestre, seria a paz, e o segundo, a salvação. Os textos reais merovíngios, notadamente após a primeira metade do século VI, não cessaram de evocar a paz como valor a ser perseguido na atividade de governo. A menção à paz como objetivo último do exercício da autoridade política é compreensível neste período marcado por conflitos endêmicos. Entretanto, esta paz, bem como a própria *iustituia*, não constitui um valor em sí mesma; ela é vista como um condição prévia para a salvação das almas.

O epicentro da Realeza Cristã sob os merovíngios na segundo metade do século VI não está na responsabilidade moral compartilhada entra os reis e os bispos em relação ao povo, mas sim na percepção de que o poder real atua diretamente, e em estreita colaboração com o episcopado, na realização da Salvação. O fundamento da legitimidade real não se encontra somente nos atributos do sangue, tampouco na única concessão de bens materiais, mas também, e talvez sobretudo, neste ministério exercido pelo rei com a ajuda dos bispos. O tema da salvação tornou-se mais e mais presente na legislação merovíngia a partir do final do século VI; e ele não se restringiu apenas à Burgúndia. No início do VII, quando o tema do rei a serviço da salvação aparece no edito de Clotário II, ele abrange o *Regnum Francorum* como um todo.

O Edito de Clotário II (614)

Alguns dias após o quinto concílio de Paris, Clotário II publicou um edito cujas disposições confirmavam, especificavam e em alguns casos modificavam os cânones que tinham sido discutidos pelos bispos conciliares. Em seu preâmbulo, o Edito continha uma fórmula que se endereçava a todo o povo, mas deixa claro que ele foi publicado durante a assembléia dos bispos reunidos em Paris: "*Os atos ou constituições do Ilustre príncipe, o rei Clotário, para todo o povo na assembléia dos bispos reunidos no Sínodo de Paris*"[603].

Essas motivações também estão presentes, e mais claramente ainda, na declaração que segue:

> "Não há nenhuma duvida de que a felicidade de nosso reino cresce e o favor divino se revele mais e mais, se nós nos esforçamos em nosso tempo em preservar inviolado tudo isso que, com a graça de Deus, foi decidido, resolvido e ordenado em nosso reino. Nós também decidimos, com o Cristo como protetor, de corrigir geralmente pelo contido de nosso decreto tudo aquilo que foi decidido e instituido contra a ordem da razão, para que no futuro não aconteça que Deus se desvie de nós"[604].

O rei apresenta como objetivo preservar a inviolabilidade dos atos, dos estatutos e dos decretos publicados sob inspiração divina, mas também pretende reformar, sob os auspícios do Cristo, tudo o que tinha sido feito contra direito e a razão, de modo a impedir que os mesmo erros fossem cometidos no futuro. Não se tratava somente de modificar as práticas pagãs conforme os princípios da fé cristã, como proclamava o Preceito de Childeberto I. O que o Edito de Clotário II propunha é um "reforma cristã" da sociedade e dos mecanismos de governo. Seriam reformuladas todas as disposições presentes nos preceitos e nos editos anteriores que entrassem em contradição com uma *ratio* cuja natureza profundamente cristã é revelada ao longo do texto.

As medidas previstas por esse edito diziam respeito ao clero, aos grandes laicos, bem como ao conjunto dos habitantes do *Regnum Francorum*. Paralelamente a seu objetivo "reformador", o Edito de Clotário II tinha pretensões mais conservadoras: manter e confirmar as disposições dos reis precedentes: "*Tudo o que nossos parentes que reinaram antes de*

---

603 *Ibid.*

604 ***Chlotarii II. Edtictum***, c. 16.

nós, ou nós mesmos, concederam conforme à lei e autorizaram, será confirmado em todos os sentidos"[605]. Em sua legislação, Clotário II adotou os princípios morais que os bispos haviam proclamado no V Concílio de Paris. A *ratio* desse edito não é outra senão a doutrina moral que faz do soberano o responsável diante de Deus pela paz e pela justiça: "*Que com a ajuda de Cristo possa reinar sempre a paz e a ordem pública em nosso reino e possam a rebelião e a altivez do homem mau ser o mais severamente reprimidas*"[606]. O edito confirmava igualmente uma série de medidas do concílio de Paris V que outorgavam ao clero, e mais precisamente ao episcopado, privilégios significativos. Ele proibia aos clérigos de contornar a autoridade de seus bispos para apelar ao rei ou a um grande do reino:

> "Se um eclesiástico de qulquer grau, desprezando seu bispo ou o ignorando, decide dirigir ao príncipe ou aos funcionários poderosos (*potentiores*) ou a qualquer outra pessoa para pedir seu apoio, ele não deve ser recebido, a menos que ele busque o perdão. E se por algum razão ele se aproxima do príncipe e retorna a seu bispo com uma carta deste príncipe, que ele seja acolhido e desculpado. E que aqueles que pretendem retê-lo após ele ter recebido um aviso de seu bispo, sejam excomungado"[607].

Face aos *iudices*, os clérigos obtêm, como pretendiam, um privilégio de jurisdição: nenhum *iudex* pode reter ou condenar um clérigo, salvo se não houvesse nenhuma dúvida sobre sua responsabilidade. Para os clérigos culpados de um crime capital, cabia aos bispos julgá-los e aprisioná-los conforme os cânones:

Nenhum juiz qualquer que seja seu grau não poderá julgar ou condenar de sua própria vontade clérigos em processos temporais (*civiles causae*), salvo nas questões criminais, [e] a menos que o clérigo não seja manifestadamente reconhecido culpado; padres e diáconos estão isentos. Aqueles que

---

[605] ***Chlotarii II. Edtictum***, c. 11.

[606] ***Chlotarii II. Edtictum***, c. 3.

[607] ***Chlotarii II. Edtictum***, c. 4.

são reconhecidos culpados de um crime capital devem fazer suas provas conforme os cânones e devem ser julgados em presença dos bispos[608].

No caso de um processo entre um oficial do poder real e um homem da Igreja, os *iudices* devem julgar o assunto numa audiência pública em colaboração com os decanos da Igreja[609]. O clero é também responsável pela defesa dos libertos face às possíveis demandas do fisco[610]. Clotário II confirma o cânone de Paris V que proibia aos judeus o exercício de qualquer autoridade sobre os cristãos. Ele ameaçava com uma pena prevista pelos cânones aqueles que ousariam infringir essa regra[611]. Da mesma maneira que no V Concílio de Paris, há no Edito de Clotário um medida que visava garantir a inviolabilidade das virgens, das viúvas e das religiosas[612]. Além do mais, garante-se aos fiéis e aos *leudes* que perderam suas possessões durante as guerras civis, restituição daquilo que lhes havia sido subtraído[613].

O Edito de Paris comporta, além disso, medidas em favor do "interesse geral", que previam por exemplo que se o *populus* protestasse contra um nova taxa, essa deveria ser objeto de uma investigação por parte da autoridade real[614]. Garantia-se também que as possessões das igrejas, dos padres e dos pobres que não poderiam por eles ser defendida, deviam ser defendidas pelos *iudices*[615]. Entretanto, seria precipitado considerar esse edito como o marco do triunfo dos bispos sobre a realeza[616]. É bem verdade que o edito não constitui um conjunto de decisões arbitrárias tomadas somente em função da vontade do rei. Em seu último artigo, o

---

608 ***Chlotarii II. Edtictum***, c. 5.

609 ***Chlotarii II. Edtictum***, c. 7.

610 ***Chlotarii II. Edtictum***, c. 10.

611 ***Chlotarii II. Edtictum***, c. 18.

612 ***Chlotarii II. Edtictum***, c. 17.

613 ***Chlotarii II. Edtictum***, c. 8.

614 ***Chlotarii II. Edtictum***, c. 14.

615 É o que sustenta G. Waitz: para ele, em Paris, em 614, a aristocracia afirmou sua vitória sobre a Realeza, apresentando ao rei uma série de disposições que asseguravam sua autonomia, e que ele não tinha outra alternativa senão ratificar, dada sua fraqueza (**Deutsche Verfassungsgeschichte**, p. 215).

616 ***Chlotarii II. Edtictum***, 9, c. 24.

Edito pretende que as disposições foram tomadas pelo rei em conselho sinodal, com a participação dos prelados e dos grandes do reino:

> "Se alguém tentar violar esta resolução, que nós redigimos com os bispos juntamente com nossos grande homens e com discípulos leais em uma assembléia sinodal, a condenação à morte deve ser declarada contra ele; assim, outros não cometerão a mesma violação"[617].

No entanto, a forma como ocorreram as deliberações não significa que o edito seja uma espécie de "constituição" arrancada à realeza pela aristocracia. Clotário II não concedeu aos bispos todos os privilégios que esses últimos desejavam. O edito apresenta, nesse sentido, algumas diferenças notáveis em relação aos cânones do V Concílio de Paris:

> "Foi decidido que os regulamentos canônicos devem ser mantidos em todos os aspectos e aqueles que foram transgredidos no passado devem ser mantidos. Quando morrer um bispo, a pessoa que deve ser ordenada em seu lugar pelo metropolitano, juntamente com os bispos provinciais, será escolhida pelo clero e o povo. Se for uma pessoa digna, será ordenado conforme a ordem do rei. Se for escolhido no palácio, evidentemente, deve ser ordenado em razão do mérito de sua pessoa e de sua formação religiosa"[618].

No que se refere às eleições episcopais, o rei, embora aceite o princípio da ordenação pelo bispo Metropolitano e pelos bispos da província, mantém o direito de escolher entre os candidatos aquele que ele considera o mais "digno". O edito prevê até mesmo a possibilidade dessa escolha ser feita entre os membros da administração real. Todavia, o fato dos bispos terem inspirado o Edito de Clotário II, ou ainda disporem de inúmeras prerrogativas na administração real, não significa que tomaram posse do governo. A Realeza Cristã não é sinônimo de regime

---

[617] ***Chlotarii II. Edtictum***, c. 1.

[618] Fredegário, **Crônicas** IV, 40.

"hierocrático", ou "governo dos bispos" (*Bischofsherrschaft*), segundo noção consagrada pela historiografia alemã. O edito ilustra muito bem o equilíbrio que Clotário II conseguiu instaurar no final das guerras civis. Ele tinha se beneficiado do apoio das aristocracias da Austrásia e da Burgúndia. Graça às manobras de Arnoul, bispo de Metz (c. 611-641) e de Pepino (m. 640), chefe da aristocracia austrasiana, ele invadiu com sucesso a Austrásia, em 613[619]. Com o fim dos conflitos, a autoridade real permanecia a principal força do reino, e isso apesar das concessões feitas à aristocracia. É o que pode ser observado através de duas medidas previstas pelo edito de 614. Primeiramente, os grandes e os clérigos eram obrigados a responder às convocações dos *iudices*[620]. Em segundo lugar, os grandes eram admoestados em relação aos roubos e à violência de seus agentes[621]. A autoridade real não perdeu suas prerrogativas. Ao contrário, a Realeza Cristã consolidou-as: ao rei cabia promover a justiça, manter a ordem e apaz no reino com vistas à salvação.

O Preceito atribuído a Clotário II (618 ?)[622]

De todos os nove textos das *Capitularia Merowingica*, o Preceito atribuído por A. Borétius a Clotário II é o que coloca o maior número

---

[619] ***Chlotarii II. Edtictum***, c. 15.

[620] *Ibid.*, c. 20: « *Os funcionários dos bispos ou dos poderosos* (potentes) *não devem reunir pequenas tropas e levar a propriedade de alguém pela força e deuxar des petites troupes et emporter la propriété de quelqu'un par la force et les laisser pas présument pour causer chacun le mal tout seuls* ».

[621] O texto desse pretexto foi conservado em dois manuscritos, o texto nº 1 (segundo a terminologia de A. Borétius) encontra-se em Paris, na *Bibliothèque Nationale de France* (man. latino S.-Germain, 936, 12097 – manuscrito de Corbie). O texto nº 2 encontra-se igualmente na *Bibliothèque Nationale de France* (man. latino 10753, antigo suplemento latino 215).

[622] ***Praeceptio Chlotarii II*** (Man. latino 10753, fol. 87, antigo suplemento latino 215): "Nós concedemos às igrejas, pela fé de nossa devoção, os dízimos agrícolas bem como os de pastagens dos porcos, de maneira que os agentes do fisco não poderão se aproximar dos bens das igrejas. Os agentes não poderão requerer as igrejas, ou mais precisamente os clérigos,

de problemas de datação e de interpretação. O texto desse preceito foi conservado em dois manuscritos: o manuscrito n° 1 (segundo a terminologia de A. Borétius) encontra-se em Paris, na *Bibliothèque Nationale de France* (man. latino S.-Germain, 936, 12097); o manuscrito n° 2 encontra-se igualmente na *Bibliothèque Nationale de France* (man. latino 10753, antigo suplemento latino 215).

Montesquieu atribuiu esse preceito a Clotário II (584-628), e com isso contrariou os eruditos de sua época, que pensavam tratar-se de um texto de Clotário I. Montesquieu enumera três argumentos para justificar seu ponto de vista. O primeiro deles é que um dos manuscritos do preceito menciona, no capítulo 11, que o rei teria conservado as imunidades outorgadas às igrejas por seu pai e seu avô:

> "Agraria, pascuaria vel decimas porcorum ecclesiae pro fidei nostrae devotione concedemus, ita ut actor aut decimatur in rebus ecclesiae nullus accedat. Ecclesiae vel clericis nullam requirant agentes publici functionem, **qui avi vel genetoris nostri immunitatem meruerunt**"[623].

O capítulo acima trata da concessão pelo rei às igrejas do produto dos dízimos agrícolas e os das pastagens de porcos, e também proíbe os agentes do fisco de reclamarem impostos dos bens das igrejas. No caso das igrejas que tivessem recebido imunidades do pai e do avô do rei, os agentes do fisco ficariam proibidos de exigir a participação dos clérigos em trabalhos públicos. Ora, afirma Montesquieu, "*quais imunidades teria sido capaz de conceder às igrejas Childerico, avô de Clotário I, que não era cristão, e que vivia antes que a monarquia ti-*

para as funções públicas, **os quais obtiveram as imunidades de nossos avós e pais**". O outro manuscrito menciona a expressão "*...**qui avi vel genetoris aut germani nostri immunitatem meruerunt***", que podemos traduzir por: "*...os quais obtiveram as imunidades de nossos pais ou nossos irmãos* (man. latino S.-Germain, 936, 12097 – manuscrito de Corbie).

623 Montesquieu, **De l'esprit des lois**, XXXI, 2, p. 366.

vesse sido fundada ?"[624]. Seguindo esse raciocínio, o autor do preceito somente poderia ser Clotário II, cujo avô, Clotário I, teria concedido benefícios às igrejas para expiar a responsabilidade pela morte de seu filho[625]. O segundo argumento de Montesquieu é que os abusos que o preceito queria corrigir, isto é, as medidas arbitrárias do poder real, foram características do meio século que se seguiu à morte de Clotário I; isso significa, para ele, que o preceito somente poderia ser de Clotário II[626]. O terceiro e último argumento de Montesquieu é que não haveria, sob o reinado de Clotário I, o tipo de queixas que estão sendo contempladas no preceito.

As opiniões quanto à autoridade desse preceito continuaram divididas no século XIX: C. Von Savigny[627], bem como E. Lehuërou[628], acreditavam que ele nada mais era que uma constituição de Clotário I, publicada por volta de 560. P.-E. Fahlbeck, em seu obra traduzida na França em 1883, seguiu a opinião de Montesquieu, e atribuiu o preceito a Clotário II[629]. O debate continuou ao longo do século XX. M. Bloch[630] atribuiu o preceito a Clotário I, enquanto G. Tessier[631] via nesse texto uma obra de Clotário II, opinião compartilhada por P. Riché[632] e por J. Gaudemet[633]. Alguns autores vêem nesse preceito um projeto de decretos elaborado pelos bispos da

---

624 Gregório de Tours descreve o assassinato de Chramn, filho de Clotário I, por ordem desse último. E no livro VI, capítulo 46, o bispo de Tours afirma que Mas nao há indício de que as concessões às igrejas tenham decorrido do arrependimento do rei.

625 Montesquieu, **De l'esprit des lois**, XXXI, 2, pp. 366-367.

626 F.C. von Savigny, **Geschichte des römischen Rechts im Mittalalten**, pp. 59-60.

627 J.-M. Lehuërou, **Histoire des institutions et du gouvernement des mérovingiens**, p. 412.

628 ***Praeceptio Chlotarii II.***

629 M. Bloch, "La conquête de la Gaule romaine par les rois francs", pp. 166-168.

630 G. Tessier, **Diplomatique royale française**, p. 3 e ss.

631 P. Riché, **Education et culture dans l'Occident barbare**, p. 497, n. 462.

632 J. Gaudemet, "Survivances romaines dans le droit de la monarchie franque du Ve au Xe siècle", p.149-286, especialmente p. 157.

633 M. Handelsmann, "Le soi-disant précepte de 614", p.121; O. Pontal, **Histoire des conciles mérovingiens**, p. 205.

Aquitânia e que constituiria o programa do concílio de 614[634]. G. Kocher afirma que o documento data do princípio do reinado de Clotário II, por volta de 584[635]. I. Woll[636], na Alemanha, e Wallace-Hadrill[637], na Inglaterra, acreditam que se trata de um preceito de Clotário I. Atualmente na França, a idéia que esse preceito foi publicado por Clotário I possui vários adeptos. É o caso, por exemplo, de O. Guillot[638] e de M. Rouche[639].

Guillot observa que um frase contida na versão de um dos manuscritos – o mais antigo, o BN ms. lat. 12097 – faz referência a imunidades concedidas anteriormente por irmãos do rei: "*...qui avi vel genetoris* ***aut germani*** *nostri immunitatem meruerunt*" (grifo nosso), o que significaria que o rei em questão era Clotário I, pois Clotário II não teve nenhum irmão que chegou a reinar. Ele sustenta também que a transcrição mais antiga desse documento data do final do século VI, o que excluiria toda possibilidade de que seu autor tenha sido Clotário II[640]. Esse primeiro manuscrito citado por O. Guillot não é levado em conta pelo editor do século XIX, A. Borétius, que considera a expressão *aut germani* como apócrifa[641].

Para M. Handelsmann, em um artigo publicado em 1926, o mais antigo dos textos conservados nem sempre é o mais próximo do texto primitivo, e o texto mais correto não é necessariamente o texto autêntico[642].

634 G. Kocher, "*Praeceptio Chlotarii II*", p. 1851.

635 I. Woll, "Untersuchungen zu Überlieferung und Eiginart der merovingischen Kapitularien", pp. 17-29.

636 J.M. Wallace-Hadrill, **The Long-Haired Kings**, p. 194.

637 O. Guillot, "La justice dans le royaume Franc", pp. 673-676 ; ver também, O. Guillot, A. Rigaudière, Y. Sassier, **Pouvoirs et institutions dans la France médiévale. 1, Des origines à l'époque féodale**, p. 76.

638 M. Rouche, **Clovis**, p.194; em sua Tese sobre a Aquitânia, M. Rouche via nesse preceito uma petição dos bispos aquitânios (**L'Aquitaine des Wisigoths aux Arabes**, p. 501, n. 181).

639 O. Guillot, "La justice dans le royaume Franc", pp. 673-674, n. 63 e n. 64.

640 ***Praeceptio Chlotarii II***, p. 19.

641 M. Handelsmann, "Le soi-disant précepte de 614", p. 124.

642 *Ibid.*, p. 127.

Através de uma análise paleográfica dos dois manuscritos, Handelsmann sustenta que o manuscrito nº 1, aquele que O. Guillot considerará anos mais tarde como autêntico, ainda que seja uma cópia contemporânea ou muito próxima do original do preceito, conteria alterações deliberadas do sentido primitivo do texto. O manuscrito nº 2, mesmo sendo uma cópia tardia do século X, seria o mais fiel ao modelo primitivo[643]. A adição da expressão *aut germanus* no texto nº 1 – sobre o qual O. Guillot funda sua argumentação – seria um tentativa de aumentar o número de bem-feitores da Igreja, ou mesmo uma modificação do sentido do texto primitivo, visando atribuí-lo deliberadamente a Clotário I[644]. O. Guillot julga as afirmações de Handelsmann "aberrantes", e sustenta que os *folio* sobre os quais o preceito em questão foi transcrito pertenciam ao *codex* original, cuja elaboração deve ter ocorrido pouco depois de 573[645]. Como se pode observar, a discussão sobre a autoridade desse preceito está longe de encontrar uma solução consensual entre os historiadores.

Em que pesem essas divergências, há, no entanto, consenso quanto à influência do Breviário de Alarico na elaboração do texto aqui analisado. Tanto os defensores da hipótese sustentada por Montesquieu, quanto aqueles que acreditam tratar-se de um preceito de Clotário II, reconhecem que alguns trechos do breviário publicado pelo rei visigodo Alarico, por volta de 506-507, foram retomados pelo redator do preceito em questão. Como bem lembra O. Guillot, o capítulo 9, bem como algumas passagens do preâmbulo desse preceito, inspiram-se de

643 *Ibid.*, p. 128 e ss.

644 O. Guillot, "La justice dans le royaume Franc", p. 674, n. 64: "*Or il se trouve que, contrairement aux affirmations à coup sûr aberrantes de M. Handelsmann... on a la preuve que les ff. 169-170, sur lesquels a été transcrit notre acte, loin d'avoir été ajoutés après coup au 'codex' comme cet auteur l'a cru, constituent les deux derniers feuillets du quaternion d'origine, numéroté XXII exacatement de la meme main que les quaternions XXI e XXIII (voir, respectivement les ff. 170v°, 162v°, 178v°). Il faut donc conclure que notre acte fait partie d'un ensemble dont l'élaboration, par ailleurs, tendrait à être rapportée au VIe siècle, peu après 573*".

645 O. Guillot, "La justice dans le royaume Franc", p. 676.

uma novela de Valentiniano III[646]. O. Guillot quer demonstrar que se o preceito foi publicado por Clotário I, isso significaria que Clovis adotou o Breviário, provavelmente após sua vitória sobre Alarico. No entanto, a influência do Breviário é evocada por outros autores para sustentar a hipótese de que o preceito pertence a Clotário II. S. Esders, por exemplo, acredita que a influência do Breviário resulta do desfecho das guerras civis, quando a Burgúndia foi integrada aos *regna* governados por Clotário II. Esders pretende mostrar que o preceito foi publicado por esse último em 616, depois dele ter se tornado o único rei dos francos e de ter conseguido afirmar seu poder sobre a Burgúndia[647]. Essa também é a opinião de K. Kroeschell[648]. Uma das razões apresentadas por Esders para definir o preceito como um "lei burgúndia", é que os dois manuscritos nos quais ele foi conservado faziam parte da *Lex Burgundiorum*. Ele também fundamenta sua hipótese em um análise minuciosa das correspondências entre a Lei romana dos burgúndios e o preceito[649]. Em suma, a atestada influência do Breviário de Alarico não é um elemento decisivo para se atribuir o preceito a Clotário I ou a Clotário II. No entanto, uma investigação sobre a natureza e as especificidades dessa influência será útil para sublinhar o legado do Direito romano na Gália, mas também, como se verá a seguir, para identificar os limites à ação judicante do rei merovíngio.

Um dos princípios consagrados pelo Breviário de Alarico é a supremacia da *lex*. Ele está presente na *interpretatio* do título 1, 2, 5 e na *interpretatio* do título 1, 2, 1:

---

[646] S. Esders, **Römische Rechtstradition und merowingisches Königtum. Zum Rechtscharakter politischer Herrschaft in Burgund im 6. und 7. Jahrhundert**, pp. 105-108.

[647] K. Kroeschell, "Recht und Gericht in den Merowingischen 'Kapitularien'", pp. 746-748, pp. 760-761.

[648] S. Esders, **Römische Rechtstradition und merowingisches Königtum. Zum Rechtscharakter politischer Herrschaft in Burgund im 6. und 7. Jahrhundert**, p.108.

[649] **Breviarum Alaricianum**, 1, 2, 5, p. 669.

"Serão condenados os juízes que negligenciarem os preceitos do príncipe que são conformes às *leges* ou que modificarem a aplicação por um artifício qualquer"[650].

"O que quer que seja obtido do príncipe que for contra a lei, não é válido"[651].

A primeira *interpretatio* constitui uma admoestação aos juízes, com a ameaça de punição para aqueles que negligenciassem ou que modificassem, por um artifício qualquer, os preceitos do príncipe. Há uma restrição deliberada na argumentação do texto: a ameaça de punição diz respeito somente aos preceitos do príncipe que fossem conformes às *leges*. Pode-se deduzir, portanto, que haveria preceitos reais que não estivessem de acordo com as *leges*. É exatamente disso que trata a segunda *interpretatio* mencionada acima: tudo aquilo que fosse obtido do príncipe, e que se opusesse às *leges*, não teria valor algum. Note-se a presença, mais uma vez, do principio restritivo, isto é, a interdição prevista pela *interpretatio* seria válida apenas para tudo aquilo (*quaecumque*) que fosse obtido do príncipe e que estivesse em contradição com as *leges*. A palavra *quaecumque* não designa de maneira geral todas as ações do príncipe, mas possui um sentido mais estrito, e concerne os preceitos emitidos pelo poder real que estivessem em desacordo com as *leges*. Há uma idéia semelhante no final do preâmbulo do preceito atribuído a Clotário II:

"É por isso que nós ordenamos através dessa diretiva geral que em todas as causas a norma do antigo direito seja observada, e que nenhuma sentença ou julgamento obtido possua validade que exceda a justa medida da lei e da eqüidade"[652].

---

[650] ***Breviarum Alaricianum***, 1, 2, 1, p. 663.

[651] ***Praeceptio Chlotarii II.***

[652] ***Praeceptio Chlotarii II*** c. 5.

Vemos aqui a preocupação em se estabelecer a preeminência do *ius* antigo, e também, como na *interpretatio* anteriormente mencionada, o combate às sentenças ou julgamentos obtidos que excedessem a justa medida da lei e da eqüidade.

Ainda no preceito atribuído a Clotário II, o capítulo 5, da mesma forma que o capítulo 9, também sustenta o princípio da supremacia da lei:

> "Se alguém obtém desonestamente uma diretiva nossa contra a lei enganando o príncipe, ela não será válida"[653].

> "As diretivas conforme à justiça e à lei permanecerão válidas, e não serão anuladas por diretivas subseqüentes obtidas contra a lei"[654].

O capitulo 5 constitui uma retomada, com algumas nuances, da idéia exposta na *interpretatio* título I, II, 1: qualquer diretiva que contrariasse a lei, obtida do príncipe de maneira desonesta, não teria validade. A nuance, no caso do preceito, é que se admitia somente que o príncipe tenha publicado diretivas que contrariem a *lex* se ele tivesse sido enganado. Contrariamente ao Breviário, o texto merovíngio não admitia, em última instância, que o príncipe pudesse se colocar em oposição àquilo que estabelecia a lei. Isso significa que o príncipe era descrito no preceito como a encarnação da lei? De forma alguma: nesse capítulo 5, como na *interpretatio* anteriormente mencionada, o príncipe deveria se submeter à "lei", aqui mencionada no singular. No capítulo 9, a *lex* continua a aparecer como o princípio supremo, mas dessa vez acompanhada do termo *iustitia*. Note-se uma diferença fundamental: enquanto no Breviário de Alarico, as *leges* impunham-se como limites à ação dos juizes, e também do próprio príncipe, no Preceito atribuído a Clotário II, esse papel é desempenhado pela "justa medida da lei", pela "eqüidade" e pela

---

653 ***Praeceptio Chlotarii II*** c. 9.

654 ***Praeceptio Chlotarii II*** c. 6.

"justiça". O Breviário é oriundo de um meio profundamente marcado pela supremacia das *leges*, e o preceito, por sua vez, parece indissociável de um ambiente marcado pelo princípio da equanimidade no exercício da justiça.

Resta saber o que o editor do preceito entendia por "justa medida da lei", por "eqüidade" e por "justiça". Um indício nesse sentido está no capítulo 6 do preceito:

> "Se um juiz condena contra a lei alguém injustamente, em nossa ausência ele será repreendido pelos bispos, de modo que ele se esforce em corrigir seu julgamento quando houver uma melhor discussão"[655].

Os bispos são indicados nesse trecho como os intérpretes da lei, aqueles que poderiam, na ausência do rei, repreender o *iudex* por ter condenado alguém injustamente. A condenação injusta equivalia a opor-se à lei, o que significa, portanto, que o que determina a *lex* é a *iustitia*. Tendo em vista que a função outorgada aos bispos pelo preceito, superiores aos próprios iudices, fica evidente a conotação moral, e mais precisamente cristã, do termo *iustitia*. Outras disposições desse preceito, notadamente no que se refere à proteção das viúvas, das virgens e das religiosas, apontavam igualmente para essa correlação entre a *princeps* e a *lex*:

> "Que ninguém ouse buscar matrimônio com uma viúva ou com uma mulher contra sua vontade, pelo meio de uma de nossas instruções; elas não devem ser tiradas injustamente por meio dos perguntas enganosas [ou possivelmente intimidações]"[656].

> "Que ninguém ouse se unir em casamento a uma mulher consagrada a Deus (*sanctimonialis*)"[657].

---

[655] ***Praeceptio Chlotarii II*** c. 7.

[656] ***Praeceptio Chlotarii II*** c. 8.

[657] ***Chlotarii II. Edtictum***, 9, c. 18.

O capítulo 8 pretendia impedir o casamento das mulheres consagradas a Deus, enquanto o capítulo 7 proibia que se buscasse matrimônio com uma viúva ou outra mulher contra a vontade delas e por meio da utilização de um preceito do príncipe. O texto aplica nesse caso o mesmo princípio estabelecido pelo capítulo 5, ou seja, que os preceitos obtidos do príncipe e que contrariam a "justiça" não têm validade.

Os capítulos 7 e 8 do preceito em questão tratam do mesmo tema que o capítulo 18 do Edito de Paris, publicado sob o reinado de Clotário II:

> "As virgens, as santas viúvas e as religiosas que se dedicaram a Deus, ou que permaneceram em suas próprias casas ou que vivem em um monastério, **que ninguém as requisite, não os seqüestre ou não as despose se valendo de um *praeceptum* de nossa mão. E se qualquer um obtém sorrateiramente um semelhante praeceptum, que esse não seja de nenhum efeito.** E se qualquer um, seja pela força ou por outro meio, se atrever a seqüestrá-las ou unir-se a elas em casamento, que seja castigado com a morte. Se o matrimônio se fez na igreja, e que a mulher seqüestrada ou a ponto do ser pareça anuir, que sejam separados, que os envie em exílio e que seus bens pertençam a seus herdeiros naturais" (grifo nosso)[658].

Aqui também há a condenação do casamento das religiosas, das viúvas e das virgens colocadas sob a proteção da Igreja e da autoridade real. No entanto, esse capitulo é mais completo que as prescrições estabelecidas no preceito, a começar pela pena de morte prevista para aqueles que se atravessem a seqüestrar ou forçar o casamento com as virgens, as viúvas ou as religiosas. O Edito também prevê a separação, o exílio e a transferência dos bens aos herdeiros naturais quando houver ou parecer haver anuência por parte da mulher. No entanto, o que é mais marcante nesse texto é o fato de que sua segunda frase ("*Et si quis exinde praeceptum eleguerit, nullum sorciatur effectum*") repete o capítulo 5 do preceito atribuído a Clotário II,

---

[658] ***Praeceptio Chlotarii II***, c.5: "Se alguém obtém desonestamente uma diretiva nossa contra a lei enganando o príncipe, ela não será válida".

inclusive ao indicar a ilegalidade dos textos obtidos "sorrateiramente" do poder real: "*Si quis auctoritatem nostram subreptitie contra legem elicuerit fallendo principem, non valebit*"[659]. O Edito de Paris contesta igualmente a validade dos preceitos que se opusessem ao princípio da justiça, isto é, da justa medida da lei. Isso mostra que esse texto, bem como o Preceito aqui analisado, provém de um mesmo ambiente intelectual, onde o príncipe deve se submeter aos imperativos da justiça e da eqüidade.

A convergência entre esses dois textos não é uma prova, mas apenas um indício de que o preceito em questão pode ter sido publicado durante o reinado de Clotário II. As medidas adotadas pelo preceito respondiam a uma situação específica, que era mais próxima, aliás, da conjuntura do final das guerras civis do que da primeira metade do século VI. Além disso, tais medidas não se enquadram na política de Clotário I em relação à Igreja. O que o texto do preceito buscava corrigir eram os assassinatos, a execução de acusados que não tinham sido ouvidos, os casamentos ilícitos ou ainda as fraudes ao direito de herança dos herdeiros. Montesquieu pode não ter se equivocado ao tentar entender o preceito a partir da situação que ele queria modificar. O reinado de Clotário I não se caracterizou por amplas concessões em favor das igrejas. Após morte da rainha Clotilde, em 544, esse rei não hesitou em confiscar uma parte das rendas do clero. Ele ordenou a todas os dioceses de seu reino vertessem para o fisco a terça parte de suas rendas, o que provocou um viva reação do bispo da cidade de Tours, Injuriosus[660]. Gregório de Tours afirma que pouco antes de sua morte, Clotário I foi tomado de remorso por todas as suas más ações, mas ele não menciona nenhuma medida em favor da Igreja tais como as que encontramos no preceito[661]. A única menção a tais medidas encontra-se no capítulo das **Histórias** no qual Gregório descreve a morte de Chilperico: ele afirma

---

[659] **Histórias** IV, 2.

[660] **Histórias** IV, 21.

[661] **Histórias** VI, 46: "*...ipsasque patris sui praeceptiones, potans, quod non remanerit qui voluntatem eius servaret, saepe calcavit*".

que esse rei *"...pisava freqüentemente os preceitos de seu pai, pensando que não restava ninguém para fazer respeitar suas vontades"*[662].

Por outro lado, em um balanço da política religiosa de Clotário I, os bispos conciliares reunidos em Paris pouco após sua morte, indicaram claramente que a autoridade real era responsável pelos prejuízos sofridos pelas igrejas no período precedente. Eles ameaçam com sanções aqueles que se amparavam dos bens da Igreja utilizando para tanto um preceito real. Os bispos também reconhecem terem atentado para o problema tardiamente, e afirmam que o episcopado deveria no passado, com o apoio dos cânones, ter se oposto a tais ações[663]. Entre todos os filhos de Clóvis, Clotário I é aquele cuja política religiosa foi a maioria claramente oposta aos interesses dos bispos, tanto no que se refere à ingerência nas eleições episcopais, como pelo confisco dos bens eclesiásticos.

É provável que a publicação do preceito tenha ocorrido durante o reconhecimento por Clotário II do estatuto da Burgúndia, uma região profundamente marcada pela influência romana e na qual o Breviário de Alarico era conhecido. O capítulo 4 do preceito, aliás, pode ser interpretado como uma concessão ao particularismo jurídico da Burgúndia:

> "Entre romanos, nós ordenamos que as causas sejam levadas a termo pela lei romana"[664].

Confirma-se, assim, a validade da ***Lex Burgundiorum*** para o julgamento de casos que envolviam aquele que o preceito chama de "romanos", ou seja, os habitantes da Burgúndia que viviam sob a lei romana.

---

[662] Paris III (v. 561-562), c. 1: *"Competitoribus etiam huiusmodi frenos discrictionis imponimus, qui facultates ecclesiae sub specie largirtatis regiae improba sobreptione pervaserint; sera namque de his rebus paenitudine commovemur, cum iam ante actis temporibus contra huiusmodi personas canonum suffulti praesidio se sacerdotes Domini erigere debuissent, uti non mansuetudo indulgentiae ad similia perpetranda improborum audaciam adhuc cotidie provocaret".*

[663] ***Praeceptio Chlotarii II***, c.4.

[664] ***Praeceptio Chlotarii II***, c. 13.

Outro indicio quanto à autoria do preceito em questão pode estar no capítulo 13:

> "Tudo aquilo que for provado que a Igreja, os eclesiásticos ou nossos provinciais possuem durante trinta anos, sem que seus direitos sejam perturbados, permanecem em sua possessão sob seu comando, se desde o inicio a possessão é justa; qualquer ação que permaneceu sepultada por mais do que esse período de tempo não deve ser restabelecida contra a lei, para que sem dúvida a possessão permaneça com seu possuidor de direito"[665].

Esse capítulo trata daquilo que chamamos de "uso capião", ou seja, uma forma de aquisição de um bem pelo decurso do tempo. Duas são as condições estabelecidas para que o direito à possessão do referido bem seja reconhecido: a primeira é a justiça da possessão; a segunda, é a ausência de questionamento à possessão por um período de mais de trinta anos. A referência aos 30 anos, como indica o próprio editor do preceito no final do século XIX, A. Borétius, é uma modificação em relação à *Lex Wisigothorum*, V, 24, *interpretatio*, que previa a mesma regra, mas dentro de um período de vinte anos: "*Vinginti annuorum non requisitam possessionem, si tamen iustum possidendi initium intercessisse probatur, possessori prodesse certum est*"[666].

Essa modificação de 30 para 20 anos pode decorrer da necessidade de fazer coincidir o período inicial da contagem de tempo para a validação da posse com o inicio do reinado de Clotário II. De fato, como Clotário II começou a reinar em 584, com os 30 anos decorridos, se estaria em 614. Em suma, o preceito pode ter sido promulgado durante uma assembléia reunida na cidade de Bonnueil, por volta de 618. Essa

---

[665] ***Praeceptio Chlotarii II***, p.19, n.7.

[666] Fredegário, **Crônicas** IV, 44. Sobre a assembléia de Bonneuil, ver Ch. De Clercq, **La législation religieuse franque de Clovis à Charlemagne**, t. I. **Etudes sur les actes des conciles et les capitulaires, les statuts diocésains et les règles monastiques**, p. 62; O. Pontal, **Histoire des conciles mérovingiens**, p. 198 e p. 211.

assembléia, presidida pelo rei, foi, muito provavelmente, a ocasião para os bispos e os grandes da Burgúndia de completar e confirmar as medidas do Edito de 614. É o que se pode inferir do relato de Fredegário:

> "No trigésimo-terceiro ano do reinado de Clotário II, ele ordenou que Warnacharius, o prefeito do palácio, com todos os bispos da Burgúndia, bem como seus subordinados da Burgúndia, viessem encontrá-lo no domínio de Bonnueil. **Nesse local, concordando com todas as suas justas petições, ele as validou por preceitos**"[667].

As contestações e as cobranças eram inúmeras no momento em que as guerras civis terminaram. A assembléia de Bonneuil pode ter sido o momento para Clotário II compensar os "grandes" da Austrásia e da Neustria por seu precioso apoio em 613. O mesmo Warnacharius, quando foi nomeado prefeito do palácio da Burgúndia, recebeu de Clotário II o privilégio da irrevogabilidade[668]. Não se pode esquecer que a defecção das grandes da Burgúndia, à frente dos quais se encontrava Warnacharius, é que desfechou um golpe fatal na capacidade de resistência da rainha Brunilda face ao avanço de Clotário II. Ao validar as petições dos grandes da Burgúndia por decretos, Clotário II pode ter publicado o preceito que lhe é atribuído. Note-se que Fredegário faz referência a "justas petições" validadas por preceitos do príncipe, o que significa que em Bonnueil, em 618, sabia-se que *"as diretivas conforme à justiça e à lei permanecerão válidas"*, exatamente como previa o preceito atribuído a Clotário II.

---

[667] Fredegário, **Crônicas** IV, 42: "*Warnacharius in regnum Burgundiae substituetur maior domi, sacramentum a Chlotharium acceptum ne umquam uitae suae temporebus degradaretur*".
[668] F. Lot, **Naissance de la France**, p. 168.

O rei merovíngio e as elites

Como acabamos de observar, ao longo da segunda metade do século VI, houve uma evolução significativa na monarquia franca. A partir de então, as relações entre os governantes e os governados não se fundavam somente na concessão de vantagens materiais, na proteção militar ou ainda na identificação política e militar com o Império. Os textos legislativos examinados nesse capitulo mostram que a autoridade pública, e isso é particularmente visível no que se refere aos reinados de Gontrão e de Clotário II, também fundava sua legitimidade na execução de um programa teleológico: a criação de condições para a salvação das almas. O que o século VI trouxe de novo para a Gália, e de certa forma também para o Ocidente medieval, foi menos um princípio proto-contratual que ligava os governantes aos seus súditos, do que a natureza das obrigações dos primeiros em relação aos segundos.

À primeira vista, poder-se-ia deduzir que o processo de cristianização da *utilitas publica* durante o século VI aproximou o príncipe daqueles que ele governava através de uma série de obrigações morais. "Tirano" na primeira metade do século VI, ele ter-se-ia convertido em "príncipe cristão" sob Gontrão e Clotário II. É o que pensa, por exemplo, F. Lot, para quem os reis merovíngios se colocaram como os defensores dos fracos, "aliviando sua tirania como um meio de melhor utilizar o poder político para fins privados"[669]. Ora, os príncipes merovíngios, antes mesmo de se esboçar o processo de cristianização do *utilitas publica*, já estavam ligados aos seus súditos por obrigações que não cessaram de evoluir ao longo do século VI. Como veremos nas páginas seguintes, a autoridade dos príncipes francos, pelo menos desde os primórdios do Reino dos Francos, fundava-se, em boa medida, no consentimento dos "grandes do reino", que na maior parte das fontes do período são identificados como o *populus*. Nesse sentido, a legitimidade incorporada à Re-

---

[669] ***Pactus legis Salicae***, pp.2-3.

aleza pelas doutrinas cristãs não significou uma "revolução" nas relações entre o rei e a aristocracia. Mais ainda, é possível também afirmar que foi essas relações "proto-contratuais" já existentes foram terreno fértil para o desenvolvimento da idéia do *reges pro populi salvatione*.

A extensão da autoridade dos reis francos foi freqüentemente exagerada pela historiografia até a primeira metade do século XX. Eles não eram soberanos de "direito divino", "proprietários do reino" cuja tirania encontrava limites apenas na superstição e no assassinato. Os textos legislativos, bem como as crônicas ou as epístolas, mostram que os grandes do reino eram estreitamente associados às mais importantes decisões. O chamado "prólogo curto" da Lei Sálica, escrito entre o final do século VII e o início do século VIII, salienta o papel dos "grandes" na elaboração dessa lei: "*Foi decidido e acordado, com o auxílio de Deus, entre os francos e seus grandes, como se deveria zelar pela observância da paz entre todos para suprimir o crescimento das disputas*"[670]. Os juramento de fidelidade da época merovíngia testemunham igualmente da existência de um ordem "proto-contratual" na monarquia franca. O grande do reino, embora jure fidelidade ao rei e dele receba *honores* ou *beneficia*, não é sua criatura. As palavras que Gregório de Tours atribui ao usurpador Mundericus mostram com uma surpreendente transparência a importância do *populus*. Pretendendo ser de sangue real, ele reivindica seu direito de ser rei: "*Que devo fazer com o rei Teuderico? O trono do reino me é devido como a ele. Sairei, reunirei meu povo e exigirei o juramento, para que Teuderico saiba que eu sou rei tanto quanto ele*"[671].

O reconhecimento, ou melhor, o juramento do *populus* seria suficiente, segundo o discurso de Mondericus, para provar seu estatuto real. Há nessas palavras um reconhecimento tácito de que o estatuto real dependia, pelo menos no caso de um príncipe cuja legitimidade era questionada, do acordo do *populus*. Os detalhes presentes nas crônicas

---

[670] **Histórias** III, 14.

[671] ***Formulae Marculfi***, I, 40.

da época a respeito das lutas pelo poder real mostram que o consentimento desse grupo era uma parte importante da legitimação do poder real. Duas práticas freqüentes entre os merovíngios – as cerimônias de instalação dos reis e os juramentos prestados a eles – são sintomáticos da dependência da Realeza em relação àqueles que ele devia governar. Na cerimônia de instalação no trono, o novo rei era elevado em um escudo e conduzido sobre os ombros de alguns homens em público. É importante lembrar que Gregório de Tours descreve essa cerimônia somente no caso de reis que careciam de legitimidade, como o "usurpador" Gondovaldo. A segunda cerimônia ocorria após a ascensão à Realeza. Cada novo réu exigia então de seu povo uma demonstração de fidelidade. Segundo as *Formulae* de Marculfo, os súditos, fossem eles francos ou romanos, se reuniam para prestar juramento ao novo rei sobre as relíquias e em presença de um funcionário real[672].

Essas cerimônias eram mais que dos simples encenações. Elas mostram que até mesmo o advento de um príncipe sobre quem não pairavam duvidas quanto a seu pertencimento à dinastia real, não acontecia sem o reconhecimento oficial do *populus*, ou seja, os grandes do reino. Além de pertencer à família merovíngia, para tornar-se rei, era necessário ser reconhecido como tal e aceito pelo *populus*. Não se pode, evidentemente, confundir essa prática com um sistema de "soberania popular". O *populus* que é mencionado nessas cerimônias públicas era um conjunto de personagens eminentes e de guerreiros, e cuja submissão ao chefe dependia de seu pertencimento à família merovíngia. Por outro lado, aquele que pretendia ascender à Realeza sem ser reconhecido como filho de um rei pelos membros eminentes da família real, era forçado a conquistar para a sua causa um certo número de grandes do reino, convencendo-os de que era sim filho de um rei. Mondericus, de acordo com o relato de Gregório de Tours, estava consciente desse fato. Em sua arenga, ele afirma, "*princeps ergo sum*" como se ele quisesse, através de

---

672 **Histórias** III, 14.

um argumento dinástico, demonstrar seu direito de reinar[673]. O acordo formal do *populus* expresso através estas cerimônias não tinha por si só o poder de criar o rei; ele servia apenas e tão somente para reconhecer uma situação de fato. É assim que ao reconhecer o jovem Childeberto de apenas cinco anos como seu rei, os grandes da Austrásia não criaram um rei a partir do nada, mas reconheceram oficialmente uma criança sobre a qual não pairava nenhuma dúvida quanto à sua filiação, e que tinha, portanto, o direito de elevar-se a essa função. O texto de Gregório de Tours é bastante claro nesse sentido: Childeberto II começou a reinar a partir do momento em que foi aclamado rei por esta assembléia do *populus*[674]. O simples fato de se proclamar filho de um rei morto ou vivo não era suficiente para se ter acesso à realeza. Gondovaldo, o outro pretendente à realeza entre os francos no final do século VI, dirigiu-se aos habitantes da cidade de Comminges nos seguintes termos: "*Saibam que fui eleito rei por todos aqueles que estão no reino de Childeberto e que tenho comigo forças consideráveis*"[675].

Gondovaldo menciona claramente aqui o procedimento de uma eleição, e que devemos entender como uma espécie de engajamento solene do *populus* ao lado daquele que era considerado por muitos um pretendente legitimo à realeza. A primeira conseqüência do juramento

---

673 **Histórias** V, 1: "*Quando o rei Childeberto foi assassinado na vila de Vitry, a rainha Brunehaut residia com seus filhos em Paris. Quando a notícia lhe foi trazida e que na confusão que lhe causavam sua dor e seu exílio ela não sabia o que fazer, o duque Gondovaldo, tomando seu filho Childeberto que era uma criança, o sequestram secretamente e após tê-lo livrado de uma morte eminente e ter reunido os povos sobre os quais seu pai havia reinado, ele o instituiu rei ainda que ele tivesse apenas concluído o primeiro ano de sua existência*".

674 **Histórias** VII, 34.

675 Sobre os juramentos de fidelidade na época merovíngia, ver U. Eckardt, **Untersuchungen zu Form und Funktion der Treueidleistung im merowingeischen Frankenreich**, Marburg, 1976; D. Claude. "Königs- und Untertaneneid im Westgotenreich", pp. 358-378; E. Magnou-Nortier, "Foi et fidélité. Recherches sur l'évolution des liens personnels chez les Francs du VIIe au IXe siècle", pp. 884-886.

de fidelidade é que ele não empenhava apenas os súditos em relação a seus reis[676]. Esses últimos também se engajavam em relação ao seu povo. Mas qual era o conteúdo desse engajamento? Mundericus exprimiu claramente esse princípio, ao insistir nas conseqüências positivas que podiam aadvir para aqueles que o seguissem: "*Sequimini me, e erit vobis bene*"[677]. Mas o texto não permite inferir o conteúdo dessa "benesse" real. Gregório de Tours é mais explícito ao mencionar o juramento feito pelos habitantes de Tours ao rei Cariberto:

Após a morte do rei Clotário, esta população prestou juramento ao rei Cariberto e este igualmente, e da mesma forma, prometeu e jurou que não infligiria à população novas leis nem novos costumes, mas que a governaria com o mesmo estatuto com o qual ela tinha vivido sob o reinado de seu pai; ele se comprometia a não lhe infligir nenhuma nova imposição que poderia lhe despojar[678].

O rei assume o compromisso de governar o *populus* da mesma maneira como ele vinha sendo governado por Clotário: o temor de uma mudança no exercício do governo é explicitamente fiscal; Cariberto jura não impor novos tributos.

No entanto, as benesses concedidas pelo rei podiam assumir a forma de *beneficia*, vantagens materiais que na maior parte das vezes consistia em terras do fisco, dieitos à cobrança de texas devidas ao poder real ou a participação na divisão do butim de uma campanha militar. Efetivamente, em vários momentos ao longo do século VI, a concessão de bens materiais aparece como um dos instrumentos do exercício da autoridade real entre os francos. Daí a importância para um príncipe herdeiro de tomar possessão dos tesouros deixados por seu pai. Há muitos exemplos de situações onde a fidelidade a um rei era mantida através da concessão de vantagens materiais, terras, produtos de pilhagem, etc. Quando Teuderico I morreu, Clotário I e Childeberto I uniram-se contra Teudeber-

676 **Histórias** III, 14.

677 **Histórias** IX, 30.

678 **Histórias** III, 23.

to I e tentaram apoderar-se do *regnum* de Metz. Segundo Gregório de Tours, Teudeberto somente conseguiu resistir graças à ação dos *leudes*, cuja fidelidade ele havia garantido através de presentes[679]. O mesmo observamos quando Chilperico, após a morte de seu pai Clotário I, tomou possessão do tesouro real e, cobrindo "os francos mais influentes" de presentes, os submeteu[680]. Gregório de Tours relata também que Clotário I e Childeberto I atacaram a Burgúndia e pediram a ajuda de seu meio-irmão Teuderico, que se recusou. Os francos que estavam sob as ordens de Teuderico teriam então manifestado seu desacordo com a decisão desse último, e ameaçado abandoná-lo e seguir seus meio-irmãos se ele não o fizesse. Foi somente ao prometer enriquecê-los em outros lugares que Teuderico conseguiu convencer seus homens a não partir para a Burgúndia e permanecer fiéis a ele[681]. A campanha de Clotário I contra os saxões degenerou em uma rebelião militar, pois os guerreiros queriam forçá-lo a combater com eles contra sua vontade[682].

O Edito de Gontrão e o Edito de Clotário II mostram que as obrigações do príncipe para com seus súditos passaram a incluir, a partir da segunda metade do século VI, o cuidado com as viúvas, os órfãos, a manutenção da paz e a criação de condições para a salvação. É nesse contexto que é preciso entender a razão pela qual Gregório de Tours menciona a *utilitas publica* somente nos últimos livros das **Histórias**, e na maior parte das vezes quando se refere ao reinado de Gontrão. Tratase para ele de marcar o triunfo desse modelo de Realeza fundado na participação dos bispos, e onde o príncipe se preocupa muito mais da salvação de seu povo do que da promoção de seus próprios interesses. Isso não significa que o *reges pro publicis utilitatibus* não existia na Gália da

---

[679] **Histórias** IV, 22.

[680] **Histórias** III, 11.

[681] **Histórias** IV, 14.

[682] ***Annales Mettenses Priores*** (691), p. 320. Ver W. Levison, "Zu dem *Annales Mettenses*", pp. 474-483; P. Fouracre, R. Gerberding, "*Annales Mettenses Priores* (The Earlier Annals of Metz", In: **Late Merovingian France**, pp. 350-370.

primeira metade do século VI, ou que os príncipes merovíngios tenham cessado de conceder *beneficia* aos grandes. É o conteúdo da expressão *reges pro publicis utilitatibus* que evoluiu até significar igualmente – e, pelo menos, nos escritos eclesiásticos, sobretudo – a outorga de bens espirituais: a garantia de paz e de justiça, condições essenciais para a salvação das almas. Isso explica o por quê da sobrevivência da autoridade pública décadas depois que as fontes das prebendas tradicionalmente concedidas aos grandes (terras do fisco, butins de conquista) haviam se exaurido. Com efeito, os *Annales Mettenses Priores*, uma fonte carolíngia do século VIII, descrevem a Assembléia dos francos, ocorrida no ano de 692, em termos surpreendentes:

> "A cada ano nas Kalendas de março, ele [Pepino] reunia um concílio geral de acordo com os costumes antigos, no qual, pela sua reverência pelo nome do rei, que ele havia colocado acima de si em razão da importância de sua humildade e clemência, [Pepino] dava ordens para que [o rei] presidisse, enquanto oferendas eram aceitas de todos os nobres francos, engajamentos eram feitos em prol da paz e da defesa das igrejas de Deus, órfãos e viúvas, o rapto de mulheres e os incêndios [criminosos] eram firmemente proibidos com um decreto..."

A cerimônia acima descrita é um *consilium generale*, reunião anual da qual participavam os chefes das mais poderosas familias da aristocracia franca, que eram também os representates do poder central nas diversas regiões do *regnum Francorum*. O autor dos ***Annales*** ressalta que em razão da reverência devida ao titulo real, Pepino II (*major domus* da Austrasia de 687 à 718), teria permitido ao rei merovingio [cujo nome não é nem sequer mencionado, mas que se trata de Clovis III (690-695)] de presidir o *consilium*. Mesmo que seu papel tenho sido fundamentalmente ritual, é importante notar que é esse "rei indolente" quem recebe dos "grandes do reino" as garantias de que eles assumem a tarefa de promover o "interesse público" – que compreende a defesa da paz, das igrejas de Deus, dos orfãos et das viuvas. Mais importante ainda, as medidas aprovadas na assembléia estão em consonância com o espirito dos engajamentos assumidos pelos "grandes". Ora, os ***Annales*** salientam em vários momentos a fraqueza dos reis merovíngios face aos membros da família de Pepino II. Menciona-se a vitória de Pepino II em Tertry (687) e também a maneira como ele conquistou o *principatus*, inicialmente sobre a Austrásia e mais tarde sobre todo o *regnum Francorum*[683]. Os reis merovingios são mostrados como meros instrumentos nas mãos do *major domus*. Clóvis III, ainda que tenha sido tratado com "honra e respeito", é um prisioneiro de Pepino II. Não se pode, portanto, acusar os ***Annales Mettenses*** de simpatia pela causa merovíngia: ele não "exagerou" deliberadamente a importância dos príncipes merovíngios no final do século VII. Como se explica então o fato que esse mesmo rei desempenha um papel de primeira ordem na assembléia dos Francos?

Se os merovíngios conseguiram preservar o título real durante tanto tempo face ao poder crescente do *major domus* foi graças à missão politico-moral que lhes foi outorgada pelo episcopado. Eles possuíam uma função precisa no edifício politico franco: exercer um ministério cristão e garantir através dessa missão o "interesse publico". Ao final de uma evolução no fundamento de sua autoridade que teve início na Burgúndia do século VI, os reis francos aparecem como "pastores de almas", responsáveis perante Deus pela salvação de seus súditos. Em função disso, eles ainda se encontravam no final do século VII, no topo de uma hierarquia de obrigaçãoes recíprocas.

---

683 M. Senellart, **Les arts de gouverner. Du regimen médiéval au concept de gouvernement**, pp.19-31.

Considerações Finais

Um trabalho sobre a Realeza na Idade Média coloca necessariamente o problema da conveniência da utilização da noção de "Estado". M. Senellart, em obra que retraça a história do conceito de governo no Ocidente, desde a Patrística até o século XVII, acredita que durante a Alta Idade Média o "governo" existiu independentemente do Estado. Todo pensamento medieval, segundo ele, a partir de Santo Agostinho e até o século XIII, foi marcado pela oposição entre *regere* (dirigir, governar, comandar) e *dominar*, ato eminentemente tirânico. Enquanto o "governo" corresponderia a um fim ou a uma pluralidade de fins exteriores, a "dominação" não teria outro objetivo que sua própria manutenção. *Regere*, a atividade de reger, de dirigir o povo em direção a um horizonte escatológico, seria contrária à dominação. Senellart identifica em Maquiavel a omissão da temática do governo em proveito de uma tecnologia, violenta ou hábil, da dominação. No período medieval, pelo menos até São Tomás de Aquino, afirma M. Senellart, o rei governava mais do que reinava, pois seu título dependia da retidão de seus atos. A ausência da noção de soberania do corpo político teria privado a Alta Idade Média de autênticas estruturas de Estado. Seria necessário então falar em "ofício do governo" para definir as realezas merovíngia e carolíngia, pois seria uma noção mais apropriada ao estudo do período medieval do que a palavra "Estado", que além disso não faria parte do vocabulário político medieval[684].

O "Estado" seria, segundo M. Senellart, indissociável dessa soberania que as doutrinas medievais, pelo menos até o século XIII, mais preocupadas com a causa da salvação, não lhe outorgavam. Senellart desenvolve um tema bastante recorrente na teoria política do século XX, o da "ruptura" entre o pensamento político medieval e pensamento político moderno. Outros autores antes dele, historiadores, sociólogos e juristas, adotaram a mesma posição[685]. As pesquisas levadas a cabo por J.-Ph. Genet e por sua equipe sobre as origens do Estado Moderno relativizam as posições de Senellart. O Estado, conforme J.-Ph. Genet, foi durante muito tempo considerado um organismo estranho a uma Idade Média vista como uma parêntese de anarquia feudal. Foi nessa época, segundo Genet, que os aparelhos administrativos, o pessoal administrativo, assim que um pensamento valorizando o papel do príncipe como fonte da lei e uma concepção territorial do poder, teriam feito sua aparição. Mas essa aparição seria um produto da Idade Média Tardia. O Estado teria nascido entre 1280 e 1360 quando, confrontados a guerras incessantes,

---

[684] A título de exemplo, podemos citar o caso de L. Weckmann. Ele define o Estado como uma categoria política e geográfica que dispõe de autonomia face aos valores e às normas sociais e é capaz de ser a fonte do Direito. A partir dessa definição, ele afima que não existiu Estado na Idade Média. A soberania, traço essencial do Estado, mas também a territorialidade, estariam ausentes do "Estado medieval". Sua existência seria justificada nas doutrinas cristãs unicamente pela subordinação a um princípio absoluto. Não se trataria, portanto, de um Estado *stricto sensu*, mas de uma abstração, um meio para a realização do ideal supremo da Cistandade, a realização do Reino de Deus sobre a terra (L. Weckmann, **El pensamiento politico medieval y las origenes del derecho internacional**, pp.149-153).

[685] Ver J.-Ph. Genet, **Etat moderne: genèse, bilans et perspectives**, especialmente p.261.

os reis e os príncipes apelaram àqueles que residiam em suas terras para assegurar a defesa e a proteção da comunidade[686].

Apesar do progresso que traz em relação às perspectivas tradicionais, a posição de J.-Ph. Genet reflete uma opinião bastante antiga na historiografia, segundo a qual a confusão entre o domínio religioso e o domínio político no período medieval é um contra-senso em relação ao sentimento expresso pela noção de Estado. Sob esse ponto de vista, trata-se sem dúvida um conceito historicamente datado, um produto da modernidade e da sociedade burocrática. O problema permanece de saber se, primeiramente, essa confusão entre o "político" e o "religioso" era tão perfeita quanto se acredita, e, em segundo lugar, se ela tornava inconcebível o ato de reinar, isto é, a capacidade do príncipe de tomar decisões políticas para além do quadro estrito imposto pela Igreja e pelos princípios morais dos quais os bispos eram os porta-vozes.

A visão do historiador alemão K.F. Werner a respeito da utilização da noção de Estado entre os francos é mais original e também mais adequada ao estudo da Alta Idade Média do que a de M. Senellart. Werner acredita que o Estado que havia reconhecido o cristianismo como religião oficial não desapareceu com as invasões bárbaras[687]. Ele teria sobrevivido através da única hierarquia política legítima reconhecida pela cristandade, a nobreza, e através do *princeps*, termo que designaria o chefe e o verdadeiro fundador do Estado, e teria se encarnado no *Regnum*[688]. K.F. Werner emprega o termo "Estado" como sinônimo de

686 K.F. Werner não é o único a sustentar que a noção de *res publica* não desapareceu com a chegada dos bárbaros. Essa idéia é também sustentada por L. Genicot ("Sur la survivance de la notion d'Etat", p. 162 e ss.), e Y. Saissier ("L'utilisation d'un concept romain aux temps carolingiens: la *res publica* aux IXe et Xe siècles", pp. 17-29).

687 K.F. Werner, "L'historien et la notion d'Etat", pp. 29-41; ver também, do mesmo autor, **Naissance de la noblesse**, pp. 145-186.

688 *Ibid.*, p. 36 : "*Quando o inglês Thomas Peine deu aos americanos, em revolta contra a coroa, a justificativa de sua ação, ele prova pela Bíblia que não foi Deus quem desejou a realeza, mas sim os judeus que pediram a Ele para terem reis como os pagãos! Ele [Thomas Peine] destruiu assim a construção de uma monarquia pela graça divina e de uma nobreza elevada ao seu nível pelos reis*".

uma entidade à qual serviam agentes que exerciam uma função que se designa hoje como "ofício" ou "função pública". Isso não significa que as diferenças entre K.F. Werner e M. Senellart possam ser resumidas na seguinte fórmula: um acredita que o conceito de "Estado" se esconde atrás do termo *Regnum*, enquanto que o outro pensa que a ausência do termo "Estado" nas fontes medievais torna inexata toda referência a um tal conceito. Há nesses dois autores duas perspectivas distintas sobre a matriz da sociedade política moderna. M. Senellart outorga muito mais importância do que K.F. Werner à teoria política de Machiavel ou de Hobbes: é neles que seria necessário buscar a gênese do fenômeno estatal. O procedimento de K.F. Werner consiste em buscar os termos dos séculos IV ao XVI para descobrir as origens romanas e cristãs do Estado. Werner não acredita que o Estado moderno nasceu ao se desvincular das idéias políticas elaboradas pelas doutrinas cristãs, mas ao secularizá-las[689]. Pode-se aproximar as opiniões de K.F. Werner da obra de um jurista que a segunda metade do século XX aprendeu a detestar, C. Schmitt. Ele estimava que os conceitos hegemônicos da teoria política moderna do Estado eram conceitos secularizados[690]. É essa mesma perpectiva "genealógica" que inspira K.F. Werner, e que se opõe à perspectiva "evolucionista" de M. Senellart. O problema com a interpretação de M. Senellart é que ele distingue radicalmente o conceito de "governo" do fenômeno da "dominação". O governo cristão, tal como vimos ao longo desse trabalho, é uma forma de dominação cuja legitimidade está na realização de uma obra escatológica. Entretanto, isso não retira em nada seus atributos "estatais", tais como a capacidade em impor um certo número de leis a uma população habitando um território determinado, ou ainda a existência de um corpo de funcionários organizado em torno do rei e cujo objetivo era a realização do interesse público, qualquer que fosse o conteúdo desse último.

---

[689] C. Schmitt, **Théologie politique**, p.46.

[690] Paris IV (573), ***Epistola synodi ad Egidium Remensem episcopum***, p. 147.

À questão "a Gália merovíngia conheceu um Estado?", pode-se responder afirmativamente, sem se cair em um anacronismo. A utilização do conceito de Estado não está livre de problemas. Trata-se de um termo ligado por demais ao "Estado-Nação". K.F. Werner tenta resolver o problema utilizando o termo de "Estado cristão". A atitude de Werner deve ser compreendida pela sua vontade em reabilitar um período durante muito tempo desconsiderado pelos historiadores. Daí a utilização da noção de Estado para sublinhar o caráter estável, elaborado e eficaz do poder político sob os merovíngios. Se ao longo desse trabalho o termo "Estado" não foi sistematicamente utilizado para caracterizar a realeza merovíngia, é que a noção de "autoridade pública" nos parece mais bem adaptada a esse estudo sobre a Realeza franca. Essa noção, ao evocar a noção de legitimidade, lembra que o fundamento do poder político se encontra na realização de um certo número de deveres em benefício daqueles que se governa. Assim, "autoridade pública" traduz, de uma maneira mais eficaz que o conceito de "ofício de governo", o significado da palavra *regere*, que na Gália, a partir da segunda metade do século VI, significa, muito mais do que governar, conduzir à salvação.

Neste trabalho, procuramos identificar os diversos significados da expressão *utilitas publica* na Gália entre os séculos V e VII. O principal problema ao qual somos confrontados ao tentar solucionar o problema é o fato de que essa expressão não aparece nas fontes da história franca até a primeira metade do século VI. A primeira vez que isso ocorre é em uma carta enviada pelos bispos do Concílio de Paris, de 573, ao bispo Egidius de Reims, sob a forma ligeiramente nuançada de *causis publicis*[691]. A expressão traduz então a vontade dos bispos conciliares de se ocuparem do interesse geral. Todavia, nada é dito no mesmo documento sobre uma eventual preocupação da autoridade real pela *utilitas publica*. Já nos escritos de Gregório de Tours, esta frase aparece associada à Realeza. Por outro lado, os preceitos e os editos reais não a mencionam. Isso parece corroborar, à primeira vista, a opinião de P. Geary, para quem os clérigos foram os únicos, durante o período merovíngio, a conservar a noção de *res publica*, isto é, o "interesse geral", em oposição aos príncipes, que teriam permanecido presos aos seus interesses pessoais. Seria fácil deduzir então que Realeza merovíngia era uma monarquia patrimonial, e que o poder exercido por seus reis não tinha nenhum dos atributos de uma "autoridade pública". Toda a primeira parte deste livro procurou mostrar que mesmo se a expressão *utilitas publica* não é explicitamente evocada pelas fontes merovíngias da primeira metade do século VI, ainda assim é possível identificar no governo franco dessa época o sentido do "interesse público" que não se confunde com os interesses pessoais dos reis. Esta percepção sobre os objetivos e a natureza da Realeza foi, mesmo no início do século VI, a principal fonte de legitimidade dos príncipes merovíngios.

É impossível compreender a existência de uma noção de "autoridade pública" na Gália merovíngia nas primeiras décadas do século VI sem se referir às relações entre os francos e o Império. É através da atitude dos francos para com o legado político de Roma que é necessário entender o lugar e as prerogativas da autoridade real na Gália. Vimos que a ascensão de Clóvis como governador da província Bélgica Segunda não pode ser considerada como um marco do fim da romanidade no Ocidente. Bem mais do que Syagrius, o fundador do reino dos francos foi o continuador da política de cooperação com o Império cristão. É verdade que se tratavam, na época de Clovis, de relações mais teóricas que reais, pois o reconhecimento da superioridade hierárquica do Império não correspondia à uma dominação efetiva do imperador sobre a Gália. Entretanto, a independência de fato do qual se beneficiava o *Regnum Francorum* em relação ao Império Romano não significa que os reis merovíngios detinham sua autoridade em função de um puro direito de conquista. O recurso sistemático aos títulos e aos símbolos romanos mostra que a legitimidade real nesse período era indissociável de uma identificação com o Império. É necessário sublinhar que os príncipes francos não se contentaram em retomar alguns legados romanos. Do ponto de vista funcional, era a solução mais evidente, devido ao fato de que os francos estavam integrados ao mundo romano há pelo menos dois séculos, e também porque eles não tinham alternativas às construções institucionais legadas pelo Império. Esses príncipes se esforçaram também em tornar pública sua filiação ao sistema político romano. Eles estavam provavelmente conscientes que sua legitimidade seria mais eficazmente consolidada se fossem capazes de aparecer diante de seus súditos galo-romanos como os fiéis continuadores de um estado de coisas ao qual esses últimos ainda se sentiam profundamente ligados.

Nesse sentido, seria um equívoco subestimar a capacidade dos reis merovíngios em reformular a herança política romana. A polêmica entre "germanistas" e "romanistas" obscureceu durante muito as características originais do edifício político franco. O *Regnum Francorum* foi freqüentemente apresentado como o resultado de uma ruptura em relação ao passado romano e latino, isto é, um puro produto da conquista da Gália pelo povo franco. O excesso inverso consistia em apresentar a Gália franca como a simples transposição de Roma. A reapropriação dos símbolos políticos romanos, como a titulatura ou a cunhagem de moedas, são alguns dos aspectos mais importantes desta capacidade desses reis em se apropriar do legado romano, dando-lhe um sentido por vezes distinto do original. A cerimônia de Tours foi um momento privilegiado onde percebemos que os governantes francos eram perfeitamente capazes de interpretar os símbolos e a titulatura romanos e especialmente de utilizá-los em sua favor, supondo, como parece ter sido o caso, que o título de *augustus* seja o produto de uma iniciativa das francos que ia além daquilo que Anastácio tinha outorgado a Clóvis. Sob Teudeberto I, a política de *imitatio imperii* atingiu seu ponto culminante. O rei franco não se satisfazia mais somente em repreender a titulatura e os símbolos romanos, mas reivindicava além disso uma soberania sobre o Ocidente. Os territórios que, numa carta ao imperador, ele afirmava dominar, bem como suas campanhas na Itália e a cunhagem de moedas com sua imagem, mostram um rei persuadido de ser um igual do imperador romano, pelo menos no que se refere ao Ocidente.

A ligação atávica com a romanidade teve conseqüências sobre a autoridade dos reis merovíngios, não apenas no que diz respeito à continuidade das estruturas políticas, mas também no que se refere à sobrevivência da noção de "interesse público". Essa noção, no início do século VI, traduzia, sobretudo, uma "razão de Estado", onde estava em jogo a perenidade da monarquia, a manutenção de um poder central efetivo e capaz de se sobrepor, com maior ou menor sucesso, às lógicas ou às estruturas concorrentes, tais como as solidariedades familiares tradicionais ou ainda o poder eclesiástico. O domínio no qual essa noção de *utilitas publica* é mais discernível nessa primeira metade do século VI é o das relações com os bispos. Face ao episcopado, os príncipes francos da primeira metade do século VI não cessaram de tentar impor à Igreja um diktat que é possível qualificar de "constantiniano". A convocação por Clóvis do I Concílio de Orléans, em 511, no qual até mesmo as questões discutidas foram estabelecidas por ele, bem como suas numerosas ingerências nas nomeações dos bispos, era conseqüência desta noção segundo a qual a Realeza era o epicentro da vida política e social do *Regnum Francorum*. Por outro lado, a influência política dos bispos, construída a partir de sua autoridade moral e do papel que desempenhavam na administração das cidades, não cessou de se ampliar no decorrer dos séculos V e VI, a ponto de ameaçar as prerrogativas da realeza e de seus representantes nas cidades. O exemplo mais radical de uma política deliberadamente voltada para a diminuição da influência dos bispos está no reinado Chilperico.

As partilhas do *Regnum Francorum* constituem um momento privilegiado onde pode se observar o choque entre uma lógica de organização de espaço que é própria à autoridade real - que pretendia criar relações de interdependência entre os diversos reinos oriundos das partilhas, e ao mesmo tempo permitir a viabilidade de cada um desses reinos, freqüentemente em detrimento da geografia eclesiástico da Gália - e uma outra, a lógica da Igreja, ou melhor do episcopado - que pretendia preservar a totalidade dos bispados e das possessões eclesiásticas. O fato de que os príncipes merovíngios não se curvaram às admoestações dos bispos nesses assuntos, como mostram os repetidos protestos desses últimos nos cânones e nas cartas escritas aos reis durante os concílios, é um excelente indicador da existência de uma "autoridade pública" independente do poder eclesiástico.

O século VI constitui um período crucial na evolução da monarquia franca, e que podemos definir como um mudança no sentido da *utilitas publica*. É inicialmente nas exortações dos bispos merovíngios que se pode observar esse fenômeno. O exercício do poder político está freqüentemente associado à idéia de "interesse geral". Trata-se, aliás, de um tema recorrente do pensamento política ocidental. A especificidade das reflexões dos bispos católicos sobre esse tema está na estreita associação que esses últimos fizeram entre a *utilitas publica* e a realização de um bem espiritual. Os príncipes merovíngios eram os principais destinatários das admoestações dos clérigos: eles eram chamados pelos bispos a participar da construção da Jérusalem terrestre. O rei merovíngio aparece nas epístolas de Remígio, de Avitus e de Aureliano, bem como nos poemas de Fortunato, como um verdadeiro pastor tendo por função auxiliar na salvação das almas. É evidente que as exortações episcopais são por sí só incapazes de explicar a emergência da Realeza Cristã entre os merovíngios. Para tanto, era ainda necessário que a autoridade real fosse "permeável" à idéia do governo cristão tal como os bispos a elaboraram. É nesse sentido que o período das guerras civis é essencial.

Boa parte dos exemplos que serviram para atestar o caráter despótico da realeza merovíngia provém dos últimos livros das **Histórias**, que tratam do período das guerras civis. Esse período é saturado, mais do que qualquer outro, pelos excessos cometidos pelas facções em luta. A Gália merovíngia conheceu a prática da eliminação física dos adversários, mas não mais do que a Roma de Sila – que institucionalizou a eliminação física como arma na luta política. No *Regnum Francorum*, o período compreendido entre 561 e 613, foi marcado mais do que os anos precedentes pela utilização da força como instrumento de conquista e de manutenção do poder em todos os níveis. Entretanto, essa violência não pode ser vista como uma característica estrutural do sistema político merovíngio. Contrariamente ao que se poderia pensar, o período das guerras civis foi prolífico para a autoridade real: em primeiro lugar, assistiu-se à derrota dos últimos paartidários da realeza imperial; em segundo lugar, houve um aumento considerável da influência dos bispos, inicialmente na Burgúndia e em seguida em todo o Reino dos Francos. Os bispos da Gália puderam, através das prerrogativas que lhes eram reconhecidas pelo poder real, especialmente a partir do reinado de Gontrão, interferir de maneira decisiva nos assuntos do reino. A segunda metade do século VI é o momento privilegiado onde os concílios merovíngios tornaram-se uma instituição política além de uma instituição eclesiástica. Eles foram uma das fontes mais importantes da Realeza Cristã. Durante a primeira metade do século VI, os reis, à maneira dos imperadores cristãos, convocavam os concílios e até ditavam aos bispos, como foi o caso de Clóvis, as questões a serem discutidas durante essas assembléias eclesiásticas. Uma vez mergulhados nas guerras civis, os reis merovíngios, Gontrão e em seguida Clotário II, recorreram aos concílios como instrumento de regulamentação dos conflitos e de afirmação de sua autoridade. Nos concílios do final do século VI e do início do século VII, os bispos não se contentavam em discutir as questões de organização interna da Igreja; eles eram chamados a tomar partido nas disputas que envolviam os príncipes, ou ainda para julgar aqueles que esses últimos consideravam como traidores.

A autoridade real tornou-se cada vez mais, a partir do final do século VI, impregnada dos preceitos cristãos. Não se tratava, no entanto, de um movimento linear. Não se pode separar radicalmente a "Realeza Constantiniana" e a "Realeza Cristã". Vários fatores as aproximam. Remígio, o defensor do papel constantiniano do rei, é o mesmo que sustentou pela primeira vez a responsabilidade do príncipe na salvação de seus súditos. Essa idéia, que ampliava o papel atribuído à realeza para além de suas atribuições tradicionais, somente pôde nascer em um ambiente constantiniano, onde o rei ocupava um lugar de destaque na Igreja e na condução dos assuntos eclesiásticos. Um bom exemplo, nesse sentido, é Eusébio de Cesaréia. Em seu ***De laudibus Constantini***, ele defende a idéia de que o imperador participa à salvação de seus súditos. Mas há uma diferença essencial entre os dois modelos de Realeza, o que é definido por Eusébio e aquele que é defendido por Remígio em sua carta a Clóvis. A originalidade do modelo de Realeza de Remígio é que ele veio acompanhado da noção de que os príncipes devem escutar os conselhos dos bispos.

A cristianização da noção de *utilitas publica* não deu aos reis merovíngios o sentido do interesse público que eles não possuíam. Em outras palavras, eles não se tornaram *reges pro publicis utilitatibus* sob a influência dos bispos. Eles já o eram sob Clóvis, sob Teudeberto ou sob Chilperico, ainda que os bispos, a começar por Gregório de Tours, recusassem de admití-lo. Sob a influência do episcopado, foi apenas o conteúdo dessa noção que se transformou, assumindo progressivamente um sentido próximo ao que havia sido estabelecido pelos autores cristãos do século VI. Mas a cristianização da *utilitas publica* não significou apenas a integração da necessidade de auxilio à salvação entre as obrigações tradicionais do príncipe, tais como o auxílio aos pobres e aos fracos. É também a estratégia para realizar essa missão providencial que se modificou: a participação dos bispos tornou-se a espinha dorsal dessa nova percepção do interesse público.

Contrariamente ao que afirmava L. Halphen, os carolíngios não "ressuscitaram" a idéia de *res publica* através da noção cristã de que o poder está ao serviço moral e espiritual da coletividade. Esse é um legado merovíngio. Ao olhar com admiração a obra dos governantes carolíngios dos séculos VIII e IX, a historiografia contemporânea esqueceu o quanto Pepino, o Breve, e Carlos Magno foram tributários da experiência merovíngia. A influência da monarquia visigótica, ou ainda a do monaquismo irlandês sobre a realeza carolíngia atraiu mais a atenção dos historiadores que a influência de sua predecessora, mais próxima, cultural, geográfica e politicamente. Clóvis e seus herdeiros não podem ser considerados como simples chefes de clans que governaram por um simples direito de conquista. Seria um grave equívoco considerar a realeza merovíngia como um parêntese de totalitarismo e de barbárie entre o Império cristão dos romanos e o Império cristão dos carolíngios. Tal foi, no final das contas, o objetivo principal desse trabalho: tentar mostrar que a unção de Pepino, o Breve, não esteve à origem da cristianização da monarquia franca, e que a época carolíngia, contrariamente ao que afirma R. Mckitterick, não foi o palco da primeira edificação de uma sociedade cristã verdadeiramente digna desse nome. É necessário reconhecer que boa parte da historiografia européia desde o final do século XIX pintou um quadro excessivamente sombrio da Realeza merovíngia. No entanto, esse trabalho não teve por objetivo substituir a "lenda negra" que cerca Clóvis e seus descendentes por uma espécie de "lenda dourada", sedutora por sua novidade, mas igualmente tendenciosa. Trata-se somente de salientar que, pelo menos no que diz respeito à Realeza Cristã, sem Clóvis, Carlos Magno teria sido inconcebível.

Nova Viçosa, julho de 2006.

Referências Bibliográficas

Abreviações utilizadas nas referências bibliográficas:

AASS : *Acta Sanctorum quotquot toto urbe coluntur*, 1643-1894, 70 vol.

MGH : *Monumenta Germaniae historica inde ab a.C. 500 usque ad a. 1500.*

MGH AA : *MGH Scriptores. Auctores Antiquissimi*, Berlin, 1877-1919.

MGH Cap. : *MGH Leges. Capitularia regum Francorum*, Hanovre, 1881.

MGH Conc.: *MGH Leges. Concilia* I, Hanovre, 1893.

MGH DD Merov. : *MGH Diplomata. Die Urkunden der Merovinger*, Hanovre, 2001, 2 vols.

MGH Epp. : *MGH Epistolae Merowingici et Karolini Aevi*, t. II, Berlin, 1892.

MGH Epp. Greg. : *MGH Epistolae. Gregorii papae registrum epistolarum*, 1891-1899, 2 vols.

MGH Formulae : *MGH Leges. Formulae Merowingici et Karolini Aevi*, Hanovre, 1886.

Leges : *Leges Nationum Germanicarum*, Hanovre/Leipzig, 1892-

MGH SRG (in us. Schol.) : *Scriptores Rerum Germanicarum in usum scholarum*, Hanovre/Leipzig, 1871-

MGH SRM : *MGH Scriptores Rerum Merowingicarum*, Hanovre/Leipzig, 1885-1951.
MGH SS : *Scriptores*, Hanovre/Leipzig, 1826-1934.
PL : *Patrologia Latina*
SC : *Sources Chrétiennes*
CC : *Corpus Christianorum*

ADipl **:** *Archiv für Diplomatik, Schriftgeschichte, Siegel- und Wappenkunde*
AHP **:** *Archivum Historiae Pontificae*
AJMH **:** *American Journal of Medieval History*
AJP **:** *American Journal of Philology*
APF **:** *Archiv für Papyrusforchung*
Annales **:** *Annales. Economies, sociétés, civilisations*
AS **:** *Augustinian Studies*
BECh **:** *Bibliothèque de l'Ecole de Chartes.*
BEHE **:** *Bibliothèque de l'Ecole des Hautes Etudes*
BIHR **:** *Bulletin of the Institute of Historical Research*
BJ **:** *Bonner Jahrbücher des Rheinischen Landesmuseums*
BLE : *Bulletin de littérature ecclésiastique*
BRA **:** *Biennal Review of Anthropology*
CHJ **:** *The Cambridge Historical Journal*
CHR **:** *The Catholic Historical Review*
DVjs: *Deutsche Vierteljahresschrift für Literaturwissenschaft und Geistesgeschichte*
EHR **:** *English Historical Review*
Francia : *Forschungen zur westeuropäischen Geschichte*
FS **:** *Frümittelalterliche Studien*
HDRG **:** *Handwörterbuch zur deutschen Rechtsgeschichte*
HJ **:** *Historisches Jahrbuch*
HThR **:** *The Harvard Theological Review*
HV **:** *Historische Vierteljahrschrift*
HZ **:** *Historische Zeitschrift*
JAC **:** *Jahrbuch für Antike und Christentum*
JEH **:** *Journal of Ecclesiastical History*
JHI **:** *Journal of the History of Ideas*
JP **:** *Journal of Politics*

JRS : *Journal of Roman Studies*

JSG : *Jahbuch für scweizerische Geschichte*

JThS : *Journal of Theological Studies*

JthS. NS : *Journal of Theological Studies. New Series*

KA : *Kanonitische Abteilung*

MÖIG : *Mitteilungen des Österreich Inst. für Geschichtforschung*

MP : *Medieval Prosopography*

MS : *Medieval Studies*

NA : *Neues Archiv der Gesellschaft für ältere deutsche Geschichtskunde*

PBA : *Procedings of the Britisch Academy*

NRTh : *Nouvelle Revue Théologique*

PP : *Past and Present*

RAP : *Revue Archéologique de Picardie*

RB : *Revue Biblique*

RBPH : *Revue Belge de Philologie et d'Histoire*

REA : *Revue des Etudes Augustiniennes*

RH : *Revue Historique*

RHDFE : *Revue d'Histoire du Droit français et étranger*

RHE : *Revue d'Histoire Ecclésiastique*

RHEF : *Revue d'histoire de l'Eglise de France*

RHV : *Revue Historique Vaudoise*

RMAL : *Revue du Moyen Age Latin*

RN : *Revue Numismatique*

RSJB : *Recueils de la Société Jean Bodin*

RSR : *Recherches de Science Religieuse*

RV : *Rheinische Vierteljahsblätter*

Settimane : *Settimane di Studio del Centro Italiano di studi sull'Alto Medioevo*

SCH : *Studies in Church History*

SM : *Studio medievali*

ZKG : *Zeitschrift für Kirchengeschichte*

ZSRG.G : *Zeitschrift der Savigny-Stiftung. Germanistische Abteilung*

Referências Bibliográficas

AGATHIAS. ***Historiarum Libri Quinque***. ed. VULCANIUS, B. ***Corpus Scriptorum Byzantinae***. Bonn: 1828.

AMMIANO MARCELINO. ***Rerum Gestarum Libri Qui Supersunt***. ed. GARTHAUSEN, V. Hanover: 1873, 2 vols.

AMMIANO MARCELINO. ***Comitis Chronicon. M.G.H. A.A*** 11/1, 1893, pp. 37-108.

Annales Mettenses Priores, accedunt additamenta annalium Mettensium posteriorum. ed. VON SIMSON, B. ***MGH SRG (in us. Schol.)*** 10, 1905.

Annales Regni Francorum inde ab A. 741 usque ad A. 829 qui dicuntur Annales Laurienses maiores et Einhardi. ed. KURZE, F. ***MGH SRG (in us. Schol.)***, 6, 1895.

AGOSTINHO. ***De civitate Dei***. ed. DOMBART, B. e KALB, A. ***CC*** 57-58.

Capitularia Merowingica. ed. BORETIUS, A. ***MGH Cap.***, I, pp. 1-23.

CASSIODORO. ***Variae***. ed. MOMMSEN, Th. ***MGH AA***, 12, 1894.

CASSIODORO. ***Chronica Magni Aurelii Cassiodori Senatoris***. ed. MOMMSEN, Th. ***MGH AA***, 11/1, 1893, pp. 120-161.

Chartae Latinae Antiquores, Facsimile-edition of the latin charters prior to the ninth century. ed. BRUCKER, A. e MARICHAL, R. 13, ***France*** I. ed. ATSMA, H. e VEZIN, J. Zurique: Urs Graf Verlag, 1981.

Chronicarum quae dicuntur Fredegarii Scholastici libri IV. cum Continuationibus. ed. KRUSCH, B. ***MGH SRM***, 2, 1888, pp. 1-193 (trad. inglesa do quarto livro e de suas continuações: ***The fourth book of Fredegar and continuations***, ed. e trad. WALLACE-HADRILL, J.M. Londres: Greenwood Press, 1960; trad. francesa do quarto livro e de suas continuações: ***Les chroniques des temps mérovingiens***, ed. DEVILLIERS, O. e MEYERS, J. Paris: Brepols, 2001; trad. americana do quarto livro e de suas continuações: WOODRUFF, J. ***The Historia Epitomata, third book, of the "Chronicle" of Fredegar: an annotated translation and historical analysis of interpolated material***. Lincoln: University Microfilms International, 1987).

Codex Theodosianus. ed. MOMMSEN, Th. e MEYER, P. Berlim: 1905.

Concilia aevi Merovingici. ed. MAASSEN, F. ***MGH, Leges* (in-4°), *sect.* III, *Concilia*** I.

Conciliae Galliae (**v.511-695**). ed. DE CLERCQ, C. ***Corpus Christianorum Series Latina 148***[A]. Turnholt: 1963 [***Les canons des conciles mérovingiens (VI***[e]***-VII***[e] ***siècles)***, texto latim da edição de DE CLERCQ, C. Introdução, tradução e notas, J. GAUDEMET, J. e BOISDEVANT, B. ***SC***, 2 vol. Paris: 1982-1989].

Corpus francicae Historiae veteris et sincerae: inquo prisci eius scriptores, hactenus miris modis in omnibus editionibus deprauati et confuisi, nunc tandem serio emendati, et pro ordine temporum dispositi, pseudepigrapha veris auctoribus suis restituta, omnia denique notis marginalibus perpetuis illustrata, sic ut singula noua videri possit, uno volume exhibentur. Hanover: 1613.

Corpus Iuris Civilis, Novellae, t. VI. ed. SCHOELL, R. e KROLL, G. Hidesheim: 1993.

EGUINHARDO. ***Vita Caroli magni.*** ed. JAFFÉ, P. Berlim: 1867 (trad. Franc: ***Vie de Charlemagne.*** ed. HALPHEN, L. Paris: Les Belles Lettres, 1923).

Epistolae aevi Merowingici collectae 7. ed. GUNDLACH, W. ***MGH Epp.***, pp. 434-468.

Epistolae Austrasicae 3. ed. GUNDLACH, W. ***MGH, Epp.***, pp. 434-468.

Eusébio de Cesaréia, ***Histoire ecclésiastique***, texto grego, tradução e introdução, ed. G. Bardy, **SC** 31, Paris, 1952; **SC** 41, 1955; **SC** 55, 1958; **SC** 73, 1960.

EUSÉBIO DE CESARÉIA. ***De Laudibus Constantini.*** In: **Eusebius Werke**, t. 1. ed. HEIKEL, A. Leipzig: 1902. [***La théologie politique de l'Empire chrétien. Louanges de Constantin (Triakontaétérikos).*** ed. e trad. MARAVAL, P. Paris: 2001 (**Griechische Christliche Schriftsteller**, 7)].

EUSÉBIO DE CESARÉIA. ***Tricennelia.*** In: **Eusebius Werke**, t. I. ed. HEIKEL, A. Leipzig: 1902.

Gesta Dagoberti I. ed. KRUSCH, B. ***MGH SRM*** **2**, 1888, pp. 396-425.

GREGÓRIO DE TOURS. ***Gregorii episcopi Turonensis historiarum libri X. MGH SRM***, ed. KRUSCH, B. Fasc. I e II, 1937-1942; Fasc. III, ***Praefatio et Indices.*** ed. KRUSCH, B.; LEVISON, W. e HOLTZMANN, W. Hanover: 1951 [trad. Alemã: ***Zehn Bücher Geschichten.*** ed. BUCHNER, R. Darmstadt: Wissenschaftliche Buchgesellschaft, 1954, 2 vols.; trad. ingl: ***The History of the Francs.*** ed. THORPE, L. Harmondsworth/Nova York: Penguin Books, 1974; trad. franc: ***L'Histoire des Francs.*** ed. LATOUCHE, R. Paris:

Les Belles Lettres, 1999, (1ª ed. 1963-65); trad. Italiana: ***La storia dei Franchi.*** ed. OLDONI, M. Milão: Mondadori, 1981, 2 vols.].

GREGÓRIO DE TOURS. ***Liber in Gloria Confessorum.*** ed. KRUSCH, B. ***MGH SRM* 1/2**, 1885, pp. 294-370.

GREGÓRIO DE TOURS. ***Liber Vitae Patrum.*** ed. KRUSCH, B. ***MGH SRM* 1/2**, 1885, pp. 211-294.

GREGÓRIO MAGNO. ***Registrum Epistolarum.*** ed. EWALD, P. e HARTAMANN, L.M. ***MGH Epp. Greg.***

HINCMAR DE REIMS. ***Vita Remigii episcopi Remigii. MGH SRM* 3**, 1896, pp. 250-341.

Histoire Auguste. Les empereurs romains des IIe et IIIe siècles. ed. e trad. CHASTAGNOL, A. Paris: R. Laffont, 1994.

HYDATIUS. ***Continuatio Chronicarum Hieronymiarum ad a. CCCCLXVIII.*** ed. MOMMSEN, Th. ***MGH AA,* 11/2**, 1894, pp. 13-36 (ed. e trad. TRANOY, A. ***SC***, nº 218 e 219).

JONAS. ***Vita Columbani.*** ed. KRUSCH, B. ***MGH SRM,* 4/1**, 1902, pp. 64-108.

JORDANES. ***Getica.*** ed. MOMMSEN, Th. ***MGH AA,* 5/1**, 1882.

***Lex Baiwariorum. MGH Leges* 5/2**, 1926.

Lex Visigothorum. ed. ZEUMER, K. ***MGH Leges* 1/1**, 1902, pp. 33-456.

Liber Historiae Francorum. ed. KRUSCH, B. ***MGH SRM* 2**, 1888, pp. 215-328 (ed. e trad. BACHRACH, B.S. Lawrence, Kansas: Coronado Press, 1973).

Liber Pontificalis. ed. DUCHESNE, L. **Le Liber Pontificalis, texte, introduction et commentaire.** Paris, 1886-1892, 2 vols.

MALCHUS DE PHILADELPHIA. ***Fragmenta.*** In: ***Fragmenta Historicum Graecorum***, t. IV, pp.112-132. (***The Fragmentary Classicing Historians of the Later Roman Empire. Eunapius, Olympiodorus, Priscus and Malchus. II.*** ed. **e** trad. BLOOCKLEY, R.C. Liverpool: Francis Cairns, 1983, pp.401-462.)

Marculfi Formularum Libri Duo. ed. ZEUMER, K. ***MGH, Formulae*** (***Collectio Scriptorum Veterum Upsaliensis.*** ed. e trad. UDDHOM, A. Uppsalla: Eranos'förlag, 1962).

Marii episcopi Chronica. ed. MOMMSEN, Th. ***MGH AA* 11/1**, 1893, pp. 225-239; ***Marii Chronicon, Historiae Francorum Scriptores Caetani.*** ed. CHIFFLET, P.-A. In: ***PL*** 77, col. 791-802 [***La Chronique de Marius d'Avenches***

(455 – 582). ed. e trad. FAVROD, J. Lausanne: Université de Lausanne, 1991].

Pactus Legis Salicae. ed. ECKHARDT, K.A. ***MGH, Legum***, ***sectio I***, vol. 4, 1962.

PROCÓPIO. ***De Bello gothico***. ed. NIEBUHR, B.G. Bonn: 1833, t. II, pp. 3-643 (***History of the Wars***. ed. e trad. DEWING, H.B. Cambridge: MA, 1928).

PROCÓPIO. ***De bello Vandalico***. ed. NIEBUHR, B.G. Bonn: 1833, t. I, pp. 307-534.

SIDÔNIO APOLINÁRIO. ***Epistolae et Carmina***. ed. LUETJOHANN, Ch. e KRUSCH, B. ***MGH, AA* 8**, 1887.

VENÂNCIO FORTUNATO. ***Opera Poetica***. ed. LEO, F. e KRUSCH, B. ***MGH, A.A.* 4/1**, 1881, pp. 1-270; ***Appendix Carminum***, pp. 271-292 (***Poèmes***, ed. e trad. REYDELLET, M. Paris: Les Belles Lettres, 1994).

VENÂNCIO FORTUNATO. ***Vita Germani episcopi parisiaci, MGH, SRM* 7/1**, 1919, pp. 337-418.

SULPÍCIO SEVERO. ***Vita S. Martini***. (***Vie de saint Martin par Sulpice Sévère. Introduction, texte et traduction, SC*** 133-135. ed. e trad. FONTAINE, J. Paris: Éditions du Cerf, 1967-1969, 3 vols.)

Die Urkunden der Merowinger. ed. KÖLZER, T. ***MGH DD Merov***.

Vita Genovefae virginie Parisiensis. ed. KRUSCH, B. ***MGH, SRM* 3**, 1896, pp. 215-238.

Vita Maximi, Acta sanctorum ordinis Sancti Benedicti, t. I. Macon: 1935, pp. 580-597.

Vita Sanctae Radegoundis libri duo. ed. KRUSCH, B. ***MGH SRM* 2**, 1888, pp. 358-395.

Vita Vedastis. ed. KRUSCH, B. ***MGH, SRM* 3**, 1896, pp. 406-413.

Vitae Caesarii episcopi Arelatensis libri duo auctoribus Cypriano, Firmino Viventio episcopis, Messiano presbytero, Stephano diacono. ed. KRUSCH, B. ***MGH, SRM* 3**, 1896, pp. 483-517.

Livros, artigos e teses.

Actes des VIe Journées d'archéologie mérovingienne, Bulletin de liaison de l'association française d'archéologie mérovingienne 8. Rennes: AFAM, 1984.

AIGRAN, R. "L'Eglise franque sous les Mérovingiens", In: FLICHE, A. e MARTIN, V. (dir.), ***Histoire de l'Eglise depuis les origines jusqu'à nos jours***, t. V. Paris: Bloud et Gay, 1938, pp. 329-390.

ALFÖLDI, A. ***The Conversion of Constantine and Pagan Rome***. Londres: The Clarendon Press, 1948.

ALLOUCH, M. ***Un passé recomposé: les commémorations du baptême de Clovis, étude comparé: 1896-1996*** (Dissertação). Saint-Martin-d'Hères: IEP, 1997.

AMENT, H. "Franken, frankenreich", In: ***Lexikon des Mittelalters***, t. IV, col. 689-692.

ANTON, H. H. "Verfassungsgeschichte Kontinuität und Wandlungen von der Spätantike zum hohen Mittelalter: Das Beispiel Trier", ***Francia*** 14 (1986), pp. 1-25.

ARCARI, P. M. ***Idee e sentimenti politici dell'Alto Medioevo***. Milão: Giuffrè, 1968.

ARQUILLIÈRE, H.-X. ***L'augustinisme politique, essai sur la formation des théories politiques du Moyen Age***. Paris: J. Vrin, 1955.

AUFHAUSER, J. B. "Die sakrale Kaiseridee in Byzanz", In: ***The Sacral Kingship. Contributions to the central Theme of the VIIIth International Congress for the History of Religions*** *(Roma, abril de 1955)*. Leiden: Brill, 1959, pp. 531-542.

AZZARA, C. ***L'ideologia del potere regio nel papato altomedievale (secoli VI-VIII)***. Spoleto: CISAM, 1997.

BACHRACH, B.S. "Procopius and the Chronology of Clovi's Reign", ***Viator*** (1970), pp. 21-31.

BACHRACH, B.S. ***Merovingian Military Organisation, 481-751***. Minneapolis: University of Minnesota Press, 1972.

BACHRACH, B.S. ***The anatomy of a little war: a diplomatic and military history of the Gundovald affair (568-586)***. Boulder: Westview Press, 1994.

BALON, J. ***Traité de Droit Salique***, 4 vol. Namur: Les Anciens Etablissements Godenne, 1965.

BARBIER, J. "Aspects du fisc en Neustrie (VIe-Xe siècles). Résultats d'une recherche en cours", In: ATSMA H. (ed.) ***La Neustrie. Les pays du nord de la Loire de 650 à 850.*** Sigmaringen: J. Thorbecke, 1989, pp. 129-142.

BARDY, G."Melchisédech dans la tradition patristique", ***RB*** (1926), pp. 496-509.

BARLOW, J. "Gregory of Tours and the Myth of the Trojan Origins of the Franks", ***FS*** 29 (1995), pp. 86-95.

BARNES, T.D. ***Constantine and Eusebius.*** Cambridge: Mass, 1981.

BARNWELL, P.S. ***Emperors, Prefects and Kings. The Roman West, 395-565.*** Londres: University of North Carolina Press, 1992.

BARTHÉLEMY, D. "La vengeance, le jugement et le compromis", In: ***Le règlement des conflits au Moyen Age*** *(Actes du XXXIe Congrès de la SHMESP).* Paris: Publications de la Sorbonne, 2001, pp.11-20.

BAUS, K. e EWIG, E. "Die Reichskirche nach Konstantin der Grossen, I, Die Kirche von Nikäa bis Chalkedon", In: JEDIN, H. (ed.), ***Handbuch der Kirchengeschichte***, t. II. Freiburg: Herder, 1973.

BEAUNE, C. ***Naissance de la nation France.*** Paris: Gallimard, 1985.

BEISEL, F. ***Theudebertus magnus rex Francorum: Persönlichkeit und Zeit.*** Idstein: Schulz-Kirchner, 1993.

BERNET, A. ***Clovis et le baptême de la France.*** Bitche: Clovis, 1995.

BEYER, W. ***König Gunthchramn.*** Leipzig: Schmidt, 1933.

BEYERLE, F. "Die *Lex Ribuaria.* Volksrechtliche Studien I", ***ZSRG.G*** 48 (1928), pp. 264-378.

BEYERLE, F. "Die beiden deutschen Stammrechte", ***ZSRG.G*** 73 (1956), pp. 126-128.

BEYERLE, F. "Das legislative Werk Chilperichs I", ***ZSRG.G*** 78 (1961), pp. 1-38.

BIMBENET, J.E. ***Les conciles d'Orléans considérés comme sources du droit coutumier et principe de la constitution de l'Eglise gauloise.*** Orleans: Herluison, 1864.

BLANCHET, A. e DIEUDONNÉ, A. ***Manuel de numismatique française.*** Paris: Picard, 2000, 4 vols. (1ª ed. 1912-1936).

BLOCH, M. ***Les rois thaumaturges. Essai sur le caractère surnaturel attribué***

à la puissance royale particulièrement en France et en Angleterre. Paris/ Estrasburgo: Istra, 1924.

BLOCH, M. "Observations sur la conquête de la Gaule romaine par les rois francs", ***RH*** 154 (1927), pp. 161-178.

BOISSONADE, E. ***Le baptême de Clovis, naissance de la nation française***. Paris: Jean-Cyrille Godefroy, 1996.

BONAMENTE, G. "Potere politico ed autorità religiosa nel '*De obitu Theodosii*' di Ambrogio", In: ***Chiesa e società del secolo IV ai nostri giorni, t. I, Studi storici in onore di P. Ilarino da Milano***. Roma: Herder, 1979, pp.83-133.

BONAMENTE, G. "Apoteosi e imperatori cristiani", In: BONAMENTE, G. e NESTORI, A. (ed.) ***I Cristiani e l'Impero nel IV secolo. Colloquio sul cristianesimo nel mondo antico, atti del convegno Macerata,*** *17-18 décembre 1987*. Macerata: Università degli studi, 1988, p.107-142.

BONNAUD-DELAMARE, R. ***L'idée de paix à l'époque carolingienne***. Paris: F. Loviton, 1939.

BONSMANN, T. ***Gregor der Grosse. Ein Lebensbild***. Paderborn: Junfermann, 1890.

BORDONOVE, G. ***Clovis et les Mérovingiens***. Paris: Pygmalion, 1988.

BOUCHARLAT, A. ***Les élections épiscopales mérovingiennes***. Lyon: 1904.

BOUREAU, A. "Un obstacle à la sacralité royale en Occident. Le principe hiérarchique", In: BOUREAU, A. e C. S. INGERFLOM, C. S. ***La royauté sacrée dans le monde chrétien, colloque de Royaumont,*** *mars 1989*. Paris: E.H.E.S.S., 1992, pp. 29-37.

BOUREAU, A. e C. S. INGERFLOM, C. S. ***La royauté sacrée dans le monde chrétien, colloque de Royaumont,*** *mars 1989*. Paris: E.H.E.S.S., 1992.

BOURGAIN, P. e HEINZELMANN, M."L'œuvre de Grégoire de Tours: la diffusion des manuscrits", In: GAUTHIER, N. e GALINIÉ, H. (ed.) ***Grégoire de Tours et l'espace gaulois,*** *Tours, 3-5 novembre 1994*. Tours: Revue archéologique du Centre de la France, 1997, ("Supplément à la Revue Archéologique du Centre de la France", 13), pp. 273-317.

BOUGARD, F. (ed.) ***Le Christianisme en Occident du début du VIIe siècle au milieu du XIe siècle, textes et documents***. Paris: SEDES, 1997.

BOUVIER-AJAM, M. ***Eléments d'économie monétaire aux temps gaulois, gallo-romains et mérovingiens***. Paris: Paillard, 1936.

BRÉHIER, L. e BATIFFOL, P. ***Les survivances du culte impérial romain***. Paris: Picard, 1920.

BRENNAN, B. "The image of the Frankish Kings in the Poetry of *Venantius Fortunatus*", ***AJMH*** 10 (1984), pp. 1-11.

BRENNAN, B. "Senators and social mobility in sixth-century Gaul", ***AJMH*** 11 (1985), pp. 245-261.

BRENOT, C. "Du monnayage impérial au monnayage mérovingien: l'exemple d'Arles et de Marseille", em: LEPELLEY, C. (org.) ***La fin de la cité antique et le début de la cité médiévale, de la fin du IIIe siècle à l'avènement de Charlemagne, Actes du colloque tenu à l'Université de Paris X – Nanterre, les 1, 2 et 3 avril 1993***. Bari: Edipuglia, 1996, pp. 147-160.

BRESSLAU, H. "Der Titel der merowinger Könige", ***NA*** 12 (1886), pp. 353-360.

BREUKELAAR, A.B. ***Historiography and episcopal authority in sixth-century Gaul : the Histories of Gregory Tours interpreted in their historical context***. Göttingen: Vandenhoeck & Ruprecht, 1994.

BREZZI, P. "L'idea d'Impero nel IV secolo", ***Studi Romani. Rivista bimestrale dell'Instituto di Studi Romani*** 11 (1963), pp. 265-279.

BROWN, P. ***Genèse de l'Antiquité tardive***. Paris: Gallimard, 1983.

BROWN, P. ***La société et le sacré dans l'Antiquité Tardive***. Paris: Seuil, 1985.

BROWN, P. ***L'essor du christianisme occidental. Triomphe et diversitté, 200-1000***. Paris: Seuil, 1997.

BRUGUIÈRE, M. B. ***Littérature et droit dans la Gaule du Ve siècle***. Toulouse: PUF, 1974.

BRÜHL, C. ***Palatium und civitas***, I, *Gallien*. Colônia/Viena: Böhlau, 1975.

BRUNNER, H. ***Deutsche Rechtsgeschichte***, t. I, 2ª ed. Leipzig: Duncker und Humblot, 1906; t. II, 2ª ed. Munique/Leipzig: Duncker und Humblot, 1928.

BURCKHARDT, M. ***Die Briefsammlung des Bischofs Avitus***. Bale: Verlag für Staatswissenschaften und Geschichte, 1938.

BURNS, J.H. (ed.) ***Histoire de la pensée politique médiévale (350-1450)***. Paris: PUF, 1993.

BURY, J.B. ***History of the Later Roman Empire from the Death of Theodosius to the death of Justinian (A.D. 395 to A.D. 565)***, 2ª ed. Londres: Dover Publications, 1923, 2 vols.

BUTZEN, R. ***Die Merowinger östlich des mittleren Rheins : Studien zur mil-***

itärischen, politischen, rechtlichen, religiösen, kirchlichen, kulturellen Erfassung durch Königtum und Adel im 6. sowie 7. Jahrhundert. Würzburg: Freunde mainfränkischer Kunst und Geschichte, 1987.

BYOCK, J. ***Feud in the Icelandic Saga***. Berkeley: University of California Press, 1982.

CALDERONE, S. ***Costantino e il Cattolicesimo***, t. I. Florença: F. Le Monnier, 1962.

CALDERONE, S. "Eusebio e l'ideologia imperiale", In: ***Le trasformazioni della cultura nella Tarda Antichità**, Atti Convegno di Catania (27 septembre – 2 octobre 1982)*. Roma: Jouvence, 1985, pp.1-26.

CAMERON, A. "Agathias on the early Merovingians", ***Annali della Scuola normale superiore di Pisa : lettere, storia e filosofia*** 37 (1968), pp. 95-140.

CAMERON, A. "The Byzantine sources of Gregory of Tours", ***JThS*** 26 (1975), pp. 421-426.

CAMERON, A. "Cristianisme et formes littéraires de l'Antiquité tardive: huits exposés suivis de discussions", In: ***Entretiens sur l'Antiquité classique, Vandoeuvres-Genève, 23-28 août 1976***. Genôva: Fondation Hardt, 1977.

CÂNDIDO DA SILVA, M. "Providencialismo e história política nos *Decem libri Historiarum*, de Gregório de Tours", ***Varia Historia**, Revista do Departamento de História (FAFICH/UFMG)* 28 (2002), pp. 137-160.

CÂNDIDO DA SILVA, M. "L'organisation politique de l'espace en Gaule mérovingienne au VIe siècle", ***Revue D'histoire Urbaine*** 4 (2002), pp. 83-104.

CÂNDIDO DA SILVA, M. "O problema da sacralidade real na monarquia franca" In: ***Anais do V Encontro Internacional de Estudos Medievais***. Salvador: Quarteto, 2005, pp. 138-142.

CÂNDIDO DA SILVA, M. "O governo ideal na primeira epístola de Remígio de Reims a Clóvis", In: ***Anais da IV jornada de Estudos Medievais: transformação social e educação***. Maringá: Universidade Estadual de Maringá, 2005, pp.16-31.

CÂNDIDO DA SILVA, M. "Realeza e ideologia episcopal em Gregório de Tours: os *Decem Libro Historiarum* VI, 46", In: SILVA, Andréia Cristina Lopes Frazão da, SILVA, Leila Rorigues (Org.), **Atas da VI Semana de Estudos Medievais**, 25 a 27 de outubro de 2005. Rio de Janeiro: Programa de Estudos Medievais, 2006, pp.48-60.

CÂNDIDO DA SILVA, M. ***4 de Setembro de 465: A Queda de Roma***. São Paulo: Cia. Editora Nacional, 2006.

CÂNDIDO DA SILVA, M. MAZETTO JUNIOR, M, "A Realeza nas fontes do período merovíngio (séculos VI-VIII)", **História Revista**, Revista do Programa de Pós-Graduação em História, Universidade Federal de Goiás, 11 (2006), pp. 89-119.

CARDOT, F. ***L'espace et le pouvoir. Etudes sur l'Austrasie mérovingienne***. Paris: Publications de la Sorbonne, 1987.

CARLYLE, R. W. e CARLYLE, A.J. ***A history of mediaeval political theory in the West, t. I : A History of political theory from the roman lawyers of the second century to the political writers of the ninth***. Londres: Blackwood, 1922.

CARRIÉ, J-M. e ROUSSELLE, A. ***L'Empire romain en mutation des Sévères à Constantin, 192-337***. Paris: Fayard, 1999 ("Nouvelle histoire de l'Antiquité, 10").

CARROL-BARK, W. ***Origens da Idade Média***, 4ª ed. Rio de Janeiro: Jorge Zahar, 1979.

CAVALLERA, F. "La doctrine sur le prince chrétien dans les lettres pontificales du Ve siècle", ***BLE***, março-abril 1937, pp. 67-78; maio-junho 1937, pp. 119-135; julho-outubro 1937, pp. 167-178.

CHADWICK, H. "Gregory of Tours and Gregory the Great", ***JThS*** 50 (1949), pp.38-49.

CHADWICK, H. "La doctrine chrétienne", In: BURNS, J.H. (dir.) ***Histoire de la pensée politique médiévale***. Cambridge: Cambridge University Press, 1988, pp. 11-20.

CHAMPAGNE, J. e SZRAMKIEWICZ, J. R. "Recherches sur les conciles des temps mérovingiens", ***RHDFE*** 49 (1971), pp. 5-49.

CHARLESWORTH, M.P. "The Vertues of a Roman Emperor. Propaganda as the Creation of Belief", ***PBA*** 23 (1937), pp. 105-133.

CHEVALLIER, B. ***Clovis, un roi européen***. Paris: Brepols, 1996.

La Christianisation des pays entre Loire et Rhin (IVe-VIIe siècle), Colóquio de Nanterre, número especial ***RHEF***, 1975.

CHRYSOS, E. "Byzantine diplomacy, A.D. 300-800: means and ends", In: SHEPARD, J. e FRANKLIN, S. (dir.) ***Byzantine Diplomacy: Papers from***

the Twenty-Fourth Spring Symposium of Byzantine Studies, Cambridge, March 1990. Londres: Ashgate, 1992, pp. 25-39.

CLASSEN, P. ***Kaiserreskript und Königsurkunde. Diplomatische Studien zum Problem der Kontinuität zwischen Altertum und Mittelalter***. Tessalônica: Kentron Byzantinon Ereynon, 1977.

CLAUDE, D. "Die Bestellung der Bischöfe im merowingischen Reiche", ***ZSRG. G*** 80, *KA* 49 (1963), pp. 1-75.

CLAUDE, D. "Königs- und Untertaneneid im Westgotenreich", In: BEUMANN, H. (dir.), ***Historische Forschungen für Walter Schlesinger***. Colônia: Böhlau, 1974 pp. 358-378

CLOCHÉ, P. "Les élections épiscopales sous les Mérovingiens", ***Le Moyen Âge*** 35 (1924), pp. 227-237.

COLLINS, R.H. "Théodebert I '*Rex Magnus Francorum*'", In: WORMALD, P.; BULLOGH, D. e COLLINS, R. (ed.) ***Ideal and Reality in Frankish and Anglo-Saxon Society. Studies Presented to J.M. Wallace-Hadrill***. Oxford: Basil Blackwell, 1983, pp. 7-33.

CONGAR, Y. ***L'ecclésiologie du Haut Moyen Age. De saint Grégoire le Grand à la discussion entre Byzance et Rome***. Paris: Éditions du Cerf, 1968.

CONSOLINO, F.E. "Il papa e le regine: potere femminile e politica ecclesiastica nell'epistolario di Gregorio Magno", In: ***Gregorio Magno e il suo tempo, XIX Incontro di studiosi dell'antichità cristiana in collaborazione con l'Ecole Frangaise de Rome, Roma 9-12 maggio 1990.*** Roma: Institutum Patristicum Augustinianum, 1991, pp. 225-249.

CONSOLINO, F.E. "I doveri del principe christiano nel *Registrum Epistolarum* di Gregorio Magno", ***Augustinianum*** 33 (1993), pp. 57-82.

COURCELLE, P. ***Histoire littéraire des grandes invasions germaniques***, 3ª ed. Paris: Hachette, 1964.

COURTOIS, G. "Vengeance", em: ALLAND, D. e RIALS, S. (ed.) ***Dictionnaire de la culture juridique***. Paris: PUF, 2003, pp.1507-1510.

COUTEAUX, P.-M. ***Clovis, une histoire de France***. Paris: J. C. Lattès,1996.

CRACCO RUGGINI, L. "Imperatori romani e uomini divini (I-VI secolo d.C.)", In: ***Governanti e intellectuali, popolo di Roma e popolo di Dio (I-VI secolo)***. Turim: Giappichelli, 1982, pp. 9-91.

CRIFO, G. "Romanizzazione e cristianizzazione. Certezze e dubbi in tema di rapporto tra cristiani e istituzioni", In: BONAMENTE, G. e NESTORI, A. (ed.) ***I Cristiani e l'Impero nel IV secolo. Colloquio sul Cristianesimo nel mondo antico.*** Macerata: Università degli studi, 1988, pp. 75-106.

DAGENS, C. ***Saint Grégoire le Grand.*** Paris: Études augustiniennes, 1977.

DAHN, F. "Zum merowingischen Finanzrecht", In: ***Germanistische Abhandlungen zum 70. Geburtstag Konrad von Maurers.*** Göttingen: Dieterich, 1893.

DALLAIS, F. ***Clovis ou le combat de la gloire.*** Paris: PSR, 1996.

DAVIES, R. R. "The Survival of the Bloodfeud in Medieval Wales", ***History*** 54 (1969), pp. 338-57.

DAVIES, W. e FOURACRE, P. (ed.) ***The Settlement of Disputes in Early Medieval Europe.*** Cambridge/Londres: Cambridge University Press, 1986.

DE CLERCQ, C. ***Le législation religieuse franque de Clovis à Charlemagne, t. I : Etudes sur les actes des conciles et les capitulaires, les statuts diocésains et les règles monastiques (511-814).*** Paris-Louvain: Librairie du Recueil Sirey, 1936.

DEMANDT, A. ***Der Fall Roms. Die Auflösung des römischen Reiches im Urteil der Nachwelt.*** Munique: Beck, 1984.

DEMOUGEOT, E. ***La formation de l'Europe et les invasions barbares des origines germaniques au début du VIe sièclei,*** II/1: ***Des origines germaniques à l'avènement de Dioclétien,*** Paris: 1969; II/2 : ***De l'avènement de Dioclétien au début du VIe siècle.*** Paris: Aubier, 1979, 2 vols.

DENIEL, R. "*Omnis potestas a Deo.* L'origine du pouvoir civil et sa relation à l'Eglise", ***RSR*** 56 (1968), pp. 43-85.

DER STEINEN, W. von. "Chlodwigs Übergang zum Christentum", ***MÖIG*** 12 (1933), pp. 417-501.

DEVROEY, J.-P. ***Économie rurale et société dans l'Europe franque (VIe-. IXe siècles).*** *T.1.* Paris: Belin, 2003.

DIERKENS, A. e PÉRIN, P. "Les *sedes regiae* mérovingiennes entre Seine et Rhin", In: RIPOLL, G. e GURT, J.M. (ed.) ***Sedes regiae (ann. 400-800).*** Barcelona: Reial acadèmia de bones lettres, 2000, pp. 267-304.

DIERKENS, A. "Superstitions, christianisme et paganisme à la fin de l'époque mérovingienne. A propos de l'*Indiculus superstitionum paganiarum*", In: HASQUIN, H. (ed.) ***Magie, sorcellerie, parapsychologie.*** Bruxelas : ULB,

1984, pp. 9-26.

DILL, S. ***Roman Society in Gaul in the Merovingian Age.*** Londres: Macmillan, 1926.

DOLBEAU, F.; HEINZELMANN, M. e POULIN, J.-C. "Les sources hagiographiques composées en Gaule avant l'an Mil. Inventaire, examen critique, datation", ***Francia*** 15 (1987), pp. 701-731.

DÖLGER, F. "Die 'Familie der Könige' im Mittelalter'", In: ***Byzanz und die europäische Staatenwelt: ausgewählte Vorträge und Aufsätze.*** Ettal: 1953, pp. 34-69.

DOLY, W.M. "Clovis, how barbaric, how pagan", ***Speculum*** 69 (1994), pp. 619-664.

DUBOS, J.-B. ***Histoire critique de l'établissement de la monarchie en France,*** *I.* Paris: Giffart, 1742.

DUCHESNE, L. ***L'Eglise au VIe siècle.*** Paris: E. de Boccard, 1925.

DUMÉZIL, B. ***Les racines chrétiennes de l'Europe. Conversion et liberté dans les royaumes barbares, Ve-VIIIe siècles.*** Paris: Fayard, 2005.

DUMONT, L. ***O Individualismo: uma perspectiva antropológica da ideologia moderna.*** Rio de Janeiro: Rocco, 1985

DURLIAT, J. "Attributions civiles des évêques mérovingiens: l'exemple de Didier, évêque de Cahors (630-655)", ***Annales du Midi*** 91 (1979), pp. 237-254.

DURLIAT, J. "Le salaire de la paix sociale dans les royaumes barbares (Ve – VIe siècles)", In: WOLFRAM, H. e SCHWARCZ, A. (ed.) ***Anerkennung und Integration. Zu den wirtschaftlichen Grundlagen der Völkerwanderungszeit 400 – 60.*** Viena: Verlag der Österreichischen Akademie der Wissenschaften, 1988, pp.21-72.

DURLIAT, J. ***Les finances publiques de Diocletien aux Carolingiens (284-889).*** Sigmaringen: Thorbecke, 1990.

DURLIAT, J. "*Dominum* et puissance sociale des papes au VIIe siècle", In: MAGNOU-NORTIER, E. (ed.), ***Aux Sources de la Gestion Publique, t. III, Hommes de Pouvoir, Ressources et lieux du Pouvoir, Ve-XIIIe siècles.*** Lille: Presses Universitaires de Lille, 1998, pp. 13-50.

DURLIAT, J. "Les fonctions publiques dc la noblesse gallo-franque (481-561)", ***Nobilitas*** (1997), pp. 193-215.

DURLIAT, J. "*Episcopus, civis* et *populus* dans les *Historiarum Libri* de Grégoire de Tours", em: GAUTHIER, N. e GALINIÉ, H. (ed.) ***Grégoire de Tours et l'espace gaulois,*** *Tours, 3-5 novembre 1994.* Tours: Revue archéologique du Centre de la France, 1997, ("Supplément à la Revue Archéologique du Centre de la France", 13), pp. 185-193.

DURLIAT, J. "Qu'est-ce que c'est le Bas-Empire? A propos de trois ouvrages récents", ***Francia*** 16/1 (1989), pp. 137-154.

DURLIAT, J."Qu'est-ce que c'est le Bas-Empire?", ***Francia*** 18/1 (1991), pp. 125-138.

DURLIAT, J. "Bulletin d'études protomédiévales – La Loi", ***Francia*** 20/1 (1993), pp. 79-95.

DURLIAT, J. "Bulletin d'études protomédiévale – Systèmes de pensée", ***Francia*** 22/1 (1995), pp. 129-151.

DURLIAT, J. "Bulletin d'études protomédiévales – Les institutions et les hommes", ***Francia*** 25/1 (1998), pp. 231-244.

ELLUL, J. ***Histoire des institutions. Le Moyen Age.*** Paris: P.U.F., 1962.

ESDERS, S. ***Römische Rechtstradition und merowingisches Königtum.*** Göttingen: Vandenhoeck und Ruprecht, 1997.

EWIG, E. "Die fränkische Teilungen und Teilreiche (511-613)", ***Akademie der Wissenschaften und der Literatur Mainz. Abhandlungen der Geistes- und sozialwissenschaftlichen Klasse 9*** (1953), pp. 651-715.

EWIG, E. ***Trier im Merowingerreich: Civitas, Stadt, Bistum.*** Trier: Paulinus Verlag, 1954.

EWIG, E. "Das Fortleben römischer Institutionen in Gallien und Germanien", In: ***X congresso internazionale di scienze storiche.*** Roma: Firenze, 1955, pp. 561-598.

EWIG, E. "Résidence et capitale pendant le haut Moyen Age", ***RH*** 229 (1963), pp. 25-72.

EWIG, E. "La monocratie dans l'Europe Occidentale du Ve au Xe siècle", ***La monocratie, RSJB*** 21/2 (1969), pp. 57-105.

EWIG, E. "Studien zur merowingischen Dynastie", ***FS*** 8 (1974), pp.15-59.

EWIG, E. "Beobachtungen zu den Bischofslisten der Merowingischen Konzilien und Bischofsprivilegien", In: ATSMA, H. (ed.) ***Spätantikes und Fränkisches Gallien. Gesammelte Schriften (1952-1973),*** II. Munique: Beihefte der Francia, 1979, pp. 427-455.

EWIG, E. "Zum christlichen Königsgedanken im Frühmittelalter", In: ATSMA, H. (ed.) ***Spätantikes und Fränkisches Gallien. Gesammelte Schriften (1952-1973)***, t. II. Munique-Zurique : Artemis Verlag, 1979, pp. 7-73.

EWIG, E. ***Die Merowinger und das Imperium***. Opladen: Westdeutscher Verlag, 1983.

EWIG, E. "Chlodwig", In: ***Lexikon des Mittelalters***, t. II, col. 1863-1868.

EWIG, E. ***Die Merowinger und das Frankenreich***, 3ª ed. Stuttgart: Kohlhammer, 1997.

EWIG, E. "Le mythe troyen et l'histoire des Francs", In: ROUCHE, M. (ed.), ***Clovis, histoire et mémoire, Actes du colloque international d'histoire de Reims***. Paris: Presses de l'Université de Paris-Sorbonne, 1996, I, pp. 817-847.

FAHLBECK, P.E.A. ***La royauté et le droit royal Francs pendant la première période de l'existence du royaume (481-614)***. Lund: Gleerup, 1883.

FARAL, E. "La légende de l'origine troyenne des Francs", ***BEHE*** 255 (1929), pp.262-293.

FÉDOU, R. ***L'Etat au Moyen Ages***. Paris: PUF, 1971.

FICHTENAU, H. ***L'Empire carolingien***. Paris: Payot, 1958.

FIGGIS, J.N. ***The Divine Right of the Kings***, 2ª ed. Cambridge: Cambridge University Press, 1914.

FISCHER, E. H. "The Belief in continuity of the Roman Empire among the Franks of the fifth and sixth century", ***CHR*** 4 (1925), pp. 536-553.

FLICHE, A. e MARTIN, V. (dir.), ***Histoire de l'Eglise depuis les origines jusqu'à nos jours***, IV, In: DE LABRIOLLE, P.; BARDY, G.; BREHIER, L. e DE PLINVAL, G. (ed.) **De la mort de Théodose à l'élection de Grégoire le Grand.** Paris: Bloud & Gay, 1937.

FOAKES-JACKSON, F.J. ***Eusebius Pamphili, bishop of Caesarea in Palestine and first Christian historien. A study of the man and his writings***. Cambridge: W. Heffer, 1933.

FOLZ, R., GUILLOU, A. e MUSSET, L. ***De l'Antiquité au monde médiéval.*** Paris: PUF, 1972.

FOLZ, R. ***L'idée d'Empire en Occident du Ve au XIVe siècle***. Paris: Montaigne, 1953.

FOLZ, R. ***Le couronnement impérial de Charlemagne, 25 décembre 800***, 2ª ed. Paris: Gallimard, 1989.

FONTAINE, J. ***Isidore de Séville et la culture classique dans l'Espagne Wisigothique.*** Paris: Études Augustiniennes, 1959-63, 3 vols.

FONTAINE, J. e HILLGARTH, J.N. (ed.) ***Le septième siècle, changements et continuités. Actes du Colloque bilatéral franco-britannique tenu au Warburg Institute les 8-9 juillet 1988.*** Londres: Warburg Institute, 1992.

FOURACRE, P. e GERBERDING, R. A. (ed.) ***Late Merovingian France: history and hagiography, 640-720.*** Manchester, Nova York: Manchester University Press, 1996.

FOURNIER, G. ***Les Mérovingiens.*** Paris: PUF, 1966 ("Collection Que sais-je, 1238").

FRIEDRICH, C. ***Man and his Government.*** Nova York: McGraw-Hill, 1963.

MURRAY, A. C. (ed. e trad.) ***From Roman to Merovingian Gaul: a reader.*** Petersburgo: Broadview Press, 2000.

FROUIN, R. "Du titre de roi porté par quelques participants à l'*Imperium romanum*", ***Tijdschrift voor Rechtsgeschiedenis*** 9 (1929) pp. 140-149.

FUETER, E. "Der Beginn des Mittelalters", In: HÜBINGER, P. E. ***Zur Frage der Periodengrenze zwischen Altertum und Mittelalter.*** Darmstadt: Wissenschaftliche Buchgesellschaft, 1969, pp. 49-54.

FUSTEL DE COULANGES, N.D. ***Recherches sur quelques problèmes d'histoire.*** Paris: Hachette, 1885.

FUSTEL DE COULANGES, N.D. "La monarchie franque" In: ***Histoire des institutions politiques de l'ancienne France***, t. III. Paris: Hachette, 1888.

FUSTEL DE COULANGES, N.D. ***Leçons à l'impératrice sur les origines de la civilisation française.*** Paris: Hachette, 1930.

FUSTEL DE COULANGES, N.D. ***La Gaule romaine.*** Paris: H. Lavigne, 1994.

GANSHOF, F.L. "Les traits généraux du système d'institutions de la monarchie franque", In: ***Il passagio dell'Antichita al Medioevo in Occidente, Settimane** 9, 1962.* Spolète: CISAM, 1963, pp. 91-127.

GASQUET, A. ***Études Byzantines. L'Empire byzantin et la monarchie franque.*** Paris: Hachette, 1888.

GAUDEMET, J. "*Utilitas publica*", ***RHDFE*** 29 (1951), pp. 465-499.

GAUDEMET, J. "Survivances romaines dans le droit de la monarchie franque du Ve au Xe siècle", ***RHD*** (1955), pp. 149-286.

GAUDEMET, J. ***L'Eglise dans l'Empire Romain***. Paris: Sirey, 1968.

GAUTHIER, N. ***Recueil des inscriptions chrétiennes de la Gaule antérieures à l'époque carolingienne**, t. I, **Première Belgique***. Paris: CNRS-Éditions. 1975.

GAUTHIER, N. ***L'Evangélisation des pays de la Moselle. La province romaine de Première Belgique entre l'Antiquité et Moyen Age (IIIe-VIIIe siècle)***. Paris: De Boccard, 1980.

GEARY, P.J. ***Naissance de la France. Le monde mérovingien***. Paris: Flammarion, 1989.

GEARY, P.J. ***Quand les nations refont l'histoire. L'invention des origines médiévales de l'Europe***. Paris: Aubier, 2004.

GENET, J.-Ph. (ed.) ***Etat moderne: genèse, bilans et perspectives***. Paris: Centre National de la Recherche Scientifique, 1990.

GENICOT, L. "Sur la survivance de la notion d'Etat dans l'Europe du Nord au haut Moyen Age. L'exemple de *publicus* dans les sources belges antérieures à l'an mille", In: FENSKE, L.; RÖSENER, W. e ZOTZ, T. (ed.) ***Institutionen, Kultur und Geselschaft im Mittelalter. Festschrift für Josef Fleckenstein zu seinem 65.*** Sigmaringen: Thorbecke, 1984, pp.147-164.

GEORGE, J.W. "Poet as politician: Venantius Fortunatus' panegyric to king Chilperic", ***JMH*** 15 (1989), pp.5-18.

GEORGE, J.W. ***Venantius Fortunatus: a Latin poet in Merovingian Gaul***. Oxford: Clarendon Press, 1992.

GERBERDING, R.A. ***The Rise of the Carolingians and the Liber Historiae Francorum***. Londres: Clarendon Press, 1987.

GIBBON, E. ***The History of the Decline and Fall of the Roman Empire***. ed. BURY, J. New York: The Heritage Press, 1946, 3 vol.

GOELZER, H. ***Le latin de saint Avit, évêque de Vienne (450? – 526?)***. Paris: Felix Alcan, 1909.

GOETZ, W. "Concepts of realm and frontiers from late antiquity to the early Middle Ages", In: POHL, W.; WOOD, I. e RELMITZ, H. (ed.), ***The Transformation of Frontiers. From Late Antiquity to the Carolingians***, Leiden/Boston/Cologne: Brill, 2001, pp. 73-82.

GOETZ, H.-W. "Coutume d'héritage et structures familiales au haut Moyen Age", In: BOUGARD, F.; LA ROCCA, C. e LE JAN, R. (dir.) ***Sauver son âme***

et se perpétuer. Transmission du patrimoine et mémoire au haut Moyen Âge. Rome : École Française de Rome, 2005, p. 203-237.

GOFFART, W. "The Fredegar problem reconsidered", ***Speculum*** 38 (1963), pp. 206-241.

GOFFART, W. ***Barbarians and Romans A.D. 418-584: The Techniques of Accommodation.*** Princeton: Princeton University Press, 1980.

GOFFART, W. "From 'Historiae' to 'Historia Francorum' et back again: aspects of the contexture history of Gregory of Tours", In: ***Religion, Culture and Society in the Early Middle Ages. Studies in honor of R.E. Sullivan.*** Kalamazoo: Mich, 1987, pp. 55-76.

GOFFART, W. ***The Narrators of barbarian history (A.D. 550-800). Jordanes, Gregory of Tours, bede and Paul the Deacon.*** Princeton: Princeton University Press, 1988.

GOFFART, W. "The theme of 'the barbarian invasions' in Late Antiquity and Modern historiography", In: GOFFART, W. (dir.) ***Rome's Fall and After.*** Londres: Hambledon Press, 1989, pp. 111-132.

GOFFART, W. "Old and new in Merovingian taxation", In: GOFFART, W. (dir.) ***Rome's Fall and After.*** Londres: Hambledon Press, pp. 213-231.

GOUBERT, P. ***Byzance avant l'Islam,*** *t. II,* ***Byzance et l'Occident sous les successeurs de Justinien: Byzance et les Francs.*** Paris: Picard, 1956.

GAUTHIER, N. e GALINIÉ, H. (ed.) ***Grégoire de Tours et l'espace gaulois,*** *Tours, 3-5 novembre 1994.* Tours: Revue archéologique du Centre de la France, 1997, ("Supplément à la Revue Archéologique du Centre de la France", 13),

GRIERSON, P. e BLACKBURN, M. ***Medieval European Coinage,*** *t. I,* ***The Early Middle Ages (5th-10th Centuries).*** Cambridge: Cambridge University Press, 1986.

GRIFFE, E. "L'épiscopat gaulois et les royautés barbares de 482 à 507", ***BLE*** 64 (1963), pp. 63-71.

GUÉREAU, A. "Fustel de Coulanges médiéviste", ***RH*** 4 (1986), pp. 381-406.

GUÉRY, A. "La dualité de toutes les monarchies et la monarchie chrétienne", In: BOUREAU, A. et C. S. INGERFLOM, C. S. ***La royauté sacrée dans le monde chrétien, colloque de Royaumont,*** *mars 1989.* Paris: E.H.E.S.S., 1992, pp.39-51.

GUILLOT, O.; RIGAUDIÈRE, A. e SASSIER, Y. ***Pouvoirs et institutions dans la France médiévale,*** *t. I,* ***Des origines à l'époque féodale.*** Paris: Armand

Colin, 1994.

GUILLOT, O. "La justice dans le royaume franc à l'époque mérovingienne", In: ***La giustizia nell'Alto Medioevo (secoli V-VIII), Settimane** 42, t. II.* Spolète: CISAM, 1995, pp. 653-731.

GUILLOT, O. "Clovis 'Auguste', vecteur des conceptions romano-chrétiennes", em: ROUCHE, M. (ed.) ***Clovis, histoire et mémoire, Actes du colloque international d'histoire de Reims.*** Paris: Presses de l'Université de Paris-Sorbonne, 1996, t. I, pp. 705-737.

GUNDLACH, W. "Die Sammlung der *Epistolae Austrasicae*", ***NA*** 13 (1887), pp. 367-387.

GUNTHER, H. "Der Patriziat Chlodowigs", ***HJ*** 54 (1934), pp. 468-475.

GUTERMAN, L. ***The Principle of the Personality of law in the Germanic Kingdoms of Western Europe from the Fifth to the Elventh Century.*** Nova York/Frankfurt: P. Lang., 1990.

HALPHEN, L. "L'idée d'Etat sous les Carolingiens", In: ***A travers l'histoire du Moyen Age.*** Paris: PUF, 1950, pp. 92-104.

HALPHEN, L. ***Charlemagne et l'Empire Carolingien.*** Paris: Albin Michel, 1995 (1a ed., 1947).

HANDELSMANN, M. "Le soi-disant précepte de 614", ***Le Moyen Age*** 36 (1926), pp. 121-213.

HARRISON, D. "Invisible boundaries and places of power: Notions of liminarity and Centrality in the early Middle Ages", In: POHL, W.; WOOD, I. e RELMITZ, H. (ed.), ***The Transformation of Frontiers. From Late Antiquity to the Carolingians***, Leiden/Boston/Cologne: Brill, 2001, pp. 83-93.

HARTMANN, L.M. "Zur Chronologie der Briefe Gregors I", ***NA*** 15 (1890), pp. 411-417.

HARTOG, F. ***Le XIXe siècle et les historiens. Le cas Fustel de Coulanges.*** Paris: Seuil, 2001.

HAUCK, K. "Politische und Asketische Aspekte der Christianisierung (von Reims und Tours nach Attigny und Paderborn)", In: ***Dauer und Wandel der Geschichte. Festgabe für Kürt von Raumer zum 15 dezember 1965: Aspekte europaïscher Vergangenheit.*** Münster: Aschendorff, 1966, pp.46-52.

HAUCK, K. "Von einer spatantiken Randkultur zum karolingischen Europa", ***FS*** 1 (1967), pp.3-93.

HAVET, J. ***Questions mérovingiennes: la formule N. rex francorum, V. inl.*** Paris: Champion, 1885.

HAVET, J. ***Œuvres (1853-1893)**, t. I, **Questions mérovingiennes.*** Paris: Leroux, 1896.

HÉFÈLE, C.J. ***Histoire des conciles d'après les documents originaux***, t. III. Paris: Dom H. Leclerq, 1909.

HEINZELMANN, M. ***Bischofsherrschaft in Gallien. Zur Kontinuität römischer Führungsschichten vom 4. bis zum 7. Jahrhundert. Soziale, prosopographische und bildungsgeschichtliche Aspekte.*** Munique: Artemis, 1976.

HEINZELMANN, M. "L'aristocratie et les évêchés entre Loire et Rhin jusqu'à la fin du VIIe siècle", ***RHEF*** 168 (1976), pp. 75-90.

HEINZELMANN, M. "La noblesse du haut Moyen Age (VIIe-XIe siècle). Quelques problèmes à propos d'ouvrages récents", ***Le Moyen Age*** 83 (1977), pp. 131-144.

HEINZELMANN, M. "Gallische Prosopographie (260-527)", ***Francia*** 10 (1982), pp. 531-718.

HEINZELMANN, M. "*Pater populi.* Langage familial et détention de pouvoir publique (Antiquité tardive et très Haut Moyen Age)", In: THELAMON, F. (ed.) ***Aux sources de la puissance: sociabilité et parenté***, *("Actes du Colloque de Rouen, 12-13 novembre 1987").* Rouen: Publications de l'université de Rouen, 1988, pp. 47-56.

HEINZELMANN, M. "Bischof und Herrschaft vom spätantiken Gallien bis zu den karolingischen Hausmeiern. Die institutionellen Grundlagen", In: PRINZ, F. (ed.) ***Herrschaft und Kirche.*** Stuttgart: Hiersemann, 1988, pp. 23-82.

HEINZELMANN, M. "Prosopographie et recherche de continuité historique: l'exemple des Ve-VIIIe siècles", ***Mélanges de l'Ecole Française de Rome. Moyen Age – Temps Modernes*** 100 (1988), pp. 227-239.

HEINZELMANN, M. "*Studia sanctorum.* Education, milieu d'instruction et valeurs éducatives dans l'hagiographie en Gaule jusqu'à la fin de l'époque mérovingienne", In: SOT, M. (dir.) ***Le haut Moyen Age. Culture Education et Société. Etudes offertes à Pierre Riché.*** La Garenne-Colombes : Publidix, 1990.

HEINZELMANN, M. "Histoire, rois et prophètes. Le rôle des éléments autobiographiques dans les 'Histoires' de Grégoire de Tours: un guide épiscopal à l'usage du roi chrétien », In: JULLIEN, M.-H. (cord.) ***De Tertullien aux Mozarabes, t.1, Antiquité Tardive et christianisme ancien (IIIe-VIe siècles),*** *("Mélanges offerts à Jacques Fontaine")*. Paris: Institut d'Études Augustiniennes, 1992, pp. 544-545.

HEINZELMANN, M. "Die Franken und die fränkisch. Geschichte in der Perspektive der Historiographie Gregors v. Tours", In: SCHARER, A. e SCHEIBELREITER, G. (ed.) ***Historiographie im frühen Mittelalter.*** Viena: Oldenbourg, 1994, pp. 326-44.

HEINZELMANN, M. ***Gregor von Tours (538-594): "Zehn Bücher Geschichte": Historiographie und Gesellschaftskonzept im 6. Jahrhundert.*** Darmstadt: Wissenschaftliche Buchgesellschaft, 1994 (trad. CARROLL, C. ***Gregory of Tours: history and society in the sixth century.*** Cambridge: Cambridge University Press, 2001).

HEINZELMANN, M. "Grégoire de Tours, 'père de l'histoire de France' ?", In: BERCÉ, Y.-M. e CONTAMINE, Ph. (ed.), ***Histoires de France, historiens de la France. Actes du colloque international, Reims, 4-15 mai 1993.*** Paris: Société de l'histoire de France, 1994, pp. 19-45.

HEINZELMANN, M. e POULIN, J.-C. ***Les vies anciennes de sainte Geneviève de Paris. Etudes critiques.*** Paris: Champion, 1986.

HEN, Y. "Clovis, Gregory of Tours and Pro-Merovingian Propaganda", ***RBPH*** 71 (1993), pp. 271-276.

HEN, Y. ***Culture & Religion in the Merovingian Gaul, AD 481-751.*** Nova York: E. J. Brill, 1995.

HERRIN, J. ***The Formation of Christendon.*** Londres: Princeton University Press, 1987.

HEUCLIN, J. ***Hommes de Dieu et fonctionnaires du roi en Gaule du Nord du Ve au IXe siècle (348-817).*** Paris: Presses Universitaires du Septentrion, 1998.

HIBST, P. ***"Utilitas Publica" - Gemeiner Nutz –Gemeinwohl. Untersuchungen zur Idee eines politischen Leitbegriffes von der Antike bis zum späten Mittelalter.*** Frankfurt/Berne/Nova York/Paris: P. Lang, 1991.

HORSTKOTTE, H.-J. ***Die Theorie vom spätrömischen « Zwagsstaat » und das Problem der "Steuerhaftung".*** Königstein: Athenäum, 1984.

HOYOUX, J."Le collier de Clovis", ***RBPH*** 21 (1942), pp. 169-174.

IMBERT, J. "L'influence du christianisme sur la législation des peuples Francs et Germains", In: ***La conversione al Cristianesimo nell'Europa dell'alto medioevo, Settimane*** 14, t. I. Spoleto: CISAM, 1967, pp. 365-396.

ISLA FREZ, A. "Las relaciones entre el reino visigodo y los reyes merovingios a finales del siglo VI", ***En La España medieval*** 13 (1990), pp. 11-32.

JACQUIN, A.M. ***Histoire de l'Eglise, Le haut Moyen Age***, t. II. Paris: Desclée De Brouwe, 1936.

JAMES, E. ***I Franchi, Agli Albori dell'Europa. Storia e Mito***. Gênova: ECIG, 1998 (1ª ed., ***The Franks***, Oxford, 1991).

JONES, A.H.M. ***The Later Roman Empire, 284-602. A Social, Economic and Administrative Survey***. Oxford: Johns Hopkins University Press, 1986 (1ª ed. 1964), 2 vols.

JONES, A.H.M. "The Social Background of the Struggle between Paganism and Christianity", In: MOMIGLIANO, A. (ed.) ***The Conflit Between Paganism and Christianity in the Fourth Century***. Oxford: Clarendon press, 1963, pp. 17-37.

KAISER, R. "Steuer und Zoll in der Merowingerzeit", ***Francia*** 7 (1979), pp. 1-17.

KAISER, R. "Royauté et pouvoir épiscopal au nord de la Gaule (VIIe-IXe siècles)", In: ATSMA H. (ed.) ***La Neustrie. Les pays du nord de la Loire de 650 à 850***. Sigmaringen: J. Thorbecke, 1989, pp. 143-160.

KAISER, R. **Das römische Erbe und das Merowingerreich**. Munique: Oldenbourg, 1997 (1ª ed. 1993).

KENT, J. "Gold standards of the Merovingian coinage, A.D. 580-700", In: HALL, E.T. e METCALF, D.M. (ed.) ***Methods of Chemical and Metallurgical Investigation of Ancient Coinage***. Londres: Royal numismatic society, 1972. (***Revue suisse de numismatique***, 8).

KENT, J. ***The Roman Imperial Coinage***, t. X, ***The Divided Empire and the Fall of the Western Parts Parts 395-491***. Londres: Spink & Son, 1994.

KING, P.D. "Les royaumes barbares", In: BURNS, J.H. (dir.), ***Histoire de la pensée politique médiévale***. Paris : PUF, 1993, pp. 118-147.

KOCHER, G. "*Praeceptio Chlotarii II*", ***HDRG*** 3 (1984), pp. 1842-1851.

KOEBNER, R. ***Venantius Fortunatus. Beiträge zur Kulturgeschichte des Mit-***

telalters und der Renaissance. Leipzig/Berlim: H.A. Gerstenberg, 1915.

KRAUTSCHICK, S. "Die Familie der Könige in Spätantike und Frühmittelalter", In: CHRYSOS, E. e SCHWARCS, A. (ed.) ***Das Reiches und die Barbaren.*** Viena/Colônia: Böhlau, 1989, pp. 104-142.

KRIEGER, R. ***Untersuchungen und Hypothesen zur Ansiedlung der Westgoten, Burgunder und Ostgoten.*** Berna: Lang, 1992.

KROESCHELL, K. "Recht und Gericht in den Merowingischen 'Kapitularien'", In: ***La giustizia nell'Alto Medioevo (secoli V-VIII), Settimane*** 42. Spoleto: CISAM, 1995, t. II, pp. 736-765.

KURTH, G. ***Clovis.*** Paris: Éd. de la Seine , 2000 (1ª ed., 1893).

KURTH, G. ***Études franques,*** 2 vols. Paris: Champion, 1919.

LABANDE, E.-R. (ed.) ***Etudes mérovingiennes,*** *Actes des Journées de Poitiers, 1er – 3 mars 1952.* Paris: Picard, 1953.

LAFOREST, M. ***Clovis, un roi de légende.*** Paris: Albin Michel, 1996.

LAVISSE, E. "Etudes sur l'histoire d'Allemagne. La Foi et la morale des Francs", ***Revue des Deux Mondes*** 2/1 (1886), pp. 365-396.

LE BEUF, J. ***Dissertation dans laquelle on recherche depuis quel temps le nom de France a été en usage pour désigner une portion des Gaules, l'étendue de cette portion ainsi dénommée, ses accroissements et ses plus anciennes divisions depuis l'établissement de la monarchie française.*** Paris: J.-B. Delespine, 1761.

LE GENTILHOMME, P. "Le monnayage et la circulation monétaire dans les royaumes barbares de l'Occident (VIe-VIIIe)", ***Revue Numismatique***, sér. 5, 7 (1943), pp. 45-112.

LE GOFF, J. "Aspects religieux et sacrés de la monarchie française du Xe au XIIIe siècle", In: BOUREAU, A. et C. S. INGERFLOM, C. S. ***La royauté sacrée dans le monde chrétien, colloque de Royaumont,*** *mars 1989.* Paris: E.H.E.S.S., 1992, pp. 19-28.

LE JAN, R. ***Famille et pouvoir dans le royaume franc.*** Paris: Publications de la Sorbonne, 1995.

LE JAN, R. ***Histoire de la France : origines et premier essor (480-1180).*** Paris: Hachette, 1996.

LE JAN, R. "La sacralité de la royauté mérovingienne ou les ambiguïtés de l'historiographie", ***Annales Histoire Sciences Sociales*** 58 (2003), p.1217-1241.

LE JAN, R. "Le royaume des Francs de 481 à 888", In: CONTAMINE, Ph.; O. GUYOTJEANNIN, O. e LE JAN, R. (dir.) ***Le Moyen Age. Le roi, l'Église, les grands le peuple (481-1514), t. 1, Histoire de la France politique***. Paris: Seuil, 2002, pp.11-111.

LE JAN, R. ***Les Mérovingiens***. Paris: PUF, 2006.

LEBECQ, S. ***Les origines franques, IVe-IXe siècles***. Paris: Seuil, 1990 (***Nouvelle histoire de la France médiévale***, 1).

LEHUËRON, J.M. ***Histoire des institutions mérovingiennes et du gouvernement des Mérovingiens jusqu'à l'édit de 615 (sic)***. Paris: Joubert, 1842.

LEPELLEY, C. (org.) ***La fin de la cité antique et le début de la cité médiévale, de la fin du IIIe siècle à l'avènement de Charlemagne, Actes du colloque tenu à l'Université de Paris X – Nanterre, les 1, 2 et 3 avril 1993***. Bari: Edipuglia, 1996.

LEVEEL, P. "Le consulat de Clovis à Tours", In: ***Études mérovingiennes, Actes des Journées de Poitiers, 1er – 3 mai 1952***. Poitiers: Picard, 1953, pp. 187-190.

LEVILLAIN, L. "La conversion et le baptême de Clovis", ***RHEF*** 21 (1935), pp.161-192.

LEVISON, W. "Zu dem *Annales Mettenses*", em: ***Aus Rheinischer und Fränkischer Frühzeit Aufsätze***. Düsseldorf: Schwann, 1948, pp. 474-483.

LINGER, S. "Puissance sociale des *domini* d'après l'œuvre de Grégoire de Tours", In: MAGNOU-NORTIER, E. (ed.) ***Aux Sources de la Gestion Publique***, t. III. Villeneuve-d'Ascq : Presses Universitaires de Lille, 1997, pp. 51-69.

LONGNON, A. ***Géographie de la Gaule au VIe siècle***. Paris: Hachette, 1878.

LONGNON, A. ***Atlas historique de la France***. Paris: Hachette, 1907.

LONGO, C. "*Utilitas publica*", ***Labeo: Rassegna di Diritto Romano*** 18 (1972), pp. 7-73.

LOT, F.; PFISTER, Ch. e GANSHOF, F.L. "Les destinées de l'Empire en Occident de 358 à 888", em: GLOTZ, G. (ed.) ***Histoire générale***. Paris: PUF, 1928.

LOT, F. ***La fin du monde antique et le début du Moyen Age***. Paris: Albin Michel, 1989 (1ª ed., 1927).

LOT, F. "La conquête des pays d'Entre-Seine-et-Loire par les Francs", ***RH*** 165 (1930), pp. 241-253.

LOT, F. ***Naissance de la France***. Paris: Jacques Boussard, 1970.

MAGNOU-NORTIER, E. ***Foi et fidélité. Recherches sur l'évolution des liens personnels chez les Francs du VIIe au IXe siècle***. Toulouse: Association des publications de l'Université de Toulouse-Le Mirail, 1976.

MAGNOU-NORTIER, E. "La gestion publique en Neustrie: Les moyens et les hommes (VIIe-IXe siècles)", In: ATSMA H. (ed.) ***La Neustrie. Les pays du nord de la Loire de 650 à 850***. Sigmaringen: J. Thorbecke, 1989, pp. 271-320.

MAGNOU-NORTIER, E. "Etude sur le privilège d'immunité du IVe au IXe siècle", ***Revue Mabillon*** 60 (1981-1984), pp. 465-512 e pp. 474-481.

MAGNOU-NORTIER, E. "Les *Pagenses*, notables et fermiers du fisc durant le haut moyen âge", ***RBPH*** 65 (1987), pp. 237-256.

MAGNOU-NORTIER, E. "Remarques sur la genèse du *Pactus Legis Salicae* et sur le privilège d'immunité", In: ROUCHE, M. (ed.), ***Clovis, histoire et mémoire, Actes du colloque international d'histoire de Reims***. Paris: Presses de l'Université de Paris-Sorbonne, 1996, t. I, pp. 495-538.

MAGNOU-NORTIER, E. "Du royaume des *civitates* au royaume des *honores. Episcopatus, comitatus, abbatia* dans le royaume franc", In: LEPELLEY, C. (org.) ***La fin de la cité antique et le début de la cité médiévale, de la fin du IIIe siècle à l'avènement de Charlemagne***. Bari : Edipuglia, 1996, pp. 311-344.

MANGIAMELI, M. « Rileggendo 'Fredegario' ; appunti per una analisi del *Chronicon* », ***Romanobarbarica*** 14 (1996-1997), pp. 307-357.

MARAVAL, P. ***L'empereur Justinien***. Paris : PUF, 1999.

MARKUS, R.A. ***Saeculum. History and Society in the Theology of St. Augustine.*** Cambridge: Cambridge University Press, 1970.

MARKUS, R.A. ***Christianity in the Roman World.*** Londres: Charles Scribner's Sons, 1974.

MARKUS, R.A. "Les commencements (v. 350 – v. 750)", In: BURNS, J.H. (ed.) ***Histoire de la pensée politique médiévale (350-1450)***. Paris: PUF, 1993, pp. 78-147.

MARROU, H.-I. ***Décadence romaine ou antiquité tardive ? (IIIe – VIe siècle)***. Paris: Seuil, 1977.

MARTINDALE, J.R. (ed.) ***Prosopography of the Later Roman Empire***, v. 1, A.D. 260-395 ; v. 2, A.D. 395-527 ; v. 3, 527-641. Cambridge: Cambridge University Press, 1971-1992.

MATHISEN, R.W. "Clovis, Anastase et Grégoire de Tours: consul, patrice et roi", In: ROUCHE, M. (ed.) ***Clovis, histoire et mémoire, Actes du colloque international d'histoire de Reims***. Paris: Presses de l'Université de Paris-Sorbonne, 1996, t. I, pp. 395-407.

MAYER, J.-M.; PIETRI, Ch.; PIETRI, L.; VAUCHEZ, A. e VENARD, M. (ed.) ***Histoire du christianisme des origines à nos jours,*** *t. II,* ***Naissance d'une chrétienté (250-430)***. Paris: Désclée, 1998.

MAYER, J.-M.; PIETRI, Ch.; PIETRI, L.; VAUCHEZ, A. e VENARD, M. (ed.) ***Histoire du christianisme des origines à nos jours,*** *t. III,* ***Les Eglises d'Orient et d'Occident (432-610)***. Paris: Désclée, 1998.

MCCORMACK, S.G. ***Art and Ceremony in Late Antiquity***. Berkeley/Los Angeles/Londres: University of California Press, 1981.

MCCORMICK, M. ***Eternal Victory: Triumphal Rulership in Late Antiquity, Byzantium and the Early Medieval West***. Cambridge: Past and Present Publications, 1986.

MCCORMICK, M. "Clovis at Tours, Byzantine Public Ritual and the Origins of Medieval Ruler Symbolism", In: CHRYSOS, E.K. e SCHWARCZ, A. (ed.) ***Das Reich und die Barbaren***. Viena: Boehlau Verlag, 1989, pp. 155-180.

MEYER, W. ***Der Gelegenheitsdichter Fortunatus***. Berlim: Weidmann, 1901.

MOMMSEN, T.E. ***Römische Geschichte***. Berlim: Weidmann, 1881.

MONOD, G. ***Études critiques sur les sources de l'histoire mérovingienne, 1ère partie, Introduction, Grégoire de Tours, Marius d'Avenches***. Paris: Vieweg, 1872.

MONTESQUIEU ***De l'esprit des lois***. Paris: Flammarion, 1979, 2 vols, (1ª ed. 1748).

MORRISON, K.F. ***The Two Kingdoms: Ecclesiology in Carolingian political Thought***. Princeton: Princeton University Press, 1964.

MORRISON, K.F. ***Tradition and Authority in the western Church, 300-1140***. Princeton: Princeton University Press, 1969.

MURRAY, A.C. "*Post vocantur Merohingii*: Fredegar, Merovech, and 'Sacral kingship'", In: GOFFART, W. (dir.) GOFFART, W. (dir.), ***Rome's Fall and After***. Londres: Hambledon Press, pp. 121-152.

MUSSET, L. ***Les invasions. Les vagues germaniques***. Paris: PUF, 1965.

MUSSOT-GOULARD, R. ***Le baptême qui a fait la France***. Paris: Perrin, 1996.

NELSON, J.L. "Queens as Jezebels: the Careers of Brunehild and Bathild in

Merovingian History", In: ***Politics and Ritual in Early Medieval Europe***. Londres: Hambledon Press, 1986, pp. 1-48.

NIERMAYER, J.F. "Gouvernés et gouvernants dans la monarchie franque", ***Gouvernés et gouvernants, RSJB*** 33 (1968), pp. 421-438.

NONN, U. "Childeric", In: ***Lexikon des Mittelalters***, t. II, col. 1817-1818.

NONN, U. "Chilperic", In: ***Lexikon des Mittelalters***, t. II, col. 1825.

NONN, U. "Fredegar (Fredegar-Chronik)", In: ***Lexikon des Mittelalters***, t. IV, 1989, col. 884.

NONN, U. "Gunthram", In: ***Lexikon des Mittelalters***, t. IV, col. 1794-1795.

OPITZ, H.G. ***Urkunden zur Geschichte des Arianischen Streites***. Berlim: Quellen, 1934.

PACAUT, M. ***Les structures politiques de l'Occident médiéval***. Paris: Armand Colin, 1969.

PACAUT, M. ***La théocratie, l'Eglise et le pouvoir au Moyen Age***. Paris: Desclée, 1989.

PANCER, N. ***Sans peur et sans vergogne. De l'honneur et des femmes aux premiers temps mérovingiens***. Paris: ALBIN MICHEL, 2001.

PARAVICINI, W. e WERNER, K.F. (ed.) ***Histoire comparée de l'administration*** *("Actes du 14ᵉ colloque historique franco-allemand, Tours, 27 mars-1er avril 1977")*. Munique-Zurique: Artemis Verlag, 1980.

PASSERIN D'ENTRÈVES, A. ***La notion de l'Etat***. Paris: SIREY, 1969.

PAVAN, M. "Cristianesimo e impero romano nel IV secolo d.C.", In: BONAMENTE, G. e NESTORI, A. ***I cristiani e l'Impero nel IV secolo. Colloquio sul Cristianesimo nel mondo antico***. Macerata: Università degli studi, pp. 1-16.

PÉRIN, P. e FEFFER, L.C. ***Les Francs***. Paris: Armand Colin, 1987, 2 vols.

PÉRIN, P. ***Clovis et la naissance de la France***. Paris: Denoël, 1990.

PERRIN, O. ***Les Burgondes. Leur histoire des origines à la fin du premier royaume (534)***. Neuchâtel: La baconniere, 1968.

PETERS, E. ***The Shadow King: "Rex Inutilis" in Medieval Law and Literature 751-1327***. New Haven: Yale University Press, 1970.

PFIESTER, Ch. "Gaul under the Merovingian Franks. Institutions", In: GWATKIN, H.M. e WHITENEY, J.P. (ed.) ***The Cambridge Medieval History***, *t. II*, ***The Foudation of the Western Empire***. Cambridge: Cambridge University Press, 1967, pp. 132-158.

PIETRI, L. ***La ville de Tours du IVe au VIe siècle: naissance d'une ville chrétienne.*** Roma: École française de Rome, 1983.

PIETRI, L. "Grégoire de Tours et la justice dans le royaume des Francs", In: ***La Giustizia nell'Alto Medioevo (secoli V-VIII), Settimane*** 42, t. I. Spoleto: CISAM, 1995, pp.476-477.

PIETRI, L. "L'Eglise du *Regnum Francorum*", In: PIETRI, L. (ed.) ***Histoire du christianisme des origines à nos jours.*** MAYEUR, J.-M.; PIETRI, Ch. e PIETRI, L. (ed.) ***Les Eglises d'Orient et d'Occident***, t. 3. Paris: Desclée, 1998, pp. 745-799.

PIGANIOL, A. ***L'Empire chrétien (325-395).*** Paris: PUF, 1972, (1ª ed. 1947).

PIRENNE, H. "Liberte et propriete en Flandre du VIIe au XIe siècle", ***Bulletin de la Classe des Lettres*** (1911), pp. 496-523.

PIRENNE, H. ***Mahomet et Charlemagne.*** Paris: PUF, 1970, (1ª ed. 1936).

POLY, J.-P. "La corde au cou. Les Francs, la France et la loi salique", em: ***Genèse de l'Etat moderne en Méditerranée. Approches historique et anthropologique des pratiques et des représentations, Actes des tables rondes internationales tenues à Paris les 24, 25 et 26 septembre 1987 et les 18 et 19 mars 1988.*** Roma: École Française de Rome, 1993, pp. 287-320.

PONTAL, O. ***Histoire des conciles mérovingiens.*** Paris: Éditions du Cerf, 1989.

PRINZ, F. ***Grundlagen und Anfänge, Deutschland bis 1056.*** Munique: C.H.Beck, 1985.

PROU, M. ***Les monnaies mérovingiennes. Catalogue des monnaies françaises de la Bibliothèque Nationale.*** Paris: Rollin et Feuardent, 1892.

PROU, M. ***La Gaule mérovingienne.*** Paris: L.-H. May, 1897.

RAHNER, H. ***L'Eglise et l'Etat dans le christianisme primitif.*** Paris: Éditions du Cerf, 1964.

REVEL, J. "La royauté sacré. Eléments pour un débat", In: BOUREAU, A. e INGERFLOM, C.S. (ed.) ***La royauté sacrée dans le monde chrétien, colloque de Royamenot, mars 1989.*** Paris: E.H.E.S.S., 1992, pp. 07-17.

REVERDY, G. "Les relations de Childebert II et de Byzance", ***RH*** 114 (1913), pp. 61-85.

REYDELLET, M. ***La royauté dans la littérature latine de Sidoine Apollinaire à Isidore de Séville.*** Paris: De Boccard, 1981.

REYDELLET, M. "Tours et Poitiers: les relations entre Grégoire de Tours et

Fortunat", em: GAUTHIER, N. e GALINIÉ, H. (ed.) ***Grégoire de Tours et l'espace gaulois****, Tours, 3-5 novembre 1994*. Tours: Revue archéologique du Centre de la France, 1997, ("Supplément à la Revue Archéologique du Centre de la France", 13), pp. 159-167.

RIBEIRO, D.V. "A sacralização do poder temporal na Alta Idade Média Ocidental: Grégorio Magno et Isidoro de Sevilha", In: DE SOUZA, J.A. de C.R. (ed.) ***O Reino e o Sacerdocio: o pensamento politico na Alta Idade Média***. Porto Alegre: EDIPUCRS, 1995, pp. 91-112.

RIBEIRO, D.V. "O Império Cristão e o Nascimento da Europa", ***Varia Historia*** 15 (1996), pp.37-51.

RICHÉ, P. ***Education et culture dans l'Occident barbare (VIe-VIIIe siècle)***. Paris: Seuil, 1995, (1ª ed. 1962).

RICHÉ, P. ***Dictionnaire des Francs. Les temps mérovingiens***. Paris: C. de Bartillat, 1996.

RICHÉ, P. ***L'Europe barbare de 476 à 774***. Paris: SEDES, 1989.

ROSENWEIN, B.H. ***Negociating Space. Power, Restraint, and Privileges of Immunity in Early Medieval Europe***. Itaca: Cornell university press, 1999.

ROUCHE, M. ***L'Aquitaine des Wisigoths aux Arabes, 418-781***. Paris: E.H.E.S.S., 1979.

ROUCHE, M. "Les premiers frémissements de l'Europe", In: FOSSIER, R. (ed.) ***Le Moyen Age***, t. I. Paris: Armand Colin, 1983, pp. 369-497.

ROUCHE, M. "La vie privé à la conquête de l'Etat et de la société", In: ARIÈS, Ph. e DUBY, G. ***Histoire de la vie privé. De l'Empire romain à l'an Mil***, t. I. Paris: Seuil, 1985, pp. 405-435.

ROUCHE, M. ***Clovis***. Paris: Fayard, 1996.

SAISSIER, Y. "L'utilisation d'un concept romain aux temps carolingiens: la *res publica* aux IXe et Xe siècles", ***Premier Moyen Age (Le)***, 15 (1988), pp. 17-29.

SALIN, E. ***La civilisation mérovingienne, d'après les sépultures, les textes et le laboratoire***. Paris: Picard, 1950-1959, 4 vols.

SANTERRE, J.M. "A propos des titres d'empereur et de roi dans le haut Moyen Age", ***Mélanges Maurice Leroy, Byzantion*** 61 (1991), pp. 15-43.

VON SAVIGNY, F.C. ***Geschichte des römischen Rechts im Mittelalten***. Heidelberg: Mohr und Zimmer, 1826-1834, 3 vols.

SAWYER, P.H. e WOOD, I. (ed.) ***Early Medieval Kingship***. Leeds: The School of History, 1977, pp. 72-104.

SCHEIBELREITER, G. "*Der Bischof in Merowingischer Zeit.*" ***Veröffentlichungen des Instituts für Österreich Geschichtsforschung*** *27*. Viena: H. Böhlaus Nachf, 1983.

SCHMIDT, C. ***Théologie politique***. Paris: Gallimard, 1988.

SCHMIDT, J. ***Le baptême de la France: Clovis, Clotilde, Geneviève***. Paris: Seuil, 1996.

SCHMIDT, L. ***Geschichte der deutschen Stämme bis zum Ausgang der Völkerwanderung***, t. I, ***Die Ostgermanen***, 2ª ed. Munique: CH Beck, 1941; t. II, ***Die Westgermanen***, 2ª ed. Munique: C.H. Beck, 1938-1940.

SCHMIDT, L. "Des Ende der Römerherrschaft in Gallien, Chlodowech und Syagrius", ***HJ*** 8 (1948), pp. 611-618.

SENELLART, M. ***Les arts de gouverner. Du regimen au concept de gouvernement***. Paris: Seuil, 1995.

SILBER, M. ***The Gallic Royalty of the Merovingians in its Relationship to the 'Orbis terrarum Romanum' during the 5th and the 6th Centuries A.D.*** Berna: Herbert Lang, 1971.

SICKEL, W. "Die Entstehung der fränkischen Monarchie", ***Westdeutsche Zeitschrift für Geschichte und Kunst*** 4/3 (1885), pp. 231-352.

SIRAGO, V.A. "Gli ostrogoti in Gallia, secondo le Variae di Cassiodoro", ***Revue des Etudes anciennes*** 89 (1987), pp. 63-77.

SOHM, R. ***Etudes sur les institutions germaniques: la procédure de la « Lex salica »***. Paris: A. Franck, 1873.

SOT, M. (dir.) ***Le haut Moyen Age. Culture Education et Société. Etudes offertes à Pierre Riché***. La Garenne-Colombes: Publidix, 1990.

SPENCER, M. "Dating the Baptism of Clovis (1886-1993)", ***Early Medieval Europe*** 3 (1994), pp. 97-116.

VON DEN STEINEN, W. "Chlodwigs Übergang zum Christentum. Eine quellenkritische Studie", ***MIÖG*** 12 (1932/33), pp.467-501.

STEINWENTER, M. "*Utilitas publica, utilitas singulorum*", ***Festschrift Koschaker*** 1 (1939), pp. 84-102.

STOCLET, A. ***Immunes ab omni teloneo. Etude de diplomatique, de philologie et d'histoire sur l'exemption de tonlieux au haut Moyen Âge et spécialement sur la Praeceptio de navibus***. Bruxelas/Roma: Institut Historique Belge de Rome, 1999.

STROHEKER, K.F. ***Der senatorische Adel im spätantiken Gallien***. Tübingen: Mater, 1948.

TABBACO, G. "Re Gontrano et il suoi Vescovi nella Gallia di Gregorio di Tours", ***Rivista Storica Italiana*** 103/2 (1991), pp. 327-354.

TARDI, D. ***Fortunat, Etude sur un dernier représentant de la poésie latine dans la Gaule mérovingienne***. Paris: Boivin & Cie.,1928.

TARDIF, J. ***Etudes sur les institutions politiques et administratives de la France. Epoque mérovingienne***. Paris: Picard, 1881.

TESSIER, G. ***Diplomatique royale française***. Paris: PUF, 1962.

TESSIER, G. ***Le baptême de Clovis***. Paris: Gallimard, 1964.

THEIS, L. ***Clovis, de l'histoire au mythe***. Bruxelas: Complexe, 1996.

THÉVENIN, M. ***Textes relatifs aux institutions privées et publiques aux époques mérovingienne et carolingienne***. Paris: Picard, 1887.

THIERRY, A. ***Récits des temps mérovingiens***. Paris: Complexes, 1995 (1ª ed. 1840).

THOMAS, Ch. ***Christianity in the Roman Britain to A.D. 500***. Londres: Batsford, 1981.

ULLMANN, W. ***Principios de gobierno y politica en la Edad Media***. Madri: Alianza, 1982.

ULLMANN, W. ***Gelasius I., 492-496: das Papsttum au der Winde der Spätantike zum Mittelalter***. Stuttgart: A. Hiersemann, 1981.

UPPERT, G. "The Trojan Franks and their critics", ***Studies in the Renaissance*** 12 (1965), pp. 227-241.

VALERI, V. "Realeza", In: R. Romano (ed.), **Enciclopédia Einaudi. Religião-Rito**, Lisboa: Casa da Moeda, 1994, v.30, p.415-445.

VAN DAM, R. ***Leadership and Community in Late Antique Gaul***. Berkeley: University of California Press, 1985.

VAUCHEZ, A. ***La spiritualité du Moyen-Âge Occidental, VIIIe-XIIIe siècle***. Paris: Ed. du Seuil, 1994.

VERSEUIL, J. ***Clovis ou la naissance des Rois***. Paris: Critérion, 1992.

VEZIN, J. "L'influence des actes des hauts fonctionnaires romains sur les actes de Gaule et d'Espagne au VIIe siècle", In: PARAVICINI, W. e WERNER, K.F. (ed.) ***Histoire comparée de l'administration*** (*"Actes du 14e colloque historique franco-allemand, Tours, 27 mars-1er avril 1977"*). Munique-Zurique:

Artemis Verlag, 1980, pp. 71-74.

VINAY, G. ***San Gregorio de Tours***. Carmagnola: Barbaries, 1940.

VITTINGHOFF, F. "Zur Verfassung der spätantiken Stadt", In: ***Studien zu den Anfängen des europäischen Städtewesens (Reichenau-Vorträge)***. Constance: J. Thorbecke, 1955-1956, pp. 11-39.

WAITZ, G. ***Deutsche Verfassungsgeschichte***. Kiel: E. Homann, 1876-1896.

WAITZ, G. **Das alte Recht der Salischen Franken**. Kiel: Schwers, 1906.

WALLACE-HADRILL, J.M. ***The Long-haired Kings and Other studies in Frankish History***. Londres: Methuen & Co., 1962.

WARD-PERKINS, B. ***The Fall of Rome and the end of civilization***. Nova York: Oxford University Press, 2005.